工商管理

高等学校工商管理类专业系列教材

Case Analysis of Marketing

主　编　林祖华
副主编　蒋　平　徐　芹　陆春晖

市场营销案例分析

（第三版）　SHICHANG YINGXIAO ANLI FENXI

高等教育出版社·北京

内容提要

本书是高等学校工商管理类专业系列教材之一。全书共9章，主要内容包括：市场营销概述，市场营销分析，市场营销战略，产品策略，价格策略，渠道策略，促销策略，市场营销组织、计划与控制，市场营销的应用与创新。本书既有教学案例，又有课堂讨论和学生思考案例，利教便学，案例具有典型性、本土性、时代性、适用性和实用性等特点。

本书既可以作为高等学校市场营销课程的教材，也可以作为相关从业人员的参考用书。

图书在版编目（CIP）数据

市场营销案例分析 / 林祖华主编. —3版. —北京：高等教育出版社，2018.3（2024.1重印）
ISBN 978-7-04-049025-1

Ⅰ.①市… Ⅱ.①林… Ⅲ.①市场营销学-案例-高等学校-教材 Ⅳ.①F713.50

中国版本图书馆CIP数据核字（2017）第308942号

策划编辑 刘自挥 **责任编辑** 赵 单 刘自挥 **封面设计** 张文豪 **责任印制** 高忠富

出版发行	高等教育出版社	**网 址**	http://www.hep.edu.cn
社 址	北京市西城区德外大街4号		http://www.hep.com.cn
邮政编码	100120	**网上订购**	http://www.hepmall.com.cn
印 刷	江苏凤凰数码印务有限公司		http://www.hepmall.com
开 本	787mm × 1092mm 1/16		http://www.hepmall.cn
印 张	19.75	**版 次**	2003年7月第1版
字 数	471千字		2018年3月第3版
购书热线	010-58581118	**印 次**	2024年1月第6次印刷
咨询电话	400-810-0598	**定 价**	39.40元

本书如有缺页、倒页、脱页等质量问题，请到所购图书销售部门联系调换

物 料 号 49025-00

第三版前言

近年来，世界经济不确定事件、不可预见性风险和多样化的挑战更加复杂严峻，中国国内产能过剩和需求结构升级的矛盾仍然突出，经济增长内生动力不强，结构调整阵痛仍在持续，实体经济亟待进一步振兴。因此，加强市场营销理论研究，加快市场营销实践发展，在当下更具有现实意义，市场营销对促进经济发展具有更重要的责任和担当。据此，本书的原有一些案例不能适应新形势发展的新要求，必须进行修订。在高等教育出版社、相关高等院校的大力支持和配合下，在全体编写人员的共同努力下，《市场营销案例分析》（第三版）终于出版了。

《市场营销案例分析》（第三版）的主要特色有：

一是体系完整。延续第二版的框架结构，本书包括绪言和九章内容：绪言部分的编写目的是让读者对市场营销案例教学有一个总体了解；第一章至第九章主要按照市场营销专业中市场营销学的教学计划安排相关内容，并且每章分为四个部分，首先介绍本章基本理论要点，然后介绍教学引导案例、课堂讨论案例、课外思考案例，分别为教学和学习提供了相应的案例，这样设计的目的是使读者能受到市场营销理论与实践两方面的训练。

二是内容新颖。结合新形势，本书对第二版的所有案例进行了调整，更加强调时代性，所选案例大多是最近几年才发生的，甚至是刚刚发生的，具有新鲜感。案例突出典型性，大多数都是国内外著名企业的经典案例，具有一定的代表性。

三是便于教学和实践。第三版编著的案例继续坚持适用性和实用性的原则，便于老师教、便于学生学，与教学具有同步性。这些案例源于实践，背景真实，资料丰富，具有较强的可操作性。

本书在编写过程中参考了国内外学者的市场营销学著作、教材，参阅了有关报刊、互联网及企业的资料，对相关作者在此深表谢意。

本书第三版由林祖华教授任主编，蒋平、徐芹、陆春晖任副主编。参加修订的编写人员有：林祖华、蒋平、徐芹、陆春晖、阚中华、仇桂且、王敏等。

由于编者水平有限，书中缺点和错误在所难免，敬请各位专家、读者批评指正，并提宝贵意见，以便再版时修改。

编　者

2018年1月

第一版前言

随着我国现代化事业的不断推进，工商管理教育迅速发展，对市场营销等学科案例教学的要求越来越迫切，但目前我国市场营销案例存在数量不足、本土化案例太少、案例教材通用性不够等突出问题，因此，迫切要求编辑出版具有时代特点、符合中国实际的市场营销案例。作者结合多年教学实践，并在高等教育出版社的大力支持下，编写出版了本书。

本书包括绪言和九章内容，绪言部分的目的是为了让读者对市场营销案例教学有一个总体了解，第一章至第九章主要按照国家教育部的教学计划安排相关内容，每章分为四个部分，首先介绍本章基本理论要点，然后介绍教学引导案例、课堂讨论案例、课后思考案例，这样设计的目的是使读者能受到市场营销理论与实践两方面的训练。

在本书的编写过程中，主要遵循了以下五项原则：一是典型性。编撰的大多数案例都是国内外著名企业的经典案例，具有一定的代表性。二是本土性。特别注重国内企业案例，以便于更易借鉴操作。三是时代性。选编的案例大多是最近几年才发生的，或是刚刚发生的，结合当前实际，具有现实意义。四是适用性。本书的体系基本上按照教育部最新颁布的高等学校工商管理类核心课程"市场营销学"教学要求编写，和教学具有同步性，便于老师教、便于学生学。五是实用性。本书编著的案例源于实践，背景真实，资料丰富，具有较强的操作性。

在本书编写过程中，不仅编者投入了大量的时间和精力，其他有关方面的专家、学者也给予了大力的支持和指导，华东师范大学博士生导师金润圭教授对本书提出了很好的建议，高等教育出版社与编者一起商讨了本书的框架设计和构思，为本书的出版也付出了许多辛勤劳动，对此一并表示诚挚的谢意！

本书在编写过程中吸收了目前国内外市场营销学理论与实践的最新成果，并借鉴和参阅了有关专家学者的论著和有关专业营销杂志和互联网上的有关信息，在此表示感谢。

当然，由于时间仓促，资料局限，再加上编者水平有限，书中肯定存在许多不足，恳请各位专家学者及各界读者指正。

编　者

2003 年 4 月

目　录

绪　　言

自从哈佛商学院在1921年首创案例教学法并取得明显效果以来，案例教学已成为全球工商管理教学的流行模式。但我国市场营销学教学长期以来一直存在着重理论轻实务、重传授轻参与的问题，很多学生只能被动地接受书本上的理论知识，这对于市场营销学这门实践性、应用性很强的学科来说，无疑是纸上谈兵，很难让学生及时消化、融会贯通、学以致用，同时，也很难激发起学生的学习热情。因此，中国市场营销学教学必须迈入案例教学时代。

市场营销学是一门建立在经济科学、行为科学和现代管理理论基础之上的应用科学，它反映了市场经济条件下，各类组织营销活动的客观规律性。它是现代企业了解市场、分析市场、进入市场，并按照市场发展变化的规律性组织企业营销活动的科学。随着我国社会主义市场经济体制的逐步建立与完善，面向市场、以顾客需求为导向来从事市场营销活动，已成为一切营利性组织和非营利性组织的共同需要。研究市场营销的理论和运用，已不仅仅是工商企业和经济部门的事，而且包括文化、教育、卫生、科技在内的各行各业都在探讨如何针对目标市场的需要，组织好本单位的工作。目前，不仅是经济类院校，而且也包括很多非经济类院校都开设了市场营销学课程，市场营销学已在中国大地上备受青睐，成为竞争取胜的指南，受到社会各界的普遍重视和欢迎。

一、市场营销案例教学的引入

市场营销案例教学的引入，是我国市场营销学教学改革的必然要求。

市场营销学于20世纪初创建于美国。20世纪30、40年代，市场营销学才引入中国，我国现存最早的教材，是丁馨伯先生编译并由复旦大学于1933年出版的《市场学》。新中国成立前，由于长期战乱及半封建半殖民地经济发展水平的限制，其研究和应用有很大的局限性。新中国成立后，高校课程设置一度照搬苏联的经验，在忽视流通与市场的经济影响下，经济管理类院校也都停开了"市场学"这门课程，市场营销学的研究在中国大陆基本上中断。1978年，我国实行改革开放，计划经济体制开始被打破，市场在资源配置中的基础性调节作用逐渐得到发挥，企业直接面临市场，成为独立的经营主体。这样，市场营销学开始引起我国政府部门、学术界和企业界的重视。

纵观我国市场营销学教学和研究的发展历程，我国经历了从引进、传播、普及到应用的过程，市场营销观念已逐渐深入人心，但可以这么说，到现在为止，我国还没有真正建立起符合中国实际的、有中国特色的市场营销学。总结其经验教训，一个重要的原因就在于长期以来，我国市场营销学教学一直存在着重理论轻实务重传授轻参与的问题，很多学生只能被动地接受书本上的理论知识，这对于市场营销学这门实践性、应用性很强的学科来说，无疑是纸上谈兵，从理论到理论，很难让学生及时消化、融会贯通、学以致用，同时，也很难激发起学生的学习热情。因此，我国市场营销学教学必须改革，而加强市场营销学案例教学是被实践证明了的改革的正确之路。中国市场营销学教学必须迈入案例教学时代。

二、市场营销案例教学概述

市场营销案例教学，是指教学者以既定的市场营销案例为直接对象，运用相关的理论知识和实际经验，对案例材料进行剖析研究，揭示案例中各现象之间的内在联系和本质，从而加深对理论在实际中运用的理解，寻求有效的市场营销手段、方法和技巧的过程。显然，案例教学既是学生对自己所学知识的综合运用过程，是激发和强化头脑思维的过程，同时又是学习新知识和不断提高自身分析问题和解决问题能力的过程。市场营销案例教学的最终目的就是要使学生从被动听课、记笔记的消极型学习方式转变为参与分析决策的主动性学习方式，并能在理论与实践相结合的关键点上培养学生管理与创新的实际能力。因此，市场营销案例教学在市场营销课程的教与学中具有十分重要的意义。

“案例”一词源于英文 case，是指对某一组织以及该组织具体现象的客观描述或介绍。案例的分析与研究，最早源于医学，医学上对具体病例在诊断和治疗方面进行记录，以供进一步治疗或推广于其他病例和医疗的诊断，实践证明，这种案例研究已成为一种行之有效的方法推动了医学的发展。后来，案例研究和分析方法逐渐应用于管理学、军事学、法学和经济学等众多学科，成为这些学科研究的一种重要分析方法。把案例分析作为一种教学方法引入课堂，为美国著名学府哈佛商学院在 1921 年首创。哈佛大学是世界上最为著名的学府之一，在其创建 300 多年来培养的学生中，产生了 6 位美国总统、33 位诺贝尔奖获得者、32 位普利策奖获得者和数十家跨国公司的总裁，哈佛商学院（Harvard Business School，即 HBS）是美国培养人才最著名的学府，被誉为制造“职业老板”的工厂，其最成名的教学手段就是案例法。哈佛的案例教学法一问世，就显示出其强大的生命力和吸引力，特别是在培养应用型、实战型人才方面具有独到的功能和效果，受到美国企业界、教学界的重视、支持和欢迎，一些资金雄厚的大基金会也纷纷大力相助，20 世纪 60 年代，美国著名的福特基金会赞助哈佛大学 100 万美元用于案例库的建设，从此，哈佛大学有了强有力的财力保证，案例库的建设得以走上正轨。目前，哈佛商学院用于案例方面的经费逐渐增加，年预算达 300 多万美元，据最新资料统计，哈佛大学目前拥有 191 亿美元的捐款，这比麦当劳全球资产总值还高。

案例教学法是哈佛商学院的传家宝，案例分析被普遍地应用于大多数课堂的教学中，有的教授在一些高年级综合性课程中，甚至把案例教学当做主要的、甚至唯一的教学方式，如 Garvin 教授指出：案例教学在整个教学中要占 90%，只有一两门课可以不用案例，其他都用案例，比如他的课，共 30 学时，只有 2 个学时的讲授，28 个学时用于案例教学，他在一堂 105 分钟的战略管理课上，教授只用 15 分钟时间讲授 20 张 PowerPoint，然后就开始进入案例讨论。至于学生，如研究生在两年中要学完 1 000 多个案例，并且必须参与案例的采集和编写。

哈佛商学院的案例主要来自商业发展中的各种经济事件，它的范围非常广泛，随着教程内容涉及面的扩展，各种各样的案例都有，包括用人、广告、策划、营销、管理、预测等。每个案例描写的都是工商业企业将要遇到的真实问题，有的案例似乎是“从一个将军的角度叙述整个战局”，有的则像是记录“一个战士模糊片面的印象”。有时案例故意不给应有的信息，有时又故意多给一些，案例的结尾总是问你：“你说该怎么办？”至于这些案例的制作和设计，既有哈佛大学的教授，也有该校的学生和毕业生，还有其他有关的研究者，企业也普遍把入选哈佛大学案例库引以为荣。1997 年，我国最大的家电企业——青岛海尔入选哈佛案例库，海尔集团 CEO 张瑞敏先生还应邀走上哈佛大学讲坛讲授海尔的营销和管理，这是中国企业收录在哈佛案例库和登上哈佛讲坛的“零的突破”。到现在为止，哈佛商学院的案例库中已有 6 000 多个案例，对应各门课程，门类齐全，小到卖百货的夫妻店，大到世界上一些著名汽车公司的联合等，而且这些案例紧跟时代的发展变化，每年刷新 10%。

哈佛独创的这种实战型课堂案例教学法，在培养学生营销和管理的动手能力方面取得了惊人业绩。美国许多大企业家和政治家都在这里学习过，在美国五百家最大公司担任最高职位的经理中，有五分之一毕业于这所著名的学院，因此，哈佛工商管理硕士已成为权力和金钱的象征，成了许多青年梦寐以求的学位。

哈佛商学院案例教学的成功，极大地推动了案例教学在全世界的发展，但是，我国市场营销学案例教学才刚刚开始，案例库的建设才逐渐走上正轨，因此，根据时代发展要求，结合我国企业实际，必须加快我国市场营销案例教学的研究和改革。

（一）市场营销案例的搜集和编写

市场营销案例的搜集和编写是搞好市场营销案例教学的前提和基础。如果没有市场营销案例的搜集和编写，市场营销案例教学就成为无源之水、无本之木。那么，如何进行案例的搜集和编写呢？

首先，要确定案例材料的来源。案例材料的来源一般主要有两个途径：一是直接来源，二是间接来源。

直接来源是指以案例编写者的直接经验为基础编写的案例。这种案例要求作者亲身参加实践，了解营销活动的具体情况，获得第一手资料，因此，一般来说可信度较高，但作为学校的教师和学生，能亲自参加企业营销活动的机会是不多的，所以我们还必须求助于间接来源。

间接来源是指对企业进行调查搜集案例素材或者从报纸杂志等新闻媒体中搜集他人已撰写的案例材料。这种材料来源广泛且众多，它给案例编写带来了选择上的便利，并且这些案例能见诸传媒，一般较为典型，容易被人们所接受，而且质量也较高。

同时，在案例搜集过程中还必须注意以下几个问题：一是明确调查对象。调查对象应符合案例编写的要求、目的和主题，调查对象要有良好的合作意向，愿意配合，积极提供素材。二是调查态度必须真诚。调查前需要说明调查的意图，让对方明白这种合作将对双方有利，这样才能便于调查的顺利进行。三是必须保守秘密。如商业秘密和一些不宜公开的企业竞争秘诀，还有如果涉及企业营销失败的案例，应该采取加工处理的方法，消除其疑虑，如更改企业名称等方法。

案例的编写是指根据一定的使用目的，对所收集到的大量案例材料，进行认真的取舍，加工整理成一个完整的案例。

案例的编写一般出于两个目的：一是为企业从事市场营销活动提供示范，无论是经验还是教训；二是为了教学，即主要作为一种教学方法。

搞好案例的编写，首先必须明确案例编写的原则。本书的案例编写主要遵循以下原则：一是配套性。案例编写必须与财经专业和工商管理专业的核心课程及重要的必修课程以及市场营销学本身课程的知识点相配套。二是客观性。案例编写必须实事求是，客观如实地反映营销实际，给学生提供一个客观的分析对象。三是典型性。案例必须反映现时代企业市场营销的内在规律，能说明一定的问题，引人深思，具有一定的指导意义，选择的企业一定要有代表性，有一定的影响。四是适用性。编写的案例一方面要适合我国国情，另一方面要适合教学，适合学生讨论、思考和参与。

搞好案例的编写，还需明确案例的体系结构。案例的编写既不同于文学创作也不同于新闻报道，其结构有其自身的习惯性格式，一般来说，主要有标题、正文、结尾三大部分构成，此外有些案例可能还有注释、图表、附录等附件。

(1) 标题。案例标题是对所描述的营销实践活动的最具概括性的归纳和揭示。一般有单一标题和复合标题（即主标题加副标题）两种形式，可根据实际情况选择其中的一种，对于标题一般不要太“浪漫”，太过于文学化，必须注意新颖性，用词精炼、恰当，能起到画龙点睛的作用，既让人对该案例有一个方向性的了解，又能吸引人们对该案例产生阅读的兴趣。

(2) 正文。正文是案例的主干内容。一般包括背景资料、基本案情、问题思考、分析要点等多方面。正文的编写要求事实清楚，真实客观，线索明朗，言简意赅。简洁的行文便于学生抓住主要问题，并有兴趣阅读下去。正文的展开一般有两种方法：一是时间顺序法，即按照市场营销活动的先后顺序展开，这种方法使来龙去脉一清二楚，营销活动的内在关联性较强。二是逻辑顺序法，即把企业较为零乱的事实经过归纳、整理后按市场营销理论的逻辑顺序组织起来，这种展开方法便于学生将理论与实践相对照，便于学生对营销实践作理论上的深层次的思考，也便于案例分析报告的编写。

(3) 结尾。案例结尾可以有多种形式，主要依据案例的具体内容和编写人的写作风格而定。可以是精辟的总结和归纳，可以是意犹未尽的戛然而止，也可以是有针对性地提出一二个发人深省的问题。但一般来说，案例的结尾最好不要作主观评述，应该给学生或读者留下更大的思维空间，避免案例编写者的主观倾向影响了读者的自我判断。

总之，营销案例的编写没有固定的模式，必须防止案例公式化的倾向，因为多样化的案例能使我们的案例教学更生动和活泼。

（二）市场营销案例分析的程序和方法

市场营销案例收集和编写完以后，可以进入案例分析过程。组织课堂案例分析是市场营销案例教学的中心工作。但这里需要指出的是，在案例分析之前，要做好一定的准备工作，教师应帮助学生选择适合的可供分析讨论的并与教学知识点相衔接的案例。同时把案例要分析、讨论的中心课题提出来，便于学生有目的地围绕这一主线，带着问题去思考。

案例分析的程序一般有以下三个步骤：

(1) 阅读案例，发现问题。在分析案例之前，首先必须认真细致地阅读案例，清楚明白地掌握事件的前因后果，然后从中发现可供分析的材料和依据，发现可供探究的问题。

(2) 确定重点，切入思考。在阅读案例、发现问题的基础上，接着对案例中的营销事例进行解剖，从纷繁复杂的影响因素中找出主要矛盾，确立重点，从重点问题入手切入思考，这样便于把分析引向深入，可以节省时间、少走弯路。

(3) 深入分析，得出结论。这是案例分析中最重要也最关键的一步。它要求学生全面开动脑筋，充分运用所学知识，对案例中所反映的现象和事实进行全面、系统、透彻的分析和研究，经过归纳、对比、总结，做到由表及里，由此及彼，透过现象看本质，探索营销规律，得出明确而正确的结论。

关于案例分析的方法，应具体问题具体分析，从不同的角度可以有不同的分析方法如经验分析法、问题探究法等，这里我们主要介绍以下两种分析法：

(1) 综合分析法。即对案例所反映的所有问题进行全面系统的分析，将主干分析与辅助分析、正向切入与逆向推导、正面论述与反面印证等方法交叉使用，相辅相成，勾勒出完整的、立体化的场景和运作顺序，有利于学生整体把握全貌。

(2) 专题分析法。即针对某一问题进行切入性的深层分析，这样可以重点突出，目标集中，通过一个具体案例的剖析，就可以把有关问题的来龙去脉、因果联系、难点所在、关键环节等一系列问题说透、说清，从而使阅读该案例的人对某一专题问题有一个深入的了解。

三、给教师的话

案例教学是一项系统工程，不同于传统教学中以教师为主导的教学方式，案例教学组织工作是直接影响教学效果好坏的重要因素。

(一) 市场营销案例教学中教师的地位与作用

在案例教学中，教师的地位和作用与理论课教学中的地位和作用是不相同的，最显著的特点就是教师和学生的角色发生了转变：

案例教学时，教师不再以一个单纯的“知识传授者”的形象出现，也不再是教师站在讲台上演“独角戏”，而是由学生唱主角，通过学生的认真思考、积极参与、激烈辩论，从而使学生的分析问题和解决问题的能力得到进一步的提高。

案例教学时，教师的主要任务已有原来的知识讲授变为指导学生动脑、动手。教师一般只布置案例讨论的任务和要求及注意事项，而把大量的时间留给学生。

至于案例教学中教师的作用，归纳起来主要有两个：

(1) 引导、启发作用。在案例教学前，教师要从实际出发，对案例教学方式作谋划安排，精选案例教学的内容，使之最能揭示所学理论；在具体案例教学中，教师首先要启发、引导学生独立思考，并培养学生自己分析、自己解决问题的能力，同时还要对学生作必要的指导，拓宽学生思路，帮助和启发学生抓住关键，突破难点，并且给予及时的“点拨”，避免学生在一些细枝末节的问题上纠缠过多和在思路上走向“死胡同”。

(2) 协调、概括作用。教师要能有效地把案例教学组织起来，能充分调动学生参加讨论的积极性、主动性，能驾驭案例分析的进程，当讨论中出现争执不下时，教师能及时、恰到好处地“平息战火”，并把讨论继续引向深入。同时，必须尊重学生的创新观念，鼓励对问题有不同见解，只要有理有据，就应认为是正确的，是有创见的，切忌简单公布“标准答案”。正如哈佛商学院所认为的，一个案例的正确答案绝不是唯一的。

(二) 市场营销案例教学与理论教学的关系

我们重视市场营销案例教学，但并不否定理论教学的重要性，市场营销案例教学与理论课教学既有联系又有区别，两者辩证统一、相辅相成。

一方面，理论教学是案例教学的前提和基础。市场营销学基本原理与方法是进行高质量案例分析的基本工具，为什么现在很多企业经理会在日常经营中失败？不是因为他们没有权力和资源，也不是因为他们不了解实际情况，而是因为他们没有系统地掌握好并不善于灵活运用好营销学原理与方法。

另一方面，案例教学是理论教学的深化和延伸。为此我们在实际教学过程中首先在思想认识上，必须克服过去长期只重视理论知识传授的习惯影响，切实转变教学观念，高度重视案例教学；其次在学校与社会之间，形成良好氛围，逐步推动形成案例素材搜集、编写、案例交流的渠道，多方筹措资金，大力资助出版案例教材，提供理论指导，交流案例教学经验。

第三，改革现行教学计划，为案例教学提供课时保证。理论课教学的课时要逐步适当减少，不断增加案例课教学时间。当然我们这里不主张用案例教学取代理论课教学，但案例教学时间必须与理论教学时间保持一定的比例；最后在案例教学与理论教学的衔接顺序上，我们主张实行同步训练。也就是按照市场营销学理论上的逻辑顺序，选择内容相对应的案例，按章节实行同步训练，这样便于及时巩固和消化所学理论知识。

四、给学生的话

学生在案例教学中应该起到主导作用，因为案例教学的目的、方法都是以学生为中心的，同时国内外大量实证研究结果表明，案例教学对学生掌握学科理论，增加课堂教学知识容量，培养学生创新能力、不断提高学生分析问题和解决问题的能力具有明显效果，因此，学生更有理由重视案例教学、积极参与案例教学。但是在案例教学实践中，我们发现部分学生在思想认识上对案例教学还存在着不少片面认识，从一个极端走向另一个极端，主要表现为两大误区：

(1) 忽视理论知识学习，片面“强调”案例重要，如有的同学建议老师少讲理论，多讲案例，认为这些概念、原理太枯燥、太乏味，没意思，但这部分同学在案例教学实践中，又犯上了只听不想，只看不动的“毛病”，实际上是一种懒惰的表现。其实，营销理论知识是进行营销案例教学的基本工具和前提条件。著名经济学家、“宏观调控之父”凯恩斯对思想和原理的重要性曾有过精辟的论述，对我们也有一定的借鉴意义和启示作用，他在1936年出版的《就业、利息和货币通论》中指出：经济学家和政治哲学家们的思想，不论他们是在对的时候还是在错的时候，都比一般所设想的要更有力量。的确，世界就是由他们统治着。讲求实际的人自认为他们不受任何原理的影响，可是他们经常是某个已故的经济学家的俘虏。在空中听取意见的当权的狂人，他们的狂乱想法是若干年前学术界拙劣的作家的作品中提取出来的。

(2) 认为案例分析“万能论”，只要获得案例分析中得出的某些“真谛”或所谓的锦囊妙计，就可以应对任何时候的营销竞争。其实，经营环境是在不断变化的，各个企业、不同时候情况都在发生变化，因此，案例分析中得出的结论不能完全照搬照抄。我们进行案例分析的主要目的并不在于得出正确答案，实际上也不存在绝对正确的答案，而在于得出结论的思考过程，也就是说主要是提高学生分析问题和解决问题的能力。

为了提高案例教学的效果，我们学生还必须注意把握两个环节：

(1) 课前的认真准备。学生要把老师布置的案例首先认真预习，反复阅读，理清思路，运用以前学习的市场营销学中的相关理论来分析、思考、解决案例中提出的问题。哈佛商学院案例教学的成功经验表明，案例法的精髓不在于让学生强记内容，而是迫使他们开动脑筋思考，苦苦地去思考，给学生的讲义和资料，靠死记硬背是绝对消化不了的，要想把课程内容真正学到手，就必须每天晚上读完2～3个案例，还要对它们进行详细的分析，并作出笔记，要充分准备好一个案例，一般需要两个小时以上的时间。

(2) 课堂上的积极参与。进行案例教学不是什么轻松容易的事，所有人都必须全力以赴，特别强调学生参与课堂讨论，要求学生从一个实际经营者的角度去考虑案例中所提出的问题。哈佛商学院案例教学法的成功还表明，哈佛商学院的案例教学是一个不断向学生“加压”的学习机制，上课与否以及课堂上的表现，占学习成绩的25%～50%，如果你被教授提名，却没有进行充分的预习而不得不“Pass”的话，就犯了哈佛商学院的“大忌”，因为按照记分规则，如果你选择“Pass”的话，成绩就会自动拉下一档；“Pass”两次之后就可能拿不到学分，三次以上的“Pass”，不但拿不到学分，而且还会受到校方“行为不良”的警告，严重的会被勒令退学。因此，正是这种强调参与性的教学方法，才使哈佛商学院在林立的商学院竞争中居于领先地位，才使它的学生成为高级管理人才和未来“老板”的好苗子。在哈佛商学院，学生们学到的不仅仅是管理知识，更重要的是它教会你如何去思考问题。哈佛重视培养有独立思考能力的人。

因此在案例教学过程中，作为学生必须要充分重视上课前的预习和课堂上的发言。

（参考资料：林祖华.管理学科案例教学中的教与学.管理科学文摘，2005(8)：50-51.）

五、借鉴哈佛——案例教学的案例

（一）Robert Reid 哈佛案例教学经历自述

第二天所用的案例是我们在哈佛商学院要用的总共大约800个案例中的第一个，正躺在我的书桌上等着我去阅读、分析和讨论。我看了一眼题目——“美国电报电话公司和墨西哥”，内容并不长，大约有15页。实际上内容之长短并不重要，因为哈佛商学院教学案例的挑战性不在于阅读过程之中，而在于准备在课堂上就案例发表自己的见解。在课堂上，每个案例是通过教授和全班同学对话讨论的形式来完成的。学生们必须在课前阅读和分析每个案例，在课堂讨论时说出自己对案例的分析和看法。课堂讨论的进程由教授掌握，使全班同学的想法达成某种程度的一致，或者至少得出案例本身所能阐明的几个结论。

我拿起案例资料开始阅读，内容引人入胜，我不知不觉就读完了。中心议题是AT&T公司(美国电报电话公司)的一位经理要决定是否在墨西哥建立一个答录机生产厂。该案例所涉及的伦理问题包括：① 使一些美国人失去工作机会；② 剥削第三世界廉价劳动力；③ 在一个充满贿赂和腐败的环境中如何定义行为的适当性。我认为前两项不成问题，在第三世界国家投资建厂，给那儿的工人提供比当地平均水平较高的工资和较好的工作条件没有什么不对。只是对第三项，即如何应付当地的做法，我没有清楚的具体想法。

我又将案例资料阅读两遍，并在旁边空白处及白纸上做了详细的笔记，花费大约半个小时考虑所附的3个思考题。有一个问题是这样的：这位经理选择在墨西哥建厂，他应该就工资水平、工人福利、废料管理、童工问题、雇用工人时性别上的要求以及贿赂问题作出什么样的决定？这使我忽然想到一个问题；如果教授让我做开场发言怎么办？尽管可能性并不大，精确地讲被叫的概率是1/92，但是我并没有冒险的心情。我早就听说过被叫起作开场发言是商学院生活中带有传奇色彩的一个事实。如果说毕业后拿到高薪工作的前景是吸引数千名学生在商学院拼搏两年的“胡萝卜”，那么被教授叫起作开场发言的潜在威胁就是那“大棒”。有人告诉我，大部分课是由任课教授叫起一名同学作开场发言开始的。这位同学要作

5 至 10 分钟的发言，总结案例中的几个要点，为理解案例提供一个分析框架，还要为解决案例所描述的问题提出行动方案。

接下来他可能不得不对其他同学的发言的指责进行反驳。他发言得分的情况在很大程度上取决于其他同学的反应。我想起两种对付被教授叫起发言的方法：一是每天晚上都认真准备每个案例；二是偶尔认真准备一下，抱着侥幸的心理，希望教授不叫到自己。鉴于是第一堂课，我决定认真准备，制定一个详细的发言提纲。半小时后我才将提纲列出，准备输入电脑。

学习小组在哈佛商学院也是一个很重要的传统。学习小组的成员通常是在深夜或者早晨上课前的时间聚在一起进行讨论。在这种讨论会上大家互相启发，确保案例中的要点不被遗漏，并且可能在一个比较安全的环境中发表自己的见解。

参加过学习小组讨论，大家对于明天的案例做了几乎过于充分的准备。第二天，走进教室，环顾四周，发现每个人的座位前都摆放了一个白色姓名卡，整个教室看起来像联合国的一间大会议室。

8 点 30 分整，我们的教授走进教室。他站在教室前部的中央，扫视了一眼，全场鸦雀无声。突然他吼叫道："让冒险历程开始吧！从今天起我们有许多事情要干，但在我们开始之前，我要求在座诸君为自己热烈鼓掌，因为你们大家都做了十分出色的事情今天才能坐在这里，你们应该得到鼓掌欢迎！"这句话打破了大家的沉默，教室里响起了雷鸣般的掌声。

教授接着向我们介绍了他的背景、课程的有关情况以及哈佛商学院的一些情况。他风度极佳，讲话极富有感染力。然后，他开始谈论我们的情况，时而引用一些同学们填写在调查问卷上的内容。"你们中有一名同学，"他说道，"在问卷上写了一句妙语，现在我愿意与在座各位一同欣赏它。"他开始引用原话："我喜欢挑战、成长和激励。"他一边说一边迈步登上台阶走向"警示线"。"请推动我……"教授做了一个戏剧性的停顿，才接着说道："使我发挥自己最大的潜力。"他停在一位坐在"警示线"中间的同学面前，"克拉克先生，"教授问道，"你在 MBA 生涯中第一堂课由你作开场发言算不算是一个足够的挑战？"可怜的克拉克同学几乎要昏过去了，此时大家哄堂大笑。教授的讲话完美无缺，就像 CBS 电视台大腕主持人大卫·莱特曼主持晚间电视节目一样，真是棒极了。

克拉克努力使自己镇静下来，结果作出了一个很不错的案例分析发言。他得出的结论是：在墨西哥建厂是正确的，条件是 AT&T 公司要确保那些墨西哥工人的工作条件和该公司在美国的工厂工作情况大体一致。教授对他的模范发言表示感谢，然后问大家有什么要补充。至少有 7 名同学举起手，争先恐后地要求发言。两位同学曾告诉我，一旦开场发言结束，当那个作开场发言的同学在角落里颤抖的时候，其他同学争夺发言机会的战斗就开始了。不管发言内容是多么中肯贴切或者是纯粹的迂腐空话，只要发言就能得到课堂参与分。尽管教授一再言明课堂参与分不是根据发言次数而定，每个人仍然是极力争取尽可能多的课堂发言机会，以使自己能在同伴中脱颖而出。

同学们争夺课堂发言机会的表现因人而异。有的人审时度势，制定了一套什么时候发言、怎样发言以及发言频度的策略。有的人在发言时首先肯定其他同学的正确见解，然后指出不足，提出自己的意见。有的人采取"鲨鱼战术"，如果有同学的发言不妥或显得可笑，他就唇枪舌剑，将对方批驳得体无完肤，用打击别人的方法来为自己得分。最终，每位同学的名誉和彼此之间的关系将在很大程度上取决于课堂讨论时的表现。问题的关键是课堂参与情况在每门功课的最后得分中占多达50%的比例。

教授对几个关键讨论的进展把握得游刃有余。这个案例产生不一致的地方相对较少。在墨西哥建厂实际上对美国人的工作并不构成威胁,它能给所在国带来的好处也是不言自明的。惟一产生争执之处是当地的腐败问题。一个拉美同学说,在当地腐败盛行,如果AT&T公司想在当地建厂,就不得不入乡随俗。另一名同学援引《国外腐败行为法案》说:如果AT&T公司在当地有任何失检行为,它将在美国陷入麻烦。这个问题把同学分为两个阵营:实用主义者认为小规模的行贿是可以接受的,只要通过它能实现建厂的目的。理想主义者认为任何行贿行为都是不可忍受的。还有几个人从实用主义角度支持理想主义者,认为一旦有向当地官员行贿的行为,那么将来就面临更多被敲诈的可能。

课堂讨论一直持续将近4个小时,每个人都发过言,我本人持实用主义和理想主义相结合的态度,作了几次不太重要的发言。最后教授通过告诉我们实际发生的事情结束了当天的案例分析:AT&T公司在墨西哥建了一个厂,极大地推动了当地经济发展,该工厂的生产力水平很快就超出预期的目标。在工厂兴建之前,AT&T公司向所有有关当地官员表明了该工厂绝对不会行贿的立场。这一原则得到坚持,腐败问题从来也没有成为一个问题。教授最后说我们大家做得很好。我们用鼓掌的方式结束了第一堂讨论课,并且大家对第一个作开场发言的同学也表示了祝贺。

(参考资料:[美]罗伯特·里德.哈佛第一年:商学院的真实经历.徐德任,曾剑秋译.中国建材工业出版社,1998.)

(二)海尔案例在哈佛

1998年3月25日,美国哈佛大学迎来了一位特殊的客人。他就是来自中国海尔集团的总裁张瑞敏。海尔集团以海尔文化使被兼并企业扭亏为盈的成功实践,引起了美国工商界与学术界的极大关注。哈佛商学院搜集到有关信息后,认为"这简直是奇迹",经过缜密研究,决定把海尔兼并原红星电器厂并迅速使其壮大的事实编写成案例,作为哈佛商学院的正式教材。

这一天,"海尔文化激活休克鱼"的案例正式进入课堂与学生见面。张瑞敏总裁应哈佛商学院的邀请前来参加案例的研讨,并当堂指导学生。上午9点,教授林·佩恩——一位精干的女士高兴地见到了海尔案例的主人张瑞敏先生。下午3点,上课时间到了,学生们陆续走进教室。

采用案例教学是哈佛的传统与特色。据说,案例讨论源于苏格拉底与弟子的交谈。这种方式在于启发学生的智慧,不在于结论,强调的是学生是否认真思考过问题。当然,这种教学方式对老师和学生的要求都非常高。

张瑞敏总裁步入课堂,U型教室里座无虚席。讨论开始了。"请大家发挥想象力,回到1984年,那时,张瑞敏先生面临的挑战是什么?"佩恩教授意在启发每个学生研究企业时首先研究其文化背景,包括民族文化、企业文化。

学生们主要来自美国、日本、拉美国家以及中国台湾、香港特别行政区。其中有2/3的人举手表示曾到过中国大陆。

"铁饭碗,没有压力。"来自中国台湾的一位学生首先发言。

"没有动力,每个人缺乏想把事情做好的动力。"

发言一个接一个,学生们从各个角度理解这个对他们在思想观点上来说是遥远的中国。

教授及时把讨论引向深入:“请大家把讨论推进一步,什么是海尔成功的因素?你若是处在张先生的位置上,你怎么决策?”

“张先生注重管理,抓了质量与服务。他认为人最重要。他用不同方法来建立危机感,砸毁了不合格的库存品。我可能不会做得这么好。”一位美国学生的发言使大家笑了。

“张能改变公司文化,干得好奖励,干得不好要反省。”香港的陈小姐说。

“张先生不在西方生活,在中国长大,他却有这样先进的观点,引用西方先进的管理来改变职工的思想。如果让我把东方文化中的精华传播到西方,我不知道我能否做到、做好。但张先生做好了,这是他成功的原因。”另一位美国学生说。

发言从一开始就十分激烈,一个人话音刚落,一片手臂便齐刷刷地举起来。有的同学连举几次手也没有得到教授的点名,急得直挥手。

“我觉得中国的员工不会像西方这么自由,但张先生在自己的企业里给员工创造的环境很好。”

“原红星厂是休克鱼,说明这条鱼很晕、很固执,要把人的思想从晕改变为不晕,让这条鱼活起来,很难,但海尔做到了,很神奇!”

……

原定发言讨论1小时,但在热烈的讨论中不知不觉一个半小时已经过去了,仍然有很多学生要求发言。课堂时间是有限的。佩恩教授抓紧时间,把这堂课的“伏笔”亮了出来:“我们荣幸地邀请到了海尔总裁张瑞敏先生。现在,由他来讲解案例中的有关情况并回答大家的问题。”

张瑞敏总裁走上讲台。

“作为一个管理者看哈佛,哈佛是神秘的。今天听了案例的讨论,我的感觉不像是上课,而是在海尔召开一个干部会议。”学生们听了这风趣的语言都开心地笑了。来自中国的这位企业家也像西方人一样幽默,他们开始被张瑞敏吸引了:“大家能在不同的文化背景下对海尔的决策有这样的理解,我认为很深刻。要把一条休克鱼激活,在中国的环境下,关键是要解决给每个人创造一个可以发挥个人能力的舞台。这样,就永远能在市场上比对手快一步……”

学生们开始提问,从红星电器厂干部的削减办法、效果谈到如何解决两个品牌,从扭转人的观念谈到改变公司文化的措施。问得尖锐,回答得精彩,以至于下课时间到了,教授不得不让学生停止提问。

“我非常高兴地通知张先生,海尔这个案例今天第一次进入课堂讨论后,我们将要做进一步修订、核对,然后放在我们学院更多的课堂使用,定稿后,由我签字认可,把案例交到学校案例库,作为正式教材出版。哈佛的案例是全美商学院通用的。美国以外的国家选用哈佛的案例做教材也相当多,因为哈佛始终是以严谨的治学态度对待每一个案例的编采、写作。这样,将会有更多的MBA学生和经理们看到海尔的文化,我相信他一定会从中受益的。”佩恩教授真诚地说。

(参考资料:刘新哲.哈佛学不到海尔是课堂.青岛日报,1998-03-30(1).)

第一章　市场营销概述

本章导读

在商业模式快速迭代的时代，信息过剩导致注意力稀缺，移动互联网是加速进化的推手。即使在风口中的企业也不无焦虑，今天一举圈住用户的模式、内容和传播，明天一早起来可能就被另一个更大的声量夺去。

• 当万物皆媒的时代来临，IP 不只代表一种新的话语体系与故事叙述方法，更需要从泛娱乐形态快速渗透到新商业生态全维度，成为超级 IP。一个真正的超级 IP 具有持久的内容创造能力，因差异化的魅力人格而自带流量，并成为新的连接符号和话语体系。三只松鼠是一个诞生之初就具有拟人化色彩和娱乐属性的 IP，所以公司并没有花钱请明星代言人，而这三只松鼠的形象本身，就为后期形成 IP 产业链提供了延展空间，所以必须把它天然的优势最大化，也就是打通动漫全产业链的路。

• 共享经济的理念起源于 2008 年的美国硅谷，通过互联网作为媒介，整合线下的社会资源，各自以不同的方式付出和受益，共同获得经济红利。在交通拥堵、人们赶时间的情况下，共享单车这种“最后一公里”的出行方式在城市中起着重要的作用，它不仅为城市人们带来了方便快捷，同时也在一定程度上保护了城市环境。作为现在人气火爆的交通出行工具，共享单车之所以能够让人称好，更离不开自身的广告营销。

• 韩都衣舍的创始人赵迎光化繁为简的成功把权责统一的难题降解到了“三人小组”这个最小的业务单元上，通过推动每一个小齿轮的运作，提高了整个供应链的良性运转。在良性运行体制下，韩都的销售业绩屡屡刷新各大电商网站的销售纪录，也因此被称为“最牛互联网快时尚品牌”。酒香不怕巷子深？这在互联网时代并不成立，品牌要是不会吆喝，一定会被淹没在每天数以亿计的信息中。虽然赵迎光把供应链看做是韩都的比较优势，但是他同时也很清楚地认识到：“其实一个互联网品牌供应链是基础的，但是不是最重要的。如果要做一个互联网品牌，营销是第一位的。”在他看来，互联网企业的生存之本一定是营销：“把品牌营销做好，才会有销量，有了销量就会自建供应链。”

第一节　理论教学要点

一、市场营销与市场营销学

市场营销是企业最基本的职能，在企业全部生产经营活动中占据十分重要的地位。

市场营销是指在变化的市场环境中，旨在满足顾客需要、实现企业目标的商务活动过程，包括市场调研、选择目标市场、产品开发、产品定价、渠道选择、产品促销、产品储存和运输、产品销售、提供服务等一系列与市场有关的企业业务经营活动。

市场营销学由英文 marketing 翻译而来，marketing 一词在英语里有双重含义：一是指一种实践活动，即主要由企业等组织所进行的营销活动；另一是指一门科学，即以市场营销活动为研究对象的科学。在英语里这个词用在不同场合有不同含义，在中文里则需要加以区别，前者可译作"市场营销"或"营销"；后者可译作"市场营销学"或"营销学"。从 marketing 的双重含义可知，市场营销学研究对象主要是企业等组织在市场上的营销活动及其规律。具体地说，它主要是研究卖方的产品或劳务如何转移到消费者或用户手中的全过程。

二、市场营销学的性质及研究方法

市场营销学的性质：市场营销学是一门科学；市场营销学是一门应用科学；市场营销学既包括宏观营销学又包括微观营销学。

市场营销学的研究方法：在 20 世纪 50 年代前，对市场营销学的研究主要采用传统的研究方法，包括产品研究法、机构研究法、功能研究法。20 世纪 50 年代以后，市场营销学从传统市场营销学演变为现代市场营销学。研究方法主要是现代科学方法，包括管理研究方法、系统研究方法及社会研究方法。其中管理研究法是教学重点，管理研究法即从管理决策的角度来研究市场营销。从管理决策的观点看，企业营销受两大因素的影响：一是不可控制因素，诸如人口、经济、政治、法律、物质、自然、社会文化等因素；二是可控制因素，美国著名营销学家麦卡锡将此归结为著名的 4p's，即产品（product）、价格（price）、地点（place）、促销（promotion）。菲利普·科特勒在 1984 年又提出了一个新的理论，即所谓"大市场营销"战略，即在营销组合的 4p's 之外，还应加上两个"p"，形成 6p's 战略，这两个"p"一是指权力支持（power）；二是指公共关系（public relation）。

三、市场营销理论的形成与发展

市场营销学作为一门专门研究市场营销理论的经济学科，它创立于美国，是发达商品经济的产物。市场营销理论的发展大体上经历了四个阶段：萌芽阶段（20 世纪初至 20 年代末）；应用阶段（20 世纪 20 年代至 40 年代末）；变革阶段（20 世纪 50 年代初至 70 年代初）；发展阶段（20 世纪 70 年代初期至今）。

四、市场营销观念

市场营销总是在一定的市场营销观念支配下进行的。市场营销观念就是指人们对客观市场环境的认识而产生的一种组织市场营销活动的指导思想。它在一定的社会经济环境下形成，也会随着这种环境的变化而变化。纵观市场营销观念的演变过程，它大体上分为五个阶段：生产观念(production concept)；产品观念(product concept)；推销观念 (selling concept)；市场营销观念(marketing concept)；社会营销观念(societal marketing concept)。

市场营销观念在经历了生产观念、产品观念、推销观念、市场营销观念、社会营销观念五个阶段之后，继续随着实践的发展而不断深化和丰富。特别是 20 世纪 80 年代以来，出现了许多新的营销观念与理论，如关系营销、绿色营销、服务营销、网络营销、微博营销、知识营销、文化营销、CS 营销、整合营销(4C 营销)、基准营销、非营利组织营销等新概念，这是全方位营销创新的表现方式及其发展趋向。

五、市场营销在现代经济中的作用

(一) 对宏观经济的影响

战后许多国家如日本的经济发展经验表明，市场营销观念的转变和贯彻是经济迅速成长的一个重要原因。我国改革开放 40 年的成功经验也表明市场营销在现代经济发展中发挥着重要作用，如市场营销可以解决生产与消费的矛盾，开拓市场，不断满足生活消费或生产消费的需要，有效地促进经济总量的增长，尤其在当前可以通过市场营销不断扩大内需；市场营销可以加快新产品的开发和研究，促进科技成果转化为生产力，充分发挥科技作为第一生产力在经济中的作用；市场营销还可以促进第三产业的发展；等等。

(二) 对企业发展的影响

现在很多企业面临最大的困境是市场问题，而市场营销可以更好地解决企业产、供、销的矛盾，不断开拓市场、为企业创造更多价值；市场营销可以为企业成长提供系统的策略方案，企业可以通过市场营销战略、营销组合策略的决策和系统实施，来达到其迅速成长的目标；市场营销可以促进企业不断开拓国际市场，拓展更大的市场空间，营造有影响力的跨国公司；等等。

第二节 教学引导案例

案例 1－1 玩转超级 IP

一、背景资料

什么是 IP？IP，intellectual property，知识产权。指“权力人对其所创作的智力劳动成果所享有的财产权利”，一般只在有限时间内有效。

从迪士尼、熊本熊、LINE FRIENDS、同道大叔、逻辑思维到奇葩说、Papi 酱、芈月传、鹿晗……IP 浪潮席卷全球，这不仅仅是互联网领域的革命，更是未来商业的游戏新规则。IP 以独特的中国速度成长。IP 从泛娱乐形态快速渗透新商业生态全维度，正深化为不同行业共同的战略方法，甚至是一种全新的商业生存方式，即 IP 化生存。超级 IP 颠覆了旧商业，提倡的是 IP 化生存：一切商业皆内容，一切内容皆 IP。

如果说 IP 更像一个产品、一个原创专利，那么超级 IP 则是自带流量、可扩展开发的人格化 IP。而恰恰是这种直击人心的创意设计，往往更能带来外界对其所属品牌、产品的共鸣和喜爱。

二、基本案情

"品牌 IP 并不是简单的动漫形象,而是整个公司的产品、文化、传播这三者结合构建的品牌 IP 金字塔。"松鼠老爹章燎原开宗明义地抛出他对 IP 的理解。

70 后的章燎原,是三只松鼠的创始人,他的经历奇特,早年历经各种打工失败的经历,属于从草根逆袭 CEO 的典型,但又是天生的营销高手。他不让手下人管自己叫总,他自称"松鼠老爹"。

短短四五年的时间,成立于安徽小城芜湖的三只松鼠,在 2016 年的销售额已经突破了 50 亿元,异军突起且一路高歌猛进,不可谓不是一个零食行业中的奇迹。

3 分钟破 1 000 万元、28 分钟破 1 亿元,在 2016 年的"双十一",三只松鼠天猫单店销售额高达 4.35 亿元,全渠道突破 5.08 亿元,在天猫 TOP 10 品牌中位列第 7 名。

在食品类目中,这已经是三只松鼠连续第 5 年销量夺冠了。如果将三只松鼠与百草味、来伊份、良品铺子这几个主流的零食品牌相较,除了产品本身的差别,最大的不同点可能在于,章燎原在做零食之初,就铁了心想做成一个品牌。

随着三只松鼠的不断壮大,他又乘胜追击,一心想将三只松鼠的品牌打造成一个真正意义上的 IP。

卖坚果也要会卖萌

在全球范围内最知名的几个 IP,例如 Hello Kitty 和哆啦 A 梦,都已经是年逾 40 岁的"老网红"了,却依然在靠卖萌创造溢价。社交软件 LINE 的主要营收来源是其萌贱的卡通人物表情包——布朗熊、可妮兔。

如果说移动互联网的发展是零食电商一夜壮大的温床,那么品牌和营销则是促其开花结果的营养剂。自创立以来,三只松鼠的品牌形象和营销手段一直为外界所津津乐道。

关于投资女王徐新为何投三只松鼠,有两点原因是广为流传的:第一,徐新一下子就喜欢上了三只松鼠这个名字;第二,她发觉章燎原对用户和品牌很有洞察力。

从安徽当地一家传统的食品公司出来,章燎原决定自己建立一个互联网坚果品牌,这是他在之前的公司里任职时未能达成的理想。形象讨喜、拟人化、互动性、朗朗上口……营销出身的章燎原深知一个品牌的重要性,在创立品牌之初就作了反复的思考和斟酌,最终锁定了"三只松鼠"的名字,并塑造了松鼠小贱、松鼠小美、松鼠小酷的三个卡通形象。

"亲是淘宝的,'主人'是松鼠的。"三只松鼠的行政总经理"鼠政委"潘道伟曾这样告诉《商学院》记者,以撒娇卖萌的口吻称呼消费者为主人是属于三只松鼠的原创,也是帮助三只松鼠从无数个淘品牌中脱颖而出的关键点。

在传统食品行业里做了多年的章燎原判断,互联网经济的到来,一个全国化品牌的机会也有可能诞生。几乎是踩在了消费升级的风口上,也恰逢淘宝从 C 店到 B 店导流的时机,三只松鼠一炮而红。用投资人徐新的话来说,三只松鼠一年的销售收入,恨不得做了传统行业 30 年的生意。

但是章燎原看得更远,也非常会赶时髦,他观察发现,IP 成为一个热词——新消费时代来临了。在短短四年中,三只松鼠已经突破了 50 亿元的销售规模,他还想试着将这个品牌打造成一个真正意义上的 IP,既有文化内涵又有商业价值。

“产品需要 IP 的显著特征,比如说三只松鼠的主打产品坚果,上面画了一个大头的坚果,那么这个形象在这个产品包装上面赋予了一些自带的话题、流量。”章燎原说。

喜欢观察和学习的章燎原,特地去了两趟上海的迪士尼,也专门去收集 Line 的资料学习。他判断,电商的红利期即将过去,淘品牌也在没落,下一个时代属于 IP。

在过去四年中,章燎原认为,三只松鼠占到了一个品牌 IP 流量和互联网变革的先机。那么现在,结合一些现象来看,从互联网的流量经济到品牌经济再到 IP 经济的过渡,渠道的便利性会进一步弱化,从而 IP 的重要性愈加凸显。

如何塑造一个 IP

就零售行业来看,消费群体趋于年轻化,且产品越来越同质化。面对越来越难取悦的消费群体,章燎原认为,从对产品的使用功能和情感功能的两方面来分析,情感需求大于产品本身的需求。

他的想法很多,也很大胆。比如,围绕网红、IP 和二次元实现品牌的 IP 化和人格化,不仅要在全国范围内大开线下体验店,甚至投资数千万找到原迪士尼编剧以及中美韩团队,开拍三只松鼠的动画大片。

从零食起家,三只松鼠却越来越不像一家单纯的零食企业,越来越向文娱产业靠拢。

2016 年 5 月份的电商大会上,章燎原就宣布要携手功夫动漫打造三只松鼠动画大片,“用动漫来维系用户情感,做没有痕迹的营销”。

而功夫动漫董事长李竹兵认为,品牌携手动漫是市场年轻化趋势下增强消费者共鸣的有效途径,有好的产业积累的动漫 IP 将是未来动漫 IP 授权的大趋势。

从产业积累的角度来看,三只松鼠在过去几年的确抓住了淘宝的红利期机遇,但面对其他品牌的穷追不舍,三只松鼠想要继续占领消费者的心智,还是不能仅仅单靠卖萌叫主人那一套——壁垒太低,太容易被效仿,真正的差异化营销,还是考验品牌 IP 化的深入程度。

如何衡量 IP 是否成功

章燎原认为,如果你有了一个 IP 的形象,但做成公仔却没有人买,那就算不上一个成功的 IP。也就是说,IP 要有变现能力,要能吸引消费者心甘情愿为之付费。

“比如说,我们中国本土的游乐场和迪士尼最大的区别在于,中国的主题乐园没有自己的 IP 或者都是一些比较低级的 IP,而迪士尼有自己历经数年打造、沉淀下来的超级 IP,除了有动画片、主题乐园、卡通周边,还有酒店等,并且消费者愿意消费这些衍生产品。”章燎原拿主题乐园来举例,他认为,IP 不仅是一个单薄的形象,更要看是否能跨界、是否能变现。

章燎原将此称作“3.0 时代”,即公司的战略是品牌 IP 化,进而是 IP 战略化。三只松鼠想要打造的是一个新时代的 IP,不只是过去大家所认知的坚果和零食的三只松鼠,而是能够为人们创造更有价值的、也更有趣味和内涵的形象。

三只松鼠是一个诞生之初就具有拟人化色彩和娱乐属性的 IP,所以公司并没有花钱请明星代言人,而这三只松鼠(小美、小贱、小酷)的形象本身,就为后期形成 IP 产业链提供了延展空间,所以必须把它天然的优势最大化,也就是打通动漫全产业链的路。

动画和大电影会是三只松鼠近年重点筹备的方向,而据三只松鼠公关负责人对记者透露，这部52集的动画片今年就会上映，以小美、小贱、小酷为主角，叙述一个城市历险的故事，会在央视频道登陆。其实在2016年的“双十一”晚会上，三只松鼠已经试水推出过一曲《好吃歌》，被一些受众称作“洗脑神曲”。某种程度上，他们达到了想要的效果，越是洗脑的神曲，越是能加深品牌印象。

章燎原的野心很大，不满足反倒成为他在商场上的优点，这是促使他一步步去折腾的动力。他还喊出大健康、大娱乐、大品类、大消费的四大未来战略。

与之相对应的，是他观察未来商业发展的四个变化：新消费、新商业、新零售、新制造。四个“新”合在一起，松鼠的产业布局有了雏形：通过品牌IP来促进线上销售，也提升线下体验，贯穿其中的正是松鼠文化。

大娱乐即是动漫、电影制作的方向，对于三只松鼠联合动漫公司一手打造的动画片，章燎原表现得很有信心，他的目标是在三年内超过那部家喻户晓的《熊出没》。至于大消费，章燎原对标的则是万达。

迪士尼乐园入华时，万达王健林曾公开喊话“猛虎架不住群狼”，章燎原也对前者喊了话“群狼跑不过松鼠”。从媒体注意力上，前后两者的喊话都达到了某种关注效应，但其实也都没止步于口号。

位于芜湖的松鼠城已经在规划建设中了——城市公园融合商业广场的全新业态，章燎原想抓住万达与迪士尼两种模式之间的空白市场。因此，松鼠城并不会收门票，但所有的入驻商家，都必须是三只松鼠主题相关的消费项目，先靠免费吸引人流量，再通过升级的消费体验深化三只松鼠在消费者内心的IP形象。

三只松鼠的IP战略，承载着章燎原的文化梦想。他坦言，他很害怕失败。折腾出一个好IP，或能为零食产业带来一些颠覆，也能让三只松鼠在下一个五年可以跳得更高一些。

一个做坚果起家的零食公司，在IP化的道路上能走多远，会是一场漫长而有趣的实验。

三、问题思考

超级IP的打造和运营是怎样一个过程？哪些先行者正在成为先锋？

四、分析点评

（一）超级IP如何打造

法则一，以用户原点来定义IP属性，实现消费目标的匹配。前提是企业要有自己的价值观，且与IP的价值观能够相互背书，从而实现用户的有效转化。否则就是将IP视作简单的营销，导致本末倒置。

法则二，要有内容的持续生产和打动人心的能力。今天所有的商业必须是内容，所有的产品必须是内容，所有的品牌必须是内容，所有的人格必须是内容。内容已经成为定义商业模式、商业逻辑的起始。好的内容有化学反应，新鲜有趣，能被用户感知，进而打动用户。要让内容主动发酵，意味着有足够的创意能力，且高质量地完成，更重要的是通过这些积累，产生放大与裂变效应。杜蕾斯的高完成度是通过高标准的社会化内容体系来保证的，它像一个勤奋的段子手，具有强大的内容力，话题自带势能，自我生长，生生不息。

法则三，企业要有足够的耐心持续积累。不是找“奇葩说”来加持就变成“奇葩说”。IP首先要耐心孵化，建立持续输出内容的能力；其次是差异化，与其更好不如与众不同；三是自带话题，形成更好的势能价值。依循这一逻辑，通过故事、新技术、魅力人格体完成分发，与用户的关系和流量才能实现。

（二）IP 如何管理

未来的消费将基于全新的内容场景、全新的人格、全新的信任代理和信用连接。数据成为能源，人际交互成为土壤。这轮关系里，故事叙述的方式本身会决定调性，会决定品牌，也会决定能不能形成传播的价值。

原本作为企业创始人或者是领导者的人群因为互联网传播环境的改变，他们的一言一行自带故事，自带势能。企业家作为超级 IP，必须体现在公司的宣传收益、传播收益，品牌知名度的提升，但这知名度是不是美誉度，还需要产品、服务和用户口碑来说话。

能够成为超级 IP 还是归结于两点，一是以用户为中心，二是内容的持续生产能力和打动人心的能力，在价值观甚至在独特的态度层面有没有与用户形成非常好的连接。

（参考资料：钱丽娜."怪咖"时代来了 用超级 IP 收割用户.商学院，2017(4)：46－47.）

（参考资料：芮益芳.零食企业的 IP 梦想：三只松鼠不只是坚果.商学院，2017(4)：52－54.）

案例 1－2　共享单车"世界大战"

一、背景资料

互联网＋无处不在，互联网＋的创业、创新，总是在解决某一个传统行业痛点的时候及时出现。在打车行业资本大战偃旗息鼓，成为滴滴一家独大之后，在共享出行领域，又刮起了一场更大风暴的共享单车行业的创业、创新和资本大战。

这是一场对传统公共自行车"有桩模式"的革命，通过互联网＋手段，将公共自行车推入了真正的"无桩时代"。

然而，相比前一轮的打车行业的大战，这次"出行"中，竞争者、搅局者、掠杀者、资本者更是繁复，而且打法更为迅猛、凌厉。

谁会是这场洪荒之争的最后赢家？以 ofo、摩拜为主导的"智能＋出行"和"城市大共享"两大战略比拼的阵营，或将左右这场单车经济大战的最终局面。

二、基本案情

源于政府为便民推出的"有桩运营"自行车服务系统，尽管能对公共自行车进行监控和管理，但是，其使用的办卡制和定点借车、还车等制度，还是对使用者造成很大不便，尤其是在站点较少的区域，公共自行车的作用难以完全发挥。而民间资本恰恰抓住了这一痛点，通过互联网＋的手段，以"无桩运营"模式引爆了这场单车经济。

无论是上一场打车市场的血战，还是当下这场共享单车的混战，都围绕着一个关键点："出行"。

尽管，每一个城市的公共交通服务系统都在逐步普及和完善，但以中国 13 亿人口的密度，其中 9 亿农业人口中的绝大部分，持续在涌入一、二线城市，因此，无论再怎么发达的交通体系，在巨大的客运量面前，都捉襟见肘。

如同技术创新源于用户痛点，共享单车的诞生，完美地将最后 1.5 公里的出行尴尬化解。

虽然人们把它称作"后滴滴时代"，但不可否认，它和滴滴一样，走的都是同一条变革之路。

那么，共享单车是如何走进人们视野的呢？

抓住"有桩运营"软肋

关于共享单车，要从政府倡导的公共自行车系统开始说起。

早在2005年，上海和北京就进行了公共自行车租赁试点，只是那个时候还没有共享单车这一概念，也许是考虑到对自行车的管理，采用的全是有桩运营，解决的也只是自行车站点与公共交通换乘(Bicycle and Ride，B+R)点对点的出行问题。随后，杭州、广州、武汉等地也主导、建设了自己的公共自行车服务点。公共自行车服务系统犹如雨后春笋般地在国内各大城市兴起，掀起了一场绿色交通的风潮。

然而，这个看起来便民的自行车服务系统，在如今的互联网时代，却有一个最大短板，即"有桩运营"模式，而这正是共享单车能够以迅雷之势抢占公共自行车市场的重要原因。虽然有桩运营能最大限度提升对自行车的监控和管理力度，但其使用的办卡制和定点借车、还车等给用户造成了很大不便，尤其是在站点较少的区域，公共自行车的作用难以完全发挥。

而民间创业者正是抓住了这样一个痛点，将移动互联网作为连接单车和用户的手段，一方面极大地提升了单车在使用上的便捷性，另一方面又能有效地对车辆进行监测和管理。可以说，共享单车的问世，得益于公共自行车系统的引导和探索。

第一个吃螃蟹的玩家

ofo是中国，也是全球第一家无桩共享单车公司。但是，这家公司前身却是玩骑游的。这个从大学校园孕育出来的年轻团队，也如许多创业者一样，有着创业失败的经历。

在转型共享单车之前，创始人戴威与其他几位合伙人曾因兴趣做过一个定制化骑行旅行项目——"ofo骑游"，且获得了来自唯猎资本100万元的天使投资。然而，因为骑游的频次过低，看不到市场，最终被扼杀在摇篮里。

但，项目的无疾而终却让戴威明白：仅凭兴趣，不可能让自行车共享这个更宏大的项目顺利运转。因此，校园共享单车的概念被提了出来。在封闭的校园里，戴威和他的团队进行了初步的尝试。首先利用移动APP和智能硬件开发，将自行车和互联网连接起来，通过线上扫码，线下解锁、网上支付三部曲完成用车流程，为广大高校师生提供便捷经济、绿色低碳、更高效率的校园共享单车服务。同时，大打共享牌，号召大学生群体无偿将自己的自行车交给ofo喷绘上牌，投放市场，而作为回报，ofo将会给予车主所有车辆的永久免费使用权。

很快，这种共享模式和0.5元每次的使用价格以及200、300元的单车成本，让ofo的规模呈现跳跃式增长——2015年9月份，ofo的产品上线第一天就收获了100个订单；同年10月，走出北大，进入北京的另外五所高校，到了2015年12月份，日订单量达到了1万单。

随后，初尝共享单车甜果的ofo，带着摸索出的经验，开始高歌猛进地扩张高校市场。彼时，整个共享单车行业还未成型，ofo也还未曾遇见敌手，一切都是按照预期的计划进行着……然而在风起云涌的资本市场，平静只是表象，暗涌无处不在。

也许ofo的团队曾经想过开拓其他市场的可能，但他们沉浸在当前的红利当中，以至于忘记了自己身处在一个怎样残酷的竞争社会里。所以，当ofo正猛烈地在校园内复制扩张之时，竞争对手摩拜悄悄地完成了自己的原始积累，大举进军城市共享单车领域，打了ofo一个措手不及。

尽管ofo也在后面做了许多相应的对策，甚至高调宣布走出校园，与摩拜争夺城池，但先机已失，而且ofo只是被动应战，因为如果ofo固守校园，让对手得了城市市场，就意味着ofo将永远走不出校园，甚至有一天，校园市场也会被日益强大的对手蚕食。与有备而来的摩拜相比，ofo的准备明显不足，这从其将早在2016年5月份就已经完成的B轮融资放在9月摩拜的发布会后公开的行动上可以看出，当时ofo能与摩拜相争的筹码并不多。

技术、服务和模式大决战

随着越来越多的玩家入局，共享单车的行业规模迅速成型。一方面，市场竞争进入白热化阶段，如何构建自己的竞争壁垒成了众玩家首要思考的问题；另一方面，由于行业规模的高速生长所产生的新需求、新痛点也到了集中爆发期。许多新技术、新服务和新模式应势而生。

在新技术方面，虽然很多玩家都在自家单车的设计上力求差异化，但从技术的含量和数量上看，至今还没有哪一家能与摩拜相比。

从2016年6月开始，北京摩拜信息技术有限公司先后申请了27项发明、实用新型和外观设计专利，另外还有一项，是由上海摩拜信息技术有限公司申请的。也就是说，截至2016年9月份，摩拜总共已经申请了28项专利。根据专利文献上的公开信息，摩拜单车所使用的技术，主要包括以下几项内容。

智能车锁。这是摩拜的核心技术，锁内集合了物联网传感器、SIM卡、GPS芯片、无线移动通信等多项当下最先进的技术，几乎相当于一个手机。用户每次扫码开锁就是一个远程呼叫电话的过程。除此之外，摩拜的车锁同时还肩负着定位、计时、无线传输等多个功能，用户在骑行结束后，可以即时在APP上查看骑行的时间、路线和距离。

新型无链式传动装置。与传统的链式传动自行车不同，摩拜采用的是“圆锥齿轮—传动杆”方式，利用锥齿轮能够交叉轴传动的原理，代替链传动，在提高单车耐用性的同时，排除了使用过程中掉链子的风险，减小事故的发生率。

实时定位的防盗系统。为了降低单车被盗而产生的成本压力，摩拜在车锁内设置了振动传感器，对单车的振动强度信息进行采集，当剧烈破坏行为引起的振动强度超过了预先设定的阈值，振动传感器会唤醒定位模块的实时采集定位信息，同时指示报警模块进行报警。

自动充电。不管是车锁的使用，还是防盗系统的运行，如果不能保证充足的电量，所有的功能都会如同虚设。为了能够防止因电量不足而导致的问题，摩拜在单车的轮轴上设置了电机系统，能够利用从离合器单元传输而来的力带动转子转动，转子和定子的相对运动可以在线圈中产生感应电流为单车的电池充电，从而实现电量的自给自足。

在新服务方面，首先是押金秒退。可能是考虑到目前参与竞争的玩家太多，且各家的投放量和投放范围，都不能做到全城覆盖，想要真正地实现随时随地有车骑，就意味着用户要同时交纳几家甚至十几家共享单车的押金，这对用户的伤害是最致命的。因此，目前几乎所有的共享单车都提供了这一退款服务。

其次是保险。ofo是第一家给用户买保险的公司，其初衷是考虑到用户在使用单车出行时突发交通事故给平台带来的风险。虽然网友们一致认为，骑单车出事故，跟平台没有任何关系，但是大多数玩家都在自家的单车上或多或少地做了改造和升级，尽管在安全性能上都做了测试，但由此产生的安全隐患仍旧存在。所以，保险服务的催生，应该说是一种行业趋势。

第三是信用积分系统。由于网上频频曝出共享单车被盗以及被刻意损坏的消息。摩拜单车、一步单车和骑呗各自都在信用系统上作了探索。摩拜和一步单车采用的都是“信用分制度”，只要发现用户违停、损坏车辆等行为将会扣除该用户信用分，并且在平台设置投诉举报窗口，鼓励消费者拍照举报。而骑呗则和芝麻信用达成合作，用户违规损坏车辆将会影响其信用。

在新模式方面，尽管整个共享单车行业呈现出一片繁荣的景象，但形式上仍然是以 ofo 和摩拜这两种解决方案为首。当然在细节处还是有些不同的。

“城市大共享”计划。这是 ofo 提出的未来共享模式，主打连接单车但不生产单车。内容与滴滴有些相似，通过不断连接更多优秀的单车品牌与生产商，接入更多产品线来满足用户的多元需求，共同提供城市出行服务。同时，也号召用户共享自己的单车，以一车换取 ofo 单车的永久免费使用权，从而提升闲置单车的使用效率。

智能出行。前面提到摩拜拥有 28 项发明专利，在众多玩家中形成了以技术为优势的竞争壁垒。虽然运营模式只是纯粹的公共自行车租赁，但是，摩拜基于物联网技术和智能硬件，赋予了城市公共自行车智能化的能力，这就决定了智能出行会是未来摩拜在共享单车领域站稳脚跟的必杀技。

无桩＋有桩的运营模式。这以 CCbike 为首，其创始人张进曾从事和政府合作的传统公共自行车系统工作，对有桩和无桩运营的优缺点有着深刻的了解，因此，CCbike 试图以有桩＋无桩的运营模式相互补充、中和，意在现有的共享模式上优化、丰富用户的选择。

三、问题思考

共享单车的未来会不会和共享汽车一样，最终走向一家独大，甚至是垄断市场的局面？如何找到合适的盈利模式？

四、分析点评

从目前的运营情况来看，租金仍然是共享单车的主要收入来源。但其盈利模式单一，根本无法满足日益增加的投入成本，这也意味着，拓展其他的盈利可能是共享单车得以延续和生存的重中之重。

首先从付费对象的不同，可以分为 2B 和 2C 两个方向。

2C 模式，就是向用户直接收费，比如单车的租赁费用和押金。由于共享单车的刚需较大，又是利用移动互联网作为连接，随着共享单车 APP 的流量越来越大，衍生出其他的功能也并非不可能，比如建立社交属性平台，供用户交流、分享骑行体验，提升平台的活跃度，进而组织骑行活动和赛事，向参与的用户收取服务费。另外，增加电商平台，向用户销售骑行所需要的周边产品，等等。

2B(G)则是向企业和供应链收取费用。最常见的就是利用 APP 上的用户流量，面向所有与单车相关的企业售卖广告位。同时也可以帮企业代售产品，从而收取中介费和销售提成。

此外，还有一种盈利模式，可能是未来共享单车玩家们普遍使用的。就是将用户缴纳的押金作为资金池，进行二次金融操作，但是会具有一定的风险。

（参考资料：谢慧敏.决战共享单车之王/共享单车大混战/共享单车的下一个“滴滴”.经理人，2017(2).）

案例1－3 赵迎光说韩都衣舍

一、背景资料

中国互联网在电子商务这个领域里，有两个年份有特别意义：一是2003年C2C的淘宝网上线，二是2008年B2C的淘宝商城（后来的天猫网）上线。这两个网站以它们的后发优势和中国式创新，很快跻身世界一流购物网站的第一军团。这个成就的取得有很多原因，其中最主要的就是互联网激活了中国年轻一代草根网商的梦想和创意。赵迎光就是这群有梦想的网商中的一个。

二、基本案情

2007年赵迎光到韩国的一个展览会上做翻译，其间参观了一个卖女装的网站，被它的巨大销售额惊呆了。对方老板用互联网的分享精神告诉他做电子商务的三个秘诀：第一，要做就做女装；第二，要做就做自己的品牌；第三，做女装就是款式要多，更新要快，性价比要高。

这个秘诀对2001年就开始尝试在淘宝上卖货但毫无起色的赵迎光来说，如醍醐灌顶。回来后他就商量如何在没有本钱的条件下做到女装款式超级丰富，一个最简单的办法就是从韩国网站上代购。韩国有3 000多个女装品牌，其中比较好的有1 000个，如果能够代购这1 000个网站的产品，不就解决款式丰富的问题了吗？但是这样一来至少需要三个人为一个小组：一个是懂韩语的，一个是会作图写文案的，一个是管代购的，这就是买手小组的雏形。以后几年，这样的买手小组就翻倍发展起来，微妙的变化也随着体量变化油然而生。

小组制是公司的发动机

以小组制为核心的单品全程运营体系，是韩都衣舍平台化运营模式的关键。关于这个体系，2008年创业的时候，韩都内部做了大量的讨论：这个体系建立的基础到底是什么？为什么要建立这个体系？

在做韩都的过程中，赵迎光发现了一个问题，互联网其实提供了一种可能性，用专业的术语来讲，是符合"精益创业"的原则。在传统商业里，一家企业或者一个品牌，在全国开了5 000家实体店，其目的是让尽可能多的消费者可以见到这个商品，进而做出购买的决定。但是在互联网上这个问题就不存在了。互联网提供了一种"低成本快速试错的可能性"。低成本，指的是可以按照工厂的最小起订量来采购，这个最小起订量可以是50件，也可以是100件。快速，指的是今天有多少人看了，多少人买了，马上就可以拿到即时的数据进行决策。我一看卖得不好马上降价，这个销售策略转换得非常快，这是互联网的特点。改一改就是几秒钟的事。

既然有这种可能性，是不是可以基于互联网这种特点，来改变企业的组织？

韩都就设计了这样一个小组：设计师、页面制作专员和货品管理专员。设计师就是产品开发人员和选款师，页面制作专员等于是销售导购和视觉人员，货品管理专员就是运营人员。这三个人编为最小的小组，这个小组通过制度实现责、权、利的统一。

第一是责任。韩都衣舍现有260多个小组，假如2016年要完成10亿元的销售额，是由200个小组来完成的，每个小组理论上要完成500万元的销售额。企划中心会跟每个产品小组谈增长率，根据任务额来配备资源额度。比如完成400万元，是200万元的资金额度，因为韩都要求的平均毛利是50%。小组可以用200万元的资金干这个事情，这是责任。当然责任里面不仅仅是销售额，还有对毛利率的要求，对库存周转率的要求，如果小组毛利率或者周转率太低，小组也可能拿不到奖金。小组要把这200万元用好，在符合公司利益的前提下让它尽可能产生400万元的销售，这是小组的责任。

第二是小组的权力。小组有什么权力？权力非常大，大到什么程度？首先，小组要开发什么款式自己说了算；其次，每个款几个码，每个尺码多少件，小组三人商量；再次，小组自己决定参加哪些活动，公司每年都有各种各样的促销活动，甚至"双十一"，参加不参加都是自己决定；最后，小组还可以自己确定打折的节奏和深度。基本上一个网店老板的权力都在这儿了。

第三是小组的利益。其实奖励公式很简单，销售额减去费用，乘毛利率，乘提成系数，再乘库存周转系数。公司鼓励大家提升库存周转率，库存周转率快的，提成的比例就会多一些。毛利和库存成了每个小组都最关心的两个指标。因此韩都衣舍的库存周转率每年都在提高。

此外，小组制还可以实现产品小组更新自动化。小组中间一定会有做得好的，也有做得不好的。那么韩都的小组是怎么淘汰的？

两个方向：第一，韩都的小组每天都有业绩的排名。如果你排第一，你会怎么办？你会更加努力。如果你是第二呢？你会想超过第一。如果你是最后一名呢？最后一名的压力也很大，你要努力往前赶，赶一名是一名。最后的结果是大家都铆足劲地工作。

第二，奖金分配制度。韩都每月的奖金分配权是给到组长的，比如上个月拿了2万元奖金，组长会怎么分配这笔奖金呢？通常情况下，组长会自己留一半，另外两人各5 000元。两年后如果继续这么分配，拿5 000元的两人会怎么想？他们会想，我也是设计专业出身，我也干两年了，因为你是组长你就拿1万元，不行，我要独立，我要当组长。还有就是最后几名，如果一个小组经营得不好，奖金就非常少，小组成员就想跟着好的小组长干。韩都是允许自由组合的。比如，最好的小组组员出来当组长了，最差的那个出来跟着他干，自由结合。不过韩都有一个规定，组员走了之后，走的人在新的小组拿到奖金后要将10%交给老组长，时间是一年，算是培养费，这样老组长也不会对新走的很讨厌。

这就是小组的基本架构，与传统部门制模式相比，韩都小组制模式下的导购是有温度的。韩都衣舍的每个产品都是"妈妈"和"保姆"照顾的结果：韩都衣舍的小组是"妈妈"，是她养育了产品这个孩子；而每款产品又都有"保姆"照顾，"保姆"是公司的公共服务部门。

小组制使得韩都衣舍在最小的业务单元上实现责、权、利的统一。其实不仅仅限于服装，大多数消费品或者服务行业，都可以这样考虑。小组制可以做到大的共性和小的个性结合，所有非标准化的环节，如产品的选款、页面制作、打折促销，全部由小组来做；所有的标准化环节，如客服、市场推广、物流、市场、摄影等，统称公务部门，由公司来做；再加上人资、财务、行政部门等，就完成了韩都的组织架构三级管理。

要特别说明的是，所谓的"单品全程运营体系"，并不仅仅是为了扩大规模，而是为了实现单品结算。如果这个单品做成了，你想做再大的品牌，韩都都可以帮你做。因为1款和

1 000 款是一样的,单品可以结算,就都是一款的事情。

多品牌:突破天花板的必选项

“打造时尚品牌孵化平台”的提法由赵迎光在 2014 年正式对外宣布,但深层的基本战略——韩都衣舍要走多品牌经营的道路,早已深植于他的心中。因大学毕业后被派到韩国工作,赵迎光多次与韩国知名服装企业衣恋集团打交道,多次交流后他得出结论:一个服装企业要做到较大规模并保持持续增长,多品牌是必经之路,毕竟一个品牌不可能占据所有的人群定位。2007 年赵迎光回国创业,一口气注册了 20 多个商标,为日后的多品牌发展早早做起了储备。

多品牌战略之下,亦有不同的打法。回国后,赵迎光经历了国内服装电商的两次大讨论:一是互联网上能不能出品牌。这一争论伴随 2008 年淘宝商城成立并大力扶持“淘品牌”而渐渐平息。二是一个互联网服装品牌的天花板有多高。业内的共识是由于存在极多个性化定位,单一线上品牌要做到百亿元几乎不可能,其天花板远远低于线下,因而品牌的数量会大幅增加。

两种思路的背后是对一个问题的不同回答:一个线上服装品牌要做到百亿元,究竟需要多少子品牌?四五个还是四五十个,赵迎光的判断是后者。最初几年,赵迎光很少提及多品牌之事,只带领团队埋头耕耘主品牌韩都衣舍。2011 年韩都衣舍的销售额在赢利的前提下做到近 3 亿元,以小组为核心的单品全程运营体系也日益完善。2012 年 4 月,韩都衣舍推出第一个内部子品牌——韩风快时尚男装品牌 AMH,当年销售额便做到 4 000 多万元,2013 年冲到 1.8 亿元;2012 年 5 月,韩都衣舍从外部收购了设计师品牌素缕,销售额亦从其独立发展时的年均 200 多万元,增至 2013 年的 6 000 多万元。截至 2015 年 3 月,韩都衣舍在线上正式运营的子品牌已有 18 个,加上正式立项的共有 22 个,平台已初步成型。

尽管在很多人看来,赵迎光大批孵化子品牌的做法已十分大胆,但他还有更疯狂的计划:搭建一个让所有人都可以在上面设计制作衣服的低成本创业平台,他将之称为“云平台”,这个平台的背后是韩都衣舍的柔性供应链在支撑。正如淘宝上能够出现“淘品牌”,韩都衣舍的平台也可以出现“韩都品牌”。这一雄心勃勃的计划并没有停留在纸上,韩都衣舍的 IT 部门和供应链部门已经在为此做准备。

核心是经营人,而不是经营事

人的成功是有很多招数的,三十六招、七十二招,但在赵迎光看来,韩都这么快速地、超常规地发展,最核心的一招是建团队,韩都衣舍能走到今天,最主要的就是合伙人制。

赵迎光坦言:“我真的不觉得自己厉害,但我最厉害的就是知道自己不厉害,合伙人都比我优秀,名利上我会尽可能给他们尊重,我只在乎能不能做成事儿。”包括赵迎光在内的 6 人核心管理团队,其中两人曾是山东省下辖地级市的高考状元,两人是他的山东大学校友,还有一位是山东资深的媒体人。尽管学历不代表全部,但这些合伙人的素质之高,却是令许多其他网商羡慕的。赵迎光说,他的核心工作就是找人,先找核心团队,然后再找第二代中层干部,“我们 6 个人一块儿看,从各自不同角度,基本上挑出来的人不会太差”。

韩都的员工入股是 2009 年 4 月,刚开始效果并不好,有谣传说公司倒闭了。为什么?没钱了,开始向员工要钱了,所以大家都勉为其难地投了点钱。后来韩都经历了四次员工入股，他对公司的关注度就开始提高。2009年公司估值是1 200万元，2010年是8 700万元，越往后员工的积极性越高，越有信心。

作为创始人，赵迎光整天就在出各种各样的创意和点子，但基本上5个合伙人一开会，90％就被否掉了，另外10％也都变样了。合伙人做决策不是少数服从多数，而是必须内部全体通过，如果这个事情有一个人不同意就不干，这样虽然很累，但只要韩都内部通过的方案，成功率就非常高，所以弯路走得少。

在公司当老大，赵迎光的感悟是两个“守弱”——人多的时候，在公司里很多时间要退到背后去。“老大已经得了名了、利也少不了，你还要面子干什么？还要权力干什么？私下里回家自己算一个账，自己在企业得到了什么，其实背后的感受更重要。你要尽最大的力来体会合伙人心里的感受，把最大的面子给他们，能给的都给。”包括开会的时候，坐会议桌，惯例是老大坐中间，但是韩都有规矩，谁的专题会谁是老大，谁坐中间，赵迎光在旁边旁听。老大如何平衡，让每个人的感情和利益达到平衡，让他尽心尽力去做，这是最重要的。

赵迎光常说，“我是在电子商务的染缸里泡大的”，他从2001年在易趣上开韩国化妆品店，之后转战淘宝，卖过化妆品、汽车用品、母婴用品，一直到2007年，生意始终没有太大起色，团队只从1人做到7人，以至于他后来感慨，“太多的事情想不到，想到的事情想不透，想透的事情是错的”。然而从2008年3月，韩都衣舍开启了老兵新传，用了不到7年的时间，突破了15亿元年销售规模，真的是“方向比努力更重要”。

作为创始人，赵迎光不是女装行业出身，这反倒让他自然而然地扮演管理者的角色，总是在思考战略和组织问题，倾听客户成长的脚步，然后通过关键人解决关键问题，结果让企业处在一个较为健康的管理状态。

三、问题思考

在多品牌的发展过程中，韩都做出了哪些策略的支持？

四、分析点评

（一）从抓大放小到抓小放大

韩都衣舍在总经理办公室下面设立品牌规划组，专门为销售额在1 000万元以下的小品牌服务，为其提供包括前期市场调研、商标申请、知识产权保护等在内的各种支持。此后，公司又成立了以小品牌负责人为主要成员的“掌门大会”，每月至少召开一次，子品牌负责人轮流做值班主席，会上可提出各种诉求，平日有任何问题也可向担任大会秘书长的总经办主任随时反映。

（二）派驻老人加速磨合

对于加入平台的外部子品牌创始人来说，他们只需要专心做设计，营销等基础服务由平台提供，在新品牌进入之初、韩都会派对企业了解深并有一定影响力的老人进驻，帮助新品牌迅速与平台的各个公共资源端口对接，也可为其出谋划策。

（三）设置战略亏损期

韩都衣舍专门为新品牌设置了战略亏损期。按照为子品牌制订的“三年计划”，第一年允许亏损10％，第二年实现收支平衡，第三年开始赢利，在这个基本框架下，再根据具体情况进行调整。

（参考资料：韩东阳.赵迎光说韩都衣舍.销售与市场(管理版)，2017(1)：80－83.）

第三节 课堂讨论案例

案例1-4 熊本熊：一个国民IP的卖萌经济学

一、背景资料

“亚洲人气天王”可能并不是指某一个人，也有可能是一只卡通熊。

许多国人在社交网络上见过这只名叫熊本的熊：表情呆萌，两颊有醒目的腮红、圆瞪的双目、小而可爱的圆耳，身形如桶且行动笨拙，它常常以各种趣图、表情包出现在网络上。

它的官方中文名叫酷MA萌，英文名叫KUMAMON，因为来自熊本县，人们常常以熊本熊指代。

那些熟知熊本熊的忠诚粉丝则叫它“部长”。没错，它还是一名如假包换的公务员，是位于日本的熊本县的营业部长兼幸福部长，也是日本的第一位官方的吉祥物公务员。

二、基本案情

“日本有两千多个吉祥物，每个县市都有，连各大公司也有，但熊本熊是最红的。”拿到日方正式授权的“KUMA CAFE”商标的沈侃说。

他跟合伙人邵超合力将KUMA CAFE引进了上海，开业当天，大概有两千多人进店，队伍从新天地的马当路一直延伸到淡水路，位于交叉路口的这家店，吸引到的人流挤满了道口的四个角落。

又一家现象级的网红咖啡馆诞生了。此前，LINE在上海开出第一家咖啡馆时，曾经一度火爆到因为排队人数太多而暂停营业。

从一只熊到一个IP，这只熊到底是如何炼成的？

熊本熊的IP养成史

熊本县位于日本的西部、九州岛的中心位置，这个以农业为主导的小城市，经济相对比较落后。熊本熊的诞生，为这个农业县带去了累计数十亿美元的收入，成为该县打造区域品牌的一个现象级吉祥物，这其中包括观光和周边产品销售。

2011年，贯通整个九州的新干线将全线开通，这对农业小城熊本而言是个机遇，吸引旅客到九州观光旅行、在熊本站下车，成为熊本熊诞生最终的动机。

这只呆萌、贱萌的黑熊作为熊本县的吉祥物因此而诞生了。作为一只由真人穿着衣服、戴着头套扮演的卡通熊，它的面部表情其实是一成不变的，但是看起来又似乎有着各种丰富的表情，骑着机车的、跌倒在地的、吃东西的、泡温泉的、跳舞的、与美女合影甚至偷掀美女裙子的……这些不同的场景赋予了这只没有表情的黑熊无尽的表情，无论是蠢萌还是贪吃、一脸享受或开心，都令人感到十分逼真。

高度的拟人化，是熊本熊有别于一个普通的卡通形象的本质所在。Hello Kitty是全球走红数十年的资深动漫角色，虽然经久不衰，迄今还有无数它的周边产品，但在大多数了解它形象的人们感知里，它是相对静态的，角色的个性也不突出。

相较之下,熊本熊代表着的是当下最有人类特点的一个 IP 形象,立体鲜活,在粉丝眼中,它的动作、表情本身就传递出了丰富的信息量,更能激发人们与它互动的兴趣,并且它像人一样,有许多无法预料的举动,刷新人们对它的兴趣。

比如在 KUMA CAFE 上海店开业当天,熊本熊在表演的时候,音效突然失灵了,它的表现出乎了现场所有人的意料,开始捶地表示生气,动作之夸张,令人捧腹。这些举动让人们意识到,这是一只有个性、有脾气的熊,而不是一个只会站在台上按部就班规规矩矩表演的普通玩偶。

熊本熊不是由一个人扮演的,它由几个人同时扮演,可以理解,否则以它当前的热度,恐怕怎样都难以分身。并且,这几位扮演者的真面目也从不被外界所知,为了保密,连更换服装都有专门的房间。每一个"部长"都由一个小组构成,即"部长"的扮演者、助理姐姐、统筹者。"虽然熊本熊本身是不说话的,主要靠表情和动作传递信息,但是旁边的助理姐姐会负责一些解说。"沈侃告诉记者。

这些扮演者也要经受严格的培训,保持与外界热点的更新,比如当日剧《逃避虽可耻但很有用》在电视和网络上热播时,熊本熊也很快学会了其中女主角跳的 Gakki 舞,成功赢得电视剧粉丝和自身粉丝的关注,这只桶型身材的黑熊跳起舞来是可以想象的动作笨拙,但越是如此,就越容易引发传播,也越能达到搞笑、呆萌的效果,与其设定的性格高度统一。

沈侃告诉记者,虽然熊本熊的扮演者不同且从不露出真容,但资深粉丝对它的研究,细致到能通过它的动作特点来识别出不同的扮演者。

与一般商业机构打造的卡通角色不同,熊本熊是一名政府公务员,它的使命可谓更具有某种高尚意味——振兴地方经济。显然,从经济收入的角度来考量,熊本熊是立下了大功的公务员。而作为这个 IP 的打造和运营方,熊本县自身也是成功的经纪人——动员各种资源,运用各种营销手段,将一手打造的熊本熊推到日本第一人气吉祥物的高位。

除了搭车搞笑综艺节目,获得电视节目的曝光率,熊本县还主导了一些知名的"品牌营销事件"。比如,熊本熊某次在去执行公务中失踪,按推广计划,熊本熊官网发出紧急寻人记者会的短片,希望目击者通过推特提供线索,最终熊本熊被找回,也赢得了大量的关注度,成为热点话题。

还有一次更为知名的,当属"找腮红"事件了,同样也是政府为推手策划的一次话题事件。熊本熊遗失了两颊的腮红,策划方也再次紧急召开发布会宣布调查此事,号召群众帮忙寻找腮红,熊本熊不仅跑到东京警视厅报案,还上了电视台。

此事赢得了日本岛内大量的关注,红色对于熊本县有特殊的意义,它代表了当地的火山地理地貌,代表着美味的红色食物。这次营销事件,更是让外界对熊本熊以及熊本县的关注度飙高。据日本媒体报道,该营销事件在当时达成了 6 亿日元(约合 3 360 万人民币)的广告效果。

在上海的第一家 KUMA CAFE 店内,有电视专门播放熊本县的旅游风光和文化,包括店内所售的所有食品,都是来自熊本县的特产,印有熊本熊的 Logo。

沈侃表示,这是熊本县和 KUMA CAFE 互惠互利的一种形式,主题咖啡馆在中国落地的一个功能,是成为宣传熊本县的一个窗口,而为了帮助咖啡馆吸引关注度和客流,"部长"也会不定期到中国来帮助站台、与粉丝互动。

此外,虽然"部长"的行程繁忙,要经常代表熊本县或者国家形象接待许多大人物,比如日本天皇和英国明星贝克汉姆,但熊本县也会履行对 KUMA CAFE 的承诺,支持其在中国的发展。

由此可见，一个成功的IP背后，是无数的细节，需要经过持续不断的包装、注入内容与内涵、保持与外界热点的同步性等。卖萌经济也叫注意力经济，想要不断吸引和抢夺消费者的注意力，培养潜在的消费群体，也是需要奇招辈出的。

好IP也要好运营

由于熊本熊的版权归熊本县所有，且熊本县对形象的授权只限于产品和活动，所以，当地的厂商只有在通过县政府许可的情况下才能使用它的形象。一般而言，熊本县考量是否授权的要求在于，能够对宣传熊本县带来好处。

沈侃和他的合伙人邵超在上海分别有多年的餐饮和房地产开发从业经验。沈侃家族两代人做餐饮，家族企业中有40多家餐厅，包括中餐、日料、韩餐等。邵超的太太则是熊本熊的粉丝，这也成为这门被促成的生意背后一个有趣的小细节。

KUMA CAFE商标被熊本县企业重光产业株式会社旗下的子公司Bridge Japan所掌握着。沈侃和邵超专门去日本洽谈，重光产业也专门派人来上海采访他们，最终决定授权给他们，双方展开合作。

沈侃告诉记者，KUMA CAFE是由中方团队运营，而营销和设计工作则由日方负责，目前团队里总共有20多人。第一家咖啡馆所选择的地理区位，在上海堪称高大上的商业中心——新天地。在地理位置的选择上，沈侃坦言颇费了一番功夫，也很慎重，花了有四个多月的时间，也婉拒了一些地段很好的商业场地主动的邀请，他们希望能选择市中心，并且对全上海各个方位而言都能便利触达的地方。

2017年1月下旬，第一家熊本熊主题咖啡馆KUMA CAFE在上海开业了，各种大排长队的照片被传到社交网络上，继而吸引更多好奇的人群去围观和排队。

这一"网红店"套路屡见不鲜，也许人们是为了在社交网络时代能有与热点俱进的谈资，也许以吃上最新款的网红食品或赶上最新的一股潮流为荣。总而言之，熊本熊主题咖啡馆跟它的网红前辈可妮兔和布朗熊一样，再次掀起了一股网红店热潮。

同位于上海新天地的Line Friends Café & Store，是社交软件LINE的线下零售店。虽然中国用户无法使用这款软件，但丝毫不妨碍他们追捧可妮兔与布朗熊这对卡通人物，它们也有着拟人化的特点—萌、贱、憨，第一家门店于2015年7月进入上海，第二家则在次年进入，也在中国大陆其他城市陆续开设了门店，门口大排长队、人流挤爆门店，频频成为都市新闻。

从业态上，KUMA CAFE与Line Friends Café & Store并无太大不同，店内的商品以卡通周边衍生品和咖啡甜点为主。不同的是，同在新天地商圈的两家店，Line要大得多，商品品类也覆盖更广，文创、生活用品等几乎都覆盖，甚至还有空气净化器等稍大件的物品。在KUMA CAFE180平方米、上下两层的店内，周边产品的种类并不算多，而价格上，也比Line更便宜些，虽然也不亲民，比如一个卡套39元、一本笔记本69元，沈侃告诉记者，在定价上，KUMA CAFE要比Line Friends Café & Store的同类商品低出一半左右。

在Line Friends Café & Store的门店里，记者从随机采访的年轻顾客口中印证了这种说法，大多数进店的客人，无论是否消费，都在忙于以各种姿势拍照，排队与店内巨大的布朗熊合影，捧着咖啡与带可妮兔形象的气球合影。一位女大学生很直白地对记者表示："来这儿当然是为了拍照的了，东西那么贵，我们学生没有那么多钱。"说完她低下头继续忙于发朋友圈。

对于新开的 KUMA CAFE，顾客更多抱怨的是店面太小、排队时间过长，想上楼吃个咖啡和甜点，排队一两小时很正常。运营已经一年多的 Line Friends Café & Store，顾客的体验反馈相对已经成型，从大众点评 APP 端来看，顾客对于其评价最多的是“性价比低”和“没什么好吃的”。

沈侃告诉记者，他们也知道目前需要排队就餐的问题会影响用户的体验，所以他们在人流高峰时，能做的是劝说顾客改时间再去。

如何将一个成功 IP 在线下零售店的运营中，变成对顾客拥有长尾吸引力的零售店，而不只是“拔草店”，恐怕是所有类似业态都需要深入考虑的问题。

就好比演艺明星开餐厅，在起初总能靠名气和光环效应吸引到爆满的客流，但餐食的品质一旦辜负了期待，顾客就不再回头了。而且，社交网络时代，吐槽一个品牌变得轻而易举。最典型的例子，韩寒的“很高兴遇见你”，已经被认为陷入四面楚歌的境地。

沈侃家族经营餐饮多年，他也深知，一个好的 IP，虽然能带来可观的粉丝经济，但也许并不比传统餐饮中的顾客回头率要高，顾客吃到好吃的烤鱼会不断地光顾烤鱼店，而卡通周边的消费，重复率并不高。

关于这一点，在熊本熊咖啡馆门口排队进店的顾客嘴里也体现出了差不多的意思，许多人抱着来一趟看看的心态来了，买过了，照片发朋友圈了，可能就不会再回头了。

沈侃觉得，也许他们可以通过不断更新周边产品和打造爆款来留住顾客，此外，“部长”亲自到店的支持也很重要。就在 2017 年 3 月 20 日，熊本熊带着任务再次来到上海——推广熊本县的大米、寿司醋和酱油。它在店内给粉丝喂寿司，在店外免费派发特产……虽然下着雨，但还是吸引到了两三百位顾客到店，店门口人群迎接“部长”的姿势均是一手撑伞、一手持手机。

接下来，KUMA CAFE 还会在上海本地、北京、杭州、深圳再开出几家来，但数目也不会过多，否则熊本县也支援不过来。从另外一个层面，记者看到，今天的 Line Friends Café & Store 已经不用排队，甚至进店消费的顾客人流量一般，虽然可妮兔和布朗熊在网络上仍然拥有不少粉丝，但线下零售店拉动粉丝重复消费的效应已经呈现出式微的趋势，这为持久变现带来现实的担忧。

沈侃讲了一个有趣的细节，2012 年时，熊本熊曾到上海做过九州特产的宣传，也到过他家的日本料理店中推广，但那个时候，“部长”还没有走红，店内的客人也对这个黑熊不以为意。

三、问题思考

如何将一个成功 IP 在线下零售店的运营中，变成对顾客拥有长尾吸引力的零售店？

（参考资料：芮益芳.熊本熊.一个国民 IP 的卖萌经济学.商学院，2017(4)：48－51.）

案例 1－5　撕掉共享经济的外衣

一、背景资料

利用闲置的私家汽车和人力，表面上说的是整合老百姓闲置资源，其实就是整合“黑车”？为什么这样的共享不存在？

二、基本案情

所谓共享经济就是把你平时使用频度低或闲置的私有产权，通过如租赁等商业行为有偿地共享给大家。

理论上讲，你家里的车位在你上班时空着，你可以租出去赚钱。在单位你买来的微波炉可以在你不用时，租给其他同事赚钱。但你见过有这种事吗？

成 本 太 高

租赁是以一整套的配套设施为前提的。

假如要租赁你家闲置的车位，物业同意不同意？有没有地锁？怎样通过付费开锁？怎样解决你回家时租客还没离开？当然还有你的时间成本。这时你可能会发现你共享车位的成本已经远远高于给你带来的利润。所以为什么没有出现共享经济不是人们没有发现共享模式，而是无法解决共享的成本。

共享经济核心矛盾

共享实际上是有待探讨的，独享和共享一直是个矛盾体。

假如有人说要借你的牙刷刷牙，使用一次付给你1元。你愿意吗？有钱赚当然愿意，但我想只要借的人用过一次，你是不会再用的。这就是共享经济最难突破的一个问题，也是最大的矛盾点。这也是为什么大部分人不愿意把自己住的房子空闲时租出去的原因。

损坏率成倍增高

当任何东西一旦多人共享，损坏率就会提高。如政府为各个小区建造的健身器材，损坏现象特别严重。原因就是这些设备是共享的。

共享经济只是一个短暂表象

滴滴司机，也许刚开始新鲜会用自己的私家车拉几单生意赚钱。但当发现时间成本高于滴滴专业司机收入时，就不再接单了。而时间成本低的就会成为专业的滴滴司机。

为什么优步和爱彼迎成功了？

谈到共享经济的成功案例，大部分人会用优步(Uber)和爱彼迎(Airbnb)来证明。

优步是什么？

官方的说法是利用线下闲置汽车和人力资源整合起来的叫车平台。而且他们有一个好听的名字“共享经济”。

利用闲置的私家汽车和人力，虽然说可以整合老百姓闲置资源，但其经营者存在违法经营(“黑车”)的风险。

优步怎么整合私家汽车的？

私家汽车最大的痛点就是他们没有营运牌照的尴尬身份。

作为私家汽车，虽然收入不错(不用交份子钱)，但随时随地存在风险。因为这种情况得不到法律的保护，也无法团结成互助体系。

优步找到了痛点，便开始解决痛点。

第一步是找出私家汽车营运合法化的理由。

这就引出一个问题：为什么利用私家汽车营运涉嫌非法？

把这个问题通过互联网传播造成舆论，政府给出的答案只能是为了让老百姓打车更加安全！

对此，出租车公司有审核制度，优步也审核，不仅如此，还全程监控司机的行程轨迹。

这时优步又抛出第二个问题，安全问题我们已经解决，那我们现在合不合法？

如果合法，那就是意味着开了一个公司对抗法规且成功的先例；说不合法，舆论又明显倒向优步方。

这时优步方的第一步已经成功。

这次成功营销，带来的不仅是有效传播。资本方很快嗅到了商机。资本方知道，只要优步方加码，政府必然妥协。

加的第一个码是法不责众。优步司机必需形成规模，而这种壮大必须是指数级增长。补贴开始了。这时利用私家汽车营运基本洗白。

而普通民众看见开出租车不交份子钱而且还有补贴，普通的私家车主也加入了优步大军，优步人数猛增。

出租车公司的体量迅速被优步司机超越。

资本方的第二个码是高峰补贴。某天老百姓突然发现高峰时打车已经不是出租车时代的一车难求了。不仅安全，用户还有了更好的服务和体验。这很快就让用户形成了打车找优步的路径依赖。这时优步和出租车公司竞争，优步方完胜。

但优步的发展和共享经济其实没有关系。

爱彼迎是什么？

说到爱彼迎(Airbnb)，我想大家已经被那个创始人租出自己房子挣钱的励志故事洗了脑。许多公众号的心灵鸡汤都喜欢用这个故事给读者灌鸡汤。

但你没发现这样的方式似曾相识吗？

没错，就是民宿。

各个旅游景区周边都有大量的民宿，而且民宿团体已经形成了专门的网站。各大门户网站都在为民宿引流。但民宿也存在是否违法的争议。民宿早于 Airbnb，也就是说这种共享模式在中国早就存在。

民宿网发展得不错，但始终形成不了规模。

如果 Airbnb 在中国克隆优步的营销模式必然失败。Airbnb 在国外成功，是找到了“用户不懂怎样把房子拍得漂漂亮亮发到网上去”这个微痛点。Airbnb 就相当于给房子做个美图秀秀。中国的老百姓明显已经对这种美化免疫，Airbnb 在中国还没有找到真正的需求。

所以共享经济并不是创业和营销的神丹妙药，一个商业模式是不是共享经济并不重要，共享经济只是一种寻找商机的手段。

三、问题思考

如何解决在共享经济下的消费者权益保护问题？

（参考资料：鲨鱼小姜.撕掉共享经济的外衣.销售与市场(渠道版)，2017(4)：20－21.）

案例 1-6 一周开半天，但这家店却很红

一、背景资料

人们总谈“商业模式”，但大多数时候，它不过是成功者的总结陈词。重要的是，好方法是否可以一味复制？从糟糕经验里是否能得到教训？然后，你除了兴奋收藏，然而并不再看第二眼，或是不屑地在心里拉一条“鄙视链”，又会有什么新思考？

二、基本案情

这家位于东京涩谷区的白 T 恤专门店名取了一个像乱码一样的名字——＃FFFFFFT，店主还作了个决定，一周只开半天。但它成为“网红”绝不是因为这些。

整体而言，没人能否认东京拥有“商业繁荣”这个标签。

在这个城市，商铺聚集在人口密集的各个街区，商品种类丰富齐全，有些店铺甚至全年无休。“新、全、便利”是东京大部分商铺的职业操守，人们爱这样的东京，因为它太好逛了！但也有人背道而驰，＃FFFFFFT 就是其中一家。

＃FFFFFFT 是 2016 年 4 月于东京涩谷区开张的一间白 T 恤买手店，出售来自全球各地 1 000 至 2 万日元（约合人民币 60 元至 1 200 元）价位的各品牌白 T 恤。＃FFFFFF 在计算机色指定中意味着白色，店主夏目拓也在后面加上了一个 T，意为“白 T”。

“我不想依存于日语或英语的某种特定语言，所以选择了国际通用的电脑代码，大家都会问，反而让人印象深刻。”夏目拓也对《未来预想图》说。

店铺商品仅有白 T 恤这一类。在＃FFFFFFT 店内，唯一一面完整的白色墙面挂着两排 T 恤，大约三十来件，这就是它的全部商品。

这间店并没拿到一个好位置。它位于一处居民区，周围能够找到的唯一的商业设施就只有街对面的“全家”便利店。店铺由一个公寓底层车库改造而成，保留了车库原本的水泥地面，布置了简单的收银台和试衣间，店铺空间狭窄而不规整。

更让人意外的是，这家本应拼命弥补不利之处的店铺，每周还只在周六下午营业半天。店铺没有明显的标志，除了周六下午短暂营业，这里大部分时间拉着铁门，甚至连很多周围居民都没意识到这家网红服装店的存在。夏目拓也说，“我们制造了一个秘密基地。”

这种“特立独行”让它在短时间内收获大量媒体关注。包括 NHK 在内的 8 家日本电视台都报道了它，不仅如此，开店信息也刊登在包括女性杂志《JJ》、男性杂志《GQ》在内的 20 多本杂志上。

顾客们也爱上了分享购买体验。在 Facebook 和 Instagram 上经常可见＃FFFFFFT 标签，这家店迅速成了“网红”。夏季 T 恤销售旺季时，在周六店铺开始营业前，慕名而来的购买者就已在门前排起长队，购买率也超过 80%。“最多的时候一天能卖出 180 件白 T 恤。”夏目拓也说。

“比起原宿、表参道（注：东京著名商圈）等黄金地段，这里人流量虽小，但租金更便宜，我们的顾客质量也很高，大家都不是随便来逛逛，而是带着购买目的专程找来。”夏目拓也说，“如果每天都营业，人们总会想——下次再去吧。而一周只开半天，人们反而想要快点去

看看。”目前，店铺营收还算符合他的预期，他打算这样先开一年试试。

#FFFFFFT 并没有固定的目标人群。来排队买白 T 恤的顾客以年轻人居多，但偶尔也会出现时髦大叔和看起来与时尚毫不沾边的奶奶购物团，当然也不乏一些外国顾客。通过网络传播，这些外国顾客也正成为这家店铺重要的客源之一。

“外国顾客最多的时候，一天能达到两成。”夏目拓也说，“中国游客们喜欢先在原宿买球鞋，然后在附近的 Supreme(注：美国街头风服饰品牌)扫货，之后再来我们这里买白 T 恤。这些中国年轻人好像很熟悉时尚。”

夏目拓也自己也是个“狂热白 T 爱好者”。从便利店的廉价自主品牌到 Prada 等奢侈品牌，他搜集的白 T 恤超过一百件。他也会为一件有趣的白 T 恤实地拜访生产厂家。这次，他将兴趣发展成了生意。

他的名片头衔上写着“白 T 猎人”。他并不为货源感到担心，作为穿过一百件白 T 恤的资深爱好者，夏目拓也了解众多好品质的小众品牌，他觉得自己就是一个白 T 恤数据库。有时，他也会受邀参加品牌服装发布会。

在夏目拓也看来，白 T 恤远不止“一件万能打底衫”这么简单——你一旦把一个细小品类专业分类，它本身也可以衍生出各种 SKU。这是零售业中的一个判断商品量多少的一个指标，意为 stock keeping unit——最小存货单位。当一种商品的品牌、型号、配置、花色、容量、生产日期、保质期、用途、价格、产地等属性与其他商品存在不同时，它就是一个不同的最小存货单元。

所以再来看 #FFFFFFT 的产品——它也就变得种类丰富起来。各类白 T 恤从设计裁剪上，就有 V 领、圆领、U 领的区别，近两年又流行起小高领和 oversize。加上店内的品牌 T 恤来自全球各地，由于棉花产地不同，布料的纺织方法不同，每一件 T 恤的手感也有很大差别——比如美国洛杉矶服装品牌 LADYWHITE 的棉花产自加州，摸起来会比较厚实，而英国品牌 SUNSPEL 布料细腻柔软，摸起来细腻柔软还带有光泽感。

日本品牌 ENTRYSG 生产的相同材质、但领口设计不同的三款 T 恤。为了让老顾客也保持新鲜感，夏目拓也每周都会调整更新款式。最近他尝试以七折出售一些清洗干净的展示品，很多人赞成这种经济环保的方式，东西卖得不错。

夏目拓也会特别寻找一些有特色但不太出名的日本品牌，比如京都真丝制品生产厂家 LOOKSEA 生产的白 T 恤，它会有一层真丝衬里；或者日本和歌山县由一种织机慢速织出的特殊布料制成的 T 恤。由于店铺不大，每周开店时间很短，夏目拓也本身就是一个最佳解说员，直接面对顾客，实现很多品牌们追求的 storytelling(说故事)。

京都真丝生产厂家 LOOKSEA 生产的带真丝衬里的 T 恤，也是我们拜访当天陈列商品中价格最高的一件。

小店迅速蹿红后，店铺生意的各种可能性也在增加。甚至还有品牌主动找上门来，要求把白 T 恤放过来卖。美国厂商 LADYWHITE 的老板正是在网上看到新闻后，专门来日本向他介绍自己公司生产的 T 恤。

“这也是我希望的状态。我们不是某个品牌的卖场，更想成为所有生产白 T 恤厂家的宣传平台。”夏目拓也说。目前店铺共有全球二十多个品牌的产品。

随着东京渐渐入冬，短袖 T 恤需求量也比夏季明显减少。但夏目拓也却并不在意这件事，“这个季节来买我们白 T 恤的，都是像我一样一年四季都穿白 T 的真正爱好者，也是我们的核心客户群,这些人很重要。”

12月24日,#FFFFFFT提前一小时结束了2016年的最后一次营业,夏目拓也在SNS上用英文与日文向消费者、媒体、合作商、认同他们品牌与概念的人们表示了感谢。

夏目拓也丝毫不打算开网店。“我希望顾客们能亲手摸到不同材质的差异,能近距离观察每件衣服的细节,然后亲自试一试,就像挑选咖啡豆和红酒一样,这种体验只有实体店才能做到。”他也希望未来能将实体店开到东京以外的城市,比如北京、上海、香港。

营销Point:

(1) 塑造个性是为了有目的地制造话题,它是免费抓住媒体的一个好办法。

(2) 产品细分也能创造出丰富种类。

(3) 为顾客说出好故事。当然,前提可能是你真的很喜欢这件事,所以才愿意花时间钻研它。要知道,想短期内一下子赚大钱的急功近利,从文案里都能扑面而来。

(4) 重视体验。它可能包括店铺陈列与设计、选品质量、服务等。

(5) 与传统店铺经验背道而驰会是个话题,但目前的选址与开店时长,也会为顾客规模增长带来限制——换句话说,它目前挺舒服,很可能因为顾客容量也就这么大。

(6) 拒绝电商的确可能与用户体验相关,但未必是直接因果关系。电商需要投入更多运营成本,售后也需要客服支持,这并不是这家开业半年多的小店目前可以完成的任务。

三、问题思考

除了技术和情怀,还有哪些我们常常忽视,却又着实重要的东西?

(参考资料:孙梦乔.名字像乱码、只卖白T恤、一周开半天,但这家店却很红.第一财经周刊,https://www.cbnweek.com/articles/normal/15457.)

第四节　课外思考案例

案例1-7　为什么“中国式营销”不管用了?

一、背景资料

中国式营销其实是有普世价值的,对发展中国家很有用,就是弱者打败强者的思维。中国企业利用了中国市场的“原始”以及“原始”所产生的复杂性,以及跨国公司对“原始”的不屑和不适应,并最终取得了成功。中国经济依靠数量增长已到极限,必须转入质量增长。一天喝几瓶水有极限,但水的质量增长无极限;一天吃几顿饭是固定的,但吃饭的价格增长无极限;吃方便面的数量在下降,不是经济危机吃不起方便面了,是生活方式变化不愿吃方便面了。

二、基本案情

很多策划人都在为“中国式营销”唱赞歌,认为中国市场有其独到的地方,必须用中国式营销打天下才对。这种理解表面上看是对的,其实存在几个严重的误区,或者我们提倡的“中国式营销”已经不再适用。

(一)"广告+渠道"不再适用

中国式营销的第一个误区就是对营销的理解有偏差。我们不妨从企业界非常流行的"营销制胜,渠道为王"这个口号说起。这句话不符合逻辑,因为渠道是营销的一部分,而不是与营销并列的概念(就像水果与苹果一样)。很多人误以为营销就是做市场宣传,而市场宣传就是做广告,所以才会把营销和渠道并列来看。

就算是把营销与市场宣传画了等号,"营销制胜,渠道为王"这个概念也有其局限性,这个口号仅适用于做主流市场(即大众化市场)的大企业,对于做次主流和非主流市场(小众化市场)的中小企业来说,如果也按照这个原则去做,就会走进死胡同。

那么市场营销到底是什么?

从30多年前发达国家进入丰饶经济时代开始,整个社会进入了小众化消费时代,现代市场营销工作始终围绕着以下四个重点:市场细分是前提,产品创新是核心,战略设计是主线,战术监控是关键。

市场细分。在小众化消费时代,如果没有进行市场细分,企业就不知道为哪部分人服务,产品就无法定位,只能是市场上什么畅销就去做什么,又回到大众化消费的老路上去了。

产品创新。如果一个企业的产品没有任何创新,就靠抄袭模仿,那就没有给客户做出任何贡献,甚至可以说是无价值产品(大众化消费时代之前的短缺经济时代例外)。绝大多数中国企业在做新产品时,从来都不做"产品定义",市场营销就成了"销售"这个环节的附属产物,市场部成了给销售部"打杂"的后勤部队。

再次,战略设计是市场营销工作的主线,是为实现企业的总体目标服务的。一个企业没有清晰的市场营销战略,各部门就有可能各自为政,营销工作也会失去方向感,企业的目标就停留在"想法"或"梦想"这个阶段,总也实现不了。

所以市场营销部门必须担负起企业战略设计的任务,负责牵头完成以营销战略为核心的企业战略设计,并通过大量的市场调研数据、翔实的竞争分析资料、深入细致的客户访谈来做出理性的判断,为公司战略设计奠定基础,从而避免决策层拍脑袋做决策。只有做到这个层次,市场营销部门在企业中的核心地位和战略价值才能体现出来。

战术监控是关键。再好的战略如果不能"落地"也是毫无意义的。必须把战略进行层层分解,使之成为可以操作的很多"动作",比如"提交××""检查××""完成××"等。除此之外,每个"动作"还要有完成时间、责任人、考评标准和考评人等。

对照一下就会发现,大多数中国企业都不做市场细分,也没有几个企业把产品创新纳入市场营销的范畴,而战略设计更不是市场部的主要工作。我们所能看到的市场营销工作其实就是一个——战术执行(产品促销)。

这种初级的营销模式导致了这样一个必然的结果:中国市场上产品同质化极其严重,各品牌之间几乎没有差异化定位可言,大家只能靠广告和渠道去赢得竞争。

在温饱型消费者占据主导地位的大众化消费时代,这个问题并不突出,但是随着中产阶级占主导地位的小众化消费时代的到来,问题就开始出来了,因为大家用的招数是一样的,唯一的决胜办法就是拼"体力",即看谁能坚持到最后。

(二)永远被忽视的战略

中国式营销存在的第二个误区是重战术、轻战略,大家把精力都用在了"招"和"术"上,而忽视了对营销战略的掌控。战略的缺失是目前很多成功的中国企业都普遍存在、却没有觉察到的根本问题。

据说当年通用电气的杰克·韦尔奇来中国演讲时，台下的中国企业家听了他的演讲感到有点失望，好像没有取到真经，没有什么新意，就对杰克·韦尔奇说："你所说的这些原则都是一些我们已经知道的常识而已！"

杰克·韦尔奇回答说："你说的对，这些原则你们都知道，但是只有我做到了。"

战略探讨的是企业未来3～5年的发展问题，而不是今年和明年的生存问题；是从完整产品的角度去寻找差异化，而不是简单地去生产同质化的产品；是强调品牌的特色和个性，而不是强调产品的功能和价格；是通过低调的、悄悄的"地下工作"来寻找创新的源泉，而不是通过高调的、张扬的"舞台表演"来促销产品。

企业战略明确以后，需要花很长的时间来进行市场调研、新产品定义、新产品研发等工作，所以产品开发路线图要考虑未来2～3年的总体规划。

跨国公司在战略设计完成后再强调执行是有道理的，但对于基本上没有战略的中国企业来说，目前大谈"执行"还为时过早，因为制约国内企业发展的首要问题是战略设计，只不过此战略非彼战略，很多人对战略的理解有偏差，把想法和追求当成了战略，所以误以为自己的企业有战略。

（三）营销模式"不合时宜"

中国式营销的第三个误区是过分单一的营销模式，不管企业规模大小，不管企业所处的发展阶段，大家几乎是在用相同或类似的营销模式来操作。

其实，广大的中小企业要比大企业早一步理解小众化时代的特征，及早进行营销升级。一旦中小企业把目光从大众化市场转向小众化市场，能理解丰饶经济时代的特征，就很容易找到属于自己的"蓝海"，避开与大企业的正面冲突，能静下心来为一个规模较小的小众群体服务，进而建立自己的根据地，争取成为小市场上的龙头老大。

我们把企业的发展分成生存期、发展期和成熟期三个阶段。

在生存期，营销工作的重点就是让自己活下来，就是简单的销售工作和客户攻关。小企业没有市场基础，也没有成功的客户，很难赢得新客户的信任，所以要靠销售人员去说服客户，甚至靠各种关系来提高可信度。

等到企业有一定的业务量了，就要尽快进入稳定阶段，这个阶段的重点是探索和固化经营思路和模式，把成功的经验总结出来。目标客户是谁，他们为什么需要我们，我们在哪方面优于竞争对手，哪些销售方法是可行的，等等，使之成为可以复制的体系，让更多的销售人员萧规曹随，从而事半功倍。

到了发展期，企业初具规模，要想做大做强，就要超越自己，甚至否定自己，实现从偶然成功到必然成功的转化。这时候重点是战略规划，把企业未来3～5年的战略梳理出来，明确先做什么，后做什么，互相之间有什么逻辑关系。

进入成熟期之后，大企业病开始出现，企业效率下降，成本上升，扯皮推诿现象逐步严重，企业逐渐变成了"内向型"企业，对外部市场的变化越来越不敏感，对客户的需求越来越忽视，而对企业内部的政治变得越来越感兴趣，不求有功、但求无过。

这时候的重点就是激活企业的创新精神，让大家一致对外，把精力重新放在市场和客户上，并通过各种制度、流程和监督检查来协调各个部门之间的配合，通过知识管理来提高各个产品线、各个事业部、各个地区的协调能力，让大家分享成功经验，互相帮助，形成"帮别人就是帮自己"的企业文化，从而提高整个企业的组织智商，减少重复劳动。

（四）产品没有核心竞争力，一味"迁就客户"

中国式营销的第四个误区是把用户当成"上帝"来侍候，因为产品没有差异化价值，只能一味地"迁就客户""乞求客户"，违背了利益平等交换的基本原则。

把用户当成"上帝"来侍候，这里其实存在两个问题：一是理念错误，二是无法操作。

在市场经济环境中，企业与用户是利益的平等交换，而市场营销的目的是为客户创造价值，而不是把产品卖给客户。只要你的产品有独到的价值，能解决用户的问题，就无须"求着"客户，双方的地位就是平等的。

与其在陪吃陪喝陪玩上使劲，不如在产品创新上下功夫，这才是营销的根本。

但是如果你的产品没有独到的价值，或者说不清楚与同类产品的差异，就不得不"求着"客户，祈求客户的"施舍"，形成不平等的交易关系。

用户是伙伴。如果企业想再进一步，最多可以把用户当作"恋人"来对待，只要企业真心实意地为客户着想，去揣摩"恋人"没有说出来的需求，为客户创造实实在在的价值，客户必然会信赖你、喜欢你，并成为企业忠诚的伙伴。

三、问题思考

中国式营销的本质是弱势营销，"营销制胜，渠道为王"仅适用于做主流市场的大企业，对于立足小众化市场的中小企业来说该如何改革中国式营销？

（参考资料：高建华.为什么"中国式营销"不管用了？销售与市场（渠道版），2017(6)：38－40.）

案例1－8　"新零售"风口已来　高端百货或为"突破口"

一、背景资料

中国乃至全球零售业的变革正在发生。相较三年前一边倒的O2O论调，当下，人们开始更多地思考实体店的价值。有人甚至断言，2017年将是实体业态回归的一年。与传统零售不同的是，新零售的发展是基于全新的移动技术的发展以及用户行为模式的变化。技术改变零售是一个大趋势。对商家而言，如何找到对的消费者，从而提高零售业态中的需求浓度颇为挑战。线上线下融合不是线下简单复制线上，而是两者在消费的不同阶段扮演的角色不同，分工不同。

未来不存在O2O，而是OinO(Online integrated with Offline)，即线上线下的协同融合。

二、基本案情

自从有了5年前马云和王健林的亿元赌局，关于电商和传统零售的争论从未停止过。但10年赌期还未过半，马云和王健林已"握手言和"：马云在2016年的云栖大会上宣称，以后阿里巴巴将不再提"电商"这个词，要打造"新零售"，而万达也悄悄上线了自己的电商平台——飞凡网。2017年2月20日，阿里巴巴集团和百联集团达成战略合作。而后者拥有几乎百货、商超、购物中心等全业态。

从传统渠道到网络渠道，从O2O到O＋O(线上线下再加智能物流)，从对立走向融合，这绝不仅是一系列概念的炒作，而是零售业发展从量变到质变的过程。“新零售的概念是零售业态里新的共识，马云提出的新零售并不是一个完善的理论，更进一步如何走，还需要探讨。但每一次零售终端的变化不仅对零售业本身，对整个商业体系都影响巨大。新零售相当于一个篮子，马云往里装东西，将来别人也会装东西，它正在发生，将来也会有修正和遗漏，对于零售业是一种再出发。”对外经贸大学国际商学院营销学系副教授张磊楠告诉《商学院》杂志记者。

零售组织像生物一样，有它自己的生命周期。新零售和传统零售最显著的不同，就是大数据的应用和线上线下的融合。这次再出发的航班，走在最前面的依然将会是电商。正是这些电商首先意识到仅依靠线上发展会有短板，同时，他们又拥有长期积累的大数据，掌握着战略客户群体(年轻消费者)，并且带有求新求变的基因。因此新零售对一些传统零售来说将会是一场恶战，如果在电商转型中没有保持优势，在新零售中又会落后。

线下优势的再挖掘

零售业态下，不同渠道到达的客户群体不同，比如白酒，奢侈品的销售策略往往是线上销售以低价位产品为主，线下提供优质服务。“然而，无论是以线上的低价还是线下的服务，每一种渠道都只能部分满足顾客需求，今后零售商与客户的联系方式不能只有一种，应该线上线下同时满足。”清华经管学院市场营销系副教授郑毓煌表示。

曾经在与电商的价格战中优势丧失的传统零售，在新零售中迎来了“第二春”：在消费升级的背景下，消费者对价格的敏感度降低，转而更加关注产品价值、服务，因此线下店的角色发生了改变：不单是利润的产生，而是打造品牌形象，增强客户体验的终端。

线下店如何吸引消费者？快时尚 ZARA 或许能给我们一些启示：当规模优势不可追求时，转而追求个性化，通过准确的产品定位，利用大数据进行定制，不仅自身得到高利润，客户也得到高价值，通过短周期内不断推出新品，调动人喜新厌旧的情绪，消费者光顾店面的频率就很高，黏性非常强。

在新零售时代，场景化成为行业核心竞争力之一。消费者买的不是简单的产品，而是想得到价值。因此，宜家打出了“售卖的不是家居，而是生活方式”的口号，通过创造一个个家庭场景来体现产品的价值；又比如中国消费者本来没有嚼口香糖的习惯，绿箭、益达等品牌通过宣传“嚼口香糖可以清新口气，防止蛀牙，使你更受欢迎”对消费者进行潜移默化的教育，让产品的价值能更好地被消费者接受、理解。

曾经，线下店用会员卡的模式来获取消费者信息，但这些数据往往沦为“鸡肋”：会员年龄大、多为单次购买、客户没有被激活、使用的比率不高……怎样把消费者偏好转化成数据，将每天进店人数、购买人数以及购买金额、男女老幼的比例等这种日复一日、年复一年的庞大数据做好管理，并从中提取相对应的信息是数据应用的基本。而随着智能化购物设备的普及，新零售时代的店铺将融入更多科技元素，实现门店数字化与智能化改造。

但得到数据只是第一步。“数据本身没有价值，重要的是如何很好地去利用它。很多互联网企业不知道如何应用，而亚马逊早已经利用先进的分析技术进行交叉销售和及时推荐，这对人才提出了更高的要求。”郑毓煌说。

从大卖场到“百花齐放”

2016 年大卖场的倒闭速度令人触目惊心，更多的传统零售开始摒弃大卖场模式，无论是转向高端超市、社区便利店还是大型会员店，都是一种好的转型方式。“零售的目标群体应该分类，不单是规模变小，而且是趋于高端。曾经消费者青睐的沃尔玛是物美价廉的一站式购物，但进行客户细分时，发现高端群体应该有一个属于自己的超市，这就涌现了好市多、山姆会员店和华润万家旗下的高端超市，就是为了迎合这种不单追求低价格，并且要高价值的需求。”张磊楠表示。

如今高效率的物流压缩了等待的时间，但永远无法得到完美的解决，这给深入社区的便利店提供了机会。“便利品的特征是高密度的分销，便利是第一要义，因此便利店需要有很强的选品能力，SKU 控制的很少，但又保持较高的利润。所以，无论从产品特征还是消费者习惯的转变，做到经营业态的多元化，甚至定制，和社区融为一体，还可以与消费者建立情感联系并产生互动，这种增值服务是大超市不具备的。”张磊楠说。

这种广义的社区可以是居民区，可以是 CBD，也体现在线上。越来越多新产品的涌现，消费者在没有使用经验的情况下，更倾向于倾听舆论领袖的评论和信息分享，最后作出判断。零售更多的是针对选购品，是个复杂的购买行为，因此在新零售状态下，线上虚拟社区交互对群体的影响特别大，母婴、美妆等细分领域都是新的机会。

新融合：从 O2O 到 O+O

沃顿商学院市场营销教授大卫・贝尔提出，线上线下的融合不是 O2O，而是 O+O。这种融合核心是线上线下再加智能物流。不管哪样的企业未来都必然走向这样的趋势——线上不落地不行，线下没有互联网工具也不行，没有高效快速的物流体系，没有时效成本也是不行。目前能够真正把线上线下零售完美结合的企业少之又少，相反二者还经常被摆到对立面上。在电商时代，有些传统零售对电商态度十分敷衍，有的线上款式少，有些只是用来甩货，所以线上线下融合都不成功，客户没有从线上得到更多价值。

线上购物的便利，使得越来越多的消费者习惯于线下试、线上买，线下吸引顾客就不单是产品，而是好的业务组合，这就需要传统零售去分析消费者有哪些不可或缺的需求，和现有业务进行交叉销售，横向合作。比如中石油和麦当劳总是开在一起，因为他们服务共同的客户群体，电影院、购物中心和美食广场结合在一起，给人提供一站式的高品质的生活。

线下做体验店，线上做平台。在这方面，苏宁、国美、海尔等家电行业已经做得比较成熟了。手机行业也正在向新零售进军，原本只在互联网渠道销售的小米等开始疯狂布局线下，线上线下逐步打通，基本做到了线上线下同质同价。

正如马云之前所说，“纯电商时代很快会结束，未来的十年二十年将没有电子商务这一说法，只有新零售这一说法。线下的企业必须走到线上去，线上的企业必须走到线下来，线上线下加上现代物流合在一起，才能真正创造出新的零售形态”。零售业发生的变化不是一蹴而就，一些先行者已经在实践中去摸索更适应未来的零售形态。这其中的得与失都能给从业者以启示。

三、问题思考

随着新零售概念的提出，线下店重新成为商家必争之地，百货业或迎来寒冬后的回暖，百货业该如何转型创新？

（参考资料：亢樱青.解码新零售：一场走向融合的“革命”.商学院，2017(Z1)：56－57.）

案例 1－9　如何取悦年轻人市场，这家车企这样做营销！

一、背景资料

年轻消费群体已经崛起，90 后已经逐渐成为消费市场的主力，他们将影响中国未来 10 年甚至更长远的消费市场。对于正在处于变革时期的汽车行业而言，在年轻市场中的成败直接关系到品牌的未来。因此，占领 90 后市场无疑成为众多车企未来战略的核心。目前来看，不论是奔驰、宝马、奥迪等豪车品牌，还是丰田、大众、通用等大众车型，都在推行年轻化战略，一场抢夺以 90 后为代表的新兴消费群体市场的战役将愈演愈烈。

二、基本案情

众所周知，90 后人群有着与生俱来的个性和独特的气质，在消费方面追求个性和品质。同时，由于其经济条件的限制，也会充分考虑性价比。面对多样化、个性化的消费需求和年轻群体的经济水平，车企究竟如何才能在这个市场占有一席之地？汽车企业尝试年轻化的案例已经不再新鲜，所有与年轻挂钩的营销方式，大家都跃跃欲试。但企业年轻化战略不能仅流于一种形式，真正想要打入 90 后市场，需要品牌从本质上做到年轻化，将具象年轻化的表达形式与抽象年轻化的品牌内核相融合。

广汽丰田一直致力于品牌年轻化战略的探索，其全新致炫产品的亮相首次尝试举办线上发布会，用最贴近当下年轻人的方式进行品牌营销，取得了不错的效果，成为行业探索年轻化营销策略的教科书级案例。全新致炫究竟是如何成功取悦年轻消费者的？

国内首次互动型线上发布会，让用户成为主角

互联网的发展将人们的注意力从线下转移到了线上，而伴随着互联网发展的 90 后网生代群体目前正是互联网用户中的主力人群。在当下，任何一个品牌的传播都离不开网络，如果能将 90 后这股中坚力量发展成品牌用户，企业就会在市场上占据有利地位。据《2016 中国汽车消费者洞察报告》显示，消费者越来越倾向于从数字媒体、社交网络获取汽车的相关信息。这一趋势也预示着车企品牌的营销阵地将要从线下转移到线上。印象中的新品发布会都是在线下，靓丽的车模、崭新的汽车……汽车品牌在线上开发布会几乎闻所未闻。而全新致炫则大胆创新，尝试将发布会开到了线上。

2016 年 8 月 11 日，广汽丰田全新致炫以一场“我是致炫大玩咖”的线上互动发布会宣告上市。这是广汽丰田史上第一次线上发布会，也是一次行业创新的互动型线上发布会。本次发布会以“我是致炫大玩咖”为主题，通过模仿游戏进行闯关的场景形式，以“致炫之城”的创意故事展开，提高消费者兴趣度，一步步吸引消费者进行互动。进入“致炫之城”的年轻人，将领取任务关卡，通过系列互动任务，找到隐藏在城市中的全新致炫的升级部件，组装出一款全新致炫，最终成为城市大玩咖。

在整个游戏体验的过程中，广汽丰田两位企业领导人广汽丰田总经理小林一弘、广汽丰田执行副总经理李晖，首次变身卡通形象，成为发布会互动游戏中的 NPC，引导网友探索“致炫之城”，了解全新致炫，他们不仅能够使致炫这一产品在消费者面前得到全方位展现，同时还能拉近品牌与参与者的距离，增强目标人群对品牌的好感度。

丰田策划的此场发布会精妙之处就在于让年轻人成为这场发布会的主角，实现了品牌与用户的双向互动。首先通过游戏成功吸引年轻目标人群的注意力，当玩家沉浸在发布会营造的虚拟场景中，致炫各个部件信息作为游戏中的道具或者任务实现了有效的品牌展露，为玩家留下深刻印象。当目标人群通过线上发布会了解致炫汽车的性能后，可能就会产生试驾和购买欲望，便实现了由线上到线下的转化。

品牌活动要营造与产品形象相契合的氛围、目标消费者喜欢的活动调性，才能打动消费者，调动他们的积极性。后台数据显示，短短 1 个小时，本次发布会的互动参与量达到 50 万次。最终，发布会参与量突破 400 万，引爆消费者和媒体的朋友圈刷屏。这场线上发布会，无论是参与效果还是互动黏性，以及活动轻松玩乐的调性，不仅拉近了丰田与年轻消费者的距离，让他们眼前一亮，而且将产品卖点创意植入，让消费者在互动中感受品牌内涵，体验产品卖点。

创意内容直击年轻用户痛点，成功为发布会引流

为了保证此次线上发布的热度，致炫大玩咖在本次发布会前，便策划了一场全网“寻找城市大玩咖”的引流大作战。在发布会倒计时三天的时候，每天分别推出《Calling 加班族，今天我们不加班》实景魔术视频、《生活不仅只有眼前的苟且，还有玩乐和冒险》互动 H5、《对方表示不想加班并向你发了一封邮件》趣味漫画等趣味营销吸引年轻人的注意力。一系列悬念吊足了玩咖的胃口，成功吸引了众多年轻城市玩咖的注意，为全新致炫首次线上发布会成功导流。

《Calling 加班族，今天我们不加班》实景魔术视频

在 8 月 10 日发布会前一天，《Calling 加班族，今天我们不加班！》预热短视频上线，成功引爆线上发布会。该视频以实景魔术的手法，结合“加班汪”的话题热点，通过一个加班族的真实写照，表达了城市白领的呼声，让消费者记住致炫城市玩家可以令大家改变生活，不再是加班那么枯燥乏味，同时也号召消费者 8 月 11 日晚上 8 点放下工作，来致炫“潮流星球”参加“玩咖 party”(线上发布会)。该视频形式新颖有趣，是国内车企首创魔术场景式视频，非常契合“大玩咖”的调性。最终，视频的全网点击量超过了 900 万，获得网友的一致好评，成功为致炫线上发布会积累了参与用户。

《生活不仅只有眼前的苟且，还有玩乐和冒险》互动 H5

在发布会前三天，《生活不仅只有眼前的苟且，还有玩乐和冒险》的 H5 上线，引发朋友圈刷屏。该 H5 同样以“摆脱加班”为故事主线，号召被工作和生活束缚的加班族，勇敢一点，加入一场玩乐冒险。该 H5 以年轻人生活和工作中遇到的问题为内容切入点，直击年轻用户内心，引起网友强烈共鸣，从而引发分享刷屏，成功为发布会先行造势。

《加班汪与单身汪的蜜汁关系》趣味漫画

除了视频和 H5，广汽丰田还结合“加班汪”和“单身汪”等热点打造了趣味漫画，以卡通形象诠释了无论是单身还是脱单都无法摆脱加班的悲惨事实。趣味可爱的画风直戳年轻消费者的痛点，在这一合适时机向用户甩出线上发布会的邀请，增强网友参与度。短短 2 天时间，漫画的总阅读量超过 25 万，在朋友圈引起广泛分享与转载。

朋友圈广告投放预热

为了引爆发布会，全新致炫还利用了 2016 年最新最有效的传播手段——朋友圈广告在发布会前夕进行投放。通过朋友圈的大数据系统，将信息精准投放给目标受众群体，为发布会成功引流。

全新致炫的目标受众群体是年轻一族，而加班、爱玩乐冒险、爱享受正是年轻人的特征，很符合有玩心的年轻受众的心境。因此采用这样的传播方式能够轻松引发致炫受众的情感共鸣，从而引发高关注度。全新致炫的线上发布会之所以能够成功，就在于品牌对年轻群体的喜好洞察，上线的一系列营销活动都紧贴年轻玩家的兴趣爱好，极易调动受众参与，同时还能在无形中树立品牌年轻化标识。

广汽丰田全新致炫线上发布会在年轻玩咖群体中引发轰动，宣告了广汽丰田历史上又一轮创新营销的开启，也意味着广汽丰田针对“85 后”“90 后”年轻消费群体的开拓进入一个新的阶段，成为 2016 年汽车品牌线上发布会经典案例。

主题试驾＋赛事直播，用年轻化方式诠释产品品质

线上发布会为全新致炫赚足了人气，品牌年轻化形象深入人心。为了让品牌的产品品质得到市场认可，致炫也尝试采用年轻化形式诠释品牌内核：

全新致炫目前已经推出两场主题不同的媒体试驾会，邀请媒体加入传播阵营。区别于其他车企的试驾会，致炫的试驾会采用灵活又好玩的试驾方式，能够在趣味中实现产品性能的体验。2016 年 8 月 24—31 日，全新致炫在魔都上海举办了一场“我是致炫大玩咖”为主题的主题式媒体试驾会，该活动通过试驾＋场景拍照的方式让媒体记者徜徉在城市道路中，充分体验全新致炫的灵活驾趣，感受各项新增 USP 特点，同时，符合“玩咖”主题的拍摄点也为媒体提供了更多高质量的传播素材。

2017 年 1 月 6 日，全新致炫在广州举办“成为食货大玩咖之旅”为主题的媒体集中主题式日常试驾，该活动洞察到玩咖和吃货的关联度，通过试驾游戏互动，展开食货玩咖的寻找美食之旅，精准定位目标消费人群，用目标人群喜欢的方式展示产品品质，提升了受众的接受度。

全新致炫利用试驾活动中的多种互动游戏，不仅突显了致炫“驾趣时尚”的玩咖形象，同时也让媒体感受致炫的产品性能。这种试驾活动与年轻人的生活方式吻合度极高，通过媒体体验传播，让产品信息变得更透明、更可靠。同时，这样的活动能够将当下流行的生活方式呈现在受众面前，为年轻人提供了时尚新玩法。

CTCC 赛事直播

赛车运动是年轻人最喜欢的运动之一，恰好致炫是广汽丰田专为中国年轻消费者量身打造的车型。广汽丰田希望通过赛车这项运动，能够让致炫与年轻人建立起沟通渠道，引发年轻人关注。致炫连续 3 年参与 CTCC 中国房车锦标赛，凭借超强性能及出色操控，征战赛场屡次夺冠。在 2016 年的 CTCC 传播中，致炫紧跟传播趋势，结合目标消费群体的触媒习惯，首次采用了当下最红的网红直播形式，鲜活地展示赛事魅力，吸引年轻消费者对赛车文化的热爱，也侧面突出了致炫的产品优势。本次赛事直播的累积访客量超过 27 万，实现了品牌大曝光。

打造同级车的最高水准，用品质打动年轻人

出色的营销是产品走向市场的助推器，而真正为品牌带来持续生命力的最终还是产品品质。致炫是广汽丰田推出的一款专门针对年轻人群的车型，其定位于“驾趣时尚大两厢”，充满驾驶乐趣和高级质感，是“城市玩家”的潮流新装备。全新致炫通过导入全面的科技装备，刷新了驾乘乐趣和安全性，它率先全系标配 Toyota Smart Stop 智能节油启停系统，自动挡车型配备 S-CVT 超智能无级变速器（模拟 8 速），大幅度提升了驾驶乐趣，燃油经济性也达到同级最优秀的 5.2L/百公里。同时，全新致炫率先全系标配车身稳定控制系统（VSC）、牵引力控制系统（TRC）、坡道起步辅助功能（HAC），和原来标配的刹车辅助系统（BA）、防抱死制动系统（ABS＋EBD）形成全方位安全防护，五星安全性能再进化。致炫任性的科技配置不仅领先同级车，在更高级别的 A 级车中都不多见，几乎每一项指标都达到同级车的最高水准。

在 2013 年致炫上市前，广汽丰田总经理小林一弘就曾表示：“在新锐消费群体非常活跃的时代，广汽丰田要推出一些新产品，让新锐消费者喜欢，让他们愿意购买，可以买得起。广汽丰田也想利用这一次机会，把‘年轻化’的形象更多地展现给年轻新锐消费群体。”凭借高性价比和个性舒适的性能，致炫获得了市场的好评。致炫的 90 后用户小林在接受《新营销》记者采访时表示，起初决定买车时很犹豫，因为市场上可供选择的产品太多，但是真正想买到性价比高的就没那么容易。通过多轮产品对比，小林最终选择了致炫。经过一段时间的驾驶，小林说这款汽车的品质是对他当初选择的最好回馈。

一款真正好的产品一定是要经过市场检验，拥有良好口碑才能拥有强大生命力。从孕育理念到产品设计再到投放市场，致炫始终以年轻群体的消费需求为导向，用产品和诚意收获了年轻用户的心。

以 90 后为代表的年轻消费者的话语权意识越来越强，汽车品牌想要取悦年轻消费者就要根据当下目标消费群体的特征和诉求创造出真正适合年轻人的产品，并用年轻人热衷的内容和形式去打动他们。丰田致炫能够赢得市场认可就在于它能够洞察年轻人的消费喜好，通过高品质产品和年轻人容易接受的营销方式打入市场，最大限度满足消费者诉求，进而成为汽车行业的标杆。

三、问题思考

更好地取悦年轻人，就能更好地赢得市场。品牌如何取悦年轻人，不被抛弃？

（参考资料：罗鹏程.如何取悦年轻人市场，这家车企这样做营销！新营销，2017(1)：76－79.）

第二章　市场营销分析

本章导读

市场营销分析主要包括市场营销环境分析、消费者市场及其购买行为分析、组织市场及其购买行为分析和市场营销调研与预测。这些都是企业开展市场营销活动的重要的基础工作，是企业营销活动最基本的前提和出发点。

- 我国互联网消费信贷产品处在不断丰富与多元化的阶段，互联网公司利用场景优势和对线上客户的触达优势，在消费信贷产品创新上做出不少有益的努力和探索。京东通过互联网建立自身的支付系统，简化了办理金融业务的流程。阿里推出的“蚂蚁花呗”在线授予一定的消费额度，让消费者享受先消费后还款的便捷。互联网消费信贷突破了传统的金融网点营业的限制，为客户提供全天制的服务办理，恰好满足了消费者办理便捷化产品的需求，一定程度上抵消了人们对超前消费的排斥心理。
- 马拉松消费成为中国中产的一种新的消费方式，有时尚杂志称之为“中产阶级的宗教”，也有人称之为“中产阶级的广场舞”。后者认为，马拉松只是一种生活方式的选择，就跟大妈选择广场舞一样，没必要神话。马拉松庞大的受众，让很多创业者看到机会。马拉松热，带火了马拉松产业链，从赛事运营、硬件装备、鞋服装备、机票到酒店等，吸引了一批创业者前赴后继。如果说 2015 年是中国马拉松消费元年，那么 2016 年是马拉松消费升级和跃进的一年。马拉松消费市场潜力如何，有哪些特点？2017 年马拉松还会这么热吗，还会有哪些商业机会？
- 2016 年，传统电视销量下降，互联网电视销量却飞速增长。可以说，互联网电视给电视行业注入了新的活力，也有一种说法是“互联网电视让电视这个行业从夕阳产业变成了朝阳产业，给用户创造了新的服务价值”。互联网电视发展至今，已经从硬件的竞争到软件内容的竞争，又转到了人工智能的竞争，那么，接下来，互联网电视会往哪个方向走？

第一节　理论教学要点

一、市场营销环境分析

（一）市场营销环境分析意义

市场营销环境分析的意义为“趋利避害”。

（二）微观市场营销环境分析

微观环境包括企业内部其他部门、市场营销渠道企业（供应商、中间商、代理商等）、市场（消费者市场、生产者市场、中间商市场、政府市场、国际市场）、竞争者（一般竞争者、产品形式竞争者、品牌竞争者）、公众（金融公众、媒体公众、政府公众、市民行动公众、地方公众、一般群众和企业内部公众）。

（三）宏观市场营销环境分析

宏观环境包括人口环境、经济环境、自然环境、政治法律环境、科学技术环境、社会文化环境。

二、消费者市场及其购买行为分析

（一）影响消费者购买行为的因素

影响消费者购买行为的因素主要有文化因素、社会因素、个人因素和心理因素等。

（二）消费者购买决策过程

消费者购买决策过程由以下几个步骤组成：引起需要、寻找信息、评价方案、决定购买、购后行为。

三、组织市场及其购买行为分析

（一）组织市场的构成

组织市场由产业市场（生产者市场）、中间商市场和政府市场构成。

（二）生产者市场分析

（1）影响生产者购买决策的主要因素包括：环境因素、组织因素、人际因素、个人因素。

（2）生产者购买决策过程为：认识需要、确定需要、说明需要、物色供应商、征求建议、选择供应商、签订合约、绩效评价。

（三）中间商市场分析

（1）中间商的购买类型包括：购买全新品种、选择最佳卖主、寻求更佳条件。

（2）中间商的主要购买决策包括：包括配货决策、供应商组合决策和供货条件决策。其中配货决策是最基本最重要的购买决策。

（四）政府市场分析

（1）政府市场采购原则为：公开、公平、公正。勤俭节约。计划。

（2）政府采购方式包括：招标、竞争性谈判、邀请报价、采购卡、单一来源采购等。

四、市场营销调研与预测

（一）市场营销调研

（1）市场营销调研的类型包括：探测性调研、描述性调研、因果关系调研。

（2）营销调研的内容包括：产品调研、顾客调研、销售调研、促销调研。

（3）营销调研的步骤包括：确定问题与调研目标、制订调研计划、搜集信息、分析信息、提出结论。

（4）营销调研的方法包括：确定调查对象的方法包括普查和典型调查、抽样调查；搜集资料的方法包括固定样本连续调查、观察调查、实验法、询问调查。

（二）市场需求预测

（1）估计目前市场需求：包括总市场潜量、地区市场潜量、行业销售额和市场占有率。

（2）市场需求预测方法包括：包括购买者意向调查法、销售人员综合意见法、专家意见法、市场试验法、时间序列分析法、直线趋势法、统计需求分析法。

第二节 教学引导案例

案例 2-1 兴起的消费信贷

一、背景资料

中国消费信贷市场“三足鼎立”，持牌消费金融公司成中坚力量，互联网金融发展迅速。

二、基本案情

（一）十八年历程，三大阵营

自1999年商业银行开展个人消费信贷业务以来，由于长期以来主要是为机构及企业提供中长期大额贷款，商业银行提供给个人的消费信贷产品较少，仅仅涵盖住房、汽车等耐用消费品，而涉及消费结构升级旅游、教育、普通消费品等方面的消费信贷服务比较少，专业化程度也较低，真正意义上的消费金融贷款占比微乎其微。

为了发展真正意义上的消费金融公司，弥补结构单一、产品种类欠缺和供给与需求的现实矛盾，2009年7月22日，中国银监会正式发布了《消费金融公司试点管理办法》，该办法明确规定了消费金融公司的业务范围和成立条件，预示着消费金融公司作为一支新生力量，从此登上了我国信贷市场的舞台。

2010年，中国银监会批复同意三家消费金融公司筹建，首批获批的消费金融公司分别是北银消费金融有限公司、中银消费金融公司和四川锦程消费金融公司；同年12月，中国银监会同意PPF集团在天津试点成立捷信消费金融有限公司，由PPF集团全资建立，目前注册资金为44亿元人民币，是中国首家外商独资的消费金融公司。

从成立后几年内，四家消费金融公司在经营范围方面，业务范围相对传统商业银行已宽泛许多。经营业务范围主要集中在向消费者提供信用消费贷款，用于其向经销商购买事先约定的耐用消费品或一般用途消费品，主要包括家电、教育、房屋装饰、旅游消费等事项的贷款，所经营业务都不涉及房贷和车贷，符合管理办法规定。在目标客户定位上，四家消费金融公司的目标客户群主要集中于具有稳定收入或是有稳定经济来源的中低阶层消费群体。

2012年互联网金融在国内首先提出，互联网与金融紧密结合加速了金融普惠化的进程。以分期乐、趣分期为代表的创业型公司直接将服务目标用户定位为个人消费者，为其提供信用借贷的分期付款服务。京东于2014年2月推出了“京东白条”、天猫推出“天猫分期购”以及“花呗”等理财产品为自身平台用户提供分期消费服务。许多电商平台开始尝试利用互联网思维进行跨界合作，如通过线上平台与线下销售网络的结合形成O2O消费金融模式。

相对于传统消费金融行业，以京东金融、花呗等为代表的互联网消费金融的主要优势在于，一方面，多维度的数据积累将激活传统金融单一维度的数据价值，提升数据风险管理的科学性，风险管理与互联网的结合已是必然的方向和趋势；另一方面，加大与消费流通企业的合作，将自身数据触角和范围进一步延伸，维持对消费者行为的360度全方位把控，促进了行业生态链的完善。

2013年9月银监会发布扩大消费金融公司试点城市范围，包括重庆、武汉、西安、杭州、合肥等10余个城市获得试点资格，但仍须坚持“一地一家”原则；2015年6月10日，国务院常务会议确定将消费金融公司试点扩至全国，将消费金融公司的审批权下放到省级部门，鼓励符合条件的民间资本、国内外银行业机构和互联网企业发起设立消费金融公司，成熟一家、批准一家，增强消费对经济的拉动力。消费金融公司在我国已全面放开，表2-1-1为中国持牌消费金融公司概况。

表2-1-1　　　　中国持牌消费金融公司

公司名称	开业时间	注册资本	主要股东
北银消费金融	2010年2月	8.5亿元	北京银行、桑坦德消费金融、利时集团、联想控股、万达、联东投资、九鼎投资、董氏兄弟、京洲企业、锐赢教育
兴业消费金融	2014年12月	3亿元	兴业银行、泉州市商业总公司、特步(中国)有限公司、福诚(中国)有限公司
湖北消费金融	2015年4月	3亿元	湖北银行、TCL集团、武商联集团、武商集团
苏宁消费金融	2015年5月	3亿元	苏宁云商、南京银行、法巴银行、洋河股份、再康江苏药业
海尔消费金融	2014年12月	5亿元	海尔集团、海尔财务、红星美凯龙、逸荣投资、天同赛伯
中银消费金融	2010年6月	8.89亿元	中国银行、百联集团、上海陆家嘴金融发展有限公司，中银信用卡
招联消费金融	2015年3月	20亿元	永隆银行、中国联通
锦程消费金融	2010年3月	3.2亿元	成都银行、马来西亚丰隆银行
捷信消费金融	2010年10月	44亿元	捷信集团
马上消费金融	2014年12月	13亿元	重庆银行、北京秭润商贸、重庆银行、阳光财险、小商品城和物美控股
中邮消费金融	2015年11月	10亿元	邮储银行、星展银行、渤海国际信托、拉卡拉、广百股份、广东海印、广东三正
华融消费金融	2015年10月	6亿元	中国华融、合肥百货、深圳华强、安徽新安资产
晋商消费金融	2016年2月	5亿元	晋商银行、奇飞翔艺、宇信易诚、华宇商业、美特好连锁超市
盛银消费金融公司	2016年2月	3亿元	盛京银行、德旭经贸、顺峰投资

资料来源：中国证监会及网络公开资料。

至此，我国目前的消费金融市场，除去主要由商业银行掌握的房贷和车贷外，主要由三部分构成：持牌消费金融公司由于其专业性和正规性(纳入监管)，使得它们能够专注地围绕消费者的需求开发出与其特征匹配的消费金融产品；互联网消费金融体系，主要依托于电商平台向消费者提供的消费金融服务;数量众多的 P2P、小贷公司和线下贷款中介公司,它们都属于民间借贷的范畴,都是为不能够在银行和传统金融机构贷款的个人或者是中小企业提供小额贷款资金,很大程度上弥补了传统金融机构贷款的缺陷,推动了普惠金融的发展,但是必须注意的是,P2P 和线下贷款中介公司目前还游离于监管之外,并无拿到合法营运的牌照,对消费金融行业安全构成威胁。

(二)种类丰富,良莠混杂

根据《2016 中国消费信贷市场研究》基于 1 122 份客户样本的调研。消费信贷客户以中低收入的年轻群体为主,超过 60%的月收入在 5 000 元以下,一半以上的消费信贷被用于购买耐用消费品。其中,近三分之一的客户将贷款用于购买家电,占比最大;其次为家装、教育、旅游、交通工具等。

消费者对于消费金融行业的认知度较高,91.00% 的客户在申请消费信贷前已经听说过"消费金融"行业,87.97% 的客户了解过央行的征信系统。易得性(54.99%)即资质要求和审批难易程度,是客户选择消费贷款时的最重要因素,该项所占比例远远超过申办流程的便利性(13.19%)和消费信贷商的受监管程度(12.92%)和费率(10.61%)等因素。超过一半(51.60%)的消费信贷审核时间超过一天;审核通过后,近八成(77.72%)的消费信贷商可在一天内放款。但是也有 22.28%的贷款发放时间超过了 24 小时,效率有待提升。

市场上消费信贷产品种类丰富,还款期限主要集中在 6~24 个月区间,大部分(79.83%)贷款的年利率都在 30%以下,极少数(0.90%)贷款的年利率达到了 50% 以上。

中国目前的消费信贷市场,大致可以分为官方核准可监管的消费信贷市场和未经官方批准监管的消费信贷市场。

官方核准可监管的消费信贷市场。截至目前,全国已有 15 家消费金融公司正式开业。消费金融公司行业呈现出"业务规模、盈利能力、客户群体逐步增长,服务中低收入人群、服务实体经济水平大幅提升,股权结构不断优化"的良好发展局面。截至 2015 年末,消费金融公司行业资产总额 637.95 亿元,贷款余额 573.74 亿元,累计发放 5 万元以下贷款 989 万笔,占比 94.05%。消费金融公司行业自运行以来累计服务客户已突破 1 000 万人。

未经官方批准监管的消费信贷市场主要分为为数众多的小贷公司、P2P 网络平台和中介服务公司。

小贷公司规模估计:根据中国人民银行发布的《2016 年三季度小额贷款公司统计数据报告》,截至 2016 年 9 月末,全国共有小额贷款公司 8 741 家,贷款余额 9 293 亿元,前三季度人民币贷款减少 111 亿元,小贷公司从业人数 112 646 人,实收资本达到 8 307.2 亿元。从结构上看,小贷公司设立机构和贷款余额最多的为江苏省,分别达到 633 家和 983.1 亿元。

P2P 网络平台规模:根据网贷之家发布的最新《P2P 网贷行业 2016 年 10 月月报》,截至 2016 年 10 月底,P2P 网贷行业贷款余额增至 7 486.72 亿元,环比 9 月底增加了 5.00%。而 2015 年同期,P2P 网贷行业贷款余额为 3 278.75 亿元,同比增幅达到了 128%。按照 2016 年以来网贷贷款余额增长速度,基本可以实现 2016 年底网贷贷款余额突破 8 000 亿元,相比 2015 年年底的贷款余额翻倍的目标。从各省市分布上看,前五位由北京、上海、广东、浙江、江苏所占据,总贷款余额达到 6 808.67 亿元,占全国贷款余额的比例为 90.94%。

中介服务公司,近年来各类投资公司、担保公司等形式的组织更如雨后春笋般兴起,纷纷涉足民间借贷。但伴随着陆续爆发的"欺诈门"、"非法集资门"、无力还债等"跑路潮",不但让数以千计的公众受到牵连深受其害，更给民间借贷行业带来重创，相应地行业规模的估计更是无从谈起。从未来发展趋势看，这类公司要明确好中介服务的定位，不断向着合规、合法、阳光化经营发展。

（三）持牌最佳，商行次之

《2016 中国消费信贷市场研究》从普惠度、安全负责任和客户体验三个维度对消费信贷商进行评估。结果显示，捷信、中银、北银、中邮等依法纳入监管的持牌消费金融公司在三项榜单上均名列前茅，综合优势明显，以领跑之势带动消费信贷行业健康、稳步发展。

在普惠度方面，《2016 中国消费信贷市场研究》通过清华大学 CCWE 普惠金融指标体系和借鉴《G20 普惠金融指标体系》，从消费信贷的申请难易程度、申请成本、使用情况、可得性、覆盖面、可靠性、市场行为与消费者保护、产品质量等方面进行综合评估。

综合评估结果显示，捷信、中银、北银等持牌消费金融公司作为发展普惠金融的中坚力量在市场上的表现越来越明显。特别是排名前列的捷信消费金融公司，近些年通过大力拓展业务网络、发展驻店式消费贷款及开发多样化、线上线下全覆盖、申请灵活的消费金融产品，覆盖了传统金融机构所覆盖不到的领域，对发展消费金融的借鉴意义重大。同时，银行系和互联网金融公司通过自身客户资源沉淀和大数据、云计算等先进技术，也在挖掘传统金融不能涉及的低端利基市场，成为普惠金融发展的一支重要力量，例如京东金融等（表 2－1－2）。

表 2－1－2　　普惠值排名（CCWE 和 G20 加总后排名）

排　名	企业名称	得　分	排　名	企业名称	得　分
1	捷信消费金融	100	6	华融消费金融	79
2	中银消费金融	99	7	兴业消费金融	79
3	北银消费金融	89	8	招联消费金融	78
4	中邮消费金融	84	9	马上消费金融	75
5	京东金融	84	10	佰仟金融	73

* 仅列出前十名，了解完整榜单请参看报告全文。

在消费信贷商的安全和风险可控性方面，综合结果显示，排名前十的消费信贷商中，持牌的消费金融公司占据八席，其余两席由银行系的南京银行和互联网金融代表京东金融获得。可以看出，依法纳入监管的消费信贷商在完善风险控制模型、定期更新风险控制系统从而加强风险管理方面有着良好的基础和实力。

在事前监管方面，排名靠前基本上是风控模式完善和有效利用大数据等先进技术来分析消费者信用特征的消费金融公司和互联网金融公司。例如，捷信消费金融公司通过完善的风控系统以及有效利用“互联网 ＋”、大数据等先进技术，能实现对消费者的 360 度全刻画，从而在事前监管方面录得最高分（表 2－1－3）。

在客户体验度方面，《2016 中国消费信贷市场研究》不仅考察了消费信贷商的信息查询与咨询平台、销售网点等基础设施建设，也对工作人员服务态度等软性指标进行了考量。评估结果显示，以中邮、中银为代表的银行系消费金融公司的得分较高，银行的服务质量基础扎实。而互联网消费金融公司在总体上排名较为落后，这主要是由于互联网消费金融公司近年来更加注重平台建设，部分忽视了服务质量的提高，导致客户满意度较差。

表 2-1-3　　安全、风险可控的消费信贷商排名

排名	企业名称	得分	排名	企业名称	得分
1	捷信消费金融	100	6	京东金融	74
2	中银消费金融	88	7	招联消费金融	73
3	北银消费金融	83	8	马上消费金融	68
4	兴业消费金融	80	9	南京银行	66
5	中邮消费金融	76	10	苏宁消费金融	63

* 仅列出前十名，了解完整榜单请参看报告全文。

综合前述各项研究及分析可以发现，依法纳入监管的持牌消费金融公司在各项评估中的整体表现最佳，商业银行次之，而互联网消费金融公司的快速发展也值得关注。

《2016中国消费信贷市场研究》建议，将发展消费金融的下一步工作重点放在建立完备的个人征信系统、大力发展多层次资本市场、不断发掘长尾客户和利基市场，以及加强内部风险管理等四方面。

三、问题思考

互联网消费信贷模式的应用，使更多消费者愿意通过消费信贷来获得先消费后付款的"快感"，但同时"蚂蚁花呗"存在的与淘宝商家协议套现问题，严重损害了平台的合法权益；"京东白条"多次发生的盗刷事件，引起消费者对京东金融账户安全性以及风险甄别能力的质疑。

如何消除这些隐藏在互联网消费信贷背后的风险，丰富互联网消费信贷产品的同时优化风险控制体系，切实保障消费者的合法权益？

四、分析点评

互联网消费信贷风险控制是指对消费信贷推出之后存在的信贷风险采用不同方法进行控制，最大限度地降低遭受信贷风险的概率，减少互联网消费信贷资金的损失度的风险控制体系。现今的电子商务企业并没有自身的风险防控体系，其对风险的控制仅停留在客户违约之后采取进一步的措施。

(一) 对于互联网企业自身而言

(1) 加快完善个人征信体系建设。

(2) 建立独立的风险评估部门和完善的风险控制措施。

(3) 充分运用各种风险分散手段。

(4) 建立信贷发放的后续追踪机制。

(二) 对于政府而言

(1) 建构系统的消费金融支持政策和法律体系。

(2) 构建适合国情的消费信贷监管机制。

(三) 对于消费者而言

(1) 树立正确的消费观念。

(2) 提高诚信意识和安全防范意识。做到延期付款提前还款，分期付款按时还偿，杜绝

信贷违约。

（参考资料：清华大学中国与世界经济研究中心：黄嘉维.兴起的消费信贷.二十一世纪商业评论，2017(1)：104－107.）

（参考资料：刘杨、万姣、刘溪.互联网消费信贷的发展现状及风险分析——以“蚂蚁花呗”和“京东白条”为例.时代金融，2017(3)：290－296.）

案例2－2　中国式马拉松消费市场调查

一、背景资料

从冷门到火爆，在中国从没有一项运动变得如此“潮”。民众的热情让马拉松赛事水涨船高，而真正的赛事主办者是否能从中赢利？完善体育产业链的设想让马拉松不再只是一张地方上用来吸引眼球的金名片。

二、基本案情

消费升级浪潮之下，奔跑在路上成为一种时尚。我们在消费马拉松，但同时也在被马拉松消费。在体育产业链尚未完善，鱼龙混杂的赛事和各种营销宣传之下，跑步这项简单的运动变得不简单。产业蛋糕是由跑友们的需求而做大的，他们的需求决定了后续分蛋糕的可能规则，而他们是如何看待马拉松的呢？

下面让我们一起走进热跑行业，了解跑友们对跑步和马拉松赛事的认知情况。

本次问卷样本情况：共有3 440人参与，其中80.8%参与者为跑步爱好者；男性约占82.3%，女性约占17.7%；年龄层主要在26岁以下约占52%，其次是31～26岁约占22.4%，41～31岁和41岁以上共约占25.6%；年收入8万以下的约占69.2%，年收入8～15万约占18%；年收入15～20万约占5.8%，20万以上约占7%。

数据来源：《商学院》杂志官方微信、《职场》官方微信、中国经营者俱乐部会员管理平台近百万粉丝。

（一）约一半人希望加入跑团跑步，增加跑马频次的人数高于减少人数，但仍有四成跑步爱好者并没有跑马计划

参与本次问卷的读者中只有5.8%加入过一些跑团，但约有49.7%表示计划加入，但仍有44.5%表示更喜欢独自跑步。31.69%参加过当地夜跑，18.6%参加过乡村或者城市马拉松。而其中，参加马拉松频次在增加的约有13.7%，在减少的约有11%，而仅仅把跑步当爱好，没有跑马计划的约有43.6%，但仍有31.7%表示正在计划中。还有2.9%参加过线上马拉松比赛，使用跑步APP数量较多的有悦跑圈、Nike Running＋、咕咚、乐跑步等(图2－2－1)。

（二）跑步主要是为了拥抱积极健康的生活方式，马拉松比赛则多为打酱油

关于跑步的原因，排名第一的是为了拥抱积极健康生活方式约占37.8%，第二是内在自我要求，为了能培养意志力，约占34.3%；第三才是减肥塑形需要，约占11.34%。而当问及参加或者筹备参加马拉松比赛的原因，约有32.9%表示没有明确目标，只是想尝试一下，也可称之为“打酱油”；其次30.2%是为了能体验赛事乐趣，认识跑友；只有23.26%有明确目的是为了能检验锻炼成果，用成绩证明自己，而主要是陪跑的约占8.4%。这说明，对于跑步主

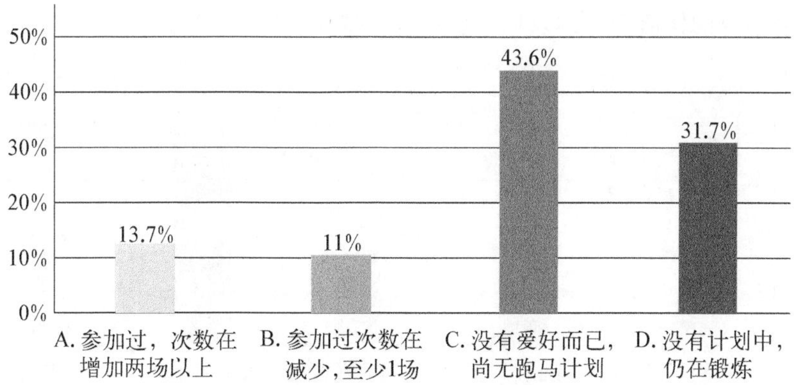

图 2-2-1　您参加的马拉松比赛的频次是怎样的？

要是当成一种休闲生活方式，而非是一种很强目的性，以及参加马拉松比赛也多是跟风凑热闹、打酱油居多(图 2-2-2、图 2-2-3)。

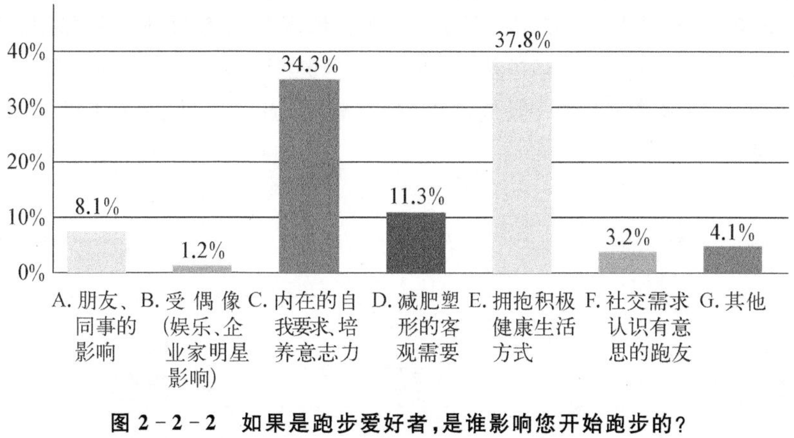

图 2-2-2　如果是跑步爱好者，是谁影响您开始跑步的？

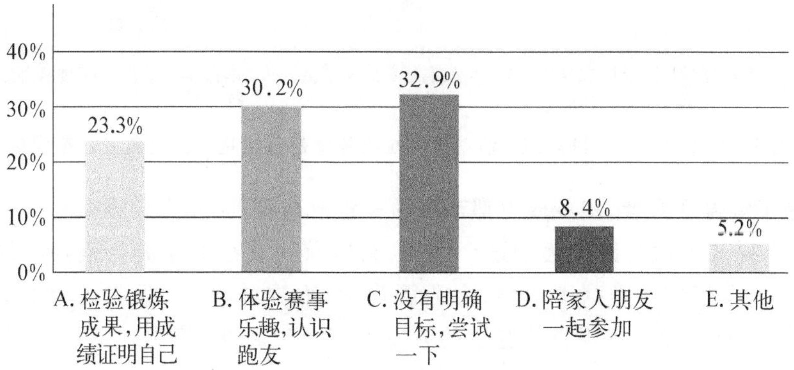

图 2-2-3　参加马拉松赛事的主要目的是什么？

(三) 对赛事组织体验要求高，担心身体出问题和赛事组织出问题的人数相当

跑马拉松比赛过程中，大家最担心身体不适、出现意外的问题，约占 37.5%；其次是组织混乱，服务差，约占 24.1%；再而担心商业化过于浓重和气氛不好的约占 22.4%；担心恶劣天气的为 14.2%。整体来看，关注天气及身体健康的约占 51.7%，担心赛事组织问题的约为

46.5%。赛事本身的体验对于跑友们来说比较重要(图 2-2-4)。

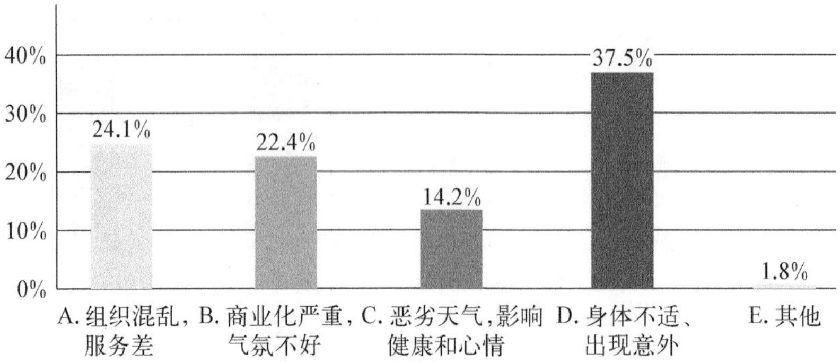

图 2-2-4　您最担心在跑马过程中发生什么?

(四) 超四成人表示,跑步及马拉松赛事出现过热,超三成人认为赛事数量还不足

关于目前跑步活动及马拉松赛事是否出现过热或鱼龙混杂现象,受访者中有 40.4%认为增长太快,出现一些泡沫;但有 35.2%表示,跑步市场远没有过热,跟国外相比,跑步需求尚未满足;而有 24.4%也表示没有过热,增长适度呈健康发展趋势。整体看来,虽然全国各地的跑步赛事整体数量增速较快,但是,由于分布较广,超过一半的人还尚未感受到马拉松赛事的热情(图 2-2-5)。

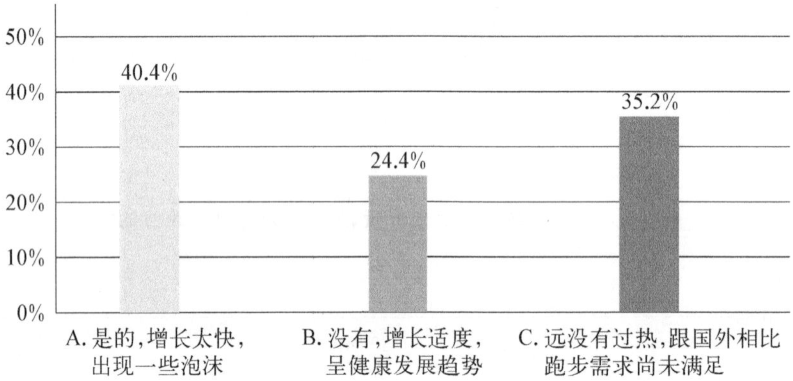

图 2-2-5　您认为目前跑步活动及马拉松赛事是否出现过热或鱼龙混杂现象?

(五) 除了健身爱好者,跑步成为都市白领和企业高管的"无声广场舞"

关于什么样的人适合跑步运动这个问题,其中首当其冲的是健身爱好者约占 79.4%,而排名第二位、第三位的是都市白领、企业管理者,而退休人员、职业运动员的呼声靠后。虽然将近 8.7%的人表示只要身体健全的人基本都可以跑步,但是,真正坚持下来,毅力是最大的门槛。从数据可以看出,在大家的普遍认知中,跑步作为一种健康积极、培养毅力、舒缓压力且让人有成就感的运动,应该很受白领、企业管理者的喜爱,特别是在一些商界领域名人带动下,跑步变为一种职场风尚。有人说,马拉松已经成为中产阶级的一种"无声广场舞"(图 2-2-6)。

(六) 马拉松主要靠赞助盈利是主流认知,报名费只是"拥堵收费",衍生品未来有商机

关于大众对于马拉松赛事的主要盈利来源认为,主要收入仍是企业赞助费,约有 60.8% 会

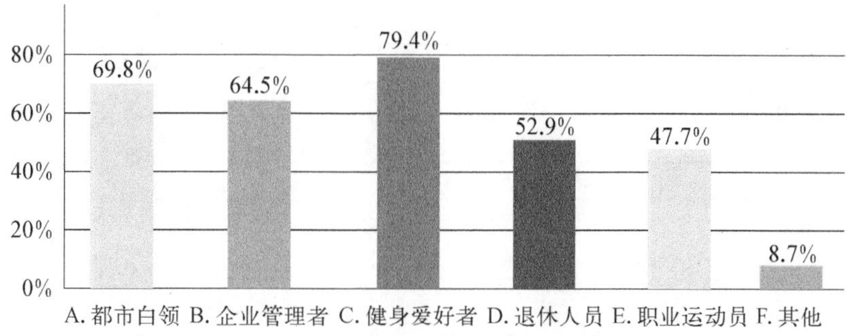

图 2－2－6 您认为什么样的人适合跑步？

选择；第二是衍生品，比如吉祥物、纪念品等，有 24.7%认为这块是主要盈利来源，说明大家为其付费的接受度还是比较高的，而现实还远没有这么高。伴随着产品设计的丰富，未来比较有发展空间；第三是报名费，据了解，很多赛事的报名费、门票等，更多只是一种限流的"拥堵收费"，收入偏少。而选项中的版权费，目前在中国几乎不可能，相反，与电视台合作进行赛事转播，还需付费。有些以城市形象宣传为主的地方赛事直接收入并不多，但其品牌宣传价值，对当地住宿、交通、旅游消费的拉动作用，都属于体育产业链的生态效益（图 2－2－7）。

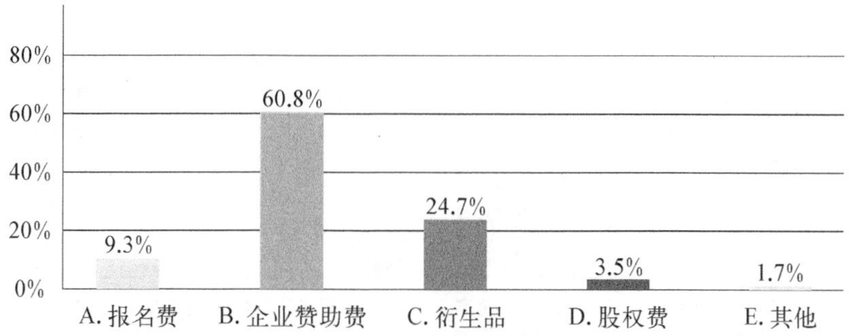

图 2－2－7 在您看来，马拉松赛事最盈利的地方在哪里？

（七）近一半的人因跑步受过伤，约四分之一的人每周跑步 5 小时以上，较少人知道糖尿病不适合跑马拉松

跑步作为一种最简单也最难的体育项目，需要专业指导，以免出现跑步受伤的结果。在调查中，只有不到 7%表示加入过专业的跑步培训机构，而有 43%的受访者在跑步中出现过身体拉伤等轻伤情况，有 4.4%出现过比较严重的受伤情况。关于跑步计划，每周坚持跑步锻炼 5 个小时以上的有 24.4%，每周坚持 3～4 小时的有 19.2%，2～3 小时的有 21.8%。关于哪些疾病不能参加马拉松赛事一项，其中腰肌劳损和颈椎病不在主流的城市马拉松官方报名须知明令禁止之列，其他疾病均在列，值得注意的是，糖尿病选择人最少，其实，血糖过高或者过低，都不适合跑步（图 2－2－8）。

（八）冠名城市马拉松赛事的汽车品牌众多，但最终留下印象的很少，运动品牌赞助马拉松中，耐克最受欢迎

马拉松比赛与汽车品牌形象有较高契合度，很多汽车品牌成为城市马拉松比赛的忠实赞助商。但是，从调查结果看品牌与马拉松赛事还没有形成强关联，收效还不够。只有 19.8%的人对赞助了广州和杭州马拉松的广汽本田比较有印象，其次是赞助北京马拉松的

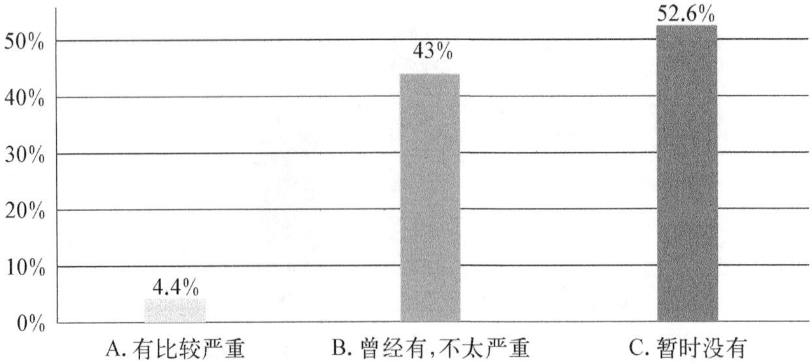

图 2－2－8　是否因为跑步出现过身体拉伤，不适等情况？

北京现代占 16.6％；其中赞助了上海和成都马拉松的宝马汽车排名第三，约 12.2％有印象，而重庆、武汉、宁波马拉松本身知名度有限，所以印象较淡薄。而曾经赞助过马拉松的运动品牌中，赞助上海马拉松的耐克最受欢迎，约占 35.5％，赞助北京马拉松的阿迪达斯居其后，约占 25.9％，其次是赞助南宁半程马拉松的李宁，以及赞助厦门马拉松的特步（图 2－2－9、图 2－2－10）。

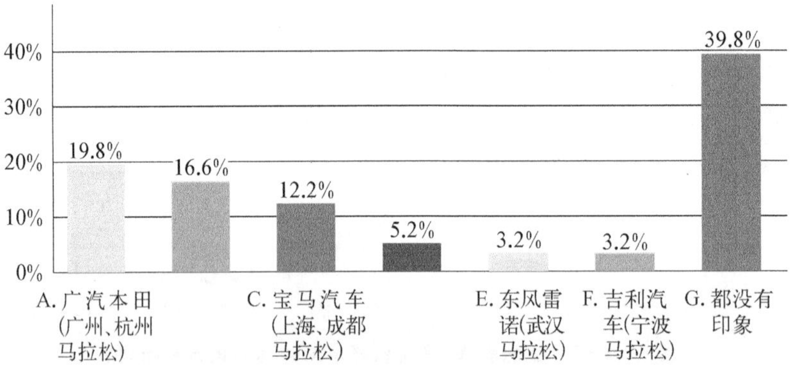

图 2－2－9　您对哪些曾冠名赞助马拉松比赛的汽车品牌印象最深？

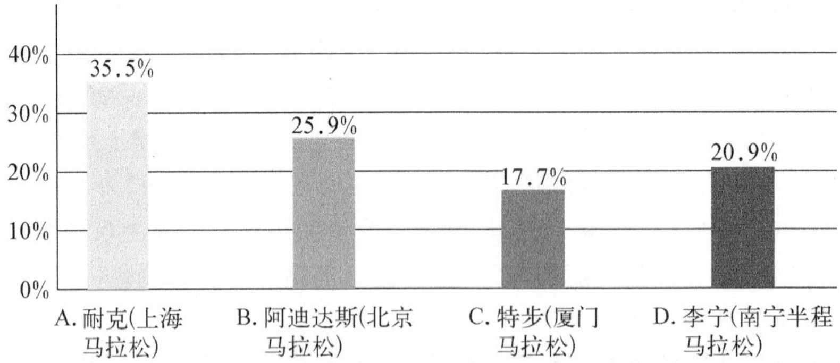

图 2－2－10　您最喜欢哪些赞助马拉松赛事的运动品牌？

（九）近四分之一的人花在运动装备上的钱每年超过 3 000 元，跑鞋最花钱

愿意为跑步花钱的人不少，除了 55.2％人每年花在体育运动装备上的费用在千元以下外，有 24.7％要花费 1 000～3 000 元之间，有近 20％每年支出在 3 000 元以上。其中，约占

58.4%的人花费最多的是在运动鞋上，而约 25.3%的人花费最多的是在运动装上。其中主要运动品牌前四名分别是耐克、特步、李宁、阿迪达斯(图 2-2-11)。

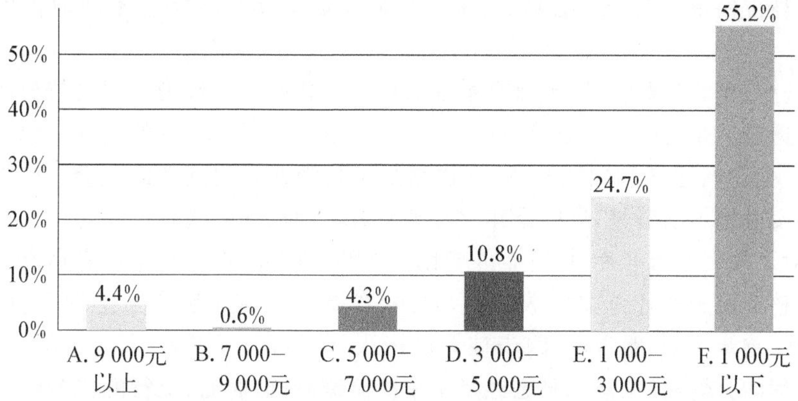

图 2-2-11 您现在一年花在体育运动装备上的费用约是多少？

(十) 慈善和旅游与跑步的融合最容易被接受，武夷山、黄山的马拉松很被期待

有 35.8%的人表示如果跑步活动中有慈善公益内容会更愿意参加，33.7%更喜欢把旅游度假融入进来，也有约 16%和 12.2%的人更喜欢加入亲子家庭或者情感心理疗愈元素。其实，目前已经有一些赛事在做跨界，特别是把旅游与跑步结合，武夷山、黄山、敦煌雅丹、五大连池、腾冲等地都在举办马拉松比赛(图 2-2-12)。

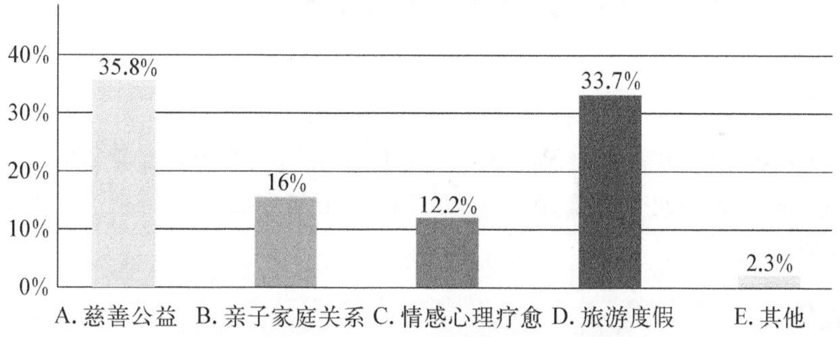

图 2-2-12 下列哪些内容融入跑步活动，您会更愿意参与？

三、问题思考

相信不少人要问马拉松到底挣钱吗？有多挣钱？谁才是马拉松的幕后推手？谁又在其中受益？

四、分析点评

宋鸿飞分析，目前马拉松赛事收入主要由商业赞助、政府购买、门票收入、旅游培训、衍生品等部分组成。其中，商业赞助收入占 50%，政府购买约占 20%，门票及衍生品及其他约占 30%。

2015 年厦门国际马拉松赛，给厦门带来直接经济效益 2.07 亿元，带动经济效益达 2.55 亿元；甘肃兰州国际马拉松赛开办以来，到兰州旅游的人数年均增长超过 15%。

“马拉松不仅仅是一项赛事，它更是一场现象级城市营销活动。”宋鸿飞指出，政府会把马拉松赛事作为城市营销工具，提升城市形象、传播城市文化、带动城市旅游及文化产业发展等。目前马拉松带动的城市会展、公关、培训、旅游等衍生经济在不断地扩大收益，形成规模。

“马拉松产业”的受益者，远不只有举办城市还有赞助商。作为广州马拉松的赞助商，广汽丰田希望透过广州马拉松的影响，树立产业标杆以及与城市相关的品牌联想。“一些报名者会来到4S店进行报名和领取装备，这也增加了与消费者间互动的机会。”广汽丰田表示，体育营销其实就是关系营销，目的是建立与消费者之间温和的联系。

跑步，除了放大城市名片、提升企业赞助商的知名度外，也增强了体育运动装备的销售，从而带动了整个路跑产业链实际收益。马拉松参赛者的基本装备从运动耳机、眼镜、速干衣、智能手环、跑步手表、跑步裤、跑步鞋等价格从上千到上万不等，同时带动了一系列专业跑步健身课程的火爆，马拉松几乎已经成了中产阶级高端、时尚、流行的代名词。

曾经参加过北京和武汉马拉松的小颜在北京一家润滑油外企工作，她给记者算了笔账，入门级跑鞋价格约700～1 000元，每一位跑者，可能拥有几双功能、价格不同的跑鞋。尽管接触马拉松还不到半年，她花在跑步装备上面的钱已经接近5 000元。

（参考资料：陈茜.赛场内外：2016，你被马拉松消费了吗？商学院，2017(1)：95－97.）

（参考资料：董枳君.中国式马拉松：一场华丽的运动“骗局”？商学院，2017(1)：93－94.）

案例2－3　阿里大屏赛道的势与能

一、背景资料

当电视被重新定义为“一台屏幕变大了的智能手机”，消费者正在重返客厅。

智能电视普及，大屏迎来逆袭，阿里倾力缔造一个家庭娱乐的新生态，它的身段柔性轻巧，它的力量却悠远绵长。

二、基本案情

2016年6月的一天，阿里家庭娱乐事业部总经理李捷赶赴深圳，陪同阿里巴巴CEO张勇、首席技术官王坚博士拜会富士康科技集团总裁郭台铭。此前，富士康以38亿美元刚刚收购夏普公司66%的股份，郭台铭有着复兴夏普的强烈愿望，他与阿里巴巴董事局主席马云电话讨论过半个小时，核心议题是“互联网”。

李捷形容这次双方团队碰面是“相见恨晚、一拍即合”，原定会谈2个小时，整整延长了4个小时。富士康长于制造与供应链，阿里长于内容、数据、系统，两家商定：夏普搭载阿里YunOS TV系统，引入阿里家庭娱乐和优酷的版权内容，硬软结合，推出多款拥有流畅体验的智能电视，共同打造一个家庭娱乐的生态。

郭台铭素来讲究执行力，他当时对两家合作的期望是：“2017年1月，争取推出夏普的互联网电视。”相对传统厂商的速度，这个时间非常紧，没料到李捷回应：“我们赶在双十一，应该来得及。”

两家在8月组成工作组，代号是“天虎”，新夏普电视在“双十一”准时登场，全平台成交金额超6.2亿元，阿里赋予了老夏普新能量，大尺寸电视销量第一。2016年的“双十一”，共有9个电视品牌植入了阿里家庭娱乐的技术或者内容服务。而“天虎”后来成了阿里家庭娱乐内部的一个传奇项目。

阿里的目标不只是帮助合作伙伴兜售电视，在智能电视普及的时间窗口期，挟内容、数据、技术等优势，以阿里家庭娱乐为主，它正开始全面抢占大众客厅。阿里没有一款自己品牌的电视机，相比互联网同行，其心态更开放，同时也更具冲击力。

大屏商机

阿里家庭娱乐的前身是2013年9月成立的阿里数娱，数娱旗下曾有游戏分发、娱乐宝、虾米音乐等业务，因缺少核心战略定位，一度在试错中探索。2015年，优酷并入阿里巴巴阵营，阿里数娱与优酷实现渠道和内容的全面整合，业务精简后，转为主攻电视大屏，更名后全面发力家庭娱乐，李捷同时兼任阿里大优酷事业群高级副总裁。

2016年10月，阿里家庭娱乐和优酷携手发布阿里巴巴家庭娱乐战略，提出“构建华人华语地区家庭娱乐内容第一生态”。

这是两家第一次对外发布重大战略愿景，预备了500人的场地，李捷自信有足够的干货，但是，只发布一个开放生态的战略，是不是足够吸引人？他在会前有点担忧，有团队同事直言不讳：“老大，我们没有一款电视产品，能来200人就不错了。”

没想到，李捷不得不当场为场地道歉，门口有许多参会者无法进入会场，连过道都满满是人，家庭娱乐生态链上对阿里的关注热度，远超想象。

这不是偶然的。

研究显示，2014年，4.3亿户的中国家庭中，拥有智能电视的仅为3 000万户，不足10%，此后渗透率迅速上升，预计2018年渗透率将达43%，未来3年是智能电视普及的重要时间窗口。

过去10年，以优酷为代表的视频网站驱动用户离开电视，转战到PC、手机和平板电脑，开机率常年下降，有流行观点曾以为，用户会离开客厅。如今的事实却是，“大屏”正开始逆袭，以其不断进化的硬件水平和内容体验，流量涨势惊人，有望成为家庭互联网第一入口。

以阿里家庭娱乐为例，截至2016年10月，大屏端日视频播放量超过2.4亿，用户日均在线时长将近3.9小时，2016年3月开始，大屏用户数量已超过PC，成为真正的第二屏。

李捷告诉《二十一世纪商业评论》(下称《21CBR》)记者，大屏有着非常浓烈的家庭属性，合家欢式的中外大片与国内喜剧尤其受欢迎。在他看来，娱乐活动正向“两头”转移：一头是个人化、追求私密的手机屏，一头则是全家共赏、老少皆宜的大屏。特别是，互联网的第一批原生用户(80后)全面进入家庭生活状态，开始结婚生子，家庭用户规模加速扩增。

变局下的电视产业正在产生新一波红利。有预测显示，2020年，中国客厅经济的整体商业价值总量将达到6 300亿元，付费内容、家庭数字购物、广告、游戏等均蕴含着巨大的商业价值，2016年至2020年，单单大屏用户的付费规模就将增长近30倍。乐视的超级电视即可视作最早的受益者。

此外，电视一直被视作家庭中的耐用消费品，更新频次低，且电视的应用系统相对封闭，用户的迁移成本非常之高。比如优酷、爱奇艺、腾讯视频三家内容各有所长，竞争决定三家内容一般不可能出现在同一电视或者机顶盒上，一旦用户选用优酷内容的硬件，再看其他内容只能再购买一次硬件，而在手机上，用户从优酷切换到其他家只要动动手指。

这意味着，一旦先行者占据着先发优势，其市场势力不只是排他的，在相对长的时间是稳固的。机会窗口稍纵即逝，BAT 均纷纷入局抢占客厅，百度阵营的爱奇艺与央广新媒体合资成立银河互联网电视，腾讯视频力推授权正版 TV 端应用“云视听极光”，阿里准备如何下手？

盒子背后

早先，阿里切入家庭娱乐的起点是“天猫魔盒”。

天猫魔盒源于 2013 年，当时高清概念刚在国内普及，一部分影视发烧友寻求高清播放方案，盒子应运而生，早期的盒子有着相同的基因：强大的本地解码能力、糟糕的交互体验（甚至有些盒子还需要用户自己编程）、灰色的内容聚合地带，用户多为发烧友或者价格导向的小白用户。

天猫魔盒则将目标人群定位为中产群体，输出正版内容，硬件上颇费力气。阿里家庭娱乐事业部智能硬件和应用总经理穆旸举例说，盒子用户关注 Wi-Fi，若网速恒定，Wi-Fi 决定观看的流畅度，外观设计定型后，工程师团队调整 Wi-Fi 天线的空间不到 1 厘米，为找到最合适的角度，团队常在地下车库模拟最弱的 Wi-Fi 信号环境进行调试。

天猫魔盒为阿里家庭娱乐斩获了一大批 C 端用户，但其真正崛起则有赖于强劲的内容，特别是与优酷的整合。

李捷列举了一串数字：阿里家庭娱乐可调用的内容片库超过 107.6 万集，电影 1.6 万部，综艺 16 万集，电视剧 18 万集，新媒体 25 万集，动漫 47 万集……几乎覆盖了一家人的家庭娱乐需求。同时，由于共享了优酷的用户和内容运营经验，同时也加快优化了播放服务的体验。

2016 年上半年，天猫魔盒线上市场份额达到 32.5%，24 个月的可运营用户留存达到 66%，其经典款的出货量突破 500 万台。

在阿里家庭娱乐的内容布局中，少儿节目格外受到重视，新推的“小酷宝”就是一个例子。这是一款与优酷联合打造的盒子，专为 0～14 岁孩子的心智启蒙、习惯培养、语言发育、兴趣养成等量身定制。小酷宝是梦想和现实双重考虑下的产物，当时阿里谈判引进全球的优质儿童内容，许多少儿内容方提议建立一个独立的内容体系，避免同成人的内容混合在一起，尽管国内少有专注少儿市场的盒子，李捷却格外看重少儿在家庭娱乐中的战略价值。

截至 2015 年底，在中国 0～14 岁少年儿童人口已经达到 2.37 亿，家长陪同孩子看电视，是一个熟悉的场景，“天猫魔盒早期，少儿节目的播放量占到整体 60%左右，直到现在仍在 40%以上。”李捷说。小酷宝现拥有超过 350 万分钟的少儿内容，囊括知名动画 IP 达 1 100 个，且已与超过 100 名育儿专家合作，将其育儿经验和理念分发出去。

李捷告诉《21CBR》记者，作为内容输出的重要路径，盒子将是阿里家庭娱乐的重要一环。他认为，电视终端的迭代期长，盒子是一个兼具消费电子和互联网属性的产品，更换与升级的成本低，可以及时进行能力升级，或者添加新的功能，成为家庭的一个应用中心，提供新的体验。

比如，阿里产品团队正在尝试将人工智能的黑科技引入盒子，实现语音控制，进行视频或者音频的切换等。2016 年，他们就研发了一个“边看边 X”的功能，天猫魔盒遥控器设置一个 M 键,一按下去,电视屏幕缩小,周围衍生出许多和节目相关的内容,每个人出现的衍生内容是不同的,有的人可能收到豆瓣评论,有的会收到有趣的购物场景。

但是,阿里在硬件上不仅限于天猫魔盒或者联盟的机顶盒,他们更着力于渗透到电视终端渠道,形成掌控力,市场上内容供应方不少,电视厂商为什么要选阿里?

赋 能 电 视

长期以来,业界一直盛传阿里要自己造电视,李捷告诉《21CBR》记者,他们对电视硬件制造和供应链管理保持敬畏之心,绝不直接涉足,事实上,他个人并不太看好互联网公司进军电视硬件的前景,“这条赛道互联网公司短期也许有惊喜,中期有机会,长期趋势不乐观,手机市场当前的竞争现状和智能电视的未来状况非常近似,同时智能电视行业比手机更重,渠道、供应链和售后服务要求更高,这往往并不是互联网公司最核心的能力。”

他认为,电视的智能和互联网化,不完全在硬件能力,真正瓶颈是应用、桌面、支付、账户、内容以及更快更清晰的播放体验等,阿里要做的是,向传统电视厂商提供进化的能力,“阿里布局电视赛道的生意是内容、数据和产品的运营,硬件销售不是我们的赛道。”李捷说。

在阿里家庭娱乐事业部 TV 总经理贾伟看来,定义智能电视有三个核心指标：内容为王、体验至上、大数据驱动。电视产业正进化为一个由硬件、软件、交互、内容、应用为主的生态链,可挖掘的增值空间巨大,阿里不是与电视制造商抢夺硬件市场的存量,而是以开放、赋能、共享的形式共同做大服务的增量。由此,产生了阿里版的“TV 生态 inside 计划”——让天下没有难做的智能电视。

2016 年,阿里家庭娱乐发布最新的 YunOS TV 版本,该版本针对设备底层设计,具有高度适配性和延展性,便于在电视中接入各种智能家居设备,在 YunOS TV 基础上,又推出飞流 5.0 桌面,在内部被称作“最懂你的桌面”,利用云计算、大数据和人工智能技术,可做到千人千面,内容即达。比如,结合阿里系的数据,家庭娱乐部门有能力结合年龄、地域、购买力等多个指标,建立用户画像,实现电视内容的精准推荐。

“与互联网电视相比,传统电视在个性化精准推荐、用户体验以及广告经营模型等方面,存在很大的差距,阿里的强项正是在用户、内容、营销和数据等多方面进行赋能。”李捷告诉《21CBR》记者,“我们将能力完全开放给联盟电视厂商、机顶盒厂商,并方便他们自定义、自配置,分享用户带来的价值,比如用户广告、会员费和电商抽成。”

立足赋能,各取所需,这是李捷与郭台铭一拍即合的重要原因。

举例来说,智能电视系统与电视芯片的适配,往往需要 3～4 个月的时间,再加上会员账户和支付等运营体系的建立,普通电视厂商从头开始运作一款智能电视,时间周期以年计算,郭台铭最初的时间表,已是传统厂商的极限,阿里巴巴的团队只用 60 天,就将夏普老牌的传统电视改造成一个智能品牌。

在项目早期,夏普曾定位主力产品为 45 英寸到 55 英寸,也是阿里基于大数据明确建议,夏普的目标用户一定是大屏,结果 70 英寸“大屏王”单品销售超过 10 000 台,成为天猫“双十一”大尺寸电视销量之冠。这是一个皆大欢喜的结局：夏普获得了终端销量,而阿里则收割了用户。

李捷将这个案例视作内部的标杆,“快”是他追求的行业新常态,也是说服传统电视厂商的利器：撇开硬件生产周期,一款电视嵌入到阿里的生态中,未来只要 3 周能直接销售。这是很多厂商既感兴趣又会有些害怕的地方——如果他们不合作又没同样能力的话。

当然，电视伙伴的需求各自不同：海尔选择的是包括优酷影视资源及阿里电商资源在内的一揽子解决方案；康佳偏重于内容和智能云推荐引擎；互联网电视品牌微鲸则偏好YunOS TV操作系统和阿里音乐的支持……如今，有着阿里血统的智能电视出货量已超过1 000万台。

这种增长可能会越来越快。海尔多媒体有限公司战略部部长杨惠迪已公开表示，2017年，海尔所有智能电视将全面对接阿里家庭娱乐的平台。

当然，并非所有企业愿意将底层系统与内容体系完全托付给阿里，尤其实力雄厚厂商将此视作自己的未来。一位电视厂商的内部人士评论：阿里的YunOS TV开放是好事，很多二线品牌非常欢迎第三方系统，但是，大厂商有自己的算盘。加之7张互联网电视集成业务牌照的持牌方，他们牢牢占据着提供智能服务的通道，在电视终端的势力角逐获取上，这会是一场有趣的博弈。

时间的竞逐

李捷笃信，大屏经济最核心的是内容，在采访中，他不断强调这一点，认为在大屏经济中，游戏、社交、电视购物都是外围性的产品。自2016年优酷进入阿里大文娱板块，他形容内容层面的变化“翻天覆地”，“协同优酷的海量资源，阿里家庭娱乐内容布局形成三大差异化：第一，少儿内容全面领先；第二，超强的电影、电视剧和综艺内容覆盖；第三，创新的内容体验。”

过去一年中，电视厂商等合作伙伴开始日益重视其内容实力。李捷已宣布，除了加入联盟的合作伙伴以外，在任何其他终端将不能看到优酷的大屏内容。

以内容为基础，现在的阿里家庭娱乐坐拥一个越来越大的智能电视合作联盟、中国最大的数娱机顶盒联盟、单品销量最高的电视盒子以及超过2 000万的活跃用户，内容、盒子、YunOS TV系统多方涉足，软硬件结合，B端和C端同时出击，阿里家庭娱乐为抢占客厅准备了多个引擎。

同时，阿里系文娱产业链上下游渐成体系，不止优酷，阿里大文娱板块内阿里音乐、阿里影业等业务伙伴和资源开始打通，加之电商、金融、云计算等协同，成为阿里进击大屏的后援。包括阿里家庭娱乐在内的大优酷事业群已宣布，优酷会员超过3 000万，这是再明显不过的例证。

2016年9月，天猫魔盒3Pro推出《变形金刚》主题定制版，穆旸的畅想，阿里体系内未来可以产生这样的联动：《变形金刚》要上映的时候，进行开机预告片的播放；通过淘票票，通过手机摇一摇进行购票，选择身边最近的影院；在影院下线之后，会员直接预约登录天猫魔盒观看……

对阿里巴巴来说，未来理想的情境，将是电商、金融、文娱在底层打通，前端融合，构建出一个综合、完整的服务场景，文娱板块也正成为收入增长的新引擎，数字媒体和娱乐业务已经单独出现在阿里财报中，2017财年Q2，数字媒体及娱乐业务当季收入36.08亿元，同比增长302%。

而在大文娱板块的布局中，阿里家庭娱乐承担着多重的角色：将阿里的势力从PC和手机端延至大屏，从实物商品推进虚拟的内容产品，更重要的是，它将帮助阿里占据用户更多的时间。李捷这样解释，阿里不惜重金投资家庭娱乐的本质原因，“用户时间是互联网真正的稀缺资源，可以说，所有抢夺用户时间的公司，彼此都是竞争对手。很多大屏活跃用户一天消费4～5个小时，没有哪个互联网入口具有这样的时长，这就具备强大的商业变现潜力。”

三、问题思考

与其他同类竞争者相比，阿里的优势在哪儿？

四、分析点评

2017年，阿里家庭娱乐已宣布“开放升级、超级内容、数据赋能”三大战略，提供智能电视整体解决方案，打通家庭娱乐生态链，拓展大屏经济的新疆域。

这是阿里“TV生态inside计划”一次迭代升级。

李捷介绍，基于新的客厅场景，阿里家庭娱乐希望打造一个全开放的生态环境，链接产业上下游的各方，其中，内容是核心资源，用户是市场基础，大数据是技术支持，三者互相作用推送精准的视频内容以及电商、广告、游戏等周边产品，加之衍生的支付、物流等服务，全面重构大屏经济的产业链条。

一旦阿里版inside计划实现，在需求侧，大屏用户可享受到海量内容的精准推送和定制性服务信息，并在内容消费时可形成实物商品的即时购买；在供给侧，智能电视产业的变现不再局限于硬件的一次性销售，将拓展至会员费、广告、游戏、电商分成等持续性的收入。

“阿里认为，大屏经济重构并非一两家企业可以实现，产业链上下游均可发挥比较优势，共同合作，共享红利，”李捷说，“创新不颠覆、合作不替代”正成为他的口头禅。

就在2016年快要结束时，李捷收获了一个新的胜利，阿里家庭娱乐成功与芒果TV联姻，据统计，优酷与芒果TV只有10%的资源重合度，两家结盟后，其内容资源库可以覆盖视频行业所有片库70%以上的内容。据贾伟透露，两家2017年还将探索客厅新场景下的购物合作，利用人工智能，优化边看边买的一体化体验。

结盟芒果TV，或许受益于阿里和湖南卫视素来的渊源，至此，进入阿里家庭娱乐开放生态的企业已包括：内容端的优酷，牌照方的华数、CIBN、芒果TV，传统电视厂商海尔、康佳、长虹、海信、创维、夏普、飞利浦，互联网电视品牌微鲸……

在智能电视产业复杂的合纵连横中，阿里的开放合作策略，正在累积越来越多的领先优势和核心能力。

（参考资料：罗东，史轩川.阿里大屏赛道的势与能.二十一世纪商业评论，2017(1)：38－45.）

第三节 课堂讨论案例

案例2－4 iPad：丰满的理想，骨感的现实

一、背景资料

截至2017年第一财季，苹果iPad系列已经连续12个月下滑，即便推出了Pro系列也没能挽回。9.7英寸以上尺寸的iPad从2012年第四季度开始达到巅峰，之后却表现平平。迷

你尺寸的7.9英寸产品开始逐渐被消费者接受,但之后却日渐萎缩。36氪称,主要原因是从2014年开始市场上大屏幕手机越来越多,小屏幕平板电脑的需求不够旺盛了。

二、基本案情

苹果公司(Apple)终于开始正视其iPad业务的现实了。

该公司2017年3月21日表示,将以更低廉的价格发布旗舰iPad产品的更新版本。这是苹果公司自2014年底以来对这款iPad机型的第一次更新,虽然从那时以来,该公司推出了号称更擅长处理笔记本电脑类任务的两个全新(并且是更昂贵的)版本的iPad。

对于苹果主打的iPad机型而言,两年半的升级间隔可以算是相当长的时间了。苹果的Mac笔记本电脑也明显存在这样的情况。

iPad新旧机型交替的漫长空窗期并非实力不济的标志,更可能说明苹果公司及其首席执行官蒂姆·库克(Tim Cook)进一步认清了现实。在太长的时间里,iPad一直被库克及公司管理层看做是成长型业务。但它绝对不是。

iPad的销量已连续12个季度出现下滑。在最近一个财年中,苹果公司的iPad销量创下2011年(iPad上市销售的第一个完整年度)来的最低水平。这足以证明,iPad销售的“暂时”低迷已不再是暂时的了。而不去浪费时间和金钱去每年更新一次产品是应对长期下滑业务的正确选择。

这样做当然无可厚非。不是所有业务都会无止境地增长。对许多人而言,iPad是一个顺手的设备,而它对苹果来说无疑也有利可图的。拥有一台iPad可以让人们恋上苹果的其他设备,向iPad用户推销应用程序、苹果音乐订阅服务和其他在线服务正成为苹果战略中的一个越来越重要的构成。

但如果iPad已不再是增长型业务,有人该告诉库克。

他在1月的一次电话会议上对分析师表示:“我对于该产品的前景仍然感到非常乐观。”他说,iPad还“没有接近达到订单渗透点”,除了一些可能会拖累短期销售的临时库存问题,“我非常看好iPad。”

苹果公司上一次实现iPad季度销量增长是在2013年。

苹果公司仍在大谈人们对iPad的满意度、中国和印度等市场销量的持续增长以及该公司在平板电脑市场占有率方面的领先地位。所有这一切可能都不假,但在一个不断萎缩的行业中,没有公司会骄傲地自我标榜是行业第一。据研究公司国际数据公司(IDC)的数据,2016年全球平板电脑销量下滑了15.6%。

不正视现实的问题在于,苹果无法为投资者和员工重设预期,也不能基于现实调整其战略步伐。而这里所说的现实就是人们要在能够买到新一代平板电脑和笔记本电脑之前持有旧设备的时间会更长。

消费者的这种心态正在阻碍新设备的销售。而这是消费者对智能手机兴起——成为许多人、特别对年轻人及中国和印度消费者生活中核心电脑设备的自然反应。在苹果看来,中国和印度都是至关重要的增长市场。个人电脑(PC)市场曾率先遭遇过这样的趋势。个人电脑市场已经连续五年下滑,而这种下滑昭示着平板电脑的未来。

彭博社记者马克古尔曼(Mark Gurman)此前报道称,苹果公司的内部研究显示,人们大约每三年对自己的iPad升级换代,而购买新iPhone的频率为每18个月到两年。有了这些证据，苹果公司理应将精力集中到 iPhone 和潜在的未来项目上（汽车或增强现实领域），减少对 iPad 和 Mac 系列产品的关注。该公司可能在背后已经这样做了。这也可以解释 iPad 和 Mac 笔记本电脑新旧机型的发布为何隔了这么长时间。

苹果和竞争对手微软公司（Microsoft）似乎都相信，也可作为笔记本电脑使用的平板电脑具有增长潜力。苹果公司正在为 iPad Pro 投放商业广告，以突出其与传统电脑相比的优势。

这么做没问题。微软和苹果都从销售这些高定价的平板电脑中尝到过甜头，也确有一些人对这种平板和笔记本一体机有需求。但重要的是，苹果不能因为 iPad 的小众市场需求而忽视更大的现实——平板电脑销量下滑趋势是长期的。

苹果发布了红色的 iPhone，与慈善捐赠相关。对于苹果而言，每季度都推出一款新颜色的 iPhone 是个不错的想法。我个人就想要一款黄绿色的手机。对于一个面临增长困难的产品线而言，这不失为一个刺激销售的好方法。

三、问题思考

外界营销环境发生了哪些变化，导致消费者对平板电脑需求的下降？

（参考资料：Shira Ovide.iPad：丰满的理想，骨感的现实.商业周刊/中文版，2017(5).）

案例 2－5 这些年，我们一起吃过的康师傅

一、背景资料

康师傅方便面亲民的形象是其过去二十多年积累的品牌资产，伴随中国消费市场的悄然巨变，方便面产品如何通过个性化、高端化、创新性，来满足现代人追求健康品质生活的需求，是康师傅面临的考验。

二、基本案情

从 1992 第一家康师傅方便面工厂在天津成立至今，康师傅已经陪伴了国人 24 年。在物质相对匮乏的 20 世纪八九十年代，康师傅方便面曾经是“奢侈美食”的象征，也贯穿了几代人的生活记忆，现在也依然是许多国人出行常备的食品之一。甚至国外，也有不少国人去当地的超市里寻觅那个红色包装袋的熟悉身影。

12 月 22—23 日，《商学院》杂志、经理人社区和中国经营者俱乐部会员一起走进了康师傅上海运筹中心，近距离观察这家在食品行业里创造了诸多第一的企业，以及聆听了他们的经营发展和用人之道。不仅如此，他们还前往杭州方便面厂，亲眼看到了一包“国民泡面”在车间里的诞生历程。

根据尼尔森公布的 2016 年市占率数据显示，康师傅方便面 2016 年 1—6 月销售金额市占率 51.9％，销售数量市占率 43.0％，居市场领先地位。康师傅即饮茶市场（含奶茶）之销售量市占率达 53.1％，较去年同期下降 2.3 个百分点，但仍继续稳占市场第一。

从果汁饮料来看，康师傅旗下的果汁品牌及百事纯果乐品牌，在整体的果汁市场市占率达 17.0％，居市场第二位；含奶即饮茶市占率达 15.4％，居市场第二位；包装水市占率为 14.5％，居市场第三位。

方便面是康师傅最早打开中国大陆市场的产品，也是企业发展至今最为主要的业务。

一碗泡面的成长史——从机会、管理到创新

康师傅在中国的发展有三个历史性的节点。1991年，天津顶益成立，到1998年期间，是第一个阶段——移入式创新的机会期。1992年开始出售的康师傅方便面一袋价格是一块钱左右，这比当时的其他品牌贵了快一倍的价钱，但里面的酱肉包是用真材实料的牛肉酱熬制出来的，得到消费者认可，很快一炮而红。随着企业在京津冀的壮大，创始人也开始大范围招兵买马。

康师傅企业发展部总监王世琦说到，执行力来自对于企业文化的认同，早期康师傅的人才队伍，不像百事可乐、宝洁这些历史长远的大公司，有漫长的时间把人才一步步培养起来，康师傅的团队是从一群杂牌军快速变成了正规军，但是具有很强的执行力。

1996年，康师傅先后成立了糕饼事业部和饮料事业部，彼时的康师傅方便面的品牌知名度已经在中国各地广为流传。到了1998年，BMR CROSSOVER跨界商学院康师傅成立了物流企业顶通，这是由于他们看到了未来的瓶颈，也一边开始发展直营服务，成为沃尔玛、家乐福这样大型商超的大客户。

品牌扩张为主的第一阶段过后，从1999年开始康师傅进入第二个阶段：区域伙伴合作的管理期。这也是康师傅在中国腾飞的一个黄金时期，开始陆续引入区域合作伙伴，主要是为了引入更先进的管理和生产技术。比如1999年引入了日本三洋的新技术，把面做成类似手工面的口感。2005年与朝日合作，主要是提升饮料的品质管理等。

从2012年开始，康师傅进入"全球伙伴合作的创新期"即第三阶段。当年的标志性事件是与百事结成战略联盟，并购了百事中国的瓶装厂，引入了许多饮料品牌相关的技术。2014年与迪士尼结盟，包括上海迪士尼里的旗舰店商品与双方合作的产品等。2015年则与星巴克成立战略联盟。"星巴克让我们学习到，一个强有力的品牌对于公司而言是多么重要。一个印着星巴克logo的瓶装水，可以卖出高于其他产品的价格。"王世琦说。

而在今年，康师傅与全球第三大饼干公司Pladis的合作，正在尝试把自己从一个食品饮料制造商的角色向一个平台转型，借由中国的市场在全球做布局，吸引更多的大品牌加入。

老品牌要如何抓住新一代的消费者？

头戴白色厨师帽、身形胖憨憨的"康师傅"卡通形象，印在红色包装袋、面碗上，也印在消费者记忆里。但是，在康师傅方便面风靡的过去二十多年，中国的消费市场已经发生了悄然巨变。

《麦肯锡2016年中国消费者调查报告》显示，中国消费者逐渐发现，收入的增长和生活水平的提高反而可能会影响生活品质。42%的消费者称越来越难以享受生活，45%的消费者则认为未来的压力将更大。这反映在注重健康饮食、定期体检和保健，以及从事运动健身。

也就是说，饮食健康已经是当下的食品消费新风向了。与物质匮乏时代相比，方便面早已不是什么"奢侈品"，四五块钱的单价堪比一套煎饼果子的价格。并且，城镇化的发展、中产阶级的崛起，以及外来消费品牌的增多乃至外卖网站的崛起，让人们有了更多的选择，也更为关注自身的健康。

这对国内任何一家方便面企业来说，都是具有风险的挑战，也可能是机遇。

康师傅显然也意识到消费升级带来的影响，而这种影响反映在财报上——数据变化已经非常明显。由此，康师傅的产品也逐渐尝试定位高端化，来满足都市白领追求“少量多样”的生活形态。比如，在高端产品系列中强调熬制高汤系列的升级产品：黑白胡椒、豚骨、什锦、珍料多和汤大师等，希望能给消费者提供更多元化产品选择。

品牌营销的变与不变

从品牌营销层面，康师傅也总结了他们的变与不变。不变的是：品牌个性、品牌价值、消费者利益点。变的是：媒体形态、传播渠道、传播方式、管理思维。

“原来的广告被多媒体替代了，本来单向的信息变成了互动的信息，从被动接收变成了主动传播。”王世琦表示，过去央视广告便宜，投入资源对品牌快速扩张很有帮助，但现在投入这样的资源已经不符合康师傅的成本。

在这样的考量之下，康师傅也在探索新的玩法。比如通过跟都市青春喜剧《爱情公寓》等影片的合作，在其中通过植入曝光，获得了出色的投资回报。这让他们更为真切地感受到了中国消费者的改变。康师傅也跟 NBA 虚拟社区合作，与玩家互动；等等。

多年来，康师傅一直是亲民大众的产品，也是他们积累下来的品牌资产之一。如何让品牌资产适应新时期的消费形态，发挥作用，不仅仅是康师傅要思考和探索的课题。

一些传统的食品企业成功地打造出了“爆款”产品，在一段时间内走红、吸引到不少年轻消费族群的眼光，也带动了企业的利润上升。

对此，康师傅企业发展部总监王世琦有他的看法：“康师傅也想做爆款，但是想做常青爆款。”他坦言。但同时，市场上通过包装吸睛而在产品内容上无法持续吸引消费者的产品，销售量可能一年之后就会回落。康师傅今年推出了黑胡椒牛排面、白胡椒排骨面，即是为了满足年轻消费群体的新口味偏好，价格也略有上升。王世琦介绍，这两款产品在销量淡季中的势头持续上升，有望成为“常青”新品。

关于方便面的各种谣言传播，也是多年来困扰方便面厂商的问题。而在杭州的康师傅方便面生产车间里，工作人员告诉参观者，面饼的水分含量非常低，康师傅面饼的水分含量标准低于 3%，在这个条件下，细菌或者微生物很难生长，所以并不会添加防腐剂。参观人员也看到了方便面的全线生产过程，从全部机械化的揉面、蒸熟、油炸、脱水，到自动化加少许人工的包装环境，如行云流水一气呵成，大约 15 分钟就能诞生一块面饼。

三、问题思考

如何抓住未来的成长机会，跟上中国消费者的步伐？

（参考资料：芮益芳.这些年，我们一起吃过的康师傅.商学院，2017(1)：98-99.）

案例 2-6　你的大众消费品如何满足中产的“小众情怀”？

一、背景资料

“中产阶级”正在焦虑，他们煎熬在“钱”与“情怀”之间，品尝着“品味”与“现实”的落差。这个数量庞大，有良好教育背景，占据着话语权的群体，还没有引起市场的重视吗？

二、基本案情

什么是“小众需求”？

一个小女生手握着五月天的歌词瓶可乐——伤心的人别听慢歌——走出便利店时，我仿佛都能读到她一连串的故事。而这也正是她挑选五月天歌词包装的用意——让你们看到“我”的内心，体会到“我”的不同，甚至能通过某种方式，给“我”一些共鸣。我认为这是一种小众，准确地说，是一种小众情怀。

当我参加婚礼时，在喜酒这一极度大众化的产品上，看到了新郎新娘的照片，我也会认为这是一种小众——基于大众产品的个性化定制包装的小众；

当我去别的单位办事时喝到了单位定制的酒水，酒水之外，客套之外，会觉得这个单位很有集体温情与自豪——这是基于群体精神的个性小众；

当我参加朋友或生日、或新居、或生子、或入学、或升职、或邀约等很自我的宴请，看见其中各种独特的定制酒时，我所感受到的，也不仅仅是酒情，还有酒性，还有朋友属性之外的个性之美。

这些不同需求引发的“小众消费”，有的甚至超出了产品本身的功用，而消费者自我性的诉求与色彩更加浓厚。

在商业领域，小众之需就是商家保有的重视消费者体验高于利益追求的一种情怀契机。谁触到了消费者的“痛点”与“痒点”，谁就洞悉了消费者的心思与钱包，赚钱，就只是时间问题了。

“小众消费”产生的根源，始于越来越多的人，兜里都有了越来越多的银子，于是乎，银子开始决定脑子——我要活出我自己，我要为自己代言——花钱的动机开始向多样化和个性化发展。经济改变生活，生活改写人生，小众消费的核心价值，就是人彰显自我的价值。一切以人为诉求与服务的产品，“满意”就是消费者对产品的最高奖赏。

比如，白酒是相当大众化的一种商品。

但同样一瓶酒，达官贵人喝得，贩夫走卒同样喝得；同样一瓶酒，可以喝得诗情画意阳春白雪，也可以喝得吆五喝六丑态百出……基于此，这时一些标榜个性、需求各异的消费者就开始提出更特殊的要求。比如前面提到的包装定制，被打上了私人订制的标签，产品上就有了非常私人化的烙印。那么，在特定的场合，这款商品、这瓶白酒，俨然成了一种代表特殊身份、用途、意义的小众化商品。

小众消费者希望拥有话语权，注重品位与形象，不想自己买的东西被别人重复，所以在未来，中产阶层将会成为个性化小众产品的主流消费群体。

目前中国中产阶层这个群体的总量，已经达到欧洲最大的发达国家的水平，消费能力强劲而可观。而中产阶层的消费心理、消费模式，与过去的温饱阶层消费者有着本质的区别，是拉动小众消费市场的一支重要力量。

追求价格到追求价值，中产阶层最关注的是价值，一个产品值还是不值，它的品质好还是不好，它能给客户带来什么感觉和体验，都会成为衡量一个产品价值的标准，这种完整产品的概念会逐渐深入人心。

商品的最终归属者是人，最终能赢得消费者的商品，都必须要回到产品和服务本身。在“产品和服务本身”这种商品的本质下，我们就会发现，一些被人熟知的产品之所以能赢得广大用户的喜爱，那是因为他们的产品都有一种人性情怀，其出发点和最终目的都是回归到人本身的需求。

比如社交平台类的豆瓣，成立以来，虽说一直没有出现过那种特别火爆的局面，但也是鹤立鸡群。许多用户就在不温不火中使用豆瓣寻找有关电影、书籍和音乐的一切内容。一方面，创始人阿北始终坚持使豆瓣成为一个为用户提供真实、有趣信息的社交平台，另一方面他也在寻找利益来源和用户的平衡点，豆瓣 FM 的火热就是最好的证明。

大众的“小众需求”和小众的“大众可能”

面临这样的社会与时代变化，“小众”产品有了非常稳定的需求基础，并催生越来越多的厂家商家投入更加个性化的市场中去。小众消费的产品类别，虽然单个产品很少赚大钱，但因为更加差异化，更精准的人群，更细腻的表达，反而能充分满足需求，赢得稳定、可观的市场份额。

最近几年，越来越多的“小众”产品，完成了大众化；也有越来越多的“大众”产品，开始追求“小众”特色……一时间，小众与大众的价值边界，几乎难以再用几个的简单的术语来界定。

前者如苹果手机。你会发现，这款曾经被少数人士追捧的手机，如今俨然成了“街机”。为什么？因为每个人的内心，都藏有一种情感，需要极致、个性化的表达。因此，最好的产品，能同时满足每个用户的个性化需求，每个用户在感知、消费、体验产品的过程中，都能重新找到自己的消费兴奋点、找到一种“小众”的尊崇感……

后者如可口可乐。这两年，可口可乐最容易被忽略的创新，就是包装上的创新。从流行词标签，到流行歌词标签，可口可乐在最大程度释放规模化生产效率的前提下，也最大程度上为用户提供了“小众”的可能。

另外，可口可乐这种尝试，还传递了一个非常重要的信息，就是所谓的“小众”“逼格”，主要的应用场景，是用户的熟人或者能接触到的人之间，比如同事面前、美女面前、领导面前、朋友面前、客户面前等等。而不是一个毫无相干的人面前，有了这个前提，任何一种“小众”，都可能在每个人身上复制无数个相同的使用场景，而这恰恰为“小众”产品的大众化、商业化提供了可能。

说到这里，不知道有没有人意识到，现如今谈“小众”，已经不能基于满足“小部分人的需求”，而应该基于满足“人的小部分需求”。

也许有人会疑问：两者有区别吗？

当然有。打个比方，小部分人的需求，容易产生类似茅台、五粮液这类高端产品，它们以昂贵的价钱让饮用的人产生了强烈的尊崇感；而人的小部分需求，则可以被赋予到任意一个酒品上，如宋河“专为年轻一代设计”的嗨 80、嗨 90，他们通过个性化包装、个性化口感、个性化的品位，让他们在饮用中标榜自己的不同，虽然没有让人望尘莫及的价格，但同样能让人产生被尊重感和独特感。

三、问题思考

你的大众消费品如何满足中产的“小众情怀”？

（参考资料：欧阳璟，高丽艳.你的大众消费品如何满足中产的“小众情怀”？销售与市场(渠道版)，2017(8)：67－68.）

第四节 课外思考案例

案例2－7 我的市场调研是这样拆穿了消费者的谎言

一、背景资料

从老人角度看，使用大字体的老人手机，就等于向别人承认自己年纪大、老眼昏花。

二、基本案情

20世纪40年代的一个案例，让市场调研人员意识到消费者会说谎。当时为了适应人们生活的快节奏，雀巢公司率先研制出了速溶咖啡并投入市场，着力宣传它的优点，但出乎意料的是，购买者寥寥无几。

厂商请调研专家进行研究。先是用访问问卷直接询问，很多被访的家庭主妇回答说，不愿选购速溶咖啡，是因为不喜欢速溶咖啡的味道。

但这个是真正的答案吗？

调研专家实施了口味测试，试饮中，主妇们大多辨认不出速溶咖啡和豆制咖啡的味道有什么不同。

显然，消费者说谎了。

为什么说谎？

为了寻找真正的原因，调研专家改用了间接的方法进行调查。

他们编制了两种购物单，除一张上写的是速溶咖啡，另一张上写的是新鲜咖啡这一项不同之外，其他各项均相同。然后把清单分给两组家庭主妇，请她们描写按购物单买东西的家庭主妇是什么样的妇女。

调查发现，两组妇女所描写的两个家庭主妇的形象截然不同。她们认为购买速溶咖啡家庭主妇是个懒惰的、邋遢的、生活没有计划的女人；购买新鲜咖啡的则是勤俭的、讲究生活的、有经验的和喜欢烹调的主妇。

原来，速溶咖啡被人们拒绝，并不是由于产品本身，而是由于人们的动机，即都希望做一名勤劳、称职的家庭主妇，而不愿做被人谴责的懒惰的主妇。

消费者不知道真相

很多调查是基于这样一个基本问题开始的：请问您需要什么？

而实际上，很多消费者并不能准确地表达他们的动机、需求和其他思想活动，当他们努力想要告知调查者他们心中所想时，其实有时候也不完全了解自己的真正需要。

一个人没调闹钟，早上6:00突然醒来。人们就问他为什么会那么早起床？他的大脑皮层就会产生各种各样的原因去解释他的行为：为了早上起来读英语；为了赶一个工作上的报告；等等。其实真正的背后原因可能是一阵风吹过，或者是一只蟑螂走过把他惊醒。

乔布斯也曾表示，“消费者并不知道自己需要什么，直到我们拿出自己的产品，他们就发现，这是我要的东西”。

消费者故意撒谎

实际经验告诉我们，很多时候被调查者显然是故意撒谎。有时是因为问题涉及的内容过于敏感，有时是因为答案会导致被调查者外在形象受损。

曾经有家手机厂商设计一台老人用的手机，调研了大量的老年人对手机的功能需求，包括大字体、紧急呼叫、语音留言等，可当这台为老年人“量身定做”的面市以后，却得不到老年人的认可。

原来从老人角度看，使用这款手机就等于向别人承认自己年纪大、老眼昏花。

刚过去的2016美国大选中，美国主流媒体就大选结果进行大量的民意调查，尤其是摇摆州。摇摆州的票数直接影响到大选的走向。结果，几次民调显示摇摆州均大部分支持希拉里。

但是正式投票时，摇摆州却纷纷倒戈，将票投给特朗普。原因是民意调查时摇摆州（和没有表态的）的群众碍于面子（因为如果表示自己支持特朗普将会遭到周边人的冷漠对待），而做出与正式投票截然相反的票选行为。这就是正式大选结果与民调完全相反的背后根源。

行为发生时刻和调查时刻的区别

消费者发生行为，和仅仅是处于调查阶段的状态是不同的。调研过程中，受调查者往往受到心理学上已知影响的干扰。当其意识到调查正在进行、自己正处于旁人的观测之中时，受调查者的反应和做出的选择往往会与真实情况产生偏差，这一问题被称为“霍桑效应”。

中央电视台曾用问卷的方式对一个区域做节目收视率调查，很多被调研者在“经常看的节目”中，会倾向于选择新闻联播、经济半小时、今日关注、百家讲坛等栏目。但真实的统计中却发现，娱乐、体育、电视剧节目的收视率被明显低估，而“正统类”电视节目的收视率并没有问卷调研结果那么高。

事后，不少调研者提及，在接受调研的过程中，他们会认为自己应该多看一些正统性的电视节目。这是“霍桑效应”导致的结果。

样本不具有代表性

传统的市场调研方法用“实地调研＋问卷发放”的模式，是一种基于样本的统计分析方法，即通过局部样本特性去判断总体特性。这时必须让样本具有一般意义的典型性才具有参考价值。不然即使抽取样本量很大，也具有较大的误差性。

1936年的美国总统大选是样本问题的一个典型例子。那年的美国总统选举在民主党的罗斯福和共和党的兰登之间举行。当时，美国的《文学摘要》杂志是预测总统大选结果的权威媒体机构，几乎将过去历届的选举结果都预测准确。这次，他们依旧运用过去传统的做法——大规模的样本调研统计。

根据电话簿上的地址，发出了1 000万封信，并回收200万封。这样本的规模是空前的，可谓是花费了巨大的人力和物力。根据他们的调查统计结果，兰登将以57％对43％的投票数战胜罗斯福获胜。可是，最后的选举结果令人大跌眼镜，罗斯福以62％对38％的票数大获全胜，连任总统。

原因是样本选择范围的不均衡。

20 世纪 30 年代，能用得起电话的都是美国的中上流阶层，而他们大多是共和党的支持者。相反，绝大多数支持民主党的中下层选民却没有被杂志社纳入样本中，进而导致了预测失败。

如何不被消费者的谎言“糊弄”？

观察消费者的决策行为，洞察其隐形需求

消费者会撒谎，但行为就是决策结果，具有可参考性。因此，关注消费者的购买决策，将行为结果与消费者的回答进行对比。如果两者相同，则证明消费者做出了诚实的回答；如果不一致，则以消费者的决策行为为准。

日本电通传播中心的策划总监山口千秋曾为三得利公司的罐装咖啡 WEST 品牌做市场调研，通过前期市场销售数据将 WEST 咖啡的目标人群定位中年劳工（比如出租车司机、卡车司机、底层业务员等）。当时品牌方对咖啡口味拿捏不准，味道是微苦好，还是微甜好？

按一般调研公司的做法，先是请一批劳工到电通公司办公室里，把微苦、微甜两种咖啡放在同样的包装里，请他们试饮，大部分人都表示喜欢微苦的。

但山口千秋发现办公室并不是顾客日常饮用的场所。于是，他把两种口味的咖啡放到出租车站点、工厂等劳工真正接触的场景，发现微甜味咖啡被拿走的更多！真相是：“害怕承认自己喜欢甜味后，会被别人嘲笑不会品味正宗咖啡。”

找准消费者烦恼，戳中其痛点

人们对痛点往往很敏感，戳到“痛点”，离真相就不远了。心理学家表明，痛点、抱怨往往能够反映消费者真实的想法。因此，不管是直接问消费者还是找资料，都不要问正面的问题，因为当你要求消费者正面描述某个产品或服务的时候，他往往无法真实表达。你需要询问他对于产品和服务的不满，当你这样问，他们就会开始抱怨，而这种抱怨，最终会让你找到你想要的答案。

如果你是海飞丝市场部工作人员，直接问消费者，没头屑有什么好处，消费者会冷眼无语地看着你，因为即使他知道也很难表达出来。

但是如果你问消费者，有头屑会有什么痛点和烦恼，消费者自然就会告诉你，最大的问题就是尴尬。特别是如果有头屑，别人靠近你的时候，你会感到相当尴尬，同时也从不敢穿黑衣服。所以，海飞丝早期的广告就戳中了消费者内心的心声，去除头屑和尴尬。这也诞生了海飞丝许多广告的创意。

以消费者视角，将自己带入与消费者相同的情境中

有的时候，调研人员自己就可以充当被调研者，将自己带入消费者角色去看待问题，这样也能挖掘到消费者内心的心声。

如负责某二锅头品牌策划的创作部经理曾经遇到一个难题，究竟如何将二锅头的品牌植入受众身上。他没有急着去调研，而是将自己带入，自己去亲身尝试产品，最后他发现二锅头这种烈酒喝起来就是痛快，自己的感受在那一刹是快活的。

同样，曾经很火的一句广告语——孤独的人总是晚回家，原创作者本身就是一个孤独的

人，他自己有意识地记录自己一天的行踪，结果发现自己一个星期几乎绝大部分时间是晚归的，后来他自己也醒悟过来，确实是自己害怕每天下班面对空空的家，十分无聊，所以选择晚归。他有意识地观察与他同类的其他人，大家都有类似的习惯。因此这句话“孤独的人总是晚回家”是一群孤独的人的真实写照。

三、问题思考

在市场调研过程中如何保证信息的真实可靠？

（参考资料：七叔.我的市场调研是这样拆穿了消费者的谎言.销售与市场（渠道版）2017(6)：32－34.）

案例 2－8　“90 后”员工对“70 后”领导的反击

一、背景资料

都说“90 后”因为生活环境太好，没有生存压力，所以有钱任性，心态浮躁，不开心就走，吃不得苦，受不得气，耐不得委屈……“90 后”给一个大写的不服！

二、基本案情

人物：Luke：“90 后”，互联网运营岗；老炮儿：“70 后”，Luke 的直线领导。

楔　　子

老炮儿一直觉得跟 Luke 的沟通让他很头疼，但 Luke 的工作能力挺强，也总能给他带来很多意想不到的主意，所以又舍不得让 Luke 走。于是老炮儿喜欢采用思想攻势，经常会在网上找一些教新员工怎么职业化、怎么和上级沟通、怎么脚踏实地勤勤恳恳的文章，用微信发给 Luke 让他认真学习、领会精神、好好贯彻。

Luke 平时的微信就经常被家里七大姑八大姨发的养生宝典和鸡汤大全刷屏，现如今的刷屏又添了新口味，实在不能忍。

终于，当有一天 Luke 收到老炮儿转给他的一篇网络雄文《90 后员工和 80 后领导互喷，70 后点评》以后，感到被喷了一脸杀气，忍不住要找老炮儿好好讨论讨论。

第一幕：人才的逆袭

老炮儿：我这也是为你好，在职场中不是所有的事情都如你的愿，要踏实一点，把心态放低一点，认真学习认真做事，你们 90 后就是因为生活环境太好，没有生存压力，所以有钱任性，心态浮躁，不开心就走，吃不得苦，受不得气，耐不得委屈，这样下去你们怎么成长？

Luke：这个观点就好像是汽车发明以后，反而说你们应该去找一匹更快的马，否则你们的马术就荒废了。把时代的进步说成是时代的问题，然后自己树个靶子批判一通。Too young and too simple！是的，假如我现在面临温饱问题，我为了填饱肚子，当然只能妥协，可是人类的需求就只有生存吗？人类不是说自己是万物的灵长吗？什么时候我们变成了马戏团的猴子，只能通过委屈自己，让别人高兴，才能活下来。对，以前资本就挟着这一点，对员工爱怎样就怎样，要你一天打几次卡就打几次卡，让你加班就加班，让你弯腰就弯腰，员工只能忍气吞声。

可如今时代不同了，组织依赖人才，而人才并不依赖组织，连 Uber 司机都知道他们现在拥有了随时上下班的自由，还想让他们回去给老板当司机，给再多钱他们也不做。

所以你以为是因为我们有钱了就任性了，错了，是因为大家都有钱，所以公司手里的那点钱大大贬值了，花钱就能留住员工的时代一去不复返了。你以为是人才浮躁了，错了，是人才把话语权掌握了，所以资本和组织不得不把发号施令的权力拱手让人了。

第二幕：雇佣是雇什么

老炮儿：你觉得你们的需求就是正确的吗？你看看那篇文章里面的那个 90 后，上班时间还网购，还去取快递，公司没封网都算好的了，不务正业，还以此为理由玩裸辞。

Luke：首先，要表现自己无药可救有很多种方法，封网是最蠢的一种，这逼格基本就告别互联网了。用这种对策的公司根本没进入移动互联网时代，更不要说展望万物互联的时代了，如今人手一部手机，要买个东西分分钟的事情，其实根本不需要用公司的电脑和网络。

然后，我们要明确一件事情，就是我在公司工作，公司给我回报，到底购买的是我的人身自由还是我的服务，就好像我如果在网上下单订货买了一个手机，我只会关心这个手机质量好不好、收货是否及时、售后能否有保障这些问题，保证我能获得好的产品和服务，难道我还要去人家厂里守着看人家在生产运输的时候有没有看手机、有没有网购吗？你不觉得那些一天到晚关心员工在干什么的管理者，才是真正在毫无意义地增加组织的管理成本吗？

第三幕："专注"的意义

老炮儿：那你们经常看手机，你们怎么专注在工作上呢？不专注怎么产生价值呢？

Luke：你看我上次推荐给你的《驱动力》你又没翻。专注是一种"心流"，就好像我特别喜欢做宣传文案，每次有了灵感想写文案的时候我都可以大半天坐在那里，更不要说看手机了，那段期间我只觉得时间流逝很快，因为在这个过程中我的灵感不断激发，我能不断享受到快感，在这种情况下我专注 12 小时都嫌少。这样的专注才是生产力和创意的源泉。

你以为强迫自己或别人坐在那里埋头苦干就能有生产率吗，这种看法还停留在生产线上工人的标准，这种情况下我"专注"1 小时都嫌多。你以为我看手机是浪费时间吗，要知道对于知识型员工来说，他的每一分每一秒都是在思考中，你无法区分他是在上班还是下班。我在手机上无论是与他人在微信微博上交流、还是刷知乎刷豆瓣刷网页，都可能是在有意无意地了解信息、获取灵感，"功力必不唐捐"，可能我眼下或者后续的工作刚好就用到了这些灵感，而这些东西是我坐在座位上冥思苦想几个小时也得不到的，你能否认它们的价值吗？

第四幕：企业价值观都是对的吗？

老炮儿：可是我们公司的文化里面说了要专注工作……

Luke：好吧，又说到企业价值观了，很多人觉得企业价值观就是洗脑，我其实觉得不然。比如正确合理的价值观其实是不用洗脑的，因为那是社会公认的，大家用理性思考一下就能接受，比如 Netflix 说我们只要成年人，比如 Google 说的使命感驱动。你会有一种"艾玛，可不就是这么回事"或者"欧巴，这样好啊我多喜欢啊"这样的感觉。

但一些本身不合理的价值观，比如你要求一个员工明明没有灵感还必须坐在工位上死盯着电脑，这种价值观你洗脑也没用，因为第一大家不接受，第二不会对企业的价值创造产生作用，只不过是让老板和领导觉得高兴而已。但树立价值观的核心不是要让老板高兴啊，是为了把人有效聚合起来让组织产生的价值最大化啊，如果达到了这个目标，就算是让老板觉得难受了，那又怎么样呢。比如在一个暴政乱政的国家，老百姓看到任何新闻都觉得像是移民广告；而如果我在一个只让老板高兴的公司，我受到的任何培训，都觉得像是别人公司的招聘广告。

第五幕：90 后不能吃苦吗？

老炮儿：你还想得真多，我工作这么多年，就想着是好好工作赚钱养家，吃点苦也没什么，妥协一点也没什么，没办法，要养活自己和家人啊。哪知道到你们这一代，物质条件丰富了，没有生存压力了，什么想法都出来了。

Luke：你真觉得我不能吃苦吗？上次搞一个在线的活动，我天天忙到晚上 11 点多，还熬了一次通宵，我有半句怨言吗？没有啊，因为我觉得这个项目很有意义，对公司和行业都是一次创新，影响面很大，我能学到很多东西，所以我心甘情愿多忙一点只为了把事情做到最好。

是的，我们可能生存压力没有你们当初的大，但这不代表我们没有动力，我们的动力甚至更高层，我们想学习想发展，我们还想创造未来改变世界，你们当年想过要改变世界吗？马斯洛的底层需求被满足了，自然还会有更高层的需求想要去追求，所以你们抱怨无法管理 90 后，只是因为你们习惯了最简单粗暴的方式，而不知道去提升自己的姿势水平。伟大和安逸难以共存，但要知道，安逸的对立面是伟大，而不是为生存而奔波。

也是因为物质条件的丰富，对 90 后来说，职场更多是一种体验，而不是一个应酬，你没看到 Airbnb 已经把“人力资源部”改成“员工体验中心”了吗。在体验这个层次上，我们需要的是更多层次、更丰富的感受，而不仅仅是“工作—糊口”这种最简单的反馈连接，你看到有些 90 后做了产品又去做运营，做了市场又做 HR，你以为他们是心态浮躁吗？不是，他们是在增加自己多元化的职场体验，你想想，如果我能用产品的心态做运营，把产品和运营的方法代入 HR，这个岗位的思维框架和做事方法是不是和原来不一样了呢，上次我们公司的 HR 为他们新的福利政策开产品发布会，而不仅仅是一纸发文，这种形式大家不就很喜欢吗，这就是跨界的效果，因为在跨界的节点上，才会产生结构洞，才有新的东西诞生。

日本为什么创新现在赶不上美国，就是因为日本喜欢搞终身雇佣制，喜欢提什么一辈子做好一个岗位，看起来这么多人是变成了熟练工，但实际上你的思维框架已经变成了定势，你只不过是一个高级一点的机器人而已，很难再有什么创意了。

第六幕：时代的浪潮

老炮儿：你今天说的东西，我还得好好消化一下，这个世界总是上一代看不起下一代，觉得他们离经叛道，难以管束，但看来下一代还真的是有自己的思想，而且并不比上一代弱。

Luke：领导英明！如果下一代不如上一代，那人类早就灭亡了，那轮得到我们今天在这里坐而论道。我觉得我比文章里那个 90 后幸运多了，因为我有一个愿意聆听我们声音，和我们对话的领导存在，而不是高高在上，悬挂自己，打击对方。

你也可以来体验体验 90 后的生活嘛，比如去 A 站 B 站看看弹幕视频，比如玩玩 Dota 和 LOL，年轻不在于年龄，跟紧时代，开放自己，保持旺盛的好奇心，我们就能永远年轻啦！

三、问题思考

每个时代成长起来的人，都会明显打上时代的烙印，都有自己的特殊性，都是独一无二的，如何真正了解这些年轻群体？

（参考资料：刘东畅．“90后”员工对“70后”领导的反击．销售与市场（管理版），2017（5）：48－51.）

案例2－9 联想手机大溃败，明明有能力，为何卖不好？

一、背景资料

2016年初，联想CEO杨元庆放出狠话，联想手机要在中国打一个翻身仗。一年过去了，联想手机迎来的非但不是翻身仗，反而是进一步溃败。

二、基本案情

几个方面的数据表明联想手机2016年的销量比较惨淡。

第一，根据IHS的数据，联想手机第三季度的销量只有157万，而且，截止到2016年第三季度，联想的市场份额已跌出前十。

第二，根据今日头条的报告，2016年联想新增手机的排名在10名以外。这份报告以今日头条多达6亿激活用户为研究样本，数据极具代表性。

而且，更糟糕的是，联想手机在三四五线城市用户换机流失榜中排名第三名，用户流失率高达96%。

第三，最近杨元庆先生透露，Moto Z的销量达到200万台。

200万台的销量对于一款手机单品来说算是中规中矩，杨元庆自己也承认这一销量和当下的主流产品有差距。不过，拿iPhone刚发布时的规模相提并论，既狡猾，又尴尬，还有点牵强。

“虽然Moto Z跟现在的主流产品销量规模有差距，但如果把它看成一个新品类的话，跟iPhone刚刚发布的时候规模销量是有一比的。”杨元庆说。

种种迹象表明，联想手机在2016年的溃败已经是只等时间来揭晓的定局。2014年，联想＋摩托罗拉还占据全球第三的位置（TrendForce数据），两年光景，联想手机竟如此惨淡，让人唏嘘。

那么，是联想没能力做出好产品吗？

未必。

正面来看，联想2015年发布的ZUK Z2 Pro、Z2和Moto Z，都是非常不错的产品。ZUK Z2 Pro性价比非常高，搭载骁龙820处理器，最高配置6GB＋128GB的存储组合，10大专业传感器，2699元也是良心价。前后脚发布的ZUK Z2，骁龙820处理器，4GB＋64GB的存储，6大专业传感器，也是非常不错的产品。2016年下半年发布的Moto Z系列，定义了模块化手机，在保证整体配置的前提下，将金属机身做到了5.2mm，产品本身很惊艳。从这三款产品身上不难窥见联想手机的产品力。

另外，在中国移动2016年第二期终端报告中，Moto的品牌质量位列第三，在通信能力、多媒体能力等方面都有上佳变现。这份客观的报告，也能说明联想的产品力。

此外，和国内的溃败相比，联想手机在海外市场十分强势。目前联想已经进入欧洲、中东、非洲、亚太及美洲等超过 50 多个国家，并在其中 30 多个国家进入前五。这一斐然成绩，也从侧面证明联想是有能力把手机做好的。

明明有能力做好手机，为什么国内销量如此惨淡？

我觉得有以下几方面原因。

联想错过了两次战略机遇

智能手机的发展经历了三个浪潮：运营商补贴推动智能手机市场发展，中华酷联是国内的四强，联想的市场份额一度占据国内第一；互联网渠道蓬勃发展，以小米为代表的互联网手机厂商迅速崛起，联想开始落后；线下渠道焕发生机后，OPPO 和 vivo 凭借线下渠道的多年积累开始爆发，联想进一步落后。

两次浪潮切换，联想均没能抓住战略机遇。

第一次浪潮，从运营商渠道向互联网渠道转换，联想的角色是“既得利益者如何保住地位”。这是一条分叉路。一条是继续拥抱运营商，获取巨大利润，弊端是机海战术，品质没有保障，对品牌伤害较大，不利于后续的社会化渠道发展。一条路是主动断奶，减少面对运营商的出货量，着手精品建设，这条路有利于长远，但当下难熬。

这也是联想和华为的分叉路，联想选择了第一条路，当时的日子很舒服，后来的日子却越来越难熬。华为选择了第二条路，当时差点没死掉，后来的路却越走越顺。

第二个浪潮是从互联网渠道向线下渠道转移。这个浪潮来势太快，2015 年露出苗头，2016 年就全面爆发。势头如此之快，除了 OPPO 和 vivo 坐享其成，其他厂商大都属于追赶潮流。在这次浪潮中，联想的失误不在于能否提前布局，而在于追赶的脚步太慢。

管理层的频繁调整

2013 至 2016 年是国内智能手机高速发展的四年，而在这四年期间，联想手机的高层每年都有大变动。

2013 年，刘军成为 Lenovo 业务负责人，被认为是未来最后可能接替杨元庆的“二号人物”，原先并列向他负责的曾国璋和冯幸的位置也发生变动，运营商业务的火爆促成了冯幸为主，负责开放业场业务的曾国璋为辅，最终成为刘军用人最大败笔。

2014 年，联想手机发生了两件大事。一是联想在大年三十宣布以 29 亿美元从谷歌手中收购摩托罗拉。二是年初刘军拿下了冯幸，冯幸愤而拉走一票人马投奔了乐视，其职位由做不熟悉手机业务的张晖替代，张晖又找来了杨峻。随后，刘军把事业部总经理老联想人陈文晖、供应链负责人关伟一起拿下，核心骨干基本换了一茬，慌乱之极。

2015 年，愚人节神奇工场 ZUK 挂牌成立。6 月 3 日，联想移动宣布刘军不再负责 MBG，由陈旭东接任。

2016 年，神奇工场 ZUK 回归联想。11 月，陈旭东调任，乔建负责 MBG，同时宣布 MOTO 将成为联想唯一的手机品牌。

联想管理层的频繁调整造成了两个最严重的后果，一是联想在战略上缺乏连续性，失去准确性，不具长远性，在运营商补贴的政策下，为了短期利益，没能坚守有利于长期发展的开放市场，错失两大战略机遇。二是调整之下，联想的各级主管各自为政，相互不买账，不能形成合力。

产品线的频繁变动

在高层频繁变换的背景下，联想手机的产品线也不断变化，从2011至2016，联想手机产品线的重大变化就多达四次。

2011—2012年，联想的产品线有A系列、P系列、K系列和S系列，分别对应中低端、商务、高端和时尚。

2013年，联想对手机生产线进行了整合，保留低端线，将P系列和S系列整合为一条线，并将原有的高端K系列升级为"Vibe"高端品牌。

2014—2015年，联想的A系列、S系列和Vibe系列，各自演化出两条产品线，黄金斗士、乐檬、S系列、Zuk、Vibe、Motorola六个产品系列覆盖低、中、高三个领域。

2016年以来，联想在一定程度上采用了"去联想化"战略，未来将只保留Zuk和Moto，去除Vibe和Lenovo，Moto专注于国内外高端市场，Zuk为中端市场。

怎么看待这四次产品线调整？

2011—2012年的产品线是联想的机海战术，目的是配合运营商，效果不错，联想智能手机在中国市场的份额由2011年仅为1%左右，迅速提升至2012年的10%左右，成为中国市场第二大智能手机销售商。

2013年联想对手机生产线进行了精简，这一调整有利于品牌形象的树立和强化，可以集中优势资源提升产品品质和竞争力，是可取的。

可惜到了2014—2015年，联想没能坚持精简的产品线，反而将产品线复杂化，缺乏设计管理规划，产品线和品牌布局混乱。

到了2016年，联想手机重回精简，这对于已经跌落谷底的联想来说，是不错的选择。

联想产品线的频繁变换，很大程度上和高层频繁调整下的政策不连续有关。实际上，频繁变换的产品线有三大弊端，一是增加了内耗，二是不利于品牌建设，三是贻误了战机。具体表现是，在2014—2015国内智能手机高速发展的两年期间，联想手机竟然没有爆款。时至今日，联想手机的品牌形象依旧没有建立。

模块化方向不明朗

模块化手机Moto Z的面世引发了热烈讨论，关于模块化的前途，有人看好，有人唱衰。

联想试图做点和"其他厂商不一样的事情"重新建立领先优势，这本身是没问题的。在智能手机同质化的背景下，差异化也是手机厂商保持竞争力的有效手段。然而，当下手机厂商的竞争策略主要是在产品上进行微创新，在保证整机性能的基础上，重点突出一到两项特色，比如2016年的拍照、双曲面、极窄边框、快充等。

而联想Moto的模块化，属于方向性的创新，用户能否接受尚是未知，风险很大。

我个人很佩服联想的勇气，不过联想有更好的选择。2016年，华为和徕卡的合作，既提升了华为手机的拍照质量，又提升了华为的品牌形象。在谷歌放弃模块化和模块化方向尚不明朗的情况下，联想和苏哈效仿华为和徕卡的合作方式，是比模块化更明智的选择。

如今，Moto Z的销量只有200万，模块化之路变得既暗淡又尴尬，放弃还是继续走？

渠道和营销也是短板

渠道方面，全渠道覆盖已成共识。此前，联想全面押宝运营商渠道，互联网手机市场进入太晚，而开放渠道的建设也并不完善。在运营商渠道补贴下降的前提下，联想运营商渠道难以发挥优势，互联网渠道和开发渠道又是短板，联想在三大渠道上都无法发挥实力。

联想的营销方式也常被诟病。以选代言人为例。在选代言人方面，一种方法是谁红选谁，典型代表是OPPO和vivo；一种是选择和产品气质相近的明星，小米、荣耀、金立都是这么做的；体育营销也是常见的玩法。而联想手机的策略却让人看不懂，ZUK系列，线条硬朗，却选择了女性粉丝众多的金秀贤和李敏镐，而且还是在金秀贤和李敏镐最红期之后。

总的来说，联想手机的全面溃败，不是某一项竞争要素是短板，而且多项要素的竞争实力都有待提高。

不过，最重要的，联想手机的产品力还在，而且也确定了以Moto为核心的精品战略。只要联想不急躁，凭借坚实的产品，沿着这条路踏踏实实地走下去，相信联想手机会有不错的明天。

最后，祝福联想手机吧！

三、问题思考

造成联想手机市场溃败的问题有哪些？

（参考资料：徐赫.联想手机大溃败，明明有能力，为何卖不好？销售与市场（管理版），2017(5)：87-90.）

第三章　市场营销战略

本章导读

战略，是一种全局性的、长远性的决策。企业经营战略是直接决定企业发展、决定企业未来前景的重要决策。任何一个企业不仅要制定战略，而且战略制定的好坏，将与企业的命运息息相关。从20世纪70年代起，营销战略逐渐在现代市场营销中占据了中心地位。

● 过去十年内，随着互联网和社会创业的快速发展，品牌战略理论的基础已经发生了巨大的变化。今天人们甚至不知道谁是自己的竞争对手，所有行业的游戏规则都在变。一方面，互联网和社会创业创造了新的社群经济模式和共享经济模式，激发理论界和企业界重新思考以往商业品牌以精准为基础的品牌战略；另一方面，许多传统的领袖品牌在新经济环境中举步维艰，并不是因为它们失去了传递和积累品牌价值的动力和能力，也不是单纯地因为品牌忠诚度下降。那是什么原因让传统的领袖品牌在新的经济环境中面临前所未有的挑战？今天的消费者愿意花钱购买什么样的产品？企业又如何能提升自己的品牌影响力？面对新的竞争环境，企业要怎么做才能跟上时代的潮流，在竞争中保持持续的竞争力？

● “铁打的营盘，流水的兵”，品牌之“老”，往往不在于年龄，而在于固步自封。不论是早前还是如今，谈及老字号的国产品牌，脑海里总是会蹦出两个百年不变的标签：老龄化、不时髦。而作为国产品牌代表的百雀羚，深知“低价多销”的国产护肤品路数已经无法满足年轻消费者的需求，于是便开启了漫长的品牌转型之路，不断尝试新的营销画风。

● OPPO、vivo从互联网口碑营销向全方位立体式深度营销战略转变。两家厂商在传统电视媒体上投放广告，包括赞助综艺节目、热门影视剧植入、聘请代言人等；同时，还在公交车身、楼宇地铁等处跟进地面广告；此外，也开始尝试微信、微博等互联网社交广告。之后，借助线下门店承接已有的传播效果，逾20万家门店播放手机宣传语，张贴明星代言人靓照。这种全方位的深度营销既助力了品牌建设，又极大缩短了消费者从认知到购买的决策时间。

第一节 理论教学要点

一、市场营销战略规划

(一) 企业战略的层次结构

1. 总体战略
2. 经营战略
3. 职能战略

(二) 企业规划总体战略的步骤

1. 认识和界定企业使命
2. 区分战略经营单位
3. 规划投资组合(市场增长率/市场占有率矩阵、多因素投资组合矩阵)
4. 规划成长战略(密集式成长战略、一体化成长战略、多角化成长战略)

(三) 企业规划经营战略

1. 经营任务分析
2. 战略环境分析
3. 战略条件分析
4. 战略目标选择
5. 战略思想选择(成本领先、差别化或别具一格、集中或聚焦)
6. 形成经营战略计划

二、目标市场营销战略

(一) 市场细分战略

1. 市场细分的理论依据

市场细分的理论依据包括：同质偏好、分散偏好、集群偏好。

2. 市场细分的标准

(1) 消费者市场细分的标准：地理环境因素;人口因素;心理因素;行为因素。

(2) 产业市场细分的依据：最终用户;顾客规模。

3. 市场细分的原则

市场细分的原则为：可衡量性、可实现性、可盈利性、可区分性。

(二) 市场选择战略

1. 无差异营销战略
2. 差异性营销战略
3. 集中性营销战略

(三) 市场定位战略

1. 市场定位方式

市场定位方式包括：避强定位、对抗性定位、重新定位。

2. 市场定位战略

市场定位战略包括：产品差别化战略、服务差别化战略、人员差别化战略、形象差别化战略。

三、竞争性营销战略

（一）竞争者分析

1. 识别竞争者
2. 判定竞争者的战略目标
3. 评估竞争者的实力和反应

（二）市场领导者战略

1. 扩大总需求
2. 保护市场份额
3. 扩大市场份额

（三）市场挑战者战略

1. 确定战略目标与竞争对手
2. 选择挑战战略

（四）市场追随者与市场利基者战略

1. 市场追随者战略

市场追随者战略包括：紧密跟随、距离跟随、选择跟随。

2. 市场利基者战略

市场利基者战略包括：最终用户专业化、垂直专业化、顾客规模专业化、特殊顾客专业化、地理市场专业化、产品或产品线专业化、产品特色专业化、客户订单专业化、质量—价格专业化、服务专业化、销售渠道专业化。

第二节 教学引导案例

案例3－1 新品牌战略

一、背景资料

今天我们遇到的是一个比较复杂的经济环境，太快的变化，太多的阻碍，太多的机遇与挑战，太多的诱惑和陷阱，在这样的新环境下，企业家、创业者要依据什么去做决策？

二、基本案情

随着互联网和社会创业的快速发展，微博、微信、即时通信工具等社会化媒体让企业家、创业者、消费者、社会大众都感受到了互联网的力量，社会性消费者依托社会化媒体强势崛起，他们在社会化网络中的互动催生了新的经济模式——社群经济。正所谓有社交的场域就有人群，有人群的场域就有市场，有市场的场域就有相互影响的集合行为和集合心理，利用这种种千差万别的集合行为和集合心理，社群产生的生产力便是社群经济。

新环境，云时代

社群经济建构了“平台——服务提供者——集合中的个体”三者之间的逻辑关系：一个由第三方创建的、以信息技术为基础的社会化市场平台；服务提供者包括商业机构、社会组织、政府或者 NGO 组织；个体借助这些平台，根据自己的兴趣、偏好，分享和交流自己的知识、经验和观点。在互联网技术和社交网络技术快速发展之下，社群经济的多样性、广域性、广博性特点推动消费者的参与方式不断丰富，将使得他们获得更大的影响力。

云时代，从运作逻辑到世界图景，从基础法则到时间法则、空间法则，从协作法则到发展法则，在悄然发生改变。今天人们甚至不知道谁是自己的竞争对手，所有行业的游戏规则都在改变。今天我们遇到的是一个比较复杂的经济环境，太快的变化，太多的阻碍，太多的机遇与挑战，太多的诱惑和陷阱，这些新形势需要企业家、创业者用自己的价值判断来做决策，这个价值判断的过程也是企业家、创业者精神成长的过程。

商业化品牌以精准定位为理论基础，精准定位目标消费群体，精确制导针对目标消费群体品牌传播和营销，以达到最优的品牌传播效果。新经济环境下，品牌战略理论的基础已经发生了巨大变化。

未来的世界是融合的，互联网已经让人类社会成为一个整体，人们社会生活的各个领域之间的相互联系越来越密切。这就是为什么社会化策略在未来显得越来越重要，因为未来是融合的世界。

新营销，新战略

传统的商业品牌采用以精准为基础的品牌战略，忽略了社会化的大环境，显然在新的社会化互联网时代是落后的、缺乏竞争力的。当今社会，只要互联网普及的地区，就活跃着社会性消费者，他们都将影响到品牌的价值。

新环境下，不少企业开始启用新的品牌战略，并引起社会的关注。就拿近年来的例子来说，前不久 Facebook 的小扎夫妇乐捐 30 亿美元，用来研发重大疾病的治疗，引起人们的纷纷讨论。我们好奇的是，小扎捐赠那么多的钱，为消灭人类疾病而努力，这对于 Facebook 并没有直接的利益关系，那么小扎夫妇的这一举动意在何为？这是因为小扎夫妇已经跳出传统商业模式的圈子，将目光放眼于全社会；反过来，这也影响了全社会所有的人去记住它，形成关于它的品牌认知和品牌印象，使得所有的人去理解它的价值和文化，即便不能接受它的价值、文化，也可以形成对于品牌的理解和认知。

Facebook 的品牌影响力将随着人们对它的认知和理解，在社会化媒体上的交流和传播中不断扩大。在这样的过程中，Facebook 的目标群体就不再是 Facebook 的用户或准用户了，而是社会上的所有人，这样把目标群体放眼整个社会，使品牌目标群体定位社会化，品牌也就蕴含了社会化的意义。

不仅仅是 Facebook，苹果公司 2016 年的发布会也有不同寻常的尝试。通常情况下，苹果公司会公布创新技术和产品数据，例如 IOS 设备销量、APP Store 应用总数以及 IOS 的普及率等。但这次的情况略有不同，在主题演讲中，花了三分之一的时间去讨论隐私保护、环境，以及 ResearchKit 和 CareKit 等新型的技术平台，不再局限于传统商业模式，而是将目光放眼于全社会，致力于与企业并没有“直接利益关系”的医学研究、隐私保护以及环保项目。苹果公司此举，人类不仅会在未来受益，也会在社会化传媒的催化作用下，推动人们去关注它，去理解它的价值和文化，形成新的品牌理解和认知，其品牌影响力和品牌价值将顺延这一过程中不断扩散和延展，形成“社会化品牌”。

在福布斯发布的2015全球品牌100强中，中国有两个品牌上榜——华为(第88位)和联想(第100位)，华为首登品牌榜，我们关心的是，华为作为中国智造的代表，其品牌价值为什么能够快速集聚？据对华为公开资料研究，华为近年来的品牌战略进行了重大调整，其品牌建设以社会责任为核心，建构了多级社会责任体系。从2008年开始，华为每年定时发布企业社会责任报告，且逐步建立了企业社会责任发展战略，并通过切实的技术创新、产品创新、员工关怀、国家责任等具体策略和措施履行企业社会责任，不断丰富和优化华为的品牌内涵和品牌文化。

在面临前所未有的战略转型和战略升级中，华为同Facebook和苹果一样，选择将视野投向了整个社会。我们可以发现，华为、苹果和Facebook不仅将眼光投向整个社会，表现出品牌的社会关怀，同时也将目光聚焦在企业社会责任上，通过积极创新社会责任内涵和方式，落实和推进品牌的社会化。

企业社会责任源于1970年诺贝尔经济学奖得主米尔顿·弗里德曼在《纽约时报》刊登的题为《商业的社会责任是增加利润》一文。企业社会责任的概念是伴随着资本不断扩张，进而引起诸如环境、人权、两极分化、社会贫困，特别是劳工问题和劳资冲突等一系列社会矛盾的背景下提出的，也是跨国公司在追逐高额利润的过程中，为了改善自身形象而践行的理念。经过40多年的发展，已经成为国际社会的共识。

在我国，对企业社会责任的认识和实践尚处于起步和深化阶段，比较常态的是企业进行捐款、做一些公益活动或者慈善活动。马云在2016年7月的慈善峰会上阐释了自己对慈善和捐款的看法：中国企业家资源其实是有限的，企业家的第一责任应该是把钱花在投资，创造更多就业和财富上，如果不先把这个做好，就把钱捐出来，反而没好处。而且，捐款还面临“我们把钱交给谁”的问题。马云的观点，表明他认为做慈善就是把钱捐出来而已，而且要求有可靠的慈善机构来承接。可见，部分企业家的视野，一直限制在商业范围。对他们来说，慈善事业有点像赚了钱以后回馈社会的一点回报而已。如果我们把范围放大，不把目光局限在“慈善”这两个字所带给我们的“施舍粥饭、济孤济贫”的传统理念的话，那我们可以发现，华为、Facebook和苹果其实不仅仅是帮助穷人病人之类，而是冲破本企业本行业的格局，用他们的价值信念为人类争取一个更美好的承诺。

国内外已经有不少学者研究企业社会责任与品牌影响力之间的关系，研究表明，企业承担社会责任不仅有利于提升品牌认知度、美誉度，而且有利于消费者保持品牌的忠诚度，促使企业品牌影响力提升。联合利华首席执行官保罗·波尔曼表示，今天的消费者愿意花钱购买有社会责任感的企业生产的产品。企业需要在提升品牌影响力的进程中履行企业社会责任，在承担企业社会责任的过程中提升品牌影响力。

全球化背景下，品牌建设和传播已经成为每个企业都必须面临和考虑的问题，面对新的竞争环境，企业要怎么做才能跟上时代的潮流，在竞争中保持持续的竞争力？华为、苹果以及Facebook做出了有益的尝试，通过延展品牌战略，从商业品牌定位到社会化品牌定位，通过承担企业社会责任的过程中提升品牌影响力，企业品牌的目标不仅仅是影响目标消费者，更主要是通过企业社会责任、影响力投资、公益品牌、社会性企业等具体方式影响社会。

企业家们应对时代有着敏锐的嗅觉，在视野层、价值层、精神层考虑品牌发展的战略，不能仅仅以商业价值作为企业的价值导向，意识到品牌最终要社会化，并积极追求企业社会责任、公益品牌、品牌影响力投资等新形式，最终将品牌建设成为影响公众、具有社会性影响力的品牌，彰显品牌对于社会发展的影响，而不仅仅是影响目标消费者。

三、问题思考

企业家如何打破商业思维的禁锢，扩大范围，使品牌战略带有更多的社会性和人文色彩，追求更高层次的价值，形成更高层次的企业文化？

四、分析点评

以企业哲学和企业文化为核心

一系列的东西需要企业家做出选择，这个选择需要企业家的价值判断，并将成为企业生存和发展的核心思想。品牌社会化要求企业家能打破商业思维的禁锢，扩大范围，使品牌战略带有更多的社会性和人文色彩，追求更高层次的价值，形成更高层次的企业文化。品牌社会化就是要让企业的价值导向从商业品牌价值最大化到社会影响力最大化，从而完成品牌价值的社会化，这样的企业哲学和企业文化就成为品牌社会化的内核。

以品牌社会影响力为导向

无论是品牌发展的外在环境还是品牌发展的内在逻辑，都呼唤企业家需要打破思维局限，跳出商业模式的限制，把格局放大，冲破本企业的行业格局，在视野层、价值层、精神层考虑品牌发展的战略。企业不能仅仅以商业价值作为企业的价值导向，意识到品牌最终要社会化，通过延展品牌战略，从商业品牌定位到社会化品牌定位，企业品牌的目标不仅仅是影响目标消费者，更主要是通过企业社会责任、影响力投资、公益品牌、社会性企业等具体方式，让品牌在消费者心中占领最有利的位置，最终将品牌建设成为影响公众、具有社会性影响力的品牌。在这样的视野和格局下，企业品牌不仅具有商业品牌的特性和竞争力，并且将企业精神着眼于整个社会，把企业品牌价值与社会可持续发展和人类美好未来结合，对品牌赋予社会化的内涵和意义，朝向品牌社会化路径，企业品牌具有了社会性魅力。

品牌影响力的大小决定着人们接触品牌信息的程度和认可品牌价值的程度。在企业品牌从商业品牌转向社会化品牌的过程中，品牌的影响力将逐渐扩大，越来越多的人接触到品牌的信息、理解/认可品牌的价值，并在社会化平台上传播品牌的价值、理念和文化，便进一步推进了品牌社会化的进程。可见，品牌社会化推进和发展是以品牌影响力为导向的。

以多元企业社会责任为桥梁

企业社会责任不仅是对规范的遵守，更多的是对商业道德的追求，是企业和企业家对更高层面价值的致敬。企业的发展已经逐渐开始脱离纯粹商业的趋利性，企业社会责任更多的是在对更高和更纯粹的人本价值的追求中，履行一种社会责任，一种人类本质的责任，是一种更高的境界。企业的社会责任强调在生产过程中对人的价值的关注，强调对消费者、对环境、对社会的贡献。

企业社会责任是社会本位的，追求的是社会价值，具有历史性和人文色彩的特性。在企业品牌从商业品牌向社会化品牌的发展中，企业社会责任起到了“桥”的作用，从服务商业价值到服务包含道德因素的社会价值，贯通企业品牌的价值、理念、文化与顾客价值和社会价值，通过社群经济和品牌生态圈等新兴载体，驱动企业品牌的社会化。通过多元的企业社会责任，企业品牌不仅具有商业品牌的特性和竞争力，还具有了社会性魅力。多元的企业社会责任是企业品牌朝向品牌社会化路径发展的桥梁。

以社会化宽泛定位为基础

互联网已经让人类社会成为一个网状结构，人们社会生活的各个领域之间的相互联系越来越密切，社会化策略在未来显得越来越重要。依托移动互联网平台和社会化网络，消费者成了品牌信息传播的主体，主动参与到品牌价值传播的过程中，并且自发地围绕品牌核心价值观开展相关的社会化活动。在这样的条件下，不仅仅是品牌的消费者，社会化平台上所有参与互动和交流的公众，都将接触到品牌的信息，影响着品牌的价值。以往商业品牌以精准定位和理论基础，精准定位目标消费群体，精确制导针对目标消费群体品牌传播和营销，在一定程度上忽略了社会化的大环境，显然在新的社会化互联网时代是落后的、缺乏竞争力的。

只要互联网惠及的地区和领域，无论是繁华城市还是乡村社区，无论是 B2B 还是 B2C，都活跃着社会性消费者，他们都将影响到品牌的价值。因此，企业应该宽泛定位目标消费群体，将所有人涵盖在内，因为不管他们是不是企业品牌的消费者，都有可能是企业品牌相关者，都可能影响品牌的影响力。品牌社会化的第一步就是将品牌目标群体从精准定位到面向社会的宽泛定位，品牌目标群体定位的社会化是品牌社会化的基础。

以完善品牌生态圈为策略

我们不难发现，如今传统媒体的广告宣传模式开始出现发展瓶颈：广告资源泛滥，消费者抵触情绪高；传播效能低下，缺乏精准性；广告价格飙升，企业不堪重负，等等。新经济环境下，社会性消费者依托社会化媒体强势崛起，社会性消费者对企业核心价值的认同和传播已经成为扩大品牌影响力的重要途径。这让企业纷纷调整战略，将目光转向新兴社会化媒体，将目标定位整个社会。

如今，越来越多的企业借助社会化网络平台，如 Facebook、腾讯、博客、社区信息平台等社会化媒体，形成企业的社群网络，建立自己的品牌生态圈，并在自己的品牌生态圈中传播品牌文化和价值，扩大品牌的影响力。如今，企业品牌传播的手段已经逐渐从整合传播发展为建立社会化平台品牌生态圈，这样的传播手段社会化成为品牌社会化的策略。

面对经济前所未有的转型考验，面对经济持续低迷的谜题和长期的大势，企业家们需要作出新的战略思考和战略选择，需要调整企业的战略和策略来适应这样的形势。我们希望，企业家们可以在精神上成长起来，转变原有的品牌战略，将目光放得更长远，追求更高层次的价值和责任。这不仅是时代的要求，也是企业家精神的要求。企业家要跳出传统商业模式的圈子，将目光投向全社会，以追求企业的社会价值和终极目标，顺应品牌社会化的趋势。我们可以将品牌社会化的途径大致概括为：企业面向全体社会成员，利用社会化媒体平台，把技术创新和服务创新融合于企业社会责任、社会影响力投资、公益品牌/慈善品牌等具体方式，并将社会企业作为企业发展的终极目标，最终将品牌建设成为不仅影响社会公众，同时推动社会可持续发展的社会化品牌。

（参考资料：黄琪.新品牌战略：新环境，新思考.销售与市场(管理版)，2017(7)：13－16.）

（参考资料：赵晓萌.新品牌战略：高层次，更长远.销售与市场(管理版)，2017(7)：21－23.）

案例 3-2 百雀羚品牌年轻化战略

一、背景资料

花了 17 年，几乎要从市场上消失的品牌百雀羚，转身变成了护肤品市场占有率最高的国货品牌，并且保持每年将近 30%的增速。它做了什么？

二、基本案情

一个 86 岁的国货品牌如何吸引 20 岁的年轻人？百雀羚或许是一个可供参考的案例。

根据该公司今年 3 月末对外公布的财务数据，2016 财年（2015 年 3 月至 2016 年 2 月）百雀羚单品牌零售额达到了 138 亿元，同比增幅达到 27.8%，成为销售额最大的中国护肤品品牌。

回顾近 5 年，整个中国护肤品市场的增长率不到 10%，而百雀羚却保持了每年 3 成左右的销售额增长。欧睿咨询的数据显示，百雀羚的市场份额已经从 2010 年 0.2%上涨到了 2015 年的 3.2%，仅次于玫琳凯、巴黎欧莱雅、玉兰油 3 个外资品牌，排在行业第四位。

获得这份成绩单，百雀羚花了整整 17 年的时间。

2000 年，百雀羚由合资转制成为全资民营公司，推出了止痒润肤露、凡士林霜、甘油一号，这些都是基于百雀羚的经典产品“蓝色小铁盒”香脂膏推出的改良型产品。而当时，欧莱雅、玉兰油已经在中国热销，这样的微小创新无法让百雀羚在激烈的市场竞争环境下立足。

单靠“吃老本”没法获得胜算，2004 年，百雀羚才真正下定决心作出改变。“当时非常焦虑，我们就像一群趴在玻璃上的苍蝇，明知道前途一片光明却找不到出路，”百雀羚市场部一位内部人士对《第一财经周刊》回忆说，“百雀羚需要新的东西，但品牌历史又绝对不能丢。”

百雀羚首先展开了一次全国性的市场调研，管理层想自己先亲眼看一下市场上的情况——从一线省城到三线城镇，调研团队走访了全中国 30 多个城市，得出一个令人喜忧参半的结论——消费者信赖百雀羚的品质，同时觉得它过时了。

一场调研做下来，首先是让百雀羚吃了一颗定心丸，他们认为，消费者信赖百雀羚的品质，这说明品牌与消费者的情感纽带还在，而这正是花钱买不来的。那么，如何打开市场、让消费者觉得这个品牌并不过时？管理层想到的第一步是研发新产品。

十几年前，国内消费者已经接受了“水乳霜”的概念，“天然配方”的产品理念也在那时流行起来。而百雀羚原本的产品定位一直就是草本护肤，这看起来倒是与“天然配方”的消费诉求刚好吻合。

这一点提醒了百雀羚管理层：“何不把我们本来一直在做的事情拿出来说呢？”于是，新一轮升级版的产品定位最终被表述为：为年轻女性做草本类的天然配方护肤品，产品功能专注于保湿。

但对年轻消费者来说，光有好配方还不够，在货架上吸引目光的首先是包装。带着“草本”和“保湿”这两个关键词，百雀羚找设计师重新为草本系列做包装设计、提升质感——包装材质从塑料瓶变成玻璃瓶，并使用了亚克力的复合双层盖。

从概念定位到产品研发、再到最终上市，百雀羚草本系列产品的运作，前后又花了将近 4

年的时间。

2008年,新百雀羚被摆上了零售渠道的货架,一瓶乳液定价在30元左右,是当年玉兰油的热销单品“多效修复霜”价格的1/3。和佰草集走中高端百货商场专柜的渠道思路不同,百雀羚的价位决定了它的线下重点渠道是商超。

新产品刚开始铺货的阶段,销售体量肯定都不会太大,这个阶段做渠道的拓展也最是艰难。草本系列刚投放到市场时,也几乎没有广告投入,营销空间仅限于在超市搞一些特殊陈列,所以在销售上并没有出现爆发性的增长,比如在沃尔玛一家单店的月销售额只有可怜的1万多元。这样一个销售数字让品牌在超市端几乎没有任何的话语权,百雀羚很难获得超市的陈列支持,更别提大型的门店活动。

在这样的局面下苦撑3年之后,直到2011年,百雀羚新产品的销售情况才逐渐好转。那一年,正好是百雀羚品牌诞生80周年,这个时点也鼓励了公司管理层,在广告投放上加大投入,签下莫文蔚作为品牌代言人,并在渠道上尝试一系列力度更大的市场活动。

百雀羚曾在湖北武汉的江汉路沃尔玛门店做了一场活动,结果一天的销售额就超过了1.5万元。拿到这个销售结果,百雀羚在商超渠道渐渐获得重视,品牌知名度上去了,和商场渠道才有议价能力可言。

外资品牌在广告营销投入上一直势大力沉,作为品牌力相对较弱的国产护肤品,与洋品牌展开正面竞争,所能发挥的空间或许在于两方面:发布新产品的速度和渠道渗透度上。

2008年到2011年,百雀羚的产品线又继续增加了水嫩倍现、水嫩精纯、男士等系列产品,并推出了79元至199元之间这种中档价格带的产品,从而提升了整体毛利。

2012年,赵学恩所在的公司成为百雀羚的经销商。从那年开始,百雀羚对渠道终端的投入方法,从做特价转为派促销员。

“这是我们的强项,我们有几百个促销员,比其他代理公司都多,百雀羚肯定首选跟我们合作。”赵学恩目前的身份是深圳深华辉日化有限公司(以下简称“深华辉”)执行董事,深华辉正是广东最大的日用化妆品经销商之一。

透过深华辉,百雀羚的大部分产品销往沃尔玛、家乐福等大型连锁超市,另一部分则进入万宁以及200多家化妆品专卖店。赵学恩告诉《第一财经周刊》,百雀羚品牌吸引深华辉成为其经销商的一个重要原因是“它的原料、设备、配方都是进口的”。

每隔一个月,深华辉会负责给导购员们上一堂培训课,讲师来自百雀羚。讲课的内容包括基础产品介绍、美容知识、促销案例分享和销售技巧培训。

“我代理的30多个牌子里面,只有百雀羚这么做。”赵学恩说,作为经销商,他乐意接受这个“双赢”的方案。

此外,百雀羚还制定了一套针对导购的激励政策,比如在销售提成之外追加额外奖励。为了让激励作用更直接,百雀羚会把奖励金额印在贴纸上,每个产品的盒子上都会贴上相应的金额。这种方法在业内被称为“贴花”。这样一来,导购一眼就能看到卖出这款产品能多赚多少钱。如果一位导购一次做成500元以上的单子,也能得到现金奖励。一张大单子的奖励金额在10元至50元不等。

根据赵学恩透露的信息,百雀羚并没有给代理商特别大的利润空间——扣除导购等费用,代理商的利润率只有6%,低于其他本土品牌。而且百雀羚把渠道的费用更多地投放到了给消费者的赠品,而非代理商的返点上。

在深华辉代理的日化品牌中，百雀羚的赠品样式是最多的，而且会根据季节做调整。赠品通常是毛巾、水壶等生活用品，如果购买套装，还有可能获赠吹风机、烤箱等小家电，就连深华辉很多员工用的毛巾和保温杯，也都是百雀羚送的赠品——这种促销手段对于提升品牌价值并无多大作用，但是在中国的二、三线城市，却很受用。

送赠品的另外一个好处是可以避免由于经常性打折而对品牌造成的长期伤害，但其缺点在于很容易被其他品牌复制。在赵学恩代理的品牌中，送赠品的不止百雀羚一家。与百雀羚定位和定价都相似的相宜本草也送赠品，不同之处在于，百雀羚更舍得花钱。

为了提高赠品质量，百雀羚和美的、外交官等品牌长期保持着合作关系。美的的小家电，外交官的行李箱都是常见的赠品，其市场价有时候甚至相当于消费者的消费金额。

但百雀羚一直尽量避免打折，规定折扣最低也不超过 8 折。“顾客会等着你下一批打折时再购买，这样非但不能提升销量，还会减少销量。”据赵学恩回忆，2011 年以后，百雀羚在广东地区的年销售额同比增幅再没有低于过 30%。

到了 2013 年，深华辉代理的百雀羚产品销量是往年的 4 倍。“因为销量最高，百雀羚带来的纯利润要高于其他品牌。”赵学恩觉得，虽然利润率只有 6 个点，但只要销量有保证，作为代理商还是有钱可挣。

一件令同行更加出于意料的事情，也发生在 2013 年。

当年彭丽媛在一次出访坦桑尼亚时，将百雀羚作为国礼带到了非洲。这件事通过媒体新闻曝光，让百雀羚尝到了“一夜爆红”的滋味。从后面几年的市场反馈来看，这场实为百雀羚成功运作的“国礼事件”，对消费者产生的品牌影响力已经远大于百雀羚自身产品所具备的传播能量。

伴随销量的持续增长，百雀羚营销投入的魄力也在变大。2014 年 8 月，百雀羚以 1.8 亿元拿下《中国好声音》独家特约赞助权。同一年，又斥资 1.65 亿元冠名《快乐大本营》。随着电视综艺节目的热播，百雀羚品牌曝光率增加。而这一年，恰逢同样主打草本概念的相宜本草冲击上市失败，被迫撤回了很多渠道的投入费用，百雀羚趁势又夺下了原本购买相宜本草的消费者。

不过，销量迅速上升的背后也潜藏着危机。自从 2004 年决定重塑品牌，10 年过去了，百雀羚面临的新挑战之一，是品牌如何实现再度升级。

还在大学读研究生的刘阳，逛超市时偶然注意到绿色瓶装的百雀羚“水能量”系列，她认出这正是媒体上说的国礼品牌，一想到要“支持国货”，随手就将两瓶“水能量”放进了购物车。

但刘阳的热情并没有维持太久，两瓶“水能量”只用了两次就被闲置了。“支持国货”的念头似乎并没胜过她对洋品牌的真爱。虽然没有收入，但刘阳也会攒钱买 YSL 和香奈儿。对她来说，美妆博主的推荐比任何广告促销都有效果。

大众化和个性化往往是一个品牌难以兼容的两种气质，每个消费类品牌都需要解决这两者之间的平衡性问题。而百雀羚管理层给出的答案是：“百雀羚要避免变成一个性格太过鲜明的品牌。”他们的理由是，太过鲜明的品牌形象，在“消费升级”的大潮下有可能会让百雀羚更早遇到销售额增长的天花板。

为保持平衡性，在大众化的基础上，向年轻消费者市场拓展时，百雀羚想到的解决方案是多品牌策略。

在百雀羚品牌之外，2010 年 8 月，定位中端、主打美白功效的“气韵”上市，2013 年推出专门针对电商渠道和年轻消费者的“三生花”品牌，而2015年则是以“海洋护肤”主题的新品牌——“海之秘”。

目前，包括百雀羚在内，上述四个品牌的业务从产品到代理商网络均是由不同团队来负责、独立运营。其中，“气韵”和“海之秘”被定位为中高端品牌。主打美白功效的气韵价格区间在150至200元，是当时草本系列价格的3倍左右，而海之秘的眼霜单价接近300元。但这两个品牌在一线城市的销售都不太乐观。气韵倒是在二、三线城市有一定市场，2014年的时候，它在全国市场就已经拥有120个代理商和6 500家网点，贡献的销售额达到6.5亿元。

而海之秘似乎一直没有找到它的市场空间。赵学恩表示，深华辉没有代理海之秘，他觉得海之秘销量不佳的原因，关键是包装上完全没有“百雀羚”三个字。

“消费者不知道这个牌子，你说这是百雀羚的高端产品，消费者不认。”赵学恩提及，同为独立品牌，“气韵”的部分系列产品包装上仍然会打上百雀羚logo，而深华辉会专门挑这一类的产品来代理。

相对于草本产品的大众化，“三生花”系列从包装到品牌概念则更贴近年轻人，品质感也更强。“三生花”品牌在2013年推出的桂花、兰花和山茶花3支护手霜组成的礼盒，定价79元，借助“双十一”在天猫旗舰店上市之初，想不到10万盒的备货居然在1个小时之内体育场售罄——让百雀羚自己都感到意外。这个结果也让“最挑剔”的渠道方屈臣氏盯上了“三生花”。2015年，屈臣氏主动寻求百雀羚合作，将“三生花”作为屈臣氏定制产品在其门店销售。22岁的周杨告诉《第一财经周刊》，两年前她第一次在屈臣氏看到三生花护手霜时，就是被产品的外包装吸引了，再加上看到“买一赠一”的促销，就决定买回家试用。

在上海市乳山路的一家娇兰佳人店铺中，百雀羚草本系列套装礼盒被摆在店铺中心最显眼的位置。一位店员告诉《第一财经周刊》，购买其产品的顾客大多是30岁以上的女性。这正是百雀羚急于改变的用户定位，它想赢得更多的年轻消费者的认可。

年轻消费者对于品牌的忠诚度几乎为零，心思也颇难揣测，这是所有消费类品牌共同面对的难题。不过，值得注意的是，一大批日韩系的外资品牌，已经在过去短短两三年内，先是通过海淘渠道迅速占领了一、二线城市年轻消费者市场，眼下又大举进入这些城市的线下渠道。

也正是在这两年，百雀羚几乎尝试了所有和年轻人有关的社交网络营销方式——微博互动、直播、热点营销，甚至在聚集了大量年轻人的二次元视频网站开设官方账号。百雀羚旗舰店在哔哩哔哩的官方账号，甚至还给自己打上了“我是小仙女，我不管”的标签。

为了和年轻人沟通，百雀羚尝试自产营销内容。去年“双十一”前夕，百雀羚推出了一部鬼畜主题的视频广告《四美不开心》。在这部片子里，百雀羚第一次大胆颠覆自我形象，恶搞古装四大美女。两个月后，这个名为“开心就好”的系列营销视频，又上线了第二部短片——《过年不开心》，这次百雀羚将穿越、鬼畜、rap等元素融合在一起。

对于这种相对大胆前卫的营销方案，百雀羚采取小团队运作的模式，每个员工都可以提供创意。从制作到传播，小团队拥有足够的自主性，同时这类片子成本低、周期短，10个方案里面能成功一个，就算大成功。

因为迫不及待地想和年轻人打成一片，有些时候，百雀羚也会不小心“暴露实际年龄”。比如“开心就好”系列里的无厘头搞笑梗，灵感大多来自周星驰的电影。可周星驰的全盛时代离现在也已经近20年了。

“如果要用古代女性做主角，还不如用芈月，”刘阳也看了《四美不开心》这个视频，她对

《第一财经周刊》评价说，“四大美女的形象太老套了，用芈月还能借热播电视剧的东风火一把。”在她看来，《四美不开心》最多是个搞笑视频，激发不了购买欲。

无论如何，推出搞笑类的营销短片，的确颠覆了人们对百雀羚固有的古板印象。当有人开始讨论“如何评价百雀羚《四美不开心》”这个问题时，宣传片的目的就达到了一半。

其实，迎合年轻人的同时，百雀羚也有顾虑——如果玩得太野，会不会把品牌形象带歪？在年轻化和品牌历史之间如何找到一个平衡点，在这个问题上百雀羚还在探索。对于一个拥有 86 年历史的企业来说，它要学会和年轻消费者平等沟通，这不是一场直播或是一部鬼畜视频就能做到的。

更重要的是，在变幻莫测的中国市场，百雀羚需要时刻保持灵活的身段，让拥有 138 亿元销售额的品牌成为攻占市场的武器而非包袱。

三、问题思考

百雀羚的品牌年轻化战略有哪些成功之处？

四、分析点评

（一）营销的源头是产品本身

百雀羚从 2008 年启用全新的草本护肤品牌定位，强化百雀羚天然好草本的品牌属性，重新提炼出的品牌理念也是基于原本理念的升华。

（二）娱乐营销攻占年轻消费者

聘请莫文蔚、周杰伦为品牌代言人，花重金获得《中国好声音》《快乐大本营》娱乐节目中的出镜机会。娱乐营销，自然成为品牌助其树立年轻化形象、与年轻消费群里互动的重要手段。

（三）激活“小人物”，善用普通人的力量

（参考资料：郑晶敏，林仲旻.百雀羚新生记.第一财经周刊，https://www.cbnweek.com/articles/magazine/16455.）

案例 3-3 OPPO、vivo 深度营销战略

一、背景资料

“从无到有，从有到代替进口。”可以说这是中国手机产业整体的写照。但时至如今，2016 年全球出货量前五名的手机厂商中国占据三家，前十名出货量的手机厂商中国更是占据七家，从整体出货量来看，2016 年国内智能手机出货量将近 5 亿部，而全球的出货量是近 15 亿部，换而言之，国内出货量占据全球的三分之一！华为主动断奶，减少面对运营商的出货量，着手精品建设；OPPO 和 vivo 借着互联网向线下转移浪潮，凭借线下多年积累之势开始爆发。

二、基本案情

深度营销模式是我们中国人对世界营销的重要贡献，是基于中国市场特征的一种有效市场开发方法。

“中国特色”的营销模式

2016 年，OPPO 和 vivo 在中国智能手机市场上，份额名列第二名和第三名，第一名是华为。但 OPPO 和 vivo 这两个品牌加起来的份额是第一。

在一个寡头竞争的领域，它们能够脱颖而出，而且保持了快速的增长，这是非常令人惊讶的。

这两个品牌的模式似乎跟这几年来大家热炒的互联网模式、社交网络模式关系不大，当然不能说一点关系都没有，但似乎不是用所谓的互联网模式来运作的。

“中国特色”的分销模式

OPPO 和 vivo 采取了相对传统的一种营销模式。这种模式在中国市场上已经出现很久了，一度是消费品营销的主流模式，也就是所谓的深度分销。

分销这个概念，有的时候容易引起歧义，因为国际惯例的分销和中国的批发比较接近。广义的分销，其实就是销售，也包括零售。有些行业也把分销说成是零售。深度分销目前已进化为深度营销，因为深度分销比较强调渠道、强调终端，实际上现在的深度营销又有了进步，是一种立体的营销，不光是在渠道和终端环节上发力，而且还包括品牌推广、产品定位等的系列、整体做法。

深度营销模式是我们中国人对世界营销的重要贡献，是基于中国市场特征的一种有效的市场开发方法。

多层次的立体市场

中国市场最主要的特征是什么？用一句话来概括，就是多层次的立体市场。

中国这样一个巨大的市场，从一级城市、省会城市、地级市，到县城、乡镇、村庄，六个层次的差异是比较大的。

首先表现在顾客群的差异上。也就是说，同样一种产品，比如说手机产品或彩电产品，六个层次的顾客特征是不同的。大城市的顾客知识较丰富，和品牌的信息不对称比较少，自主性比较强，受渠道的影响比较小。

总的来说，越往下面层级的市场，消费者越容易受渠道的影响，自主决策的能力就越弱。这里不是贬低这些消费者，就是这么一个特点。这也涉及知识的传递，涉及消费者的一些其他特殊的诉求。比如说，越是低层级的市场，消费者对于渠道的服务就越依赖。如果手机坏了，只能去找渠道，不像大城市，可能有独立的服务商。

从渠道（主要是指零售）角度来看，越是到次级市场，渠道的分散度就越高。在北京、上海很少能看到的传统业态（店态），比如说独立的手机卖场，或者小型的连锁手机卖场，在一些不是特别发达的地级市和县城，虽然经过多年的整合，至今它们依然是渠道的主力，或者说是渠道的重要组成部分。

三、四级市场还有一个特点就是传播效率相对而言比一、二级市场要高。要去运作一个品牌，如果在北京、上海投入广告，通常需要一个天文数字，因为城市太大了，媒体高度分散。北京的公共交通线路那么多，做一两路的公共车身的广告，不太可能引起广泛的注意。而县城（包括一些比较小的地级市）不太一样，它的街道不是很多，人流集中的空间或者广场比较少，在传播上抓住了一些制高点，抓住了一些关键资源，就能很快营造出一种密集的、立体的、顾客反复接触的信息环境。

在促销方面，三、四级等次级市场也更方便一些。比如在卖场门口搞一个拱门，搞一些活动，敲锣打鼓，放放音乐……这在县城比较好弄，当然在乡镇就更容易做到了。但这在北上广深是不可行的。

中国次级市场（次级是个广义的概念，包括三、四、五级）的特殊性，我们刚才从顾客、渠道、传播环境三个方面做了简要的介绍。这样的背景下，针对三、四、五级市场，前面提到的深度营销模式就应运而生了，而且历久不衰。

"三高"模式契合目标客户需求

OPPO、vivo这两个品牌跟三、四、五级市场的特征有什么关联？它们是如何去开发这样一个立体市场的？

OPPO和vivo的做法和营销策略组合，基本上符合营销教科书的规范，符合营销的普遍规律，同时也贴合中国的市场国情。

可以用一句话来概括这两个品牌的营销特点，就是基于精准目标市场定位的整合营销，基于中国多层次市场的深度营销。

OPPO、vivo目标市场定位

从品牌的调性来看，OPPO和vivo比较年轻，比较东方，比较清新。品牌的调性反映了其所面对的顾客。这两个品牌的目标顾客很显然是年轻人。向下可以延伸到学生，比如高中生、大学生，往上可以延伸到小白领（城市里二十五六、二十七八岁的小白领）。在年轻的小白领中，这两个品牌的定位又偏女性。不能说完全针对女性，但更受女孩子喜欢，这是一个不争的事实；调性更加柔美，这也是一个不争的事实。

这种定位跟小米就不太一样。因为小米偏专业，强调和懂行的顾客进行比较深度的交流，包括在技术上、在软件上的交流。而三、四、五级市场的女性顾客（包括男性顾客）对技术是不太懂的，是非专业的。同时，OPPO、vivo的定位虽然是年轻人，但给人感觉比小米更高一些，就是说价格不是那么低。小米的价格一开始较低，目标市场定成了一些收入偏低的年轻人。当然最近小米也在做出一些努力，改变这种状况。

大家都知道，大部分国产手机品牌不能说有什么特别的核心技术。但是在应用技术层面，在应用功能层面，做一些基于顾客导向的创新，实际上是非常有效的。

近一段时间以来，OPPO、vivo都在主打照相这样一个价值维度，单反、双摄像头、1 600万像素、柔光自拍、"照出你的美"等等。用这样的一些价值诉求和价值主张，很简单，吸引了大量的年轻的、比较爱美的、有点自恋的、热爱生活的消费者。

面对这样的顾客群，在推广和宣传上，这两个品牌也同样是一个系统的整合性的考虑，比如说去抢占一些目标人群高度关注的注意力资源（明星资源）。

在抢明星资源的时候，也没那么多纠结。现在的年轻人，尤其是女孩，喜欢谁就找谁，谁红找谁，谁是国民老公找谁，所以曾经找过宋仲基，现在找彭于晏，都是有国际范儿的、年轻的、比较洋气的。有时不止找一个，而是找一组，比如说杨幂、李易峰、TFBOYS，包括国外的内马尔等等。这个实际上也是一种强势推广的策略，这里边有一些粉丝营销和互联网营销的意味在里面。

为什么这么选？比如说选梁朝伟。梁朝伟已经是个岁数比较大的大叔了，近期也没有特别的作品，尤其是电视剧的作品，偶尔在大荧幕上出现一下，选梁朝伟是跟哪个人群连接呢？跟小年轻连接不起来，跟中年顾客也不是特别好连接——大妈也喜欢小鲜肉。所以像这样的一种策略，我觉得叫人摸不着头脑。

从 OPPO、vivo 选明星的做法上，就能看出它们的思维方法，就是准确而简单。其他有些品牌，包括选国际巨星的，实际上对国内的特定人群影响非常小。当然这里边也涉及资源的投放。OPPO 和 vivo 的模式就是高毛利、高品牌投入、高顾客认知价值，这样一个三者之间的循环。

除了请明星之外，这两个品牌在传播的媒体上，包括一些重大的事件、重大的庆典、重要的电视栏目，它们基本上都在现场，从不缺席。选择一些顾客认同度比较高、一定能够引起广泛反响的媒体和事件来进行广告的投放。

很多人把营销复杂化，要大数据云云，其实像这样的媒体选择，基本上不需要什么大数据分析，凭经验，凭对媒体的理解和观察就能够得出正确的结论。

刚才我们说了，OPPO、vivo 是一个三高的模式，没有采取低价路线。有的品牌特别强调性价比，说我的东西很好，卖的价格那么便宜，按道理应该是势无可挡地抢占市场份额，但是事实似乎不是这样。OPPO、vivo 主力产品的销售价格已经在 2 000～3 000 元之间了，不能算很便宜。可能比华为要略低一点，但，非常接近。

手机这种产品比较有意思，是消费者随时随地用的，而且是在公开场合、在社交的网络里用的，这种产品除了实用性的功能之外，有很强烈的心理价值。凡是有心理价值的产品，总体上来说就不能太便宜。对顾客来说，太便宜就是没有面子，太便宜就显得自己的收入不是很高。

这样一弄之后，好像只有比较特立独行、比较边缘的人，才用比较便宜的手机，或者收入比较低的人，才用比较便宜的手机。这样的观念在社会上一形成，实际上不太有利于特别强调性价比的品牌。OPPO、vivo 产品的价值定位，强调了高品位的体验和社交功能，是很精准的。

我们还可以举一个类似的例子，就是优衣库。优衣库到中国来是“二进宫”。

2000 年之前，优衣库第一次来中国，把自己定位成一个比较廉价的品牌。因为比较廉价，就不能租赁特别好的地方比如 A 类核心商圈的卖场，只能在地下室或者二、三楼，装修也不好。东西卖得很便宜，但中国消费者不认可，不符合他们对外资品牌的期望，认为这个品牌可能是山寨的，和国内很便宜的服装没什么区别。

2000 年之后，优衣库重新进入中国市场。在此之前，优衣库在日本也进行了营销或经营变革，不把自己定位成绝对便宜，而是定位成好产品好品质，不太贵，比较实惠。一到中国上海，在淮海路租赁几千平方米的特大卖场，装修不能说是豪华，但是非常漂亮，灯光明亮，立体的衣架，给人感觉这是一个大品牌，是个比较高档的品牌，价格又挺便宜。

实际上优衣库在中国市场的定位比日本市场稍微往上拉了一点点，定位于中国年轻的中产阶级。同样的产品，价格比日本卖得要贵一点。

将低线市场的渠道优势最大化

1. 分散的终端，成熟的布局

它们的成功有非常重要的一个支柱：渠道和终端。

三、四、五级市场渠道比较分散，分散也就意味着谈判力比较弱。我们大家回顾一下这几年中国手机市场的发展，线上出现了寡头如京东、天猫；线下也出现了寡头如苏宁、国美。当然还有一些地方的寡头。这些寡头在跟上游制造商博弈的时候，是占主导地位的，可以切割制造商的附加值。

制造商在和这些寡头打交道的时候，实际上是左右为难的。不和这些寡头打交道，就没有一个高效率的渠道；但如果打交道呢，价格透明，不断地搞促销活动，就把附加值打没了。所以现在，像彩电行业，很多厂家就非常痛苦。

线上渠道与此相似。不进入线上渠道，好像要失去年轻人，因为年轻人喜欢到网上买东西。但是电子商务平台上，如果不低价，货是走不动的；如果不去搞一些引流的活动，也不会有太多人关注。而一旦搞引流活动，一旦搞低价，那么线下的渠道体系就会受到很大的影响。

OPPO 和 vivo 由于定位主要是三、四、五级市场，零售寡头对它们的影响相对小一些。在县城里卖手机卖得很多的小寡头，影响只是区域性的。同时，区域的小寡头以及其他手机零售店在面临全国大寡头的时候是弱势的，急需在纵向的价值链上取得支持，希望跟厂家、跟上游的制造品牌携起手来。在这样的背景下，OPPO、vivo 用了一种来源于家电并发扬光大的模式，叫作掌握流通价值链。

掌握流通价值链，我们从下游倒过来看，首先是要掌握零售环节，掌握终端环节。从 OPPO、vivo 的实践看，掌控终端大概有这么几个动作或做法：

第一个动作是精细化的终端布局。

比如一个县城大概有多少个卖手机的，一开始开几家店，选择哪些经销商、零售商合作，这个是要进行策略思考的，不是说渠道开得越宽就越好。因为开宽了，每一个零售终端的销售意愿就下降了。在零售终端层面，需进行策略型的布局，保持好零售终端之间的协同关系，避免横向的冲突，比如说乱价啊，比如说诋毁啊，等等。这样就在零售层面上，有一个最佳的结构，而结构会产生能量。品牌比较小的时候，渠道宽度可以窄一点。随着品牌地位的提升，宽度可以慢慢拉大。

第二个动作就是终端的建设。

包括硬件的建设和软件的建设。硬件的建设，比如店头、店招、柜台、门前的拱门、气球等等，抢占零售终端的宣传资源。软件的建设就是促销员队伍建设，派大量的、强劲的、有力量的促销员进入终端，当然也可以去培训合作经销商的促销员。

总而言之，像卫士一样守住渠道的最后一个闸口。以前我写文章，曾经把零售终端比喻成最后一个闸口，通过它，水流向了消费者。把这个闸口守住了，也就意味着别的品牌的水流被堵住了。这实际上就是构建零售壁垒的战术。

第三个动作是激活终端，即终端活性化。

始终把终端的温度保持在一个高度，天天有活动，3 天一小搞，7 天一大搞，强劲地推广和促销。这样，消费者一进入卖场，就进入了一个信息高度密集、温度非常高的“场”。进入这个“场”之后肯定就要消费。

在决胜终端的软件方面，这两个品牌在国内基本上已经做到极致了，包括怎么接待，怎么说话，怎么和顾客沟通，怎么介绍产品，等等。这种背景下，其他的品牌在同一个卖场里，如果没有采取和这两个品牌一样的做法，份额就被 OPPO、vivo 一点点抢走了。这种战术叫作渐进式地增加零售张力。

2. 如何让渠道推你的产品?

提高渠道的动力,就是让经销商(当然首先是零售型的经销商)有非常强烈的意愿去力推 OPPO 和 vivo 的产品。这跟我们前面讲的逻辑是对应的:三、四、五级市场的消费者,比较容易受到推广和渠道推荐的影响,自主决策的成分要稍微少一些。提高渠道动力的关键是保持价值链利益的均衡,即厂家挣多少,代理商挣多少,零售商挣多少,要有一个合理的切分和界定。

保持零售商的销售意愿,特别强调一下一定要维持住市场的秩序,这个市场的秩序就是价格体系。因为价格体系一乱,整体渠道利益的结构就被破坏了。

首先,上游的供货口不能多,即流到各个零售终端去的水流要从一个渠道里流出来,比如说从一个区域的代理商流出来。不能让零售商到哪儿都能拿到货。到批发市场能拿到货,到运营商能拿到货,到线上也能淘到货,这个就乱掉了。最恐怖的事就是多个出货口;对零售商来说,有多个货物来源,但是每个出货口的价格水位不同,就像大坝一样,大坝上有好几个孔,不同的高度,一定是水流汹涌。

这就涉及电商的问题了。不是说电商不能搞,但是电商不能变成低价格的标杆。一旦变成低价格的标杆之后,线下渠道体系就不能生存。所以,线上可以卖新产品,甚至价格可以卖得高一点。如果反过来思考问题的话,把线上作为一个价格的标杆,而且是一个比较高的标杆,那么线下的价格体系就维护住了。

保持零售销售意愿的第二个关键就是前面已提到的渠道宽度问题。一个县城或者一个乡镇,每个手机店都卖,渠道的利益体系是不能维护的。因为毕竟市场的容量有限,大家都不好卖的时候,任务又重,这个时候,就会有人偷偷地放水降价。这个也会带来灭顶之灾。

3. 市场化交易,一体化管理

掌握渠道价值链的关键之一在于上游对零售终端的辅导、支持。主要是来自区域的代理商以及厂家的营销组织。根据中国市场的国情,不能盲目地说要扁平化,要去中介,这都是教条主义的说法。

中国市场那么大,县、乡镇那么多,零售终端数量庞大,怎么去中介化,实际上还是要保持和一些区域代理商的稳定合作。这个传统从步步高的时代就传下来了。比如说自己的员工去成为代理商,比如和代理商双向参股;和代理商结成利益共同体,深化双方长期稳定的合作关系。

这样的一种合作模式,我曾经把它概括成一句话,叫市场化交易,一体化管理。即厂家和代理商之间是市场化的交易,只有市场化交易才能确定各自的责任边界,才能形成理性的交易行为。比如你要无限制地压货,我是代理商,我有自己的利益,就会顶住。这样就不像厂家自己办的区域销售公司那样,库存会成为不可承受之重。

所谓一体化管理,是指厂家和代理商在文化上、在流程上、在信息上、在运作模式上是一体化的。通过市场化交易、一体化管理,使得代理商既是厂家的,又不是厂家的。这就有点互联网模式了。在一体化管理的基础上,代理商执行厂家的用意、策略、主张,去服务终端,去管理终端。这样,厂家避免了区域营销团队过于庞大、代理商避免了能力滑坡。

4. 精细化的渠道激励政策

终端管理里的很重要的一点是精细化的渠道激励政策。主要做法是:分品种短周期——不同的品种比如 X9、R9 这样不同的产品系列,短周期比如一个月甚至更短的时间,给零售商下达任务，完成任务的话，每台既有销售的利润空间，也有额外的激励。这样针对经销商很柔性地、很细致地来制定奖励政策，对于逐步扩大零售份额，非常有效。

精细化的奖励政策，基于对数据的掌握，比如对经销商进销存的数据的动态掌握，对流速（产品销售速度）的了解。实时的数据采集系统对于深度营销至关重要。

5. 营销决战在店外

上面就是我们讲的掌控流通价值链的一些做法，是基于渠道和终端的。我前面讲了，现在深度分销已演变成了深度营销，也就是说，对市场的掌控、市场的开发已不仅仅限于零售终端了。这里我提出一个营销理念，就是营销决战在店外。

这两个品牌，经常以零售终端为根据地、为阵地，走出去，到小区，到电影院，到广场，到各个消费者出现的多场景里去，进行主动营销，举办一些主题性的促销活动，到店外去引流。这里边也有点互联网的思维。我们不能认为引流只发生在虚拟空间，发生在线上，其实线下也是要引流的，也要把顾客挖掘出来，把潜在的顾客挖掘出来，这样，对其他品牌来说就是釜底抽薪了。

6. 团队是胜利的根本保证

OPPO、vivo 每个区域市场，无论是厂家自己的业务团队（包括导购团队），还是经销商的团队（包括零售商的团队），规模相对较大，都有非常强的敬业精神和激情。深度营销模式实际上是人员密集的。

前几年的时候，很多厂家总觉得人比较难管，要减少人，要削减销售费用，实际上这个思路是不适合中国国情的。

人员要密集开发，费用怎么办？密集开发本身会带来流量，产品的价格也比较高，还能带来一定的盈利的空间。这也是一种压强攻击的策略：在区域市场上，投入的人比较多，但是相应的份额、利润比较大，还可以提升品牌的附加值。

深度营销这种模式，最终的战斗力和保证在于团队的管理、团队的建设，这也是这个模式不容易被别人模仿和学习的地方。因为构建这样一个团队非常难，利益上要广泛地共享，文化上就有高度的一致性。这两个品牌即员工持股的范围是比较广的，业务员的收入是比较高的。光收入还不行，还要有相应的配套措施，比如员工的训练啊，对员工的关怀啊，等等。

从 OPPO、vivo 营销团队建设的实践上，选用优秀的大学生，将他们培养成有文化、高素质、骁勇善战的营销尖兵至关重要。

深度营销模式要注意“份额的魔咒”

深度营销的模式有没有什么限制，有没有什么内在的问题和矛盾？肯定是存在的。这个内在的矛盾是什么呢？就是当市场份额到一定程度的时候，会出现份额的边界。我曾经写过一篇文章，刊登在《销售与市场》杂志上，叫作《份额的魔咒》。

“份额的魔咒”是什么意思呢？

通过主动营销、决胜终端、密集开发这种方式，市场份额可以比较快地提升，但提升到了一定的边界之后，如果再提升，渠道体系就有可能崩坍。因为再要提升的话，就需要扩大渠道的宽度，原来一个县城 4 个网点卖，现在变成 8 个网点。宽度一宽，零售终端的销售意愿就会下降，行为就会扭曲。

此外，如果厂家非常强地要求份额和销量的话，就有可能导致批发渠道行为的失控。代理商销量达不到厂家的考核要求，就会去用各种方式甩货，比如甩给批发市场，或者甩给大零售商。有些大零售商明明卖不了这么多货，但如果低价给它，也会吸纳进来再去批发。

大零售商为什么要搞批发？因为一举两得，一方面增加自己的流量、销售额、流水，也有一些利润，有一定的边际贡献，同时又把小零售商打死了，何乐而不为呢？这个时候，这些大的零售商包括线上的寡头们，对厂家送过来的这种“炮弹”，是欣然接受的。所以当年很多品牌，最后都毁在自己手里。

一定程度上来说，都是考核惹的祸。强硬的压力，代理商、区域营销团队行动就扭曲。这样的教训，希望各个厂家吸取。包括 OPPO 和 vivo 用这种模式做到现在，其实也要防范这样的苗头。我不是说现在已经有了，但是务必要防范。

总的来说，深度营销模式，是一种挑战者模式，适用于处于市场追随和挑战地位的品牌。用这种方式迅速崛起，在产品上可以模仿，在节奏上可以跟着领导者走，不用去引领市场。

但要成为领导者，用这种模式恐怕还不能实现。必须要找到适应大城市的模式，需要进入一个新的营销境界，比如说真正的产品竞争力，真正的供应链管理能力，更加强大的品牌影响力，以及对大渠道的控制力。那个时候，所需要的资源和营销的技术，跟现在的三、四级市场又不一样了。

三、问题思考

华为能不能向 OPPO、vivo 学习？学什么？

四、分析点评

我觉得短期内华为在三、四级市场上学 OPPO、vivo 还是比较困难的，为什么呢？我们不要小看和县城、乡镇的经销商打交道的能力，因为这个能力不是短时间内可以培养起来的，要经过长期的积累，也要有文化的传承。欲使团队的文化、团队的风貌、团队的行为特点更适合三、四级市场，更贴合经销商、消费者的心理动机和期望，需要一个过程。

华为在做法上未必需要完全模仿 OPPO 和 vivo。因为华为现在已经成了市场领导者，必须创新模式。这两个品牌是按挑战者的方式来做的，实际上是聚焦策略。而华为的目标市场要宽阔得多，营销模式也应更加立体和复杂。

华为是个学习型的组织，经常借鉴比它市场地位差一些的企业。那么，华为要向 OPPO、vivo 学什么？我觉得要学习简洁、准确的营销思维方式。OPPO、vivo 虽然是“三高”模式，总体来说成本还是比较低的。

在营销的范式或者流派里，有一种叫激进式营销，就是说不采取铺张的、特别流程化的方式来做营销，什么意思呢？有一些大的国际品牌比如宝洁、可口可乐等，它们的传统的运作模式是高度流程化、组织化的。

而有一些中小企业，包括在日用品领域这几年异军突起的品牌，没有那么长的流程，没有那么复杂的组织，而是几个人或几个小组，经常和目标顾客融合在一起，精准理解需求，提炼出产品的卖点，迅速地打造所谓的极致产品。这样比数十人、数百人按照流程一项项走，最后的结果可能还要更准确。也就是说，做营销不能一味地做加法，可能也要做做减法。

此外，OPPO、vivo 的实践，对于华为手机如何融入三、四、五级市场，如何在终端和顾客沟通是有借鉴和启发意义的。

（参考资料：施炜.OPPO、vivo 的成功模式，你能复制吗？销售与市场（渠道版），2017(8)：74－81.）

第三节　课堂讨论案例

案例 3－4　物联网战略

一、背景资料

它的技术标准刚刚确定，商业模式则一片模糊，网络安全更无从谈起，但人们无比笃定，一个互联网新物种将破土而出。

二、基本案情

“物联网”这个词从 1999 年提起到现在，专业“忽悠”18 年，孩子都已经上大学了，也没见着大规模商业化的影子，人们早不拿它当“风口”了。

但在 2016 年，物联网领域发生了两件惊天动地的大事。

一是在 2016 年 6 月，3GPP 组织（移动通信标准化团体）将 NB－IoT 标准协议（即“窄带蜂窝物联网”，你可以记为“NB 的物联网协议”）确定为物联网通信的全球统一标准。

二是在 2016 年 11 月，“经过艰苦卓绝的努力和万分残酷的竞争”，3GPP 组织将华为的极化码方案确定为 5G 短码的最终方案。

标准尘埃落定，所有厂商都决定放手大干一场。2017 年，很可能成为物联网大规模商用的肇始元年。

物联网的市场空间有多大？

综合资料显示：美国市场研究公司 Gartner 预测，到 2020 年，全球物联网设备将达 260 亿台，市场规模将达 1.9 万亿美元；麦肯锡的预测更惊人，到 2025 年，市场规模将达 11.1 万亿美元（相当于 60 万亿元人民币）。

显然，这正是互联网大佬们热议的“下半场”。

有人认为不一定，五大科技趋势“大智云物移”（即大数据、人工智能、云计算、物联网、移动互联网）都风起云涌，阿尔法狗屠灭人类围棋手风头正劲，凭什么说物联网是“下半场”？

那是因为很多人没把“大智云物移”的关系捋顺。

李彦宏说“移动互联网时代结束”是指该领域再难出“独角兽”，即便保守点，“移”也不再是大未来；而周鸿认为，人工智能并没有算法突破，眼前的进步不过是沾了大数据和云计算的光。传统产业不可能再造淘宝、支付宝来构建大数据，因此根本希望正是在物联网。物联网能产出行业专属的大数据，再配以云计算和开源的人工智能算法，传统产业由此才能插上智能科技的新翅膀。

显然，我们正处在移动互联网时代与物联网时代悄然转换的节点。

未来 5 年，肉眼可见的所有事物都可能被物联网化，家用电器、智能汽车、机械设备乃至森林、沼泽和大海……仅中国，就将有 500 亿量级的智能设备连接起来，产生的数据量将大大超越互联网时代，令当前的大数据和云计算相形见绌。这些超海量数据将成为商业价值的无尽源泉，人工智能通过对物联网的数据挖掘，也将使现有的生活、生产方式被彻底改变。

所以，先别被人工智能、大数据等热词忽悠，把转型变成了转行。系好安全带，让我们冲进物联网时代先睹为快。

物联网之梦

在互联网时代，人与人的连接基于主动分享。在物联网时代，你什么都没干，信息就被身边的“物”搜集、整理，成为“网络意识”的一部分。

清晨，当你从睡梦中渐醒，你的智能手环已经跟家庭机器人“聊”开了：主子昨天睡晚了，根据数据分析，要来杯特浓咖啡提神；空气净化器检测到有霾，悄然启动；起床灯发现是阴天，调整为渐亮模式；电子日程显示今天有商务活动，家庭机器人忙着准备衬衣、西装、皮鞋。传统服装业已经过物联网革命，机器人能精准识别衣物鞋帽，搭配方案更是从时尚网站下载。

起床后先刷牙，你的牙医已说服你使用新型物联网电动牙刷，它会将你的刷牙时间、手势力度等习惯完全记录，并随时纠正错误的刷牙习惯。你不得不听牙医的，不用这款牙刷，你的牙科保险将无从谈起。

刷完牙，喝了精确温控杯中的咖啡，你还要穿智能跑鞋来次晨跑。现在的医保已大不相同，一个月不跑满 20 万步，保费会便被医保人工智能翻一倍。奔跑中，心跳、血压、呼吸、步速、路线等被全面记录，并传回社区医院云端。医院人工智能比对数据发现，你的心跳频率与往常略有不同，消息推送给保健医生才发现，你只是跑步时撞到了邻居王大妈，结果被她的狗追着狂奔了一段所致。

回来后，家庭机器人已做好早餐。由于万物互联，酱醋油盐的罐子上都装有射频识别器，机器人连牙签都不会搞错。智能冰箱成了食品大管家，只要确定食品采购订单，冰箱会直接上网下单、付费，食物采购完全不用操心。

出门上班的一刻，机器人已通知了智能汽车恭候多时。汽车完全知道主人是谁，你喊出“去公司”时，它已联网规划好最便捷的路径，开始自动导航驾驶。

如今的公路，建筑、路灯、护栏、道路标识线等都遍布信号探测器。智能汽车一上路，便时刻与道路探测器和其他汽车进行高速信息交换。智能汽车的图像识别能力日益成熟，外加道路的全面物联网化，足以保证无人驾驶汽车的安全性。这全拜 5G 通信技术所赐，它能在 1 毫秒内完成紧急制动判断，比人类驾驶安全太多。

突然，车流停了下来。前方一辆有人驾驶汽车出现车祸，你不禁一声叹息。全国人大正考虑立法，将人类驾驶汽车定为犯罪行为，只是部分有人驾驶汽车尚未淘汰，并引发争议。前方智能汽车迅速规划出一条集体规避线路，车流有条不紊驶离车祸点，并未造成拥堵。

抵达公司，汽车自动前往停车场充电。如今，人们已不需要为智能汽车的保养操心，车企在零部件内植入了大量探测器，一出问题，它便会召唤服务、自我修复。你的支付宝上，汽车自动发出的保养单曾让你大吃一惊，甚至后悔把支付功能授权给汽车智能，但想想安全事大，还是算了。

你的创业公司是一家城市垂直农场，位于一栋远离城市中心的大楼里。由于有了物联网，你培育果蔬的照明、浇水、施肥等工作，都由传感器实时监控，也能远程完成；农业机器人则帮助实现种植、培育、收获、打包、标签、运输等体力劳动。

你的客户同样来自物联网。由于种植的果蔬绿色环保，实时监控数据透明，你的产品赢得了很多智能冰箱和家庭机器人的“芳心”，自动订单源源不断。除非主人刻意更换，你的产品对智能冰箱和机器人具有强大黏性，竞争对手想抢走订单并不容易。

投资人对你的商业模式极有兴趣，今天特意来公司参观、洽谈，并决定在你身上投下重注。智慧城市的物联网化正从一、二线城市向下蔓延，你的公司会在新城市中大举扩张，并成长为细分领域的行业霸主。

就在你准备大展拳脚时，一场黑客攻击席卷而来。原来，竞争对手通过侵入你家的智能电灯，进而控制了你的家庭机器人，逐步夺取了汽车和公司设备的网络权限，完成了对全公司智能设备的摧毁。

转眼间，一家大有希望的创业公司在黑客攻击下化为乌有，老客户落入竞争对手手中。你的投资人开始在网上分享《一家不设防的物联网化独角兽是怎样垮掉的》的血泪文章。你则在悲愤中猛然惊醒，这不过是一场虚拟的物联网之梦。

谁是大玩家

有了物联网的“南柯一梦”，我们才能更好地理解巨头们在现实中的玩法。

科技巨头们已在物联网上动作频频。英特尔、高通、ARM 等掘金物联网芯片；中国三大电信运营商正忙着做 NB－IoT 商用试验，建站布网；腾讯发布 QQ 物联网智能平台，让美的的家电、李宁的跑鞋、惠普的打印机统统实现了用 QQ 智控物联；阿里的物联战略更具商业化视野，海尔的智能电视、联想的机顶盒、大众的智能汽车、飞利浦的空气净化器统统链上云端，连汽车预定车位、加油和冰箱上天猫购物，都不再是科幻，直接启动内置的支付宝即可付费。

未来已呼之欲出。但当下的物联网机会，恰恰不在科技公司，而在传统制造业里。

譬如美国通用电气（GE），原本只是制造航空发动机，如今将智能传感器装进发动机，将其实时运行的数据通过卫星传回云端。当全球的航空发动机数据得以汇总，再针对数据进行深挖，便能实现对发动机的提前预警、维护，再也不用让飞机“强制休假”、拿着微型摄像头钻到发动机里反复检查。仅此一项，航空公司和 GE 的成本都大大降低。

中国同样有成功改造的案例。

在机械制造行业，一些制造商需要为工矿企业提供设备检修服务，以前都要工厂停工停产、老师傅爬进爬出。如今，采用物联网传感器实时监测，设备的压力、温度、噪声等数据被云端化，再利用开源的人工智能算法比对，即可发现不正常设备，再提供精准的维修服务。一个传统的制造行业，就此完成物联网、智能化改造。

中国肺癌防治联盟也在 2017 年实施物联网战略。通过诊断设备的联网，积累肺癌检查的病理数据，再通过数据挖掘、联网诊断，便能大大提高早期肺癌患者的诊断率，避免大量患者在晚期才确诊的悲剧，从而挽救更多生命。

当下的物联网化改造，以现有技术就能实现。这其中最难的并不是技术，是科技企业不了解传统产业的内在需求点，从而难以开发出有价值的应用。毕竟，“隔行如隔山”。

比如智能插座，家用的可能需要断电保护；医用的则需要断电报警，因为要确保血浆、疫苗、病毒等低温保存，反而不能自动断电。

谁能深入理解行业、抓住细分需求，谁就能在物联网智造中占据先机。

新 入 口

有人看到物联网的行业与技术壁垒，感叹物联网水太深，有人则迫不及待切入，唯恐在技术和商业模式确定的那一刻失去先机。雷军则极有预见地表示，未来没有所谓的互联网公司，每家公司都会变成物联网公司。

小米曾被人诟病为“电子百货公司”，照明、插座、小家电、安防等什么都做。但最近，人们才看清小米的生态链布局，那就是基于米家APP，将55款智能家居产品全部接入。如今，5 000万台小米的物联网设备紧密连接，新产品、新用户不断涌入。人们猛然发现，智能硬件成为家庭物联网的新入口，小米已成为智能家居的重要引领者。

物联网将带给人们一个脑洞大开的新世界，但随之而来的安全挑战，也是前所未有。

在电脑、手机上，人们还能安装防火墙和杀毒软件，而几百亿设备连在一起时，任何一个传感器漏洞，都会成为整个系统崩溃的缺口。周鸿就预言，海量设备的物联网中，人们可能根本找不到崩溃的原点，黑客便已完成了对网络的全面摧毁。传统的网络隔离术将不再有效，人们不得不面对虚拟攻击大面积摧毁国家基础设施的可怕现实。

2016年10月，美国东海岸爆发DDoS攻击事件，黑客入侵全球10万台智能设备组成的僵尸网络，对域名解析服务器展开分布式拒绝服务攻击(DDoS)，令美国公共服务系统、社交网络等瘫痪。

如果物联网大规模实现，这种可怕的攻击便会渗透到每个公司、家庭，智能电器和机器人，被恶意软件挟持的危害难以预料。当然，这对网络安全公司来说，则是梦寐以求的新入口和大生意。

显然，物联网的一切正处于爆发前夜。它的技术标准刚刚确定，商业模式则一片模糊，网络安全更无从谈起，但人们无比笃定，一个互联网新物种将破土而出，并引发一场技术与商业的革命。这股超级产业浪潮注定席卷一切，有人将就此开辟新的产业边疆，有人仍会坐视它一掠而过。但不管怎样，每个国家、行业乃至个人，都将被彻底改变。

三、问题思考

移动互联网时代与物联网将对企业营销战略有哪些影响？

（参考资料：熊剑辉.大佬们正在暗地里忙着这个60万亿元的大产业.销售与市场(渠道版)，2017(4)：24－27.）

案例3－5　好邻居收购战略

一、背景资料

好邻居2.06亿元全资收购金帝，无论对国内巧克力行业，还是对中粮、好邻居、金帝三方，这都是一缕春风。

二、基本案情

2016年12月7日，福建省好邻居食品工业有限公司出资2.06亿元全资收购中粮旗下中粮金帝食品(深圳)有限公司。据双方确认，此次收购标的物包含金帝的现有资产、经营权及品牌，金帝、美滋滋、珍爱等100余项商标，持有的20多项产品发明专利及包装，多套进口设备和年生产能力2万吨的生产线。此消息一出，笔者的朋友圈炸开了锅，看好的和不看好的都大有人在。

（一）此次收购，让我们看到了国产巧克力的春天

也有一些媒体记者问了笔者一些问题，我的基本观点是：无论对国内巧克力行业，还是对中粮、好邻居、金帝三方，这都是一缕春风，往大里说就是一件利国利企利民的大好事；往小里说，此次收购，让笔者看到了国产巧克力的春天。然而，好邻居吃掉金帝，只是万里长征的第一步，至于吃掉之后是长肉还是会生病，关键要看好邻居自身。

对于中粮。金帝对于中粮来说就是个鸡肋，中粮之前对金帝的剥离有整体战略层面的考虑，这无可厚非，对此，行业人士都是非常遗憾的。我在之前的文章中也写过，剥离之后，金帝最好是能改制独立运作，当然难度肯定不是一般的大，目前被民营企业收购应该算是仅次于改制独立运作的结局，所以对中粮来说是甩掉了包袱、扔掉了鸡肋。

对于金帝。如能改制独立运作那是极好的，而被好邻居收购，好邻居至少是做巧克力的企业，行业相同，今后的发展就有了融合的可能，加上金帝多年的品牌积淀，就有了再造辉煌的可能，毕竟，之前的国产巧克力第一民族品牌算是保住了。

对于好邻居。企业属于专注巧克力十几年的中小企业，不能算是渠道健全的全国性销售巧克力的企业，重点市场一直是在华东地区，而且偏重于流通和婚庆市场。这样的企业面临一个很大的台阶，就是如何从流通和婚庆市场走向全渠道运作的企业转变。笔者经历过徐福记、金丝猴、雅客、金冠这几家企业的变革过程，无论对于企业老板还是营销操盘手来说，都是非常艰辛而坎坷的。而好邻居收购金帝属于走了一个捷径，但这个捷径也不是像从公路直接上了高速路，而是像你今天刚刚知道你老家与你现在生活的地方要建一条高速公路一样，路线已经选好了，但需要去修建。

而对于国产巧克力行业，此次收购，无疑是打了兴奋剂。为什么这么说？在中粮为了战略而剥离金帝的时候，包括笔者在内的行业人士一片哀号，对国产巧克力今后的发展都几乎看不到希望，偶尔几家企业有点儿亮光，也就像大山深处漆黑的夜里有几只萤火虫发出的萤光而已。国产巧克力路在何方？曾经的“一哥”轰然倒塌，国产巧克力还能做吗？如今，虽然不能说肯定会怎么样，但毕竟给大家展现出了一些可能性。

（二）收购后，好邻居的运作决定了企业的命运

此次收购本身，笔者认为都是利好的。至于今后如何，那就要看好邻居下一步如何去运作了，运作好了就是国产巧克力的领头羊，运作不好，结局也就可想而知。

笔者认为好邻居在接手金帝之后，在生产、研发等内部管理运作上要进行融合。而在对外营销上，按照福建企业的习惯，会成立两个事业部或者两个销售部来运作，这方面是笔者比较担心的，因为我一直不看好 20 亿元以下的企业在营销架构上设置过多的销售部门，一方面是资源、人员的浪费，另一方面是 1+1 并不一定大于 1。但这是福建绝大多数企业的习惯，这也一直影响着福建中小企业营销架构的设置。实际上成功的案例实在乏善可陈。

好邻居今后的运作，特别是在营销上的整合，笔者提几点不成熟的看法，与大家分享。

（1）营销操盘手的选定。对于快消品企业来说，营销操盘手的重要性，绝大多数企业老板是明白的，只是福建企业有点怪，福建企业对咨询公司的看重远远大于企业营销的操盘手。按照正常的逻辑来说，企业的营销操盘手决定着用哪家营销咨询公司，而福建企业刚好相反，老板可以花大价钱去请一家咨询公司来服务，而企业的营销操盘手大部分由咨询公司介绍或者由咨询公司认可，这是很奇葩的地方。

好邻居在这方面需要改变一下，为企业兢兢业业服务的营销操盘手是企业的财富，咨询公司的东西是需要落地的，真正接地气且又懂营销知识的人是值得你花些钱的。

（2）团队的整合、融合是第一要务。好邻居与金帝的企业性质不同、销售渠道不同、团队理念不同、经销商运作不同、企业价值观不同等，这些都需要进行整合重塑，而团队的整合最为重要，人是第一生产力，如果不能把两个团队的人整合好，企业只能停滞不前甚至走向衰落，好时、金丝猴的整合历历在目，这对企业的影响是全方位的。

国有企业体制下擅长做终端的营销团队，与民营企业擅长做流通市场的营销团队进行整合、融合，这考量着好邻居的老板与营销操盘手的智慧，只有做好了这一步，才有企业未来的发展。

（3）产品的重新定位及淘汰升级很重要。两个品牌的产品要重新定位，需要淘汰哪些产品，研发什么样的新品，这都要认真研判，产品的重新定位，决定着国产巧克力未来的走向。毕竟时代不同了，有些产品已经走向衰退期了，而一些并没有大卖的产品有可能仅仅因为企业在营销上未予以重视，重新选择、定位可能会让产品重获新生。

理清了产品，才会在渠道上开花、结果，而且从这几年糖果、休闲食品市场上来看，又回到了“产品为王”的时代，只要是你的产品口感好、质量高、安全、卫生，不论你的企业规模多大，渠道健全不健全，团队人数多不多，产品都能成爆款，这就需要企业在产品上多下功夫了。

（4）金帝历史遗留问题的处理要及时。金帝经过这两年的折腾，一定会留下不少历史遗留问题，尤其是经销商的各种代垫费用，以及所欠员工工资及各种福利，这些都是需要解决的，处理好这些问题才能使后续的工作比较好开展。

经销商的代垫费用可设置时间期限，在不影响正常贸易的情况下分批、有条件地去解决；员工的问题可以通过转岗再培训或一次性补偿等方案去解决。总之拖是解决不了问题的，好时目前的困境即是如此，即便通过律师等途径看似占了一些便宜，但实际上由此一系列动作只会带来更多负面的信息，同样会在市场上失去你本应该有的位置，这才是真正的得不偿失。中国人应该比老外懂，老板更比那些给基金打工的人在意企业的长远利益。

（5）新企业营销价值观的重塑决定未来的发展。无论是金帝还是好邻居，在过去的几年，各自的营销价值观有非常大的差异，同时行业对这两家企业的认知也会多多少少有些负面的东西，这些问题都需要解决，重塑形象就变得尤为重要。

很多圈内人不看好此次的收购不也是因为这些原因吗？这就是摆在好邻居的老板及营销操盘手面前的一个比较大的难题，企业文化及价值观的塑造是需要时间的，需要积淀的，需要长期坚持的，好邻居准备好了吗？

（6）重塑企业制度、流程的规范化运作。福建的民营企业还是比较重视制度、流程的规范化运作的，在食品企业中，雅客是先行者，也是这么多年一直在坚持去做的福建食品企业的代表。之所以这么多食品企业在招人时喜欢招在雅客做过的人，因为这些人都经过各种营销培训，拿来就能用，并且还可以培训、带动企业逐步走向规范化。

但作为以流通、婚庆市场为主的好邻居，在这些方面会欠缺一些，而金帝又是在国有企业的体制下，虽然会规范，但很多东西太过了也不是什么好事。要想让新企业焕发活力，好邻居无疑要重新规范流程、制度，将两匹朝着相反方向奔驰的野马驯化为一对驰骋疆场的骏马。

（7）媒体的整合营销传播必须跟上。金帝可以说在媒体传播方面还是比较有优势的，福建企业在这方面的投入也不小气，好邻居自然也不落后，只是这几年网络、新媒体的冲击，对传统媒体造成了不少困扰。在众多企业对这种碎片化的信息传播都很迷茫的时候，金帝和好邻居也不例外，一样没有找到比较好的解决办法。

在整合营销传播方面，好邻居应该向金冠、友臣这些企业学习，线上线下如何操作，如何溶入互联网，好邻居还有很长的路需要走。

(8) 收购后的成败是由老板格局的高低决定的。通过这次收购，可以看到好邻居老板的野心，我为这种野心点赞，虽然这个年代民营小企业吃掉国有大企业已经不是什么稀罕事了，但就目前国产巧克力的生存状态来说，的确需要这样的事件来刺激。

有野心加上有钱就可以收购，但是能否真正做成功，最终还是要看好邻居老板的格局，格局的高低决定着企业发展的大与小。说白了，好邻居今后的发展是好是坏，起决定因素的还是好邻居的老板，还是老板的格局。

总之，这次收购让好邻居由一家国产巧克力中小企业迅速转变为国产巧克力一线品牌企业成为可能，让一个区域品牌企业转型为全国品牌企业成为可能，让国产巧克力继续 PK 外资巧克力成为可能。“因”已经有了，会得到想要的“果”吗？关键还是看下一步怎么做。

三、问题思考

在跨境电商兴起后，大量的国外品牌涌入，国产品牌如果不能差异化经营，打造出自己的特色，要在洋品牌中突围并不容易。好邻居如何进一步打造自己的品牌战略？

(参考资料：丁忠卫.好邻居吃掉金帝，国产巧克力的春天来了吗？销售与市场(管理版)，2017(1)：90 - 92.)

案例 3 - 6　“淘太郎”火锅外卖战略

一、背景资料

在大家心目中，中国餐饮类单品消费排名最高的是哪个类别？传统的各大菜系？西餐？快餐？

其实是火锅！据悉，国内的火锅市场每年有 7 000 多亿元，不仅排名餐饮类消费第一，也是正餐类中的第一！

然而，国内火锅知名品牌并不算多，耳熟能详的有海底捞、呷哺呷哺、小肥羊、德庄等；外送的有挑食、来一火。但这些企业即便加在一起，一年的市场份额也不到 700 亿元，也就意味着有多达 9 成的火锅市场份额被众多不知名的品牌占据——火锅市场依旧有做大品牌的空间！

二、基本案情

来自吉林的赵子坤独具慧眼，创立了淘汰郎，以不到 2 年的速度完成北京、上海、深圳、天津、南京、福州、厦门 7 个城市的整体覆盖，超越海底捞，成为火锅外送领域绝对的 NO.1！

吃不到宵夜？干脆自己创业！

1988 年出生的赵子坤是吉林四平人。2014 年底的一个晚上，习惯夜生活的赵子坤与朋友结束聚会后，商议吃火锅宵夜。当时已是凌晨，虽然海底捞依旧营业，但他们不想去，而火锅外卖早就没了。未能如愿的赵子坤灵机一动，一来北京晚间有许多想要用餐的人群，二来他发现火锅双拼也只有两种口味，众口难调，三来火锅外送只有海底捞做自营，市场需求庞大。他认为这是个机会，决定创业。

2015 年 3 月 8 日，他创立的“淘汰郎”小火锅正式上线，自营中高端火锅生鲜配送，目标定位为 80 后、90 后年轻人市场。配送时间为上午 10 点—凌晨 3 点，横跨午餐、晚餐、宵夜 3 个用餐点。

赵子坤认为：“年轻人注重食物味道、质量和外观，对品牌忠诚度高。产品不仅要好吃，还得能晒朋友圈嘚瑟一下。”

上线第一天，“淘汰郎”卖出 30 单。一开始使用微信公众号做点餐系统，而宣传主要靠用户间口碑传播。赵子坤说：“朋友圈分享率最高为 80%，10 位用户有 8 位会晒朋友圈。”2015 年 7 月开始，淘汰郎先后登录“饿了么”“百度外卖”和“美团外卖”，进一步扩大流量。

套餐不是随便凑的

淘汰郎主要产品为 99 元套餐，包括：赠送锅具一套＋澳洲雪花牛肉＋蔬菜拼盘＋三种特色前菜＋石磨豆花＋拉面＋蘸料。

这一套餐包，赵子坤抓住了火锅外送相比其他品类外卖的两个痛点：

(1) 需要回收锅具，不能提供真正的方便。2015 年，火锅外送都是送大锅和电磁炉，用户用餐完毕后二次上门回收餐具。用餐地点必须是家庭等能用电的固定地址；用户在外用餐，则增加了用户等待回收的时间，做不到“吃爽即走”。

(2) 要有特定的消费场景，且无法满足单人食用。传统火锅多为 3 人以上家庭或朋友聚餐，1 到 2 人的用餐场景很难做起来。

赵子坤分析：“火锅是个特殊种类，一般会点很多菜品。只点一份肉、一份蔬菜，是没法吃好的。人少点多了又容易浪费，也很难叫一个大锅。”

他对症下药，进行了小小的革新。

(1) 受豆捞式小火锅启发，淘汰郎火锅提供的是小锅。小锅干净卫生，且能满足 1 到 2 人的火锅用餐，不浪费。

(2) 将电磁炉换成矿物油小罐！考虑到安全问题，没有使用成本较低且易燃的酒精块。为此赵子坤专门跑了一遍市场找到现在的矿物油，这一无色无味的透明液体，比水的黏度大，关键是直接用火点不着，用海绵头烧着才能点燃。每罐矿物油可持续燃烧约 2 小时。

把锅当会员卡

赵子坤又发现了一个问题——物流成本太贵。

淘汰郎外卖一开始并非自营，而是与费用较高的“闪送”合作。即使换了小锅，上门取锅仍然导致价格居高不下。

为了保证 60 分钟送达，赵子坤明白“物流不可能省掉，只能从其他方面降低成本。”他花了一番功夫从广东厂家一口气买了 100 万元的锅——从市价 35 元一个降低为 24.5 元，锅具成本一下降了 30%！

此外，为了节约物流成本，提升快捷性，赵子坤做了一个极为明智的决定：锅具免费送！

他制定了"外卖火锅，免费送锅"的模式，99 元主打套餐中免费送一套锅具；已有锅具用户二次或多次点餐，可免费任选一份 59 元以下火锅单品。当时他的想法是："99 元套餐，成本 90%，每单挣 9 元。等销量大了以后，成本自然下滑。"

用户非常买账，他们觉得吃淘汰郎火锅不仅跟普通外卖一样便利，而且还"有锅可图"，性价比超高！用户的黏性和忠诚度水涨船高，锅就是淘汰郎永久的会员卡！

紧盯配送，成本压缩再压缩

还未南下时，淘汰郎在三里屯、望京、中关村、亚运村、朝阳大悦城均设有配送门店，每个门店配 6～7 个员工。在北京西站附近，还设立了一个 500 平方米的加工厂，专门提供食材清洗分装。

"火锅只要标准化，就能无限复制。食材、火锅底料和蘸料等，都可以批量生产。"批量生产就意味着能降低成本。而且每个配送点都相当于一个大冷库，能够储存生鲜食材，位置临街，进一步提高派送效率。

订单量增大后，淘汰郎组建了自己的物流队伍，2016 年 3 月前已经有 30 多人。"自有配送员与'闪送'派送的订单比例为 1∶1。"赵子坤透露将逐步实现自营配送。

如今，淘汰郎在七大城市都建立了中央厨房，套餐的全部成本已经压缩到 70%，其他 60 多种火锅单品毛利率达 67%。

三、问题思考

"淘汰郎"模式与海底捞的差异性体现在哪些方面？

（参考资料：李东阳.7 000 亿火锅市场，它居然成为火锅外送第一.销售与市场（渠道版），2017(6)：72－73.）

第四节　课外思考案例

案例 3－7　微博复活战略

一、背景资料

新浪微博的价值重估，有赖于其寻找到全新的多媒体化内容形态以及稳定的营收模式。但这场历时 3 年的商业化大冒进是否损害了用户体验和潜在的商业价值？

二、基本案情

2016 年 11 月 22 日，微博发布的 2016 年第三季度财报显示，总营收较去年同期增长 49%，达到 11.8 亿元人民币，其中单季广告收入首次超过 10 亿元至 10.45 亿元，同比增长 56%，微博的月度活跃用户为 2.97 亿，同比增加 34%，而这已经是微博连续第 10 个季度增长超过 30%。此外在当年 10 月 18 日，微博市值首次达到 113 亿美元，超越了它曾经的模仿对象 Twitter。

作为中国互联网产业最早一代产品品牌，新浪从当年的门户到社交，再到移动互联网，十五六年间数次转型，见证了太多同行竞品从大红大紫到黯然隐退，其自身则几度沉浮，有赖于寻找到全新的多媒体化内容形态以及稳定的营收模式，价值才终获重估。这样的坎坷历程，在中国的互联网史上也堪称“孤例”。

时间倒回至2012年，那时的微博不但没有构建出成型的营收模式，它还面临着一个关乎生死存亡的难题——如何继续维持用户增长与活跃度。同年，微信的用户数进入爆发式增长阶段，只用了不到12个月便突破3亿大关。没有人可以无视这个数字，按照这个增速，微博用户数被微信超越只是时间问题。更关键的是，被抢走的不只是用户，还有用户的注意力，而这关系到一个社交媒体的价值。2012年第四季度，微博用户平均使用时间首次出现下降，在财报分析师会议上，曹国伟曾表示：“我们很清楚我们将不得不努力去将用户的时间抢回来。”

2013年的春节长假前，在一次新浪高管团队的例会上，时任新浪无线总经理的王高飞对与会者出了一个填空题：“________，所以你开个微博吧。”

他解释说，大家可以把这句话看成一道假期作业，既然马上要回家过年了，“我们应该想想，如何说服亲友使用微博”。

然而一位微博的产品经理当场就直接回答：“不知道，我觉得这个问题无解，所以我回去根本就不会说。”很多与会同事都被这个讲话直接的产品经理给逗乐了，但其实也是苦笑。

这是一个难题，而对此的解答关系到微博如何将产品推广到三四线城市去，用专业术语来说，就是如何做用户下沉。

微博早期靠“大V”引流，第一批入驻微博、掌握话语权的大V，是中国相对精英的一批用户，如薛蛮子、李开复等投资人，任志强、潘石屹这样的产业大亨，以及姚晨、徐静蕾等演艺明星。然而远在三四线城市生活的老百姓，既不关心李开复的创业鸡汤，也不在意任志强怎样炮轰政府政策，微博上浓厚的精英氛围对他们没有丝毫的吸引力，自己的微信朋友圈都比微博好看。

如果微博想要吸引并留住这些用户，那就必须提供这些用户想要的内容，王高飞当时抛出的问题，在之后的一年逐步得到解答——从2013年开始，微博一方面以兴趣分类做垂直化运营，另一方面扶持相应垂直领域的中小V，激发他们生产内容的热情。

“遇到亲戚刚刚怀孕，你可以说微博上有很多北京的妇产科专家天天讲健康知识，所以开个微博吧；或者某个老朋友正在学习健身，可以告诉他微博上有很多个健身教练，所以开个微博吧……”在刘新征看来，微博后期变得不再只是一个舆论场，这个过程中，微博的用户增长问题得到了场景化的解答。

80后人气作家马伯庸就是微博垂直兴趣领域文学类的网络红人之一。他2010年注册微博，并非第一批官方受邀大V，但是靠自己不断运营内容在微博脱颖而出，至今已经积累了近340万粉丝，每条微博平均都有200多条的转发和评论，王高飞有时也会转发和评论其微博，与之互动。

不像如今，嬉笑怒骂、家长里短皆成文章，当初刚使用微博时，马伯庸也会斟字酌句，“每次发都会想，要不要发，怎么发，怎么在140个字的限制内写完？”。

马伯庸告诉《第一财经周刊》，在他的记忆中，前50万的粉丝积累主要是靠发表长微博，当时他在微博上连载自己的小说作品，每发一段，都会涨不少粉丝。当粉丝达到50万后，他便将新增粉丝数的提醒给关闭了，理由是超过50万后，水粉开始大量增加，“很多水粉并不了解我，莫名其妙的人变多了，给我带来的成就感和愉悦就变得很少了”。

马伯庸所说的“水粉”，其实反映了微博在垂直领域扶持中小V过程中所做的“努力”。

当新用户注册微博时，用户必须要选择自己感兴趣的领域，做好选择后，微博会强制让用户关注该领域排名前20的大号；此外，当微博判断用户对某一方面有兴趣后，也会在该用户的信息流中向其推送该领域的网络红人。

水粉在微博早已经成为一个“罗生门”式的话题。微博官方也无时无刻不在高调打击“水粉”。比如最近，当外界纷纷恭喜广告主都将预算转向微博时，王高飞还在发微博抱怨，“(广告主出钱)刷粉刷评论的倒是多了不少，好几个项目都停下来对付刷粉刷评论的了”。

然而商业就是这样，作为社交媒体，微博需要用“粉丝量”这样一种量化指标，与广告投放形成对应关系。

尽管很多一二线城市的老用户因熟人社交场景多转移至微信，登录微博的频率越来越低，经过两三年的耕耘，微博的垂直化和本地化策略，却为其换来新一批三四线城市用户的追捧，一份微博官方在11月发布的数据显示，2016年已经有45个垂直领域月度阅读量超过10亿，其中18个领域更是超过了100亿，平均下来，每名微博用户每天要阅读20多条内容，微博的媒体属性并没有衰退。

2013年4月，阿里巴巴集团宣布以5.86亿美元投资新浪微博，投股比例占总股本的18%。在杨杰和很多同事的眼中，这是微博历史上一次重要的节点性事件，同时也是很长一段痛苦回忆的起点。

“微博确实是因为一直不赢利才会走到这一步，但阿里巴巴的投资像是把微博变成了淘宝的另一个营销渠道，我们很长时间都活在阿里的影子下面，”杨杰回忆说，自己和很多同事当时很讨厌那种一打开微博，满屏幕都是淘宝的广告的感觉，“挣钱也像是跟自己的产品没关系，是来自阿里巴巴的施舍。”

显然，阿里巴巴带来的不只是资金，还有从业务上将微博纳入阿里巴巴体系的野心。

2012年马云与新浪首次谈判时，提出的要约便是全盘收购微博，但遭到新浪董事长曹国伟的强烈反对。马云第一次妥协后，阿里巴巴将投资要约由收购改为控股。不久后，阿里巴巴又作了第二次让步，同意改为对微博只做战略投资。

微博2014年上市后，阿里巴巴继续增持微博股票，以4.49亿美元将其在微博的持股比例进一步提高至30%。一时之间，新浪甚至被圈里人戏称为“阿里浪”。

而此后3年，曹国伟一直设法想要从商业模式上实现“去阿里化”，微博团队在这个对外不能言说的目标之下，获得了前所未有的向心力。

虽然双方建立了联合团队对接数据，还在北京、杭州办公室互派常驻人员，但是阿里巴巴和微博的账户并没有强制合并，微博对网红自媒体的运营也独立于淘宝体系外。如今，旁观优酷土豆被阿里巴巴全面收购后，创始人古永锵从管理层卸任的结局，微博内部既为之唏嘘，同时庆幸于自己对于独立性的坚持。

当然，阿里巴巴的战略投资一度也挽救了当时现金流紧张的微博。2013年第四季度微博首次赢利时，阿里巴巴为微博带来的营收为2 850万美元，占到总营收的40%。此后这个比例一直在缩小，从2015年年初的35.8%一直下降到最新一个季度的5.3%。

“其实在2012年、2013年，那时是微博上的段子手们最赚钱的时候，反而是微博，可以说是最后一个知道段子手到底是怎么挣钱的。”杜玮对《第一财经周刊》回忆道，她曾经在微博运营团队工作过，现在创业做了一款图片社交应用。

2013年，微博话题还属于其内部的一种免费运营资源，正好那段时间中国房价飞涨，黎哲宏想到可以发起一个关于“房价为什么高”的微博话题，并在后面附上一个房贷计算器的小工具，而这个工具其实内置在乐居APP里，对这个话题感兴趣又想使用工具的人，很有可能会选择跳转下载乐居APP。

为了炒热话题，黎哲宏和他的团队发动各种资源，说服任志强、潘石屹等房产大亨就该话题发表观点，同时联合乐居旗下的微博账号一起转发推广，最终获得总计5 000多条原创和转发，以及上万条评论，从而受到微博管理层的关注。黎哲宏至今还记得，当时在微博高层的来往邮件中，有人提出来“乐居的这个话题，可以做为微博商业运营的一个范本”。

3年以后的今天，话题已经成为微博最重要的变现渠道之一。尚扬媒介的社会化媒体营销总监马文俊告诉《第一财经周刊》，热门话题这个广告位置的价格，几年来始终在涨，比如使用一次“五轮播”的价格，已经从最初的20万元/天涨到现在的46万元/天。

此外，过去微博还会把一些话题直接卖给公司，但现在所有话题几乎都已经收回由微博自己运营。例如，在奥运会的百米赛跑决赛当天，可以预计到“百米飞人”一定会成为热门话题，于是微博运营人员会提前和潜在与此相关的品牌广告主联系，商议付费营销合作。

如果说以前微博是用30万元把话题卖给某个公司，而这个公司再花70万元，另外找第三方服务公司把话题炒热，那么现在的模式下，则是微博直接把一个话题卖到70万元，并确保该话题一定会火。

“如果这两种让我作选择，我肯定会选择后一种。”一位微博的品牌广告主对《第一财经周刊》说。

在淘宝经营一家三皇冠网红女装店铺的赵齐告诉《第一财经周刊》，自己淘宝站外的营销渠道主要就是微博，但目前微博作为电商外部营销手段的成本正在变得越来越高。他会把各种新品的拍摄写真放在微博账号上做内容运营，早先很快便积累了20多万粉丝，每件衣服的照片旁边会附上淘宝店的购物链接，微博对店铺的导流效果很不错，而且完全免费。

然而从2015年开始，微博就开始有意掐断这种免费的导流。起初，赵齐只是突然接到很多陌生人来电和微博私信，对方都声称是微博员工，可以帮他的微博账号进一步作推广宣传，“他们自称有些成功的微博号就是他们运营的，但这些人的微博ID并没有微博认证。”没过多久，又有一些网红公司找上门来，目的和前者一样，也是谈推广合作。和同行一打听，赵齐才终于明白，微博是打算向这些淘宝店铺的官微收钱了。

微博向这些网店官微所收的钱，被称作挂靠费，按每年淘宝店铺年营业额的4%来收取，而这还是“折扣价”。如果店铺拒绝付费合作，其官微就会被降权。

“微博自己肯定不会承认(降权)的。这就像社会上的实习生和临时工，不出问题时他们确实是真的，可一旦出了问题，他们就都变成假的、不存在的。”赵齐对《第一财经周刊》说。

“降权”一说，其实是微博用户给微博实施的隐性制裁归纳的一个运营词汇，在微博公开的用户使用说明中，并无相关文字规定，它是指微博管理员降低某个微博主在微博站内的活动权限，比如减少发布内容在其粉丝微博客户端显示的频次。

因为降权是隐性的，很多时候用户只能凭个人经验和感觉来判断。比如赵齐找到的“证据”是，自己的微博目前已经接近30万粉丝，但不做付费推广的情况下，每条微博的阅读数却只有几百，他觉得这个比例明显不合逻辑。

除了挂靠费，微博发明的另一个付费推广工具，叫粉丝通。按官方的解释，它会把企业信息广泛而精准地投放给目标人群——粉丝和潜在粉丝的一种营销产品，通过粉丝通发布的内容也可以被转发、评论和收藏。粉丝基础越大，通过粉丝通发送一条微博的收费就越高。

赵齐用过几次粉丝通，每条的价格在 5 000 元左右。后来，因为拒绝参与微博的付费推广服务，赵齐网店的微博活跃度和导流能力一落千丈。“2015 年的五一节，有 5 万人在逛我们的店铺，今年同期来店铺的用户数只有 1 万人，”赵齐说道，和他一样想依靠微博做推广的淘宝卖家前后大约有几十万家，“比我稍晚一点入行的很多朋友，因为没能赶上微博最初的免费红利期，现在基本都倒闭了”。

被降权的，还不只是赵齐这些中小商户官微，一些明星大 V 也因为与平台之间的广告纠纷而不同程度经历过类似的降权处罚。

马伯庸告诉《第一财经周刊》，大 V 如果想在自己的微博账号上发布商业有偿信息，需要注册一个叫“微任务”的工具。马伯庸很少在自己的微博上做有偿广告，但有时候也会出于友情帮朋友转发广告，一旦他转发带有广告链接的微博，时不时就会触发微博的降权机制，具体表现就是随后会有一段时间，马伯庸转发的这条来自朋友的广告微博，粉丝们其实查看不到，只有他自己能看到。

微博广告收入在 2016 年迎来爆发式增长并非偶然。一方面，前些年布局的一些商业化产品开始逐步发挥效果。与此同时，广告主对于网络广告投放的态度也恰好在 2015 年出现了一个转折升级。

另一方面，微博在 2015 年迅速扶植了社交媒体目前两个最具人气的产品形式——短视频和直播，也为基于内容运营的流量增长和广告模式拓展打下基础。

杨杰曾经在两年前对于曹国伟等多位微博高管入股“秒拍”、并在微博平台举全站之力扶持该产品感到非常失望，那时的她，觉得这是管理层集体利益出逃的表现。

但现在，杨杰的想法已经彻底改变，她对《第一财经周刊》总结说，事实证明，力挺秒拍是微博近两年来在产品策略上最为明智的选择，其意义可以说是继引资阿里之后，微博发展历史上又一重要的节点性事件。

在 11 月末最新一季财报的相关新闻通稿中，微博官方表示，用户增长方式多元化、信息流产品优化以及多媒体产品完善，成为微博用户持续增长的推动力，而随着内容生产向 KOL、社交、视频和移动化等方向发展，独家内容将使微博更高效地获取和激活用户。

也是在 2015 年年初，在商业化方面一直行事低调的微信，也首次在朋友圈推出了第一条展示广告。同时，微博的广告收入也进入加速增长期，一场两个移动社交巨头间的战役似乎将要打响。

然而接近两年过去，预想中的龙争虎斗并没有出现，微博与微信的广告销售方式也越来越泾渭分明。微信的广告绝大多数是品牌广告，而且对于品牌本身的调性有很严格的要求，据说前几批登上朋友圈的广告主，全部是经过张小龙同意，但微博在广告主的选择上就非常接地气，无所不包。

目前用户对于微博产品层面最不能理解的，是其信息流的呈现方式。最早，微博的信息流是按发布时间来排序，用户甚至习惯于将信息流称为“时间线”，但 2012 年 6 月后，微博以“提高阅读效率”为由，对信息流作了“智能排序”，但用户对此并不买账，认为想看的信息找不到，不想看的信息却出现了，而同年 9 月，微博针对信息流的推送式广告也正式上线。

三、问题思考

微博是怎么复活的？

（参考资料：王杰夫.微博是怎么复活的？第一财经周刊，https://www.cbnweek.com/articles/magazine/15160.）

案例3-8　精准营销战略

一、背景资料

受众大多数时候也是消费者，媒介接触行为的变化往往会触发营销理念的变革。

二、基本案情

腾讯董事会主席兼CEO马化腾曾在一篇文章中说，自己最大的担忧是越来越看不懂年轻人的喜好。

这一点多少让人有些惊讶，作为国内最大社交平台的拥有者，腾讯掌控着大量的互联网用户以及与他们相关的数据。虽然大数据能够监测行为，却不太能洞察行为背后复杂的心理动因，这让马化腾有了一些危机感。

这种现象在其他企业中也普遍存在。

国内服装品牌美特斯邦威有了一个新的董事长，在此之前，它经历了发展过程中最大的一次低谷——连续三年亏损。当30岁的女儿胡佳佳接替父亲成为新任董事长时，投资者看到了重新理解消费者的希望。他们给予了热切的回应，消息公布后首日美特斯邦威股价涨停。

所有的现象都指向了一个尴尬的问题。移动互联网和社交媒体的发展让企业拥有了更多与消费者沟通的渠道，经营者却并没有因此更了解消费者。相反，拥有更多平台的消费者显现出了更加多重和复杂的行为，这让企业感觉困惑。

显然，另一端的消费者对这种状况也不觉得满意。凯度11月发布的报告《数字化时代生活研究2016》显示，人们在不同的互动环境中没有得到一致的体验时，会感到沮丧和恼火。

当被问及品牌的线上和线下顾客服务水平是否存在差距时，有32%的受访者给予了肯定的回答。更年轻的群体有着更深切的感受，25～34岁的受访者中有34%对这一现象有所察觉，这个数字在16～24岁的群体中则达到了36%。

上一次出现类似的现象可以追溯到20世纪90年代，以电视和广播为代表的大众媒体为企业的广告投放提供了更多样化的平台。但品牌形象并未因此变得清晰，反而更加模糊，不同渠道提供的不同内容让信息接收者常常陷于焦灼。

为了解决这一问题，来自美国西北大学的研究者提出了整合营销传播（IMC）概念，其中最重要的一点就是企业要管理所有与消费者相关的接触点，并让它们发出一个声音。在这里，接触点包括电视、广播、logo、店内广告，甚至企业员工的形象。

眼下，企业再一次面临相同的问题，它们与消费者之间有了比大众传媒时代更多的接触点。伴随着这一变化，问题的解决路径，从提供一致的信息内容，变为提供一致的体验，而这成了企业最难以把控的点。

调查显示，仅在Facebook这个单一平台上，受众就拥有至少7种与品牌发生联结的主流方式。平均来看，有79%的受访者表示会阅读品牌发的帖子，76%的人会在品牌主页上点赞或评论，选择观看品牌视频和看名人/博主发的帖子的受访者比例为75%。

与此同时，仍有47%的消费者会在Facebook上抱怨或者投诉品牌。报告将该行为称为“断线”，即当品牌试图将某个接触点用于实现某一目的时，却发现目标消费者使用该接触点是为了别的目的。

这显然会冲抵品牌早前在营销传播上的努力。当付出高昂成本的内容营销活动，换来毫不相干的客户投诉时，除了营销人员的沮丧，更为严重的是它可能会通过裂变式传播产生更大的效力，最终让品牌原来希望传递的声音淹没在喧哗之中。

越来越多的社交平台开始注意到这一点，并尝试与企业合作开发新的功能，从而确保受众在数字时代能够拥有更好的体验。

Twitter在2016年11月中旬更新了自己的企业客服功能，当人们搜索企业或者投诉其服务时，Twitter能够将提供帮助的信息自动显示在建议结果中。这一变动本身既保证了用户体验，又通过提前介入将负面信息公开的可能性降至最低。

值得注意的是，消费者对接触点的增多已经有了抵触情绪，最直接的表现就是广告拦截软件的兴起。数据显示，全球约18%的受访者使用广告拦截软件，并且，那些有着丰富社交媒体接触经验的受众更倾向于拦截广告。广告拦截软件的普及率在欧洲和北美达到30%的峰值，与此同时，16～34岁的年轻人中有20%经常使用拦截软件。

这多少显得有些尴尬。一方面，大数据环境下衍生出的实时竞价(RTB)等广告形式一直打着更加精准的旗号；另一方面，消费者却认为由自己的数据换来的营销内容价值不大，那种在全网络上被企业穷追不舍的感觉让人厌烦。

高达30%的消费者反对品牌在线上跟踪他们；相较之下，只有13%的消费者认为根据自己的品位和兴趣定制广告是一个好主意。

在这样的氛围下，内容本身比以往任何时候都要重要。

但随着平台的增多，内容的生产者和他们产出的内容正变得过剩。竞争环境更加激烈，用户、广告公司、传统媒体和互联网输出的营销内容在狭窄的场域中争夺受众注意力。

而用户自主生产的内容正受到热烈欢迎。在16～24岁的年轻消费者中，近4成人表示他们观看用户生成内容比观看专业电视台或品牌提供的内容频率要高。相较于高高在上的明星，意见领袖可能更懂得观众需要什么。

这种现象正在中国发生，在2016年“双十一”电商直播战中，一些优质网红正成为稀缺资源，他们直播的价码甚至达到了每小时10万元。

无论如何，社交媒体终究只是用户体验的一环，它虽然重要，但并不代表全部。当被问及最喜欢的与品牌联系的渠道时，包括中国、德国、法国在内的绝大多数国家和地区的受访者都选择了询问实体店店员一项。

阿里巴巴董事会主席马云正在强调线上与线下协调一体的“新零售”，OPPO与vivo也暂时超越了依靠互联网销售的小米。

一切的迹象都表明，形式本身并不会带来胜负之别，重要的是选择合适的渠道，并将它们更好地整合在一起。

三、问题思考

企业该如何实施精准营销战略？

（参考资料：王水. 精准营销？消费者怕是都烦了.第一财经周刊，https://www.cbnweek.com/articles/magazine/15057.）

案例 3-9 600岁故宫“卖萌”战略

一、背景资料

故宫是带有深深中国文化印记的重要IP，它的红火带动了整个博物馆文创风口的到来，但整个产业链却没有打通——“超级航母舰队没有建立”。

二、基本案情

2016年岁末，纪录片《我在故宫修文物》搬上了银幕。截至2017年1月6日，上映21天斩获了620万元的票房收入，豆瓣评分7.6分。一部纪录片，让故宫再一次成为当下的“热话题”。

多年之前，台北故宫博物院的创意产品——“朕知道了”纸胶带和仕女颈枕红极一时，随后北京故宫博物院推出了“如朕亲临”系列行李牌、“朕想你”系列折扇、雍正钓鱼系列书签等文创产品，围绕“故宫”这一超级IP，一大批文创产品在“故宫淘宝”火了起来。“故宫淘宝”是北京故宫文化服务中心授权运营的一家销售故宫文创产品的淘宝店，曾创下了8小时销售1.6万单的纪录。

北京凝一文化发展有限公司为故宫设计了200多款文化创意产品，“博物馆文化产业生态圈是一片巨大的蓝海。”其董事长马克对《商学院》记者说。

2016年，以故宫IP为首，带动了整个博物馆文创产业“井喷”，2016年5月11日，文化部、国家发展改革委、财政部、国家文物局《关于推动文化文物单位文化创意产品开发的若干意见》出台，成为博物馆文创产业的助推器，在此之前，国务院总理李克强主持国务院常务会议时亦强调，要推动文博创意等产业发展。

截至目前，国内已有2 500多家博物馆、美术馆、纪念馆围绕自己的馆藏产品进行IP开发，而故宫的不少文创产品早已“飞入寻常百姓家”，还有不少文创产品作为国礼送给多位外国总统，成为博物馆文创产业的引领者。

北京故宫博物院院长单霁翔曾公开表示：“国家政策支持，社会民众鼓励，让文化创意事业发展迎来了新机遇，文创呈现出蓬勃发展的良好势头。但总体上，目前我国博物馆文化创意产品研发经营整体水平还不高，与发达国家和地区的博物馆相比差距很大。”

一串朝珠引发的产业新兴

“文创产业”是近两年刚刚兴起的一个名词，“什么文创产品，不就是故宫小卖部里卖的旅游纪念品嘛。”这是不少游客的刻板印象。来了故宫，希望买个有故宫特色的钥匙链、冰箱贴纪念一下，但产品又贵又不实用。直到2014年，一款“爆款产品”的出现，彻底改变了人们对故宫和文化创意产业的认识。

“@英式没品笑话百科”是新浪微博上的一个大V，拥有数百万粉丝。2014年10月21日，其在微博上贴出了北京故宫设计的新款耳机图片，并调侃说道：“还是入耳式的，会有人愿意戴着听歌吗？除了老佛爷。”该微博一出，立即引发网友热议：“带上这个上早朝（上班），听歌写东西颇有批奏章的感觉，爱卿们，要来一串儿么？”

该耳机除了在故宫内的纪念品商店销售外，另一重要渠道则是“故宫淘宝”这家网店。据《商学院》杂志记者了解，该淘宝网店早在2008年就注册成立，至2014年9月，销售一直不温不火。

“朝珠耳机”推出，微博上大V的推荐，短时间内故宫淘宝上该耳机就销售一空。北京故宫文化服务中心相关负责人坦言，2014年1—9月，故宫淘宝网店的销量是一条水平直线，销量平平。10月朝珠耳机的推出，网店销量则陡增，同时也带动了店内周边其他文创产品的销量。除了爆款的朝珠耳机外，帝后书签及钥匙扣、奉旨出差行李牌、恽寿平绘画系列移动电源等一系列产品，亦受到网友们的热议与追捧，有着可观的销量。

耳机成为故宫文创的爆款产品，既是偶然也是必然。2013年7月，冯辉成为北京故宫文化服务中心主任，开始改变做文创产品的思路。以前是故宫文化服务中心从供应商处采购产品，在故宫商店中销售，如今变为了以故宫自我开发为主。朝珠耳机就是冯辉自己的一个灵感，再经过团队的打磨推出的产品，既有浓浓的宫廷文化气息，又好玩、实用。目前该耳机已经“绝版”，比起普通线装耳机，朝珠耳机串珠子麻烦，工期长产量少，但正是“物以稀为贵”才吊足了粉丝们的胃口。

北京文投文化创意产业发展服务公司文创经理王杰星用“政策利好”来形容当下博物馆文创产业的机遇。早在2013年底，中央就提出了提高国家文化软实力，要系统梳理传统文化资源，让收藏在禁宫里的文物、陈列在广阔大地上的遗产、书写在古籍里的文字活起来。随后一系列关于促进博物馆文创产业的政策出台，让博物馆可以放开手脚和思路搞文创。

“故宫的IP具有眼球效应，知名度高并且可供开发的元素较为多元，起步早，客流量大，古装剧特别是一些清宫剧的热播，让故宫天然地有‘流量’，再加上当前推出的文创产品创意性与实用性都尚佳，是其红火的原因。”清华、北大总裁班网络营销授课专家、腾讯智慧营销研究院首批专家刘东明说。

讲故事与传承比卖萌更重要

如今围绕故宫IP开发的文创产品多达万种，朝珠耳机、顶戴花翎防晒伞、龙袍围裙……很多文创产品早已让消费者耳熟能详。借助这些实用又颇具创意的产品，让600岁的故宫洋溢着年轻的气息，很多年轻用户，甚至是青少年，成为故宫文创的忠实粉丝。

眼下故宫文创推出的产品，分成了点赞派与吐槽派。分歧点主要在于那些“卖萌”的故宫卡通娃娃上面，点赞派认为可爱又好玩，抓住了年轻人的喜好，让故宫不再是一座死气沉沉的宫殿，有了人情味，接地气；吐槽派则认为这样的设计过于娱乐化，故宫失去了原本该有的沉稳与大气。

2013年，故宫将文创产品的主导权收回故宫之后，制定了一套围绕故宫IP开发产品的“三要素”原则，即元素性、故事性、传承性。所有的文创产品必须突出故宫的元素；每件产品要能讲出背后的故事与寓意，且易于被公众接受；每件产品以传播文化为出发点，让几百年的故宫文化与现代人的生活对接，通过“用”让普通人真实感受到故宫文化的气息。

故宫文创产品很多是故宫文化服务中心定方向、基调，第三方供应商出设计及产品，在故宫的商品部门、线上商城及其他授权渠道销售。

故宫文化服务中心的工作人员经常在故宫的院内销售地点做实地调研，并通过阿里巴巴、京东等电商平台的数据研究消费者，他们发现购买故宫文创产品的主流消费者是40岁以下的年轻人，特别是来故宫参观的游客，不少是第一次来京，第一次进故宫的游客，对文化内涵要求较高的书画艺术品感兴趣程度不高，反倒是萌萌可爱又实用的潮生活品更感兴趣。“卖萌是让游客了解故宫，对故宫感兴趣的一个手段，目的是传播故宫文化。”冯辉说，卖萌类产品只是故宫近万种文创产品中很小的一部分，眼球度很高，让观众们认识了一个不一样的故宫。

即便一些萌萌的格格、阿哥小摆件，并不具备故宫IP开发“三要素”原则中的文化传承性，但在一定程度上并没有曲解故宫的文化，并且在吸引观众注意力方面起到了不小的作用，也被故宫文化服务中心收入目录之中。

事实上，故宫文化服务中心每开发一款新的文创产品，都不是凭空想象的，而是查阅了相当多的历史文化资料。比如，在开发明朝开国皇帝朱元璋的人物形象时，就根据故宫馆藏及其他博物馆藏图像及民间图像结合，尽可能还原人物真实面貌的基础上开发而来的。又如一款看似简单的中国龙手机壳，无论是龙的形象、颜色、比例，都完全按照皇帝所穿龙袍的图样真实还原。

故宫的IP太火了，很多团队都找到故宫文化服务中心，想借着故宫IP的红火在此基础上分一杯羹，继“卖萌”之后，也有脑洞大开做起了好玩的“恶搞故宫”系列，这些全部被故宫文化服务中心“一票否决”。因为这类具有吸引眼球效应的卡通产品，故宫的原则是：可以卖萌，但必须健康向上。“卖萌与恶搞有着本质的区别。”这是单霁翔院长反复强调的。

“博物馆文创产品的核心价值在于，随着公众文创产品消费的提升，不仅体现了旅游纪念及博物馆宣传的意义，更重要的在于提升公众的审美力及对文化的深层认知力。”王杰星说。

围绕故宫IP每开发一款产品，讲好背后的故事，让使用者了解其深层次的文化价值。

单霁翔院长对故宫的文创产业给予了极大的支持，目前故宫商店里销售的商品，大部分由故宫文化服务中心研发运营，但这只是文创产业开发的一部分。故宫资料信息部主导开发了故宫展览、每日故宫、故宫陶瓷馆等多个线上APP，甚至还尝试涉足小游戏。故宫出版社出品的故宫日历也是故宫文创的“爆品”之一。此外2016年单霁翔院长还透露，将在神武门两侧建两条文化长廊，做文创产品体验区。

完善供应商淘汰机制

无论是服装、鞋子还是生活用品，一家公司生产一两款“爆品”不难，难的是持续做出“爆品”产品来。继朝珠耳机之后，雍正花囊、朕本布衣帆布包、折扇、围裙……每个月故宫都会推出新品，且总有几款销量、好评过千的产品，这与故宫文化服务中心一整套产品规划流程有很大的关系。

每推出一季新的文创产品，第一阶段是故宫文化服务中心内部的“头脑风暴”阶段，工作人员根据上一季产品的销售情况以及实际调研情况，先大致规划出新一季文创产品的主题、方向、思路。接下来召集供应商们开会，培训，向他们传达设计思路。一些产品要使用故宫藏品中的原始大图，文化服务中心也会协调其他部门借用相关图样，与供应商签订保密协议，禁止图片、资料外流，仅用于某款产品的合作开发等。

第二阶段则是供应商们根据故宫文化服务中心的思路，进行产品设计，交由文化服务中心审批后正式投放相关渠道进行第三阶段的销售。一款文创产品销售得好与坏，市场说了算。如果销售得好，故宫方面会继续增加订单，但销售得不好，故宫方面会和供应商共同研究原因，进行调整，再给予该产品 3 个月的销售周期，如果仍然表现平平则下架。

冯辉认为，支持故宫文创产品持续有好产品推出，最重要的一环就是第四阶段，总结，利用各种信息、数据研究每款产品销售好与不好的原因，发掘每一个创意和消费热点。

如今故宫有几十家的合作机构，为此文化服务中心对这些合作机构进行分级管理，本着开放的心态，有诚意且有一定资质的设计服务机构，与故宫签订保密及商业合作协议后将成为三级供应商；长期与故宫文化服务中心合作的服务机构定为二级供应商，一级供应商不仅长期合作，且有一定的研发能力。每年年底根据这一年为故宫提供文创产品的数量、质量、销售情况、文化传承等多维度进行立体化评审，优秀的提升供应商相应的级别，并实行“末位淘汰制”，适时淘汰一定的三级供应商。“2016 年底我们就淘汰了十几家三级供应商。”上述相关负责人表示。

王杰星表示为故宫提供文化创意产业的机构，多数目前经营情况一般。尽管大家都在谈博物馆文创的风口来了，但是产业链上的很多“末梢神经”尚未赢利足以说明，这一产业的发展并不完善，尚有许多问题。故宫方面亦坦言，如果仅仅是为故宫提供少量文化创意产品，目前在故宫平台上挣钱很难，只有呈一定规模的企业，在故宫平台上销售到一定数量之后才可能挣到钱。

除了做好产品，现在文化服务中心还要尽可能保证平台上的供应商有个公平竞争的秩序与环境。

博物馆文创需要超级航母舰队

单霁翔院长曾在公开场合表示，目前我国博物馆文化创意产品研发经营整体水平还不高。“这个不高并不是我们的产品创意设计能力不行，现在我国的设计师在文创设计领域水平与国外发达国家的不相上下，卢浮宫、大都会博物馆的文创产品不外乎也是冰箱贴、钥匙扣这些小东西。”马克认为，我们的差距在于整个文化创意产业的产业链，并未完全打通。

这就好比已知了一片蓝海，大家都要去那里掘金，有舰、有舵手、有水手、燃料、补给也有了，整个产业链条却没有打通——“超级航母舰队没有建立”。

故宫文创产品的一大特点就是所有产品都是生活中用得到、生活中最实用的产品，文化消费走进生活。这是博物馆就文创的一大向方——让文化消费朝生活的方向贴近，让大家有购买的欲望与冲动。

然而比起国外的博物馆文创产业，故宫这个超级 IP 使用起来超级难。提起台北故宫，你会立马脱口而出翡翠玉白菜、东坡肉形石、毛公鼎三大镇馆之宝；卢浮宫的三大神器是蒙娜丽莎、断臂维纳斯与胜利女神；大英博物馆的三大镇馆之宝：埃及罗塞塔石碑、古希腊帕特农神庙的埃尔金大理石雕塑和《女史箴图》。因此这些著名博物馆的多数文创产品开发，都是围绕着“三大神器”进行开发的。

但是偌大的北京故宫博物院，镇馆之宝是什么？恢宏的建筑、上万件的馆藏精品、红墙黄瓦……万千元素都可以，因此也是 IP 开发的难点——散点太多。事实上，迪士尼公司的卡通 IP 也多如牛毛，他们的做法就是每年规划一两个重点 IP 进行开发。

但这种方式并不适合故宫，因为故宫每年 1 500 万游客的需求相当多元，既有旅游观光者，也有文化考察学者，对故宫文化感兴趣的“常客”，每类人群的需求完全不一样。有人诟病说，故宫的文创产品还停留在“小商品阶段”，不够高端大气，故宫的难处就在于要尽可能多地满足不同人的需求，目前便宜的产品占很大比例原因就在于先要让文创产品接地气，用得起。毕竟参观故宫的人和卢浮宫、大都会博物馆在文化需求层面有很大的差距。

每年故宫也会推出不少专题展览，看专题展览的观众与国外博物馆的人群文化需求相近，但冯辉向记者表示，专题展览的文创产品开发远比普通文创产品开发的难度要高，原因在于专题展览开发周期和销售周期较短。

从这个角度来说，整个故宫 IP 产业的带动力还不够强，未能形成完善的造血能力。“只有产业链各个末梢神经都能在此基础上有钱挣，各自能够造血，博物馆文创产业才真正形成规模。”王杰星说。

近日，单霁翔给北京故宫文创定下了两个新目标，即：“从数量增长到质量提升”“从馆舍天地到大千世界”。文创产品是博物馆展览功能和教育功能的延伸，能够将文化遗存与当代人的生活、审美、需求对接起来，让观众们“把博物馆带回家”，在使用中了解文物背后的文化。因此，文创作品不是简单的商品，要对人的价值审美取向有引导作用，这正是接下来围绕故宫 IP，带动整个产业链共同提升的地方。

三、问题思考

围绕故宫 IP 的开发与运营，给整个博物馆文创产业开发带来哪些经验？单霁翔院长所说的与国外博物馆的差距主要表现在哪儿？缩小该差距，有哪些契机与模式的尝试？

（参考资料：朱耘.600 岁故宫也“卖萌”，文创产业链尚未打通.商学院，2017(2－3)：27－30.）

第四章　产 品 策 略

本章导读

在市场营销策略组合中，产品策略处于中心地位。企业若想生存和发展壮大，首先应当树立现代产品观念，认真研究如何实施新产品开发，熟悉和掌握产品生命周期、品牌、包装、服务等理论。

● 可口可乐总裁讲过一句话：你可以烧掉我所有的东西，只留给我“可口可乐”四个字，一夜之间我可以再造一个可口可乐。加多宝恰恰相反：那几个字被人拿走了。一家企业花费百亿、辛苦耕耘 10 多年的品牌和包装被别人夺走，这家企业是否还能活下去？这在一般人眼中只能是天方夜谭，然而这一天大的难题却被加多宝实现了。不仅活下来，加多宝还在短时间内重新夺回了凉茶行业销量冠军的头衔。

● 老一代人对于年轻群体消费行为的不理解，可能在买奶茶这件事上尤甚。他们不仅愿意花更多的钱买奶茶，还愿意花更多的时间去排队。从路边三四块钱一杯的无名奶茶铺子，到十几块一杯的快乐柠檬、Coco 都可、鼎茶，到今天火爆线上线下的一点点、喜茶，整个奶茶的品牌历史，可以说是奶茶这个品类消费升级的进化史。老树新芽，一杯奶茶在今天爆发出的消费号召力，背后到底有哪些秘密？

● 作为食品营销界闯荡多年的老鸟，效力过多家知名企业，也耳闻不少风靡业内的经典营销案例，让我佩服的不是闻名遐迩的可口可乐、高大上的苹果、开机女王董明珠的格力模式，而是家喻户晓、老少皆知的“老干妈”独行侠模式。老干妈凭什么会受到如此热捧？网商炒作？广告轰炸？名人效应？都不是，相反老干妈操作模式极其低调，润物细无声，让竞争对手回想起来后怕。掰洋葱式剖析起老干妈模式，对产品、原料的苛刻程度、人性化的管理模式，老干妈创业故事，让我们肃然起敬。

第一节　理论教学要点

一、产品的概念与分类

（一）产品的整体概念

产品的整体概念包括：核心产品、形式产品、附加产品。

(二) 产品分类

按购买目的,可将产品分为消费品和产业用品(生产资料品)两类。

1. 消费品

按耐用程度,分为非耐用品和耐用品;按有形与否,分为有形产品和服务;按购买习惯分为便利品、选购品、特殊品、非寻求品。

2. 产业用品

产业用品包括:完全进入最终产品的产业用品;部分进入最终产品的产业用品;完全不进入最终产品的产业用品。

二、产品组合

(一) 有关产品组合的几个概念

产品组合、产品线、产品项目、产品组合的测量尺度。

(二) 产品组合策略

产品组合策略包括:扩大产品组合策略;缩小产品组合策略;产品线延伸策略;产品现代化策略;产品定位策略。

三、产品生命周期

一般包括投入期、成长期、成熟期和衰退期四个阶段。

(一) 产品投入期的特点及营销策略

快速掠取策略;缓慢掠取策略;快速渗透策略;缓慢渗透策略。

(二) 成长期特点及营销策略

提高产品质量;开拓新市场;改进营销组合。

(三) 成熟期特点及营销策略

市场改良;产品改良;营销组合改良。

(四) 衰退期特点及营销策略

保留策略;淘汰策略。

四、品牌、包装与服务

(一) 品牌

1. 品牌的构成

品牌的构成包括:品牌名称、品牌标志、商标。

2. 品牌的意义

品牌的意义包括:识别产品、保证质量、维护权益、促进销售、增值资产、竞争武器。

3. 品牌的决策

品牌的决策包括:品牌化决策、品牌所有权决策、家族品牌决策、品牌更新策略、品牌定位策略。

4. 名牌的创立和保护

(二) 包装

1. 包装的层次和分类

产品的包装一般可分为三个层次:内包装(首要包装);中包装(次要包装);外包装(储

运包装)。

按包装在流通过程中所起作用的不同可分为:运输包装;销售包装。

2. 包装的作用

包装的作用包括:保护产品;美化产品;便于储运;便于购买;促进销售。

3. 包装策略

包装策略包括:类似包装策略;等级包装策略;组合包装策略;附赠品包装策略;再使用包装策略;更新包装策略。

(三) 服务

1. 服务的内涵

所谓服务就是指向市场提供的能满足用户某种需要的一切形式的劳务。

2. 服务的特点

无形性、不可分离性、差异性、不可储存性。

3. 服务的意义

服务可以增强消费者对产品的信任和对企业的感情;服务可以提供信息,不断改进产品,强化产品竞争力;服务是企业提高竞争力的重要手段等。

4. 服务策略

服务组合决策;服务水平决策;服务方式决策。

五、新产品开发

(一) 新产品的类型

新产品的类型包括:全新产品;革新产品;改进产品;仿制型新产品。

(二) 新产品的开发

新产品开发是企业生存和发展的需要;开发新产品是科学技术发展的必然要求;开发新产品是提高企业竞争实力的主要手段;开发新产品是企业创新的重要表现;开发新产品是适应消费者需求变化的需要。

(三) 新产品开发的步骤

新产品开发的全过程,一般主要有以下八个步骤:构思;筛选;产品概念的形成;制定营销策略;商业分析;产品研制;市场试销;正式上市。

第二节　教学引导案例

案例 4-1　加多宝"改头换面"的成功之路

一、背景资料

加多宝是"加多宝(中国)饮料有限公司"的简称,主要从事饮料、矿泉水生产及销售。加多宝集团旗下产品包括金色罐装、瓶装、盒装"加多宝"凉茶饮料和"昆仑山雪山矿泉水"。集团于 1996 年推出了红色罐装凉茶。2015 年 4 月推出金色罐装凉茶。

二、基本案情

第一个节点：从药到饮料

原来加多宝是一个药，和可口可乐出身是一样的，都是药房里的，在 2002 年加多宝把它变成了一个饮料，预防上火的饮料，这是加多宝战略第一个重点。

作为一个药，北方人是很难接受的，但是作为预防上火的饮料，顾客头脑里面对于上火，几千年都有这个传统，都知道有很多场合上火，作为预防上火的饮料大家接受度就高。

这是一个关键的节点：走出了药房，加多宝把整个凉茶品类从药饮带向饮料。

当时加多宝有红茶、绿茶和其他业务，甚至还可以做可乐，当时可乐很红，做可乐是可以赚钱，有现成的网络很容易就可以做。但是加多宝没有去做可乐、红茶、绿茶、乌龙茶和其他业务，选择了做凉茶。

凉茶当时是很小的，所有市场调研公司走一圈下来会告诉你，对不起，凉茶市场等于零，没人要喝凉茶。在那几年，问你喝不喝凉茶，人家说我们北方人不喝隔夜茶，他们把凉茶等同于隔夜茶，真让他试饮，一喝眉头就皱起来：那么苦的东西这怎么咽得下去？感觉是不是有毒，逢药就有三分毒，大家觉得跟喝药一样。

现在我们国家供给侧改革，大多数供给都是无效供给。真正供给侧改革就是要从追随需求转向创造需求。找到一个市场上我能做第一的领域，然后代表这个品类，我去把这个定位做大。

2002 年加多宝做过一次供给侧改革，就把这些业务全部放弃掉，把整个公司资源全部集中在凉茶，而且在凉茶里面只集中在一个红罐凉茶，这一步相当了不起。当然还对它进行了重新定位，这个重新定位就是把它从一个地方药饮变成了一个主流饮料，这样使得凉茶就从传统凉茶铺走向无处不在、无所不在、非常方便现代人饮用、预防上火的饮料或者怕上火的饮料，这第一步也很了不起，值得很多企业学习。

第二个节点：千里跃进大北京

加多宝在 2006、2007 年左右，集中相当多的资源，把北京市场给做起来了。

这意味着什么呢？

作为一个南方人喝的饮料，从药房走向了饮料，但是毕竟还是南方人在喝。2006 年底在北京做市场调研的时候，企业跑了很久。发现在北京卖出去的凉茶，消费者全是在北京工作的南方人，尤其那些广东村、福建村卖得很好，北京人、北方人说这个还是难以接受，感觉是南方人喝的东西。

因此在专业上又有一个问题，大家把当时凉茶定位为是南方人喝的饮料，北方人不喝。

要解决这个问题，就要把北方高势能市场做火做透。北京是全国势能最高的市场，尤其对于北方市场，北京的影响非常重大。任何一个品牌要成功的话，如果能够把一些有很高势能的市场拿下来，这个品牌后劲就相当可观。

2008 年北京奥运，全世界的焦点都在北京，2006 年、2007 年、2008 年，集中公司大部分乃至绝大部分资源放在北京，人力、物力、财力集中在这里，花了两三年的时间通过借奥运会大势，把北京市场做得非常火，对这个品牌影响力就不一样了。

所以 2006 年、2007 年这两年加多宝本来从南方广东一路逐渐北伐，变成突然一下凌空一跃千里挺进大别山，凌空一跃把北京市场打得红红火火，这一下北方市场就被北京辐射，影响很大。

北京市场一火以后大家就感觉到很放心，感觉到北京人民都在喝，首都人民都在喝，它还能差了？大家都跟着喝吧。所以北京市场一起来就带动东三省、河南、河北、山西、内蒙古整个大北方板块起来。通过这样一个战略节点，就把南方人的饮料这样一个很强的认知给调整过来了，变成好像北京卖得很火，所以全国人民都接受，这是第二个重大的战略节点。

第三个节点：壮士换头

2012 年加多宝被迫要启动自己全新的品牌，原来的品牌还在，又要跟它展开直接的竞争，媒体朋友把它形容成“换头术”。哈佛大学几位搞案例的教授说，在全世界最全的案例库里面也没有找到一个这样戏剧性的案例，从来没有过的。

可口可乐总裁讲过一句话：你可以烧掉我所有的东西，给我剩下“可口可乐”四个字，我一夜之间可以再造一个可口可乐。他这个话不假，你现在真出现这种局面，他就能做到。只要凭着可口可乐四个字，全世界投资银行、全世界优秀的人才 MBA、500 强 CEO 都愿意帮助他，给钱、投人，帮他再造复兴。这足以说明品牌很重要。

但加多宝恰恰出现一个完全相反、决然对立的一个情况，就是被人拿走了那几个字，就是没有那几个字了。加多宝做了一件前无古人的事情，比这个还残酷，不但把那几个字拿走了，你还得跟它竞争，原来的品牌还在，还很强大，你还要跟它竞争，那就更残酷了。当时的不少经销商都是处在观望之中，经销商顶不顶得住，靠不靠谱，都在看着你行不行。

面对如此残酷的竞争现状，加多宝还不想裁员，进入企业的冬天，从头再来。加多宝没有裁掉一个人，上下游产业链所有合同完全如约，所有人都看着是不是企业要把钱拿回来的时候，加多宝顶着这三层巨大的压力，还要保持规模不变，甚至还想高速增长，这的确是一个天险。

重新启动一个全新的品牌是一件风险极高的事情，这个动作是分两步走，分了上下半场才打完这场仗：上半场仗企业先把加多宝这个品牌和原来顾客头脑里已有的定位合二为一，和原来那个品牌是共享一个位置的。这是不得已而为之的。

为什么呢？因为加多宝规模太大了，一个从零起步的品牌要确保它销售额不大幅下降，确保不裁员，确保不影响上下游产业链合同的执行，企业只能先把加多宝这个新的品牌和消费者心中的位置合在一起，调动顾客的力量，先达到一定规模再说。这就好像信陵君窃符救赵，虎符是把一只老虎一劈两半的，一半在国王那里，一半在将军那里，调动军队，一定要国王和前方将军合二为一，千军万马才能被调动。

共享以后是什么？完全二合一，消费者不区分原来的品牌和加多宝，这样两个就完全同质化。加多宝在跟原有强大品牌竞争之中获得了一个高速增长。但是，同质化对一个品类杀伤力最大，对于两个公司杀伤力也是最大，我们也是不得已而为之，先二合一。

如果不能分两步走，先二合一，这个企业真的是面临着巨大的风险，是非常危险的一件事情，甚至是面临着要出局完败的风险，所以我们第一步只能跟它共享一个位置。

这样，把加多宝从一个全新的品牌、从零开始，一下冲到 200 亿元的规模，就一年的时间，这是一件非常了不起的事。

第四个节点：壮士换身

2015 年加多宝推出了金罐。

推出金罐不是重点，放弃红罐才是这个战略的重点，因为红罐竞争对手也有，就容易产生混淆。加多宝把这个做了 20 年的消费者不用动脑筋看到红罐就拿的东西放弃掉，不是那么容易的。

推一个金罐很简单，谁都可以推，放掉红罐只推金罐，则是一件高风险的大战略决策，是很不容易的。这是再次告别同质化，去做独一无二的事情。这个动作说很容易，实际意味着几十亿元资金，意味着原来几十年辛辛苦苦培养消费者的习惯、行为要重新来。

第四个节点，加多宝就是从原来的把它二合一合在一起之后，又要一分为二，从原来品牌独立出来，今天加多宝又拿到领导者的定位。这 20 年工作要重新来极其不容易，这个战略决策相当了不起。但是加多宝一年走下来结果又一次成功了。

今天金罐的成功，本质上是给 2012 年品牌更换真正画了一个句号，因为那个时候加多宝只是共享一个位置，还没有自己独立的位置。今天加多宝已经在顾客头脑里面是独一无二的一个位置，是没有其他人可以替代的，是领导者的地位，正宗凉茶定位已经建立起来了。

三、问题思考

加多宝重塑品牌的战略步骤是什么？

四、分析点评

红罐凉茶商标再度回归广州药业集团运营，其已价值千亿元。失去红罐凉茶 logo 的加多宝展开了加多宝重塑品牌的四步战略：

（一）未雨绸缪，去“红罐凉茶化”战略迈出品牌重塑第一步

为了使消费者能很自然地从红罐凉茶过渡到加多宝，牢牢吸引住原有消费群体，积极吸纳更广泛消费群体，加多宝同时早早对正宗凉茶的配方进行了改良与深加工，从本质上实现去“王老吉化”。

（二）渠道掌控，全面发力抢占市场，尽显“王者”气势

渠道和品牌维系之争才是竞争的关键核心。加多宝一方面巩固其渠道系统，稳住现有渠道商，另一方面通过渠道商掌控终端，避免渠道商投向王老吉，同时积极开拓新的渠道商以填补失去的部分渠道商的市场空白。

（三）重拳出击品牌宣传，密集推广，发动全方位品牌传播攻势

加多宝在开展电视、地铁广告、发布会等传统营销传播方式外，也同时注重通过 QQ、微博等社会化媒体获取消费者支持打造一个立体传播策略，无论是在地面还是空中，都展开了密集的攻势，投入巨资，全方位阻击王老吉的消费导向。

（四）加多宝中国好声音的蝴蝶效应

“中国好声音”作为的音乐真人秀，加多宝集团成为其特约赞助商，这是首项重大举措。加多宝品牌管理部副总经理王月贵认为，加多宝凉茶与“加多宝中国好声音”共同具有原汁原味、正宗的品牌内涵，这是加多宝凉茶与中国版“THE VOICE”的结合点。

（参考资料：郭超凯. 加多宝狂砸几十亿换头换身，是怎么做到的？销售与市场(渠道版)，2016(5).）

（参考资料：南方网.http://www.southcn.com/pc2016/yw/node_346416.htm.2012 - 7 - 30.）

案例 4－2　喜茶

一、背景资料

“网红奶茶”能火多久并不重要，江山代有网红出。重要的是，“网红食品”搭车消费升级的门道，你从奶茶这门生意中看清楚了多少。

二、基本案情

为了节省排队的时间，Amy 从黄牛手中花 100 块钱购买了一杯喜茶，旋即拍照发了个朋友圈。她还算幸运的，在喜茶打击黄牛党、推出一人限购 6 杯的措施之后，位于上海徐家汇的喜茶店，一到下午，通常顾客要排到 400 号等上 5 个小时。

出生于 20 世纪 80 年代末的 Amy，在她的校园时期，记忆中奶茶是再平庸不过的饮品，跟时髦毫不沾边，几块钱一杯就能买到，看着店员用粉末现场冲兑，口味普遍偏甜，明知不太健康，但那时还没有太注重这点。

渐渐的，连锁经营的品牌奶茶店占领了城市，更新换代的过程像连锁便利店取代夫妻经营的杂货铺一般。但即使是快乐柠檬或者 Coco 都可，也从没有像今天的一点点和喜茶一样既占领消费者的朋友圈，还能占领他们的心智。

排队买奶茶，成为城市里的一道奇幻风景，被当做是消费升级的经济文化现象，也被拿来做更深层次的品牌营销解析，灵敏的投资人已经暗中下了注。

奶茶的前世今生

台湾奶茶最早进入内地并流行开来的时候，多用粉末冲泡，没有奶也没有茶，奶茶一度是垃圾食品榜单上的一员。彼时，零售餐饮行业，绿色、品质、时尚、健康等关键词还没有凸显出重要性。

消费者的意识在逐渐苏醒。最直接的原因，中国消费者口袋里有了更多可以支配的金钱。中产阶级崛起，他们不仅消费实力强到“买爆日本”，也更挑剔、精明、难以捉摸。

就奶茶而言，现在的消费者自然不会瞧得上过去以低价取胜的奶茶。与此同时，顶着“健康”与“年轻”这两个升级标签的户外现制饮料开始回春。此时奶茶铺开始使用常温奶和巴氏鲜奶，而茶也从由茶末变成了用整叶茶甚至名贵茶叶泡出的茶汤，消费者自然越来越愿意为一杯奶茶掏更多的钱。

近两年台湾流行的奶盖茶，加料奶茶等新形式激发了消费者 DIY 的乐趣，进而促进分享。在一点点的菜单上，红茶被分为了“锡兰红茶、大吉岭、正山小种”；乌龙茶被分为了“大红袍、冻顶乌龙、凤凰单丛”，消费者在组合中发明了“隐藏菜单”，尝试并分享更多的口味：“三分甜去冰乌龙玛奇朵”，“半糖冰激凌红茶加少量波霸”。

如果你是第一次去一点点，可能会像新手去西餐厅一样手足无措，正是这种好喝又好玩的形式，催生了消费者在微博、小红书上的自发传播的消费心理。

分享，是移动互联网时代的主题词。让别人知道我消费了什么、体验了什么，甚至比消费行为本身还要重要。这种心理很有趣，不仅仅是追逐品质，也是追求心理满足感。比如中产喜欢跑步、健身，也许不仅是为了减脂塑形，给自己在社交网络中贴上健康、时尚、活力、有自控力等等的标签，可能是做这件事情最初的动机，也是坚持下去的动力。

洞悉消费心理，也体现在奶茶的包装上。有一个小秘密，如果想要柜台里的沙拉更畅销，那就要擅于将色彩鲜艳、饱满的蔬果组合在一起，不仅激发食欲，更激发人们的拍照欲。奶茶也是如此，无论是白色杯身、简洁字体的一点点，还是透明杯身、色彩纷呈的喜茶，都算得上是高颜值的饮料，尤其是喜茶，而且在杯盖设计、密封性等方面都下足了功夫，颜值和体验双双加分，这也是喜茶定价比普通奶茶店高出一截，比星巴克稍微低一点的底气所在。

甚至在门店上，喜茶也不是走随买随走小档口的老路线，它试图像咖啡馆一样将顾客留在新一代的门店里，虽然提供的饮品变了，但喜茶也想给顾客一个“第三空间”。

奶茶不是新事物，但它也不是过去的奶茶了。

市场与竞争

一点点的前身是台湾的知名连锁茶饮品牌 50 岚，自 2011 年以 6 家直营店进入上海开始，到今天一点点全国加盟店一共开了 600 多家，单店加盟费用从 5 万元涨到 40 万元。

喜茶原来叫皇茶（现已改名），2011 年在小城江门市创立。一名叫亦桉的作者在她的文章里回忆说，喜茶“明明几年前仍是逛九中街时顺手就能买到的一杯奶茶”，现在看着它风靡北上广，又看到因为要排队几小时才能买到的新闻上了微博热搜，深觉感慨。

一点点奶茶的单价在 10～18 元之间，正常一天能够卖出 700～1 000 杯。一点点的经销商向《商学院》记者表示，一杯 13 元的一点点奶茶成本在 4 元左右，毛利在 75%左右，纯利达到 50%，如果按照 10 元一杯计算，那么一天的销售额最低可到 7 000 元。

喜茶的价格定位要高于一点点，产品定价普遍在 20～30 元之间。但是从门店的覆盖数量上，比一点点要少得多。目前上海地区仅有三家（美罗城店、来福士店、日月光店）已经营业。据记者了解，喜茶在上海还有其他装修中的门店。

在奶茶行业，一个爆款从诞生到成为全行业的经典产品最短只需要几周的时间。复制一个品牌也用不了多久——开放加盟是大多数品牌选择的扩张策略。市面上的品牌从产品到经营模式，每隔一段时间就会趋同，因此收获的忠诚度普遍不高。几年前大火的台湾鼎茶，贡茶也经历了从大排长龙到无人问津的过山车。

“饮品的发挥周期就是十年时间，Coco 都可处于平稳下降期，一点点刚刚火了一年，属于最顶端，2015 年武汉一点点店面生意惨淡，2016 年火了之后，这些店面才慢慢好转，包括喜茶也在开始取代一点点。大量店面开业，生意一旦惨淡，对品牌的影响是非常大的。”上述那位一点点的经销商表示。

热闹的购物中心是这些奶茶第一选择，以上海地区为例，恋暖初茶把店集中开在了环贸 iapm 购物中心、港汇恒隆购物广场、国金中心、来福士广场等购物中心和逛街热门商圈。而如果搜索一点点的店铺位置会发现街铺虽然居多，但它也有不少门店开在了龙之梦、万达广场、日月光中心这样的地方。不过，大多数这些店铺都开在了商场的地下楼层。

也有不少消费者认为为一杯奶茶排队 4 个小时不值。“一般奶茶店出餐时间控制在 40 秒左右，来迎合年轻人快节奏的需求。喜茶出餐时间平均 3 分钟一杯，就会形成大排长龙的现象，加上店面又少，大家都有从众心理，排的人越多越受关注。”这位经销商表示。

三、问题思考

这些负责吃喝玩乐的项目，是如何在红海中脱颖而出的？

四、分析点评

“网红”奶茶店的未来

对于时下网红饮品的流行现象，上海纽约大学商学部主任陈新宇从营销的角度梳理了三个关键词：可口、可晒、可议。

“‘可口’很重要的一点是产品与消费场景的并重，不光是产品本身，还有场景也是可口的一部分；‘可晒’就是设计、代言，网红也好明星也好，都需要人气，包括现在惯常的饥饿营销和大排长队等，都是可晒的一部分，可以晒，值得炫耀；‘可议’就是关于品牌的内容和故事，包括创业人的故事等等。”陈新宇提到，产品跟消费场景捆绑才能保证产品的热度持久，比如青团与清明节捆绑，奥利奥总强调饼干跟牛奶一起吃。从可晒或者可议角度说，口碑传播最重要的群体是粉丝和屌丝这两个群体。抓住这两个群体就可以抓住品牌的口碑、人气。

此外，陈新宇还认为，温和的争议是非常有用的，过于极端的争议对品牌是伤害，但是一点争议没有品牌的人气上不去。可以创造温和的争议，对品牌的营销非常有帮助。

与之相印证的是，关于喜茶火爆到被黄牛加价转卖的现象，已经引发了一些消费者和媒体的质疑，广州有电视台“曝光”了奶茶店（所拍摄的是喜茶门店）雇人排队的新闻，而喜茶则在官方微信号上坚决否认了这一说法，并贴出了要求立即停止侵害喜茶名誉权的律师函。

毫无疑问，这样的针锋相对，又给火爆的奶茶加了一把柴。

（参考资料：芮益芳，亢樱青.奶茶爆火，他们用了哪些“神奇配方”？商学院，2017(5)：32－34.）

案例 4－3　老干妈独行侠模式，你学会了吗？

一、背景资料

提起老干妈创始人陶华碧，没有多少人知道，而“老干妈”三个字绝对是风靡全球，在国外称为“教母”，英文译为“LAO GAN MA”。陶华碧从卖凉粉拌辣椒酱地摊开始，经过几十年野蛮原始增长，不贷款，不上市，不融资，2014 年产值已突破 40 亿元，纳税额超 5 亿元，成为贵州名副其实的纳税大户，2016 年中国品牌价值 500 强榜单位于 136 位，成为继贵州茅台、黄果树又一响亮的城市名片。

二、基本案情

在国内，凭过硬的产品质量、品牌及独特的口感，统一稳定的价盘，厂商行之有效的渠道管理，老干妈产品充斥着各个食品杂货店及商超调味区，市场占有率 14.36%，成为辣椒酱品类第一。而在国外老干妈销售热度不减，受到各大电商及零售店的热捧，除华人超市销售较为平价——2 美元/瓶外，各著名奢侈品折扣网站，如 Gilt，把老干妈奉为尊贵调味品，限时抢购价 11.95 美元/2 瓶，合人民币 37 元/瓶。美国平价网站亚马逊售价也高达 3.9 元美元（合人民币 24 元），被网友戏称“一秒变格格”。

去年3月初，美国《洛杉矶时报》邀请了2位名厨和1名美食评论家盲选辣酱，最终“老干妈”辣酱杀出重围，击败中南美洲辣椒品牌夏宾奴，获评最佳辣酱。国外社交网站广泛流传着西餐搭配老干妈的各种吃法，老干妈在国外早已从国内宅男宅女的泡面配火腿肠、辣椒酱，辣椒酱就馒头，一顿吃七八个的草根吃法，演变成具有国际范的尊贵调味酱。

（一）用匠心做产品，苛刻致极

陶华碧从摆地摊卖凉粉开始研制辣椒酱，风味独特，让人回味无穷，凉粉卖得好全靠辣椒酱的功劳，辣椒酱送完了，凉粉就无人问津了，后来干脆专心研制辣酱，借用村委会的两间房开起了辣椒加工厂，牌子就叫“老干妈”。辣椒酱加工初期全采用手工剁制，虽然劳动力大，但可保证原料的口味正宗，经持续的研发调制，加之黄豆、花生为辅料，形成风味豆豉、鸡油辣椒等产品的雏形。从建厂初期，陶华碧严抓质量关、食品安全，在贵州各地建立起多座辣椒种植基地，大豆油均采用进口豆油，其他原料则对供应商资质、产品质量等级检测苛刻至极，好的原材料造就好的产品质量，老干妈也就是靠过硬的产品质量、亲民的价格在市场上站稳了脚跟。在前进中，不断引入科学管理理念，先后投入上亿元对生产线进行技术改造，为严控产品质量，投资建立技术手段较为齐备的质量检测中心和具有国际水准的实验室，出厂每批产品要经过严格的检验，防止残次产品流入市场。如此苛刻的产品质量要求，生产出了消费者无可挑剔的精品，运用匠心精神把产品本身做到了极致，向消费者传递安全、放心、美味的口碑。

（二）从不打广告，口碑进万家

老干妈之所以低调就是她从来不打广告，在广告上从来不花一分冤枉钱。全靠最原始、最本真的口碑宣传，正所谓：“群众的力量是无穷大的。”老干妈这一落后的理念在我们营销人员看来简直是不可理喻的，正所谓：“酒香还怕巷子深啊”。产品再好，没有广告炒作怎么行？不进行立体化的广告宣传，老百姓会买单吗？老干妈不打广告的理念在营销广告学上是站不住脚的，要不然营销大师的学费不是白交了吗？但老干妈产品火遍大江南北的场景狠狠地扇了我们一记耳光。要知事物本质，还需还本回真。

老干妈创建初期就很注重口碑宣传的作用，沿路而过的大车司机们成为老干妈产品免费的发言人、代理商、火种的传播者。1994年，贵阳修建环城公路，昔日偏僻的龙洞堡成为贵阳南环线的主干道，途经此处的货车司机日渐增多，他们成了老干妈凉粉店的主要客源。陶华碧近乎本能的商业智慧第一次发挥出来，她开始向司机免费赠送自家制作的豆豉辣酱、香辣菜等小吃和调味品，大受欢迎。货车司机们的口头传播显然是最佳广告形式，“龙洞堡老干妈辣椒”的名号在贵阳不胫而走，很多人甚至就是为了尝一尝她的辣椒酱，专程从市区开车来公干院大门外的凉粉店购买陶华碧的辣椒酱。

到后来开拓省内、省外零售市场，陶华碧带领业务人员亲身上阵，靠过硬的产品质量、诚实守信的渠道利润承诺、稳定的价格带管控、重情义的经销权承诺，在经销商人脉圈形成口碑宣传，各省代理人纷纷提款上厂门要求做代理。

口碑宣传相比较广告宣传，效果不会立竿见影，但比广告来得实在、稳固，一旦形成美谈，会形成病毒式传播，触角之深和之广，超出了人的想象。最终培养起了较忠诚的顾客群。目前我们推崇的微信、微博等社交营销理念，也正是突出了社交影响的地位，信息量大，进入了碎片信息时代，人们对媒体广告的作用越来越漠视，社交口碑的重要性放到了历史前所未有的风口上。老干妈正是看到了这一点，用大智慧的格局为我们上了一课。

（三）稳固的价格带，市场火爆

老干妈的主打产品为风味豆豉、鸡油辣椒，规格分别为 210 g 和 280 g，价格区间分别是 8 元到 9 元，而且这一价格带十几年来从未变动过。8 元至 9 元的价格带，属于亲民价格，消费群体接受度越高，市场推广阻力小，消费潜能巨大，这也是老干妈投入市场火爆的原因所在。

（四）产品包装永恒的火红色，成为畅销的标识

老干妈产品瓶外签呈现火红色，字体呈黑色，左上角是陶华碧老妈妈的头像，这一包装设计一用就是几十年，从未更改过，寓意老干妈产品永恒不变的主题思想。此包装曾一度被广告界评为最差强人意的包装设计，无任何美观可言。我无从质疑广告美学专家的评论，从广告美学的角度来看，老干妈产品包装设计确实是很草根，不高大上，没有任何创意色彩，广告界不接受也很正常。红色嵌黑色，除了在陈列上醒目外，没有任何优点可言了。老干妈定位于传统特色风味品类，包装朴实、简单，十足的草根气，与产品定位诉求点——传统相吻合。传统的工艺、传统的风味、传统的包装、传统的渠道操作手笔，与传统两字连成一线，正中顾客诉求 G 点。随着老干妈火遍大江南北，老干妈的火红外包装，特别是头像，成为产品畅销的唯一标识符号。产品标识不断刺激消费者的心智，让顾客逐步形成老干妈就应该是红色的。有点草根气的红色标识，成就了老干妈，也深深地影响了整个调味行业，大家纷纷效仿老干妈的红色，弃掉了之前“包装应该高大上”的观点。看来，榜样的力量是巨大的。

（五）干妈式亲情管理，形成基因贯彻始终

电视剧《亮剑》主人公李云龙说过：什么样的将领带出什么样风格的兵，将领能征善战，带出来的兵也不是孬种。一个组织的成功领袖人物注定会给其组织带来不一样的灵魂，这种灵魂、精神上传下达，久而久之，形成一个企业的文化，形成一种基因贯穿整个组织，领袖人物成为一个企业的精神支柱，比如娃哈哈宗太后、阿里马云，以及我们现在所说的陶华碧老干妈。一个企业的成功固然有其历史因素，但与领袖人物独特、娴熟的运作路径息息相关，我们不能评价其对错，反正结果是成功了，我们也无须用管理学套用其成功的奥秘，但有一点，以人为本的管理理念是放之四海皆准的真理了。

老干妈就牢牢地抓住了这一点。以人为本不是陶华碧得知真传而故意为之，而是品格使然。这一点从陶华碧作坊式开实惠饭店就表现得淋漓尽致了。老妈妈常常援助一些路过的贫苦儿童，学生们亲切地喊老干妈，这三个字由此得来；辣椒酱最初也是吃凉粉赠送的，不收一分钱；慕名而来的顾客单买辣椒酱也是只收本钱；最初给路过的司机吃辣椒酱也是免费赠送的，陶华碧朴实、慈善、有同情心的风度跃然纸上。

在日常企业管理中，陶华碧就把这种天然的亲情基因引导了进去，贯穿整个企业经营管理中去。陶华碧在企业几百号员工中，能叫出 60% 员工人的名字，每逢员工过生日，都会亲自参与；员工结婚，就会当证婚人；业务员出差，会像老母亲一样送到车上，送几个亲手煮的鸡蛋；辞职的员工在外面受到什么委屈，都可以到工厂上班；等等。员工们亲切地称董事长为“老干妈”。这种亲情式管理很奏效，加之卓有眼光地引进科学的企业管理制度，定期派骨干去先进地区学习、调研，形成了团队巨大的凝聚力，企业流失率极低，员工责任心很强，如陶华碧一样特别能吃苦耐劳。

（六）不怕吃苦，创始人是团队的奋斗源泉

陶华碧的丈夫死得早，她带着两个孩子，为了维持生计，打过零工、摆过地摊，吃了不少苦。背篓太占地方被售票员撵下过公交车；被人看不起冷嘲热讽过；三天两头的被人找麻烦跟人抗争过；开工厂吃在厂里，住在厂里，起早贪黑地做，听不到瓶瓶罐罐的碰撞声就睡不着，完全靠人本能的打拼精神一路走来，坚持下去，企业做强做大了，还保留着这种不肯输的精神头，硬是把企业带到了发展的快车道上。

陶华碧说过："吃苦累不死人，只要肯吃苦，没有办不成的事。做企业就不要怕失败，做生生地做，把她做大，做成精钢、好钢，我就要成功。"老干妈这种不怕输、能吃苦、倔强的个性感染着企业里的每一位职工，用十足的干劲做好、做足自己的本分工作。企业的福利待遇一直比别的地方高很多，加之企业以人为本的亲情管理制度，从人性角度来考量，企业员工确实没有什么顾虑了。创始人的创业故事激励着企业每位员工把自我的潜能挖掘了出来，把钢做成了精细，超出想象地把产品做到了极致。这种精神就是匠心，领袖人物有匠心就够可怕的了，最可怕的是企业自上而下的员工都极具匠心精神，这种极具匠心的经营理念筑成了企业坚不可摧的精钢长城。不怕吃苦的业务人员奔波于全国各地，战斗力极强，稳定的价盘运营，思路清晰的渠道经营方向，行之有效的营销操作手笔，在全国各地妙笔生花。这支部队为人极其低调，从不接受任何采访，是行内极为神秘的独行侠。

陶华碧老妈妈堪称时代的楷模，她这种不怕吃苦，把钢炼成精钢的匠心精神，一坚持就是坚持了30多年，慈爱、纯朴而富有大智慧，不是用文字所能表达完的。一代辣椒界女王、亲情式管理行业第一人等，我们赋予任何称号都不为过。一个没有上过一天学的老太太，用了30年创造了一个时代的难以想象的神话。她的成功，让我们叹为观止；她身上独特的基因值得我们企业经营者深思和借鉴。

三、问题思考

（1）老干妈凭什么会受到如此热捧？

（2）老干妈的稳固价格带对于竞争对手为何如此有杀伤力？

四、分析点评

（1）老干妈操作模式极其低调，润物细无声，让竞争对手回想起来后怕。掰洋葱式剖析起老干妈模式，对产品、原料的苛刻程度、人性化的管理模式，老干妈创业故事，让我们肃然起敬。① 用匠心做产品，苛刻致极；② 从不打广告，口碑进万家；③ 稳固的价格带，市场火爆；④ 产品包装永恒的火红色，成为畅销的标识；⑤ 干妈式亲情管理，形成基因贯彻始终；⑥ 不怕吃苦，创始人是团队的奋斗源泉。

（2）就竞争对手而言，这一价格带正中市场的七寸，恰到好处，价格拉低，无利润可图；价格偏高，就意味着破10元，消费群体偏少，无力与先入为主的老干妈品牌力抗衡，抗线拉得过长，老干妈巨大的品牌影响力足以把竞品耗死。老干妈红遍大江南北后，相继出现与老干妈名字相仿的品牌，如老干爹，老干妈稳固的价格带，掌握价格的主动权，最终终端不动销而落幕；海天、李锦记、加加等食品大亨也相继加入辣椒酱阵营，要么规格大，定位过高，消费者接受度低，要么性价比不高，无力与老干妈相提并论。调味品除满足大众化消费外，餐饮需求量也不可小觑，老干妈独特的风味让很多菜品调制都离不开她。一旦厨师们对某类食材形成依附性，选材偏好轻易不会改变。这也是为什么其他辣椒酱无法与老干妈相提并论的主因所在。

（参考资料：刘传彬.老干妈独行侠模式，你学会了吗？中国营销传播网，http://www.emkt.com.cn/，2016-10-30.）

第三节　课堂讨论案例

案例 4－4　大宝发力了！但大宝还能“天天见”吗？

一、背景资料

“大宝”系列护肤品 1985 年诞生至今，适应了不同时期、不同层次的消费需求，伴随中国消费者走过了二十多年，是一个家喻户晓、深受消费者喜爱的护肤品品牌。

大宝秉承的品牌理念是“简单务实的关爱”。跟我们的消费者一样，我们相信关爱体现于为关心的人所做的每一件简单细小的事情之中。在这一品牌理念的指导下，大宝致力于为广大消费者提供物超所值、简单有效的基础护肤品。

二、基本案情

2016 年 9 月下旬，本土老牌护肤品牌“大宝”在天猫旗舰店发布新品，宣布推出 7 款男士护肤单品，针对“85 后”“90 后”的年轻群体，更是请来了林更新、张一山等当红“小鲜肉”为新品站台。有报道说：“这也是自 2008 年被强生收购以来，大宝推出新品最多的一次，意欲摆脱传统单品 SOD 蜜的‘桎梏’，打开年轻消费者市场。”

这些新品有男士保湿霜、活肤霜、醒肤水、控油啫喱等 7 款，但品牌名都还是“大宝”——那个很多人耳熟能详的“大宝 SOD 蜜”“大宝天天见”的“大宝”。

一说大宝，大家就联想起大宝 SOD 蜜。作为中国最亲民、最受欢迎、销量最大、最代表国产护肤品的大宝 SOD 蜜，曾经伴随一代人成长并成为美好的回忆，有深厚的认知基础，这是大宝的优势；优势对面就是劣势，且优势越大劣势就越大。品牌的消费者认知程度越高，品牌再延伸产品线的难度就越大、成功率就越低，是谓“消费者认知不易改变”。

大宝在消费者心智中的认知是什么呢？一种还挺好用的、朴素甚至土气的、便宜的、中老年人特别是农村人士使用的(不是对农村人士有看法啊)、已经有很多年的护肤品，伴随着它深厚的市场基础及历史销量的是品牌烙印已深深印在消费者的脑海中。

大宝此次推出了针对年轻人的 7 款新产品，品牌还是“大宝”，且不说价格(当然价格不低，低了更麻烦)，这些“85 后”“90 后”会轻易选择吗？他们会不会觉得：这是我爷爷奶奶、爸爸妈妈用的品牌啊，我用？同学同事朋友小伙伴们看见了会不会觉得我老土啊？还是不冒这个险！就算白送也不用！差点上当！

惨了，亲爱的大宝新产品，你卖给谁去啊？你应该知道，现在的年轻人可是讲个性、逼格、自我、内心强大、特立独行的新一代。

这难道不是找死的节奏？

当然，大宝可能说：我们是想利用“大宝”这么多年的品牌知名度的品牌资源啊。那你得好好想清楚，“大宝”品牌资源到底代表的是什么？里斯和特劳特先生的定位理论告诉我们：市场营销竞争的终极战场在消费者的心智，一切以消费者的心智认知为出发点和落脚点。也可以说是：顺应认知者昌，逆认知者亡！“大宝”在中老年人的心智中可能是一个不错的正能量的品牌认知，但你现在的新品是要卖给年轻人啊！你问过大宝在“90后”心目中是什么形象吗？

大宝该怎么做？

第一步，为新一代产品重新命名。品牌名很重要，品牌名基本上是一个企业唯一可控的、免费的、起首要作用的品牌传播资源，企业一定要高度重视，一定要取一个好的品牌名。

品牌名有多重要？有专家说，就消费品而言，一个好的品牌名占品牌成功50%的作用。可口可乐如果还叫20世纪20年代进入中国时的“蝌蝌啃腊”，你会喝吗？“农夫山泉”是不是让人感觉到洁净无污染的山泉水？用“飘柔”洗发水洗头是不是感觉头发更飘柔？取品牌名一般遵循四个原则：定位效应、品牌效应、容易传播、不易混淆，此文不赘述。

第二步，明确竞争对手是谁及其强弱势。被称为“对美国营销影响最大的理论”的定位理论告诉我们，在任何竞争市场上（化妆品市场尤其竞争激烈），只有找准竞争对手并根据其品牌强弱势采取有效竞争策略才是取胜之道，即你首先要明确准备跟谁竞争。你不要告诉我，你的竞争对手是所有针对年轻人的护肤品，那就相当于没有明确竞争对手，也就没有了竞争方向。

没有明确竞争对手的营销战争必定缺乏针对性，不能有的放矢，新品牌是很难取胜的，因为你本弱不禁风，又不能借势借力（借竞争对手的势和力）。大宝新产品的竞争对手一定是目前市场上主销的男士护肤品牌如妮维雅、曼秀雷敦、高夫等中的一个，而这个品牌一定是其中较弱势的，因为新品牌本身更弱。

然后找到它在消费者心智中的强势中的弱势（即其强势的对立面，是与其强势与生俱来的），你再根据它的弱势去研发补充加强你的产品，把你的产品创新到能给消费者带来显而易见的更好的效果、价值和体验，拥有更好的特性和消费者心智认知，即目标顾客认知、接受、选择的差异化。

第三步，确定新品牌的品牌定位、信任状、广告语。首先是根据市场竞争态势及竞争对手确定新品牌的定位，定位就是如何在目标顾客的心智中建立认知优势，从而让顾客选择你而不是你的竞争对手。信任状是支持品牌定位的事实、依据等支撑点，广告语是向目标顾客精准传达品牌定位的传播语。

第四步，确定核心单品。7款产品太多，不可能平均用力，孩子多了难养得一样大，必须从中选出一款核心单品，这款核心单品一定是这7款新品中最有竞争力、最可能成功的，选择的维度可以是效果（体验）最好、香型最好、科技含量最高、市场容量最大、企业利润最高等，然后聚焦资源去重点推广这支核心单品，其他产品正常销售，“只卖不推”。

第五步，实行聚焦销售法则。7款新品不要同时沿着大宝的销售网络在全国同步全面上市，因为你还不知道目标顾客对这些新品的接受度到底怎样，如果铺货太广太快，一旦顾客接受度低动销差，就会造成产品积压、渠道及销售团队信心受挫等麻烦问题。可以根据企业的资源能力先选择原“大宝”市场基础好的区域上市试销，同时查找问题改善提高。聚焦的尺度原则是：要么不取，取则必得！伤其十指，不如断其一指。

所有这一切的前提是，先得有个好的品牌名。先改名吧，趁着还来得及。

三、问题思考

1. 根据案例中对大宝品牌命名的要求，试着给大宝推出的新品重新设计品牌。

2. 大宝的新品目标顾客群即“85后”“90后”，对护肤品的消费偏好是什么？

（参考资料：李传玖.大宝发力了！但大宝还能“天天见”吗？销售与市场(管理版)，2016(12).）

案例4－5　小天才电话手表的品类创新

一、背景资料

步步高教育电子从1995年至今，一直专注于做中小学生的教育电子类产品：步步高复读机、电子辞典、点读机、家教机，有些大家应该是有耳闻的。因为电子技术更新特别快，我们做了很多品类。但是每一个阶段，我们只做一个产品，有意无意地实践了品类战略。那个时候，连“品类”这个词语我们都不知道。

因为教育是很严谨的事业，所以这类产品需要一种严谨，甚至偏严肃、权威的感觉。必须要准确、权威、可信，这就是步步高教育品牌。

二、基本案情

儿童类产品呢？很早以前我去商场想给孩子买礼物的时候，想不到什么品牌和产品，只能走到玩具城去挑。所以，我们团队下定决心，做一个中国人向往的儿童领导品牌：让家长给孩子买礼物的时候，让孩子想要礼物的时候，能够脱口而出一个品牌。这是我们做这件事的初心。

儿童类产品不能再沿用步步高这个品牌了，因为步步高代表的是教育电子类产品。大家看小天才logo上的笑脸，就知道它是快乐、阳光的定位。这就是我们内部战略思考中品类和品牌之间的关系。

口碑先行

在消费电子领域里建立品牌，需要有足够长远的发展。选小天才品牌的时候，我们团队已达成一致，想要的首先就是口碑。2010年年底推产品的时候，小天才都不知道重点做什么产品，但策略很清楚：在小天才没有碰到大规模的品类之前，不追求销量，要先赢得消费者口碑。

2014年以前，我们做过小天才早教机、儿童平板，口碑都不错，但销量不大，大家可能都不太熟悉，这样熬了好几年。“小天才”品牌无法启动较大规模的动作，一直在寻找机会，不盲目地动手。直到2015年，我们发现并开始做“电话手表”这个品类。

其实，2013年我们就开始分析这个市场了。为什么会选择这个品类呢？在我们运作这个市场之前，没有谁叫“电话手表”这个品类名。一个品类有爆发式的增长，一定是切中了一个被压抑的需求。需求决定一切，只有满足需求的产品，才能有消费者广泛接受的基础。

电话手表

为什么叫电话手表，不叫定位手表？在分析这个产品的时候，我们内部也PK了很多次。这个产品来自对“安全”的需求——家长怕丢孩子，但从长远发展来看，我们觉得这是不对的——如果中国的治安变好，是不是这个需求就不存在了呢？最后，我们确认需求的核心是通讯,不管是现在还是未来,通讯是每个人的基本需求。所以,电话手表的核心需求是:市场上没有解决孩子通讯的产品,解决孩子的定位和安全是锦上添花的附属需求。

电话手表的核心功能非常简单——能打电话,能定位,但最重要的还是产品质量,这也是步步高做这么多年企业认为成功的核心所在。

从 0.5 到 1

对于行业发展的关键周期,用一个形象的比喻就是“从 0.5 到 1”。因为大多数企业承受风险的能力有限,所以从 0.5 到 1 是非常重要的。什么是 0.5 呢?

举个例子。步步高点读机 2008 年正式运作,但 2002 年我们就盯着这个技术和产品,中间也考虑过从美国引进。一直到 2007 年我们觉得版权、供应链、技术、成本都成熟了,一切都可控了,然后在 2007 年的暑期小试一把,发现对了,这就是 0.5。经过一系列的分析,我们发现 2015 年电话手表应该到 0.5 了,既然到了 0.5 就毫不犹豫。

做小天才品牌的时候,我跟团队说:“只要小天才给我们 10 年时间,我们一定会有好的机会。关键是不能第 10 年要来的时候,我们在第 9 年年尾死了。”步步高的企业文化是:宁可错过一个机会,也不要不着边际地去捕捉一个不靠谱的机会。只要企业活得足够久,总是有机会的。

本 分

战略可以使一个企业“做得好”,但企业文化才能让一个企业“做得久”。任何一家百年老店,都是一个文化的传承和文化的成功,文化起着根本性作用。

在品类战略的执行层面,企业文化的承载非常重要。一次成功可能是偶然,若能多次运用品类战略取得成功,这里就有它必然的逻辑,或者是必然的关键因素。在步步高,我认为这个关键因素就是文化在整个体系的统领力。关键时刻,是价值观给了我们决断的标准,所有步步高产品的成功,唯一可能的秘诀就是“本分”加“平常心”的文化。

“本分”就是两句话:第一,做对的事情;第二,把事情做对。

消费电子行业发展非常快,电话手表是个新品类,行业鱼龙混杂。但我们的品质标准丝毫不放松,所有的原材料都要过儿童类产品欧盟认证,很多品质项目、测试项目都是绝大多数行业厂商没有的,非常严苛。品质标准甚至会导致供应链都需要很艰难地重新寻找。不是成本的问题,耽误产能同时未必能造出来,这就是我们的自我约束。

小天才现在所有的电话手表都要做防水,现在 Y02、Y03 做到 IPx7 级,马上就能做到 IPx8 级了。这对研发、制造、品质的要求是全方位的,难度指数级增加。

这种品质标准的建立和自我约束,能不能形成行业的标准是很重要的。企业必须要有格局、有高度,致力于行业健康发展,应站在 5 到 10 年之后回头看今天做的事情对不对,否则就会短视。重要的是,给你 10 年,你还是做得那么好,这才是真的好。

从 0.5 到 1 只能说万里长征第一步我们打赢了,现在是火车头。如何从 1 做到 2 乃至做到 3 呢?我们认为仍然是靠产品创新,把产品越做越好,不要回头看,不要以市场占有率为核心。

三、问题思考

1. 小天才电话手表迎合了市场中的哪些需求?

2. 根据案例描述，尝试理解"本分"的内涵。

（参考资料：金志江.小天才电话手表的品类创新.销售与市场(管理版)，2017(4).）

案例 4－6 迷你 KTV、自助健身房如何抢占碎片化娱乐时间

一、背景资料

碎片化时间的好处是消费者能接受在一个短的消费时间里花费比正常时间更贵的价格，因为它不需要排队，也不需要服务员。现在更多人愿意花钱买时间。

二、基本案情

一台点唱机、两副耳机、两只话筒、两个高脚凳、12 个钨丝灯筒组成一平方米的小空间，可供两人同时唱歌。两边窗帘一拉，搭配隔音玻璃。将声音与外界几乎完全隔开了。按照视频上的提示，通过扫描屏幕上的二维码，关注微信后，开始点歌，在利用微信支付端付费后，便可切换到 K 歌画面。酣畅淋漓地唱过一曲后，录制的音乐会自动上传到微信，变成一张专属个人专辑，还能转发到朋友圈。这就是购物中心里一个个迷你 KTV 里的小秘密。

2016 年末以来，新一批自动售卖设备重新杀回大众的视野，每个购物中心的折角处都被塞得满满当当。自动橙汁机、自动咖啡机、自动面膜机、自动盒饭机、抓娃娃机……还有不卖产品而是卖服务的迷你 KTV、迷你健身房等，无不在抢占着消费者的碎片化时间。

在人力成本直线上升的一线城市，自助终端的优势就在于无须人员经营，也无须昂贵店面租金成本，需要付出的就是小地点的租金成本与补货物流配送＋机器的成本。在无人零售设备最发达的国家日本，全国共有 550 万台各种业态的自动售货机，从卖饮料、卖香烟、卖玩偶、卖美妆产品、卖热腾腾的面条一应俱全，平均每 23 人拥有一台。而国内自动贩卖机数量为约 270 万台，平均 4 500 人才拥有一台。

对于这种由大化小，由人工到自助的创业浪潮，42 章经创始人曲凯称其为"硬件设施的解体"：我们整个社会的分工都是在逐渐分拆、细化的，每一个属性的工作都可能被单独提出来成为一个底层服务基础，比如以前开公司都要招足够多的员工负责所有的事情，现在则有专门负责人力、法律、营销等等的外包公司，最终的结果是让整个社会的运转更高效和便捷。

如果说全家、7－11 这类精品便利店倡导的是"无伤大雅的冲动型消费"，自动售卖最好的品类是可以让用户看到就想要、不需思考就可以决策的"提示性消费类"，比如食品饮料、娱乐杂志等等。

如果没有移动支付的普及，自助终端的回流就无从谈起。"微信，支付宝的普及，使得扫码支付变得简单，用户通过扫码可以享受优质、统一的服务，设备也能接受一定程度的损耗，只要有良好的氛围，一年以内基本能回本；其次终端设备的联网能力提升，成本下降，使用门槛一下就降低了。"唱吧 CEO、迷你 KTV 品牌咪哒的投资人陈华称。

随时随地，想唱就唱

早在 2014 年，艾美科技就推出咪哒 miniK，把 KTV 的唱歌、听歌、录歌与线上分享功能搭载在一起，可以同时满足年轻群体唱歌与晒歌的需求。不到一年的时间，咪哒便以"新物

种"的姿态，雨后春笋般地出现在各地人流密集的商场、电影院、游戏厅，受到年轻消费群体的追捧。

消费者的青睐伴随着资本的进入，在友唱 M-bar 获得自动售卖品牌友宝集团 6 000 万人民币 A 轮融资、咪哒获得唱吧战略投资后，一夜之间，线下迷你 KTV 突然站在了市场关注的中央。在设备功能方面，这些迷你 KTV 品牌都较为相似，甚至在行业发展初期就爆发了"咪哒向三家公司索赔 1.6 亿元侵权案"事件。而在计费方面，单曲收费 5～10 元，包时 15 分钟 20～30 元，一小时为 50～80 元。迷你 KTV 主要采取直营＋加盟代理的模式，售价在每台 2 万～3 万元之间，加上商场租金，系统升级费，设备维护费等，一台迷你 KTV 的运营成本大约五六万元。就目前的营收能力来看，一台迷你 KTV 日收入在 200～800 元不等，如果折中以 400 元/日计算，半年左右就可以收回成本。

"没人会在迷你 KTV 里唱一个小时歌，因为那样太孤独了。"有用户这样评论。相比传统 KTV 基本在 2 小时以上的时间成本，虽然收费不便宜，但这种迷你 KTV 的时间花费更加灵活，想唱就唱，唱完即走。"碎片化时间的好处是消费者能接受在一个短的消费时间里花费比正常时间更贵的价格。传统 KTV 一小时 20 块钱，迷你 KTV 可能唱两首歌就 20 块钱，但用户愿意为碎片化时间支付单价更高的成本，因为它不需要排队，也不需要服务员。以前为了省一块钱，愿意等一个小时，现在更多人愿意花钱买时间。消费升级下，大家也都乐意出门走动，享受现实生活中的服务，推动了整个中国互联网创新能力的变化。"陈华说。

唱吧作为一款社交 K 歌手机应用，同时投资了线下传统 KTV 麦颂和迷你 KTV 咪哒，但在陈华看来，这两者之间并不冲突。麦颂是群体性的聚会场所，大量的唱吧线上用户会主动到麦颂 KTV 里唱歌，而迷你 KTV 则是创造了一种全新的娱乐场景。比如，你可以在逛街累了之后或电影开场之前，走进迷你 KTV，打发时间。而对于商场、电影院和游戏厅等终端而言，迷你 KTV 又为其增设了服务内容，可以起到引流的作用。

健身房变身"短平快"

在位于北京朝阳区国贸的朗园写字楼下，有一个集装箱很吸引眼球，从外观上看像极了"飞屋环游记"中的那座"飞屋"，这就是超级猩猩健身舱。每个健身舱里配备有跑步机、单车机、拉绳机、史密斯杠铃机、哑铃、划船机等设备，只要你在微信公众号上预约好要健身的时间，在门口输入密码，"叮咚"一下，一个不被打扰的自助健身舱门就像你敞开了。这种健身舱按小时计费，分时段 30～50 元不等，一次只能容纳 4～5 人健身。

今年 2 月，超级猩猩完成由 Ventech China 领投的 5 000 万元人民币 B 轮融资。到目前为止，超级猩猩在全国开设了 21 家门店，利用这笔融资，2017 年超级猩猩将新增 24 家门店。包括开设超级星星运动培训学院以及涉足电商领域。

超级猩猩分为团课健身房（全能店）和健身舱，团课健身房为 300 平方米标准面积，开在一线城市的商圈，自助健身舱面积在 60 平方米左右。前者减少了大器械采购成本，提高了单位面积坪效，后者降低了地租成本，室外的健身舱还起到了品牌推广的作用。"超级猩猩想吸引年轻一代中产阶级，有购买能力的消费者。在城市开展团体课教室是我们品牌精神的体现，因此全能店是我们经营的重点，健身舱的传播价值超过盈利价值，摆在写字楼广场上像广告位一样很招人目光。"超级猩猩负责人靳夜思介绍。

在最吸引人流的团体课上，超级猩猩引进的版权课程占据全部课程的 80%。除此以外，团队还自主研发了自由的版权课程，包括减脂训练营、男神营、女神营等，一方面保证了用户的体验，另一方面满足了用户的系统性科学健身需求，对于品牌和用户之间的黏性起到一定的作用。“团课价格 45 到 125 不等，有的门店一天客流量从早上六点半到晚上十点一天 11 节课都是满的，下班后这段时间，通常有超过 50 人在网络上预约排队。”靳夜思说。

无独有偶，在成都，小型健身房也开始落地开花。“进健身房运动就必须办年卡的事实，在我们这里完全颠覆了。你只需要扫一个贴在健身器材上的二维码，然后支付 10 元，就可以使用这里的所有健身器材两小时。这应该是有史以来最便宜的健身房了。”刘永彬是“趣跑吧”创始人，趣跑吧首家概念店成本主要是房租、物管、和设备、保洁费等，一个月成本大概是 3 万元。“据我们估算，一个月来练七次的人群达到 450 人就能够保本。”

对于自动贩卖这个逆袭的新风口，颠覆式入局者将会越来越多，即将像共享单车一样掀起一场混战。“对于这些创业者来说，能不能构建出消费者认可的品牌最为重要，其次才是市场营销能力。”陈华说。

三、问题思考

自动贩卖的发展机遇与威胁有哪些？

（参考资料：亢樱青.迷你 KTV、自助健身房如何抢占碎片化娱乐时间.商学院，2017(5)：58－59.）

第四节　课外思考案例

案例 4－7　“罗汉果甜味剂之父”与他的“甜蜜王国”

一、背景资料

蓝福生的吉福思（中国）罗汉果有限公司是全球罗汉果专家及领导者，罗汉果甜味剂出口遥遥领先，一直居首位，并在美国和新西兰成立了全资子公司，出口市场已经遍布北美、欧洲、印度、韩国及东南亚，从 2015 年开始公司启动三大平衡战略，其中一条就是回归国内市场，逐步将美国等海外市场的份额缩减至 50%以下。

二、基本案情

据了解，小茗同学、海之言、汇源等国内饮料品牌已经使用了他们的产品，更有其他大型饮料、乳制品公司的相关产品也正在开发中。去年 10 月，在第二届中国罗汉果节上，吉福思正式推出了两款终端产品——罗汉果茶膏和罗汉果蜜，从 B 端市场转向 C 端市场，进一步扩大罗汉果在消费端的影响力，也是为了配合国内的市场需求和品牌战略。

（一）与东方神果结缘

蓝福生是土生土长的桂林人，外公是当地有名的壮医，从小耳濡目染的他渐渐对中医和草药植物研究产生了浓厚的兴趣，这也影响了他后来的上学和择业。大学毕业后，蓝福生进入广西植物研究所，凭借个人的勤奋和扎实的专业能力，很快崭露头角，30 多岁就升任副所长，并且取得了丰硕的研究成果，先后完成 20 多个项目，发表 70 多篇论文，不少成果还获得了大奖。

从副所长扶正已经近在咫尺，正在大家都看好他的时候，他却作出了一个惊人的决定：辞职。当时身边的亲朋好友都来劝他，上级领导也找他谈了好几次话，但他去意已决。对于当时的决定，蓝福生的解释是，在那种体制下，自己的很多研究成果无法得到推广和应用，很多项目的立项很随意，从一开始就没有考虑市场需求。他厌倦了这样的工作。

脱离体制约束的蓝福生，犹如鱼回大海，一身的本领终于可以自由发挥了。他最初的想法是引进国外一些实用性的新品种和新技术然后推向市场，正在他苦苦寻找的时候，一次偶然的机会，他遇到了一位在政府工作的朋友，他们正在准备立项一个罗汉果的保护与开发项目，当时罗汉果病虫害非常严重，而且人工繁育成活率极低，如果再不保护很可能就会面临绝种的危险。一语点醒梦中人，这不就是他苦苦找寻的项目吗？蓝福生在植物研究所的时候就做过罗汉果的组培，对罗汉果的习性和市场价值非常了解，在朋友和相关部门的帮助下，他拿到了 20 万元启动资金。

2000 年 1 月 1 日从广西植物研究所辞职后，蓝福生就致力于罗汉果的种苗培育研究和推广。传统的人工繁育技术是扦插苗，会带上母体的病毒，第一年不挂果，第二年结 5 到 10 个，第三年才结二三十个。蓝福生利用 3 年时间攻克了罗汉果的人工繁育难题，而且还选育了 4 个新的品种，并将种苗出圃成活率从不到 20%提升至 90%以上。这些新品种的罗汉果组培苗具有许多优良的特征：抗病性好、适应能力强、种植后第一年就能挂上百个果，并且因为经过了脱毒杀死了母体上的病毒，保证了植株的健康，从根源上杜绝了病虫害对罗汉果植株的先天性影响。传统上，种植一亩罗汉果地要种 330 株种苗，而罗汉果组培苗一亩地只需要种 130 株苗就能得到相应的产量，大大降低了人力和农资成本。

大地公司发明的组培脱毒苗对罗汉果产业来说，可以说是一次重大革命，没有这一技术，罗汉果就不可能走出深山，为当地农民创收致富，更不可能有后来的罗汉果甜味剂产业。如今，不仅广西的罗汉果种植面积扩大了好几倍，而且还推广到了广东、湖南、江西、贵州、云南、福建等省，这一切功劳都归功于蓝福生及其创立的桂林市大地生物技术有限公司[隶属于吉福思(中国)罗汉果有限公司集团]。

(二) 聚焦神果，缔造“甜蜜王国”

在解决了原料种植的难题之后，蓝福生就把目标转向了罗汉果的商业化市场，在 2004 年 5 月 19 日成立了吉福思(中国)罗汉果有限公司。

罗汉果，也称“金不换”“神仙果”“东方神果”，是桂林名贵的土特产，也是国家首批批准的药食两用材料之一，在清热解毒、化痰止咳方面具有奇效。但是蓝福生认为，罗汉果产业要想做大做强就必须走出中药的范畴，因为消费者不可能天天吃药，他为罗汉果产业设计的出路是提取甜味剂，进军食品原料市场。

有了这个想法之后，蓝福生想到之前在新西兰留学期间在实验室的一位老师，在与这位老师联系时得知他刚好在越南出差，于是蓝福生就邀请他过来，并请他对桂林当地的罗汉果产业进行了一番调研，他的这位老师当时刚从新西兰皇家实验室出来，成立了自己的公司，苦于寻找项目，看到罗汉果之后非常兴奋，当场就表示要合作，并且为了表示自己的诚意率先将一笔订金打到了蓝福生的公司账户上。

成立当年，吉福思就从罗汉果中提取出了一种叫“甜苷Ⅴ”的乳白色粉末(纯品甜度约为蔗糖的 300 倍，具有零热量、无副作用、口感纯净的优势)，可替代糖作为饮料和食品原料，成为全球首家发明甜苷含量 40%及 50%的罗汉果提取物生产技术，并将其商业化的公司。

产品研发出来之后，蓝福生并没有在国内市场投放，而是将首选市场定位在了美国，这是由多种因素决定的：首先是美国的糖消费量大，基本每餐都离不开糖；其次是美国的肥胖、糖尿病等健康问题突出，急需寻找低热量而又安全的代糖产品；最后，同等甜度的罗汉果甜味剂的价格是蔗糖的5倍，在当时，只有美国这样的西方发达国家才能负担得起这样的消费水平。

但是美国对于食品原料的使用把控极其严格，罗汉果甜味剂想要作为食品原料在美国销售需要通过层层认证，自罗汉果甜味剂产品问世以来，吉福思花费了5年的时间于2010年1月才通过了FDA－GRAS认证（美国食品药监局认证），成为全球首个通过美国FDA认证的罗汉果产品，为罗汉果甜味剂在美国等国际市场的开拓奠定了坚实的基础，这也被蓝福生视为公司发展历程中的一大转折点。之后罗汉果甜味剂在美国的销量迅速增长，并于2014年进入爆发期。据统计，2014年美国市场推出的使用罗汉果甜味剂作为原料的产品数量与前一年相比增长了70%，2015年新增食品种类400种，2016年又增加了100种。目前使用吉福思罗汉果甜味剂作为食品原料的终端产品已经超过1 000种，包括雀巢、百事可乐、可口可乐、统一、宝洁、通用磨坊、家乐氏和乔巴尼等知名品牌。吉福思作为罗汉果甜味剂最大的生产供应商，长期占据同类产品市场份额的半壁江山，为罗汉果产业作出了杰出的贡献，蓝福生也被称为“罗汉果甜味剂之父”。

从市场来看，罗汉果甜味剂还有很大的增长空间，2006年罗汉果甜味剂的市场需求量只有3吨，而到2015年已达到80吨。而从原料供应来看，随着种植技术的不断突破，罗汉果种植面积还有200万亩的增长空间，可以满足生产1 500到2 000吨罗汉果甜味剂的原料需求量，即使可口可乐和百事可乐两家饮料巨头产品里的糖全部换成罗汉果甜味剂也能满足。

经过多年探索，吉福思已经掌握了多项专利技术，无论在产品的颜色还是口感纯净度上都远远超越了竞争对手。上游通过种苗技术牢牢锁定农户，掌控原料，下游通过加工技术筑起竞争壁垒，一个攻防兼备的“甜蜜王国”已然形成！

（三）战略再平衡

吉福思坐落于美丽的山水之城桂林，“千峰环野立，一水抱城流”，这里的山水美景每年吸引着4 000多万的海内外游客前来。

去年，吉福思公司重磅推出两款C端产品：罗汉果茶膏和罗汉果蜜，看准的就是桂林大体量的旅游市场。

众所周知，罗汉果是桂林的地方特产，但传统烘烤出来的干果不好携带。一是体积大占用空间；二是表皮脆弱，容易破碎；三是使用起来不方便，需要水煮或者分多次冲泡。桂林这么大的市场，却一直没有一款可以配称得上国际旅游胜地的高端旅游伴手礼，为此，桂林市的各界人士曾多次找过蓝福生，希望吉福思能够开发一款适合旅游携带的罗汉果终端产品。但吉福思的主体业务是B2B，而旅游产品是C端业务，是两个完全不同的领域，而且当时吉福思的主要市场在美国，国内还不具备推广的条件。所以蓝福生一直按兵不动。

直到2015年，蓝福生认为，多种因素已经促成了时机：① 国内的消费水平大幅提高，在消费升级的呼声中，饮料食品企业逐渐将研发的重点放在中高端档位，开始有意愿使用价格较高的原料；② 基础食品饮料进入衰退周期，而主打保健、养生功能概念的产品越来越受欢迎；③ 雾霾越来越严重，催生了众多的健康需求，而罗汉果的止咳润肺功效正好顺应这种潮流。

于是，在2015年，作为全球罗汉果专家及领导者的吉福思重新调整战略定位，正式宣布开启B2B国内市场和全球C端业务。

除了上述因素以外，蓝福生表示还有其他的战略考量：一是目前的产品和市场结构都太单一，必须加以平衡，增强抗风险能力；二是通过C端品牌的打造可以辅助B端业务；三是调整生产布局；四是为今后步入资本市场做准备。

三、问题思考

1. 经营罗汉果成功的原因是什么？
2. 罗汉果可以满足消费者什么样的需求？

（参考资料：寇尚伟."罗汉果甜味剂之父"与他的"甜蜜王国".销售与市场（管理版），2017(2).）

案例4-8 三星"炸机门"：丢掉的不只是手机王座

一、背景资料

这场猝不及防的"炸机门"事件，打乱了三星的整个战略节奏。

一夜之间，从科技新闻上升到社会民生新闻，事件的发酵如星火燎原之势，席卷了全球消费者。在经历空前规模的召回和空前统一的全球航空公司禁用令后，三星Galaxy Note7的知名度更是达到了铺天盖地的程度。

这原本是给预期不会有什么重大升级的iPhone 7Plus的一记重拳，可惜它没有扭转乾坤，反而让三星在全球高端智能手机市场的地位岌岌可危。

一次性宣布召回250万部手机，除了直接的经济损失10多亿美元，三星的品牌价值也遭受重创，并且这个损害是长期的，甚至可能会影响到明年Galaxy S8的发售。

三星还能爬得起来吗？

二、基本案情

（一）一次必然的、急功近利的失误

一路走来，三星一直是以苹果作为对标的。这个选择当然没错，三星的拼搏精神值得肯定，它甚至一度威胁到苹果的地位。

三星是全球最大的电视机制造商，洗衣机销量也在全球名列前茅，但真正让三星成为像迪士尼一样家喻户晓的品牌的，还是它的智能手机。在乔布斯后苹果的创新乏力下，三星成功抓住了一个千载难逢的好时机——中高端消费市场缺少旗舰型大屏手机产品。于是，依靠大屏、机海、快速三招获得与iPhone分庭抗礼的Galaxy系列，成为使用率最高的手机。

至少在中国的白领以上群体里，不是iPhone就是三星。三星手机的辉煌在2012年达到高潮。

成功却是来也匆匆，去也匆匆。如日中天的三星很快体会到了市场的翻脸无情。IT产品的特性也决定了它的消费者注定是一群喜新厌旧的人。

2014—2015年，智能手机市场进入成熟期。大屏幕iPhone 6/6Plus的横空出世，再加上中国国产手机小米、华为、联想、中兴等的崛起，使得创新乏力却还没有放下价格身段的三

星陷入颓势。好不容易出货量超越苹果的 Galaxy 系列，就这样迅速被市场打回原形。

三星的跌速一度让业界唱衰，它却又在不经意间重新夺回市场。Galaxy S6 Edge 的曲屏设计让公司看到新的曙光。这种前卫的、大胆的设计风格非常受商务人士尤其是女性消费者的青睐，也让三星在众多长相雷同的智能手机中脱颖而出。三星似乎找到了感觉，它重新认识到求新和差异化的意义。

时机大好。头号竞争对手苹果年复一年地遭受创新不足的诟病，全世界都在声讨没有乔布斯的苹果是多么没有灵性，没有惊喜。三星势必要在 Galaxy Note7 身上下足本、用足劲，与 iPhone 7 一决雌雄，以重现昨日之辉煌。

所以，我们看到了三星把当时地球上最强悍的移动处理器 Exynos 8890 用在了 Note7 上，并配上了 5.7 英寸巨屏（518 ppi）、4GB 内存，支持双卡双待……这些参数的罗列不是为了炫耀，只是想表示，这可真是个"电老虎"，电池一定不小！

没错，三星为此配备了一个 3 500 毫安时的电池，比上一代 Note 增加了整整 500 毫安时！而在整机变得更轻薄，但元件变得更丰富的情况下，电池有多少扩大空间？在体积不能扩大，但电量要大幅增长 17%的情况下，风险就这样不期而至了。

事实上，如果没有"炸机门"的话，三星 Note7 的销量确实颇为惊艳。有数据表明，爆炸之前，Note7 的销量相较于 Note5 的销量，上升了 25%。

因为一直在曲折中前行，因为曾经失去过，三星对守住成功的欲望如此迫切。以至于它铆足劲地追赶、超越、区别化竞争产品，过分偏执而又急功近利的结果，是步子迈得太大了，跌了跟头。任何高颜值和高科技带来的愉悦体验在如此重大的产品质量问题面前，都成为一个苍白而无力的笑话。

（二）比手机还堪忧的危机公关

相比于三星手机的安全问题，三星的危机公关更加堪忧。

选择性召回是三星给自己挖的第一个坑。这个失误很多跨国公司都犯过，一旦发生产品质量问题，中国市场通常不在召回范围之列，只留给中国消费者一个冠冕堂皇的理由。比如，三星说因为电池批次不一样。不同区域选择不同工厂进行产品组装是正常的，也符合行业特点，但是三星错估了形势。

移动互联网时代，每一个企业都必须敬畏消费者的力量。因为消费者的力量从未有过的强大，也从未有过的清醒，他们的话语权更是达到一个不可预测的级别。一个简单粗暴的声明，可以糊弄住最爱刨根问底的中国消费者吗？能让看热闹不嫌事大的竞争对手手下留情吗？能让整天机不离手的消费者心安吗？三星的做法甚至被解读为用"双重标准"歧视中国市场。

这个决策还带来了更大的隐忧，在国外进行召回却不在国内召回的做法会导致之后不管什么原因，只要有一台国行 Note7 发生爆炸事故，舆论就会对三星造成不可估量的压力。

互联网时代更遵循墨菲定律——如果坏事有可能发生，不管这种可能性有多小，它总会发生，并造成最大可能的破坏。紧接着，三星就被打脸了，中国市场出现了两次 Note7 爆炸事件。危机一触即发，三星的第一反应却是撇清责任，自说自话。这是它给自己挖的第二个坑。

面对如此严峻的形势，三星直到事故发生超过 15 小时后才首次进行官方回应，指出该国行手机爆炸与电池无关，系外部加热所致，暗示存在人为破坏的可能。有韩媒报道称，

9 月 18 日中国市场出现两次 Note7 爆炸事件是为得到赔偿金的炒作。三星电子宣布，正在讨论对主张虚伪爆炸的两名中国消费者进行刑事起诉等法律应对。

质量危机发生了，无论真实情况如何，企业必须给公众一个坦诚的谦恭的姿态，而不是强硬的、毫无技术含量的推脱。从理论上说，国内这两起手机爆炸案并不能绝对排除炒作的可能性，但问题是，这样的结论不该由三星来定，也不该由三星的手机电池供应商来定，利益相关方做出的结论有多少公信力可言？这是一个必须由独立第三方来做出的权威结论。三星的自说自话为其品牌形象减了不少分。

在整个事件的进程中，三星没有给消费者看到它的诚意，它不遗余力地撇清自身责任，转移话题和公众视线。这让中国“星粉”们大失所望。牛逼的企业不会被竞争对手打败，只会自己把自己打败，所以要活得战战兢兢、如履薄冰。

对于将中国市场作为重要战略性市场的三星来说，我们很难理解这样的公关策略是怎么产生的。互联网时代的消费群体，他们勇于尝鲜，却对企业求全责备；他们喜欢创新，却不会再绝对忠诚。三星凭什么认为可以轻易摆布他们？

（三）谁是“炸机门”的受益者

三星悲剧了，那么谁会是最大的受益者？是苹果吗？苹果最近确实可以自得。在iPhone 7 上市之际，三星 Note7 的爆炸成了庆祝 iPhone 7 上市最美的“烟火”。

最近，苹果股价创下 5 年来表现最好的一周，股价逼近 115 美元，累计涨幅超过 10%，市值增加 630 亿美元。苹果在资本市场重获自信。尽管 iPhone 7 并没有革命性的突破，但自开售以来，iPhone 7 和 iPhone 7Plus 的一些版本都已经售罄。这不禁让人感叹，苹果是此次爆炸事件的最大受益者。

中国手机厂商也是受益方。在全球智能手机前十的厂商中，中国企业就有 7 家，三星部分高端用户会转入苹果阵营，但是更多受影响的中低端用户群体和部分高端用户，则会转入国产手机厂商阵营。

有业内人士指出，今年上半年中国市场上 3 000～4 000 元价位的手机销量中，中国厂商已经占到 70%，去年仍在 50%以下，华为、OPPO、vivo 将主要机型锁定在了 2 500～4 000 元价格段的中高端手机，已经和三星展开正面对抗。而三星此次“炸机门”所遭受的打击无疑会给国产手机带来机会。

当然，以上都不是最重要的。对其他手机厂商来说，最受益的不是意外而来的三星所流失的市场份额，而是质量危机，这值得所有企业警惕。抛弃产品基本功能的创新没有任何意义。切不可本末倒置。

虽然因为掌控着上游技术及产业资源，三星手机不大会因此出现如 HTC 手机那样的败局。但如果这家公司还是保持目前策略的话，至少在中国市场，三星即将进入寒冬。

三星接下来的任何决策都值得我们关注和学习。不管三星最后能不能把损失和影响降至最低，哪怕是完全失败，也都将会成为教科书上经典的一例。

如果三星能在此次事件中成功翻身，我们相信，这次里程碑式的质量事件会让三星成长得更好、更出色。

三、问题思考

1. 三星“炸机门”显现出三星在产品策略中的什么问题？

2. 三星在面对“炸机门”事件的危机公关中失利之处。

（参考资料：王玉.三星“炸机门”：丢掉的不只是手机王座.销售与市场(管理版)，2016(11).）

案例 4－9　初语：在风格变换中寻找定位

一、背景资料

初语，是广州初语服装设计有限公司的潮牌女装品牌。由独立设计师沈忆于 2006 年在厦门创立，2011 年搬迁至广州，凭借“原创”精神和“艺术潮”的品牌风格迅速成了互联网知名女装淘品牌。2014 年双十一女装品牌全网销量 TOP5，淘品牌 TOP4。初语坚持“艺术潮”的品牌理念，以艺术文化作为关注的核心，倡导追求真实的自己，让服装成为内心独一无二的表达。

二、基本案情

初语的核心竞争力始终是设计团队，后端所有的团队都服务于设计师，协助打造产品品牌，并吸收线下服饰品牌重企划、重系列的方式。

初语的被收购开启了自身的转折之路，也正式让汇美进入集团化、多品牌孵化战略时代，主要通过自主开发与资本手段相结合的方式。

初语的供应链大致经过了三个时期：拿货模式，自建供应链时期，借鉴茵曼经验、共享供应链系统。

一个典型互联网女装品牌的发展路径是怎样的？或许可以从初语身上找到一些痕迹：2007 年，夫妻创业开淘宝店占得流量红利，以独特的风格快速吸引粉丝；2013 年，关闭淘宝店转战天猫平台，改名为“初语”品牌，并在资本并购潮中与茵曼联姻，进而资源互补，突破品牌瓶颈；在线下品牌冲击下坚持走品牌化路线，死磕供应链和设计。

近十年的品牌沉淀，初语并不盲目追求速度，而是趋于沉稳，但也在不断变化的电商江湖中寻求新的突破点。

（一）在风格变换中寻找定位

初语原先只是一家名为“木棉天堂”的淘宝店，最初主打棉麻文艺风。为了更靠近服装供应链，2011 年创始团队从福州辗转到广州发展，风格定位一度摇摆：尝试过不同的细分市场，从最初的欧美时尚，之后受到茵曼的影响改走中国风，再到后来市场流行的文艺森女系。

尽管试图迎合消费者不断变化的口味，但市场的反应并没有太过乐观。2013 年，几位创始人索性关掉已有不少粉丝的淘宝店，改名为“初语”转战天猫平台，正式开始探索品牌化之路。

此时，联合创始人兼主设计师沈忆尝试走起日式风格，聚焦 25～35 岁的女性。在历经几个月从零开始的积累之后，初语在一次聚划算品牌团中达到日成交额 700 多万元，这才开始在销量上有所突破。

“没有客户只能换风格。每次换都会有一些客户的流失，好在当时这一风格比较缺失，接受度和市场基数比较大。”联合创始人、副总经理吴军镝向《服饰绘》解释原因。

在风云变幻的电商江湖之下，在吴军镝看来，初语的核心竞争力始终是设计团队，后端所有的团队都服务于设计师，协助打造产品品牌，并吸收线下服饰品牌重企划、重系列的方式，从中性简约风格中开辟出摩登、职场、街头等系列。

自然研发成本也相应增加，吴军镝介绍说："一款产品从设计到商品呈现需要 7 000 元成本，去年设计了 4 000 多款，研发费用需要 2 000 多万元。"

这种以设计师为核心的运作基础之后被复制到初语旗下的 4 个子品牌。每个品牌都由设计师带队，独立运营，但在供应链、财务、客服等方面与集团实现共享。

子品牌生活在左从茵曼一个系列演变而来，Ving 的诞生路径与之相似。2014 年，初语尝试将其中一个系列使用进口面料聚焦于高端人群，定位为日式禅意，但不久之后却发现同购买人群并不相符，于是，沈忆索性将该系列独立出来运营，Ving 应运而生。

而为了更好地传播日式文化，在今年初直播风潮兴起之后，初语直接在日本当地搭建了直播团队，定期栏目化直播。

（二）联姻茵曼，开启多品牌时代

初语的被收购开启了自身的转折之路，也正式让汇美进入集团化、多品牌孵化战略时代，主要通过自主开发与资本手段相结合的方式。

早在 2012 年初，汇美集团董事长、茵曼品牌创始人方建华就接触了还是淘宝店的初语，被其独特的设计风格和创始人强烈的品牌精神所吸引。2013 年 10 月，汇美通过"换股"的方式并购了初语，共享茵曼的供应链和营销渠道，设计和运营则完全独立运行，之后使其成为集团下的主力品牌之一。

在吴军镝看来，多年从事服装行业的方建华能在品牌战略层面给予建议，性格亦十分包容。品牌经营理念相似和资源互补成为这次并购的前提。

这一年，初语开始花重金砸广告，快速复制成功之路。而它的成长也辐射出一批主打日式文艺风店铺的兴起。

"初语开始打广告后，一定程度上带动了整个淘系平台文艺风店铺发展，它更像在干一件教育市场的事，让消费者们知道了文艺风的存在。"一直主打文艺风的金冠淘宝店——步履不停的创始人肖陆峰向《服饰绘》回忆。随后，文艺复古也成了服饰类目的热门标签。

2014 年"双十一"，初语在女装类目的销售额排名由前一年的第 8 位升至第 5 位，年销售额也由 8 617.3 万元跃增至 3.69 亿元，占比集团整体营收近 4 成，这个结果让方建华相当满意。

不过，看上去是风格定位颇为相似的兄弟品牌，在公司管理和文化上却完全不同。我们可以看到一些有趣的现象。

在广州海珠创意产业园内，同属汇美集团旗下的初语和茵曼、生活在左等其他品牌并不在同一栋楼办公。茵曼公司内部一直以来实行"长短周"制度，初语则在 2015 年提出周末双休；茵曼的管理相对严格，层级明显，但初语的各个部门间相对独立，没有严格的上下级，因此从来不戴工作牌，氛围相对轻松。

在方建华的眼中，子品牌必须要差异化经营，"我在集团中已经不太管具体的事务了，更像一个老师的角色，如果每一个品牌都要我亲自来管，那做出来的都是茵曼。"

而在面对国际、线下服装品牌的冲击，初语市场总监庞强认为这是回归到服装行业的正常水平，"之前淘品牌太容易了，行业一定是有门槛的，他们的加入有很多有利的地方，带来了很多优质用户，是挑战也是机会。"

此前,初语曾在探索线下店方面付出了一定成本,接下来,它也将学习茵曼“千城万店”的全渠道策略。

因此,初语保持较高的团队扩张标准,每个岗位都会花重金聘请专业人士,比如品牌部负责人有资深视觉经验,直播负责人曾是《海峡都市报》的新媒体总编,庞强则是十年广告人出身。

(三)打磨供应链

花费力气打磨供应链,这或许是所有淘品牌都要面临的痛点之一。

初语的供应链大致经过了三个时期:拿货模式,自建供应链时期,借鉴茵曼经验、共享供应链系统。得益于与茵曼的联姻,让初语在供应链摸索上有经验可循。

随着消费者对货品质量要求越来越高,以及档口备货速度跟不上销量,2011 年,初语决定放弃市场拿货模式。但由于创始人并没有供应链和服装生产经验,加之人才缺失,起初只能找到一些合作门槛较低的档口服装加工厂,质量仍是头号难题。

初语坚持两步走,找一手面料供应商,并与合作加工厂形成稳定的合作。

直到 2012 年 5 月,吴军镝找到了一家有品牌服装加工经验工厂,50 人的规模相比作坊已是规范化运营。多次沟通之下,工厂与初语达成共识,以较高的成本尝试做了第一批货。尽管每件成本比市场高出 20%左右,但质量成为可控因素。

意识到供应链系统化管理的重要性,初语还从市场上采购了系统,试图解决备货、翻单等供应链问题,但测试下来并不适合淘品牌。2013 年之前,供应链成为制约品牌发展的一大因素,也是公司内部投诉最多的一个部门。“经常会卖断货,或者翻单货品不能按时回来。”吴军镝向《服饰绘》坦言。

联姻茵曼后,供应链自然成为首先变革的目标。2014 年,初语开始使用集团自己研发的 IOM 系统,信息化管理从设计到销售的每一个环节。这是茵曼先行一年之后的经验传承,当时系统也已相当成熟,“在短时间内,整个集团手把手教会了我们使用。”吴军镝说。

目前,初语的供应链反应速度可以做到春夏 7～15 天出大批量,秋冬出货 20～25 天。通过与供应商合作,将原来的大型生产线进行改造,来应对消费者下单的小批量、多品种、大波动等特征;而供应链合作企业之间通过研发、生产和配送等环节信息共享带来的深度协同,不断改进消费者的服务体验。

据吴军镝介绍,一般情况下,初语根据翻单需要的时长进行备货。在已有备料的前提下,比如羽绒需要 40 天生产周期,那头单就备 40 天的销量。“这是 2013 年以来开始实行的最好的模式,但是操作过程中会有偏差,需要随时应变。”

除了借助 IOM 系统管理供应链,初语同样借鉴了茵曼其他的管理经验,将生产、加工、仓储、物流、质检环节全部外包,实现“轻资产”运营。另外还建立了面料实验室,重点抓产品、标准输出以及质量把控。

不过,对于现阶段的初语来说,不论是完成线上线下融合,还是保持持续性增长都绝非易事。从汇美集团披露的招股说明书中可以看到,2015 年,不管是茵曼还是初语,在整体营收上均并未有较大的提升,初语为 3.85 亿元占比 33.75%,而在刚刚过去的天猫“双十一”,汇美也调整了整体促销策略,相比较此前都显得颇为保守。

“在考虑到需要庞大的备货量、毛利让利以及后端物流服务体系之后,更看重库存、利润率和服务体验。”市场总监庞强坦言。

三、问题思考

1. 初语的供应链大致经过了几个时期?

2. 初语的核心竞争力是什么?

(参考资料:孙姗姗.初语:在风格变换中寻找定位.中国电子商务研究中心,http://www.100ec.cn,2017年2月3日.)

第五章　价格策略

本章导读

消费者的购买决策更多依赖于产品价值和付出成本的比较，只有当价值不小于付出的成本时，才会发生购买行为，其中，获得的价值包括产品价值、服务价值、人员价值和形象价值，产品价格是这些价值的综合反映。付出的成本则包括货币成本(产品价格)、时间成本、体力成本、心理成本和精力成本。价值和成本的感知对于不同的顾客而言有很大的差异，甚至一个顾客在不同的情况下的感知也不同。

价格是市场营销策略中十分复杂、十分敏感而又难以控制的因素，它直接影响着消费者的购买行为，也关系到企业的市场份额和盈利率，因此，企业必须重视价格策略的选择和应用。

• 任何一项购买行为都是一项心理博弈后的结果，要想启动消费者对产品的购买欲望，降低消费者对产品价格的敏感度是一项必须要做到的工作。价格定高了，利润空间上去了，但是只剩下对价格不敏感的人会买，销量就下来了；价格定低了，销量是上去了，可是对价格不敏感的人的钱又没有挣足。如何找一个两全其美的办法？

• 采用免费策略的产品一般都是利用产品成长推动占领市场，帮助企业通过其他渠道获取收益，为未来市场发展打下基础。但是，并不是所有的产品都适合于免费定价策略。受企业成本影响，如果产品开发成功后，只需要通过简单复制就可以实现无限制的生产，使免费商品的边际成本趋近于零或通过海量的用户，使其沉没成本摊薄，这就是最适合用免费定价策略的产品。免费价格策略如果运用得当，便可以成为企业的一把营销利器。

• 在竞争日益激烈的全球化市场，价格竞争是常用的竞争手段，“价格战”在任何时候都会存在，如果认为价格战是没有技术含量的弱智营销，这种想法本身就有点弱智。一个不争的事实是：那些以价格战闻名的中国企业，在产业发展过程中，基本上都是最后的胜利者。认为价格战是低水平的营销，这是清流思维；认为价格战不赚钱，这是简单思维。敢于发动价格战，打出高水平的价格战，并在价格战中赚钱，这是战略思维。

第一节　理论教学要点

一、影响企业定价的因素

影响企业定价的各项因素可以分为三大类：一是理论基础，即产品价值是企业定价的理论基础；二是生产经营方面的因素，包括成本费用、销售数量、资金周转等因素；三是市场需求竞争方面的因素，包括需求价格弹性、同类产品竞争状况、产品生命周期等因素。

二、定价目标

利润最大化定价目标；投资收益率定价目标、提高市场占有率定价目标、适应价格竞争定价目标、维持价格稳定定价目标。

三、定价方法

（一）成本导向定价法

成本导向定价法包括：成本加成定价法；目标定价法。

（二）竞争导向定价法

竞争导向定价法包括：随行就市定价法；投标定价法。

（三）需求导向定价法

需求导向定价法包括：认知价值定价法；反向定价法。

四、定价策略

（一）新产品定价策略

新产品定价策略包括：撇脂定价；渗透定价。

（二）心理定价策略

心理定价策略包括：尾数定价；整数定价；声望定价；招徕定价；习惯定价。

（三）折扣定价策略

折扣定价策略包括：数量折扣；现金折扣；交易折扣；季节折扣。

（四）分地区定价策略

分地区定价策略包括：原产地定价；统一运送定价；区域运送定价。

五、价格变动反应及价格调整

（一）企业主动调整价格

1. 调高价格

（1）调高价格的原因：生产经营成本上涨；产品供不应求；改进产品；策略需要。

（2）调高价格的方式：公开真实成本；提高产品质量；附送赠品或优待。

2. 降低价格

（1）降低价格的原因：企业的生产能力过剩；需要扩大销售；在强大竞争的压力之下，市场占有率下降；成本费用比竞争者低，企图通过降价来掌握市场或提高市场占有率。

(2) 调低价格的方式：增加额外费用支出；馈赠物品；在价格不变的情况下，改进产品的性能，提高产品的质量，增加产品功能，实际上也就降价了产品本身的价格。

(二) 企业被动调整价格

如果竞争者率先调整价格，那么企业也应采取相应对策。

1. 了解与竞争者调价有关问题

竞争者为何调价；竞争者调价是暂时行为还是长期行为；其他竞争者会作何反应；竞争者调价对本企业有何影响；竞争对手和其他企业对于本企业的每一种可能的反应又会有什么反应等。

2. 应对竞争者调价的策略

(1) 应对竞争者提价的策略：如果认为提价对全行业有好处，则跟随提价，否则就维持价格不变，迫使发动提价企业恢复原价。

(2) 应对竞争者降价策略：维持原价；跟随降价；提价并同时提高产品质量，树立企业高品质形象；增加廉价产品项目进行反击。

(三) 市场对企业调价的可能反应

1. 顾客反应

(1) 顾客对降价的反应：该产品质量有问题；该产品老化；可能还要降价；企业可能经营不下去了，要转行，售后服务没保证。

(2) 顾客对提价的反应：该产品质量好；厂家想赚钱；该产品供不应求，再不买就买不到了。

2. 竞争者的反应

企业调价之前，必须了解竞争者当前的财务状况、近年来的生产和销售情况、经营目标、顾客的忠诚度等。特别是竞争者对本企业的降价行为可能作出不同理解：该企业想与自己争夺市场；该企业想促使全行业降价来刺激需求；该企业经营不善，想改变销售不好的局面等。

第二节 教学引导案例

案例 5-1 如何降低消费者价格敏感度

一、背景资料

为什么买彩票的人明知道中奖概率极低，还是坚持不懈地购买彩票？

为什么有些人平常看起来很小气，但是和情侣约会和送礼的时候却又显得很阔气？

为什么人们失去 100 元钱的痛苦感远远大于人们得到 100 元钱的快乐感？

二、基本案情

在作者没了解价格心理之前，作者对于这些也是似懂非懂，但是当作者了解了价格心理后，发现这一切其实都是套路，原来商家就是这样操控人性，降低消费者对价格的敏感度，促使消费。

(一) 概率消费

在这里作者把饶幸心理和低门槛消费两种消费心理行为结合在一起称为概率消费，概率消费能够有效地撬动消费者的金钱和精力。

侥幸心理：认为最终的胜者很可能就是自己。

低门槛：在设置游戏规则时，游戏的门槛设置不要太高，一旦太高，参与的人数和人们积极性就会降低。

买彩票就是典型的概率消费，只需要几块钱投资，就有可能获得几百万元，即使同时有几百万人在竞争，那么对于彩票销售方来说，总是要赚的。

对于未知，人们通常是抱有期待和幻想的，对营销人的启示就是你要举办一个活动，要想更多的人参与进来，那么概率消费是一个不错的选择。

让对方付出小成本就有可能获得大奖，虽然这个套路都被大家用滥了，但是依旧很有效。

这也是大家热衷于转发有奖的微博和朋友圈的动机了，反正又不需要多大的成本，为什么不试试运气，万一中奖了那多好呀，而商家在这样的过程中产品品牌不断曝光，从而达到自己的目的。

（二）看不见的钱

人们对于数字货币和纸币的价值感知毕竟不同，虽然实际价值是一样的，但是人们对于虚拟货币的支付显然是更慷慨。

除此之外，特殊的消费场景和消费文化也会大大降低消费者对价格的敏感性。

回忆你的消费行为，什么时候你会觉得价格贵也值得呢？

- 情侣约会。
- 送礼品给长辈。
- 抢学区房。

或许你平常是一个比较理智、节俭的人，但是在面对这三个消费场景下，即使商品消费价格高，但是你依旧欣然接受，甚至是价格越高你越青睐。

因为面对情、面对唯一，人的虚荣心会作怪，关于价格的敏感性就瞬间减少了，开启消费者的钱包之前，首先启动他的情感按钮，打造稀缺性价值。这也是众多奢侈品和爱情纪念物能够受到大家推崇的原因。

（三）得失心

捡到一百块钱和丢失一百块钱给人们心理带来的感觉是不对等的，对于某些人，捡钱带来的愉悦感是远远小于丢钱带来的痛苦感。

对商家而言，有效地使用“得”或“失”价格策略，则可以起到改变消费者购买行为的作用。

快乐痛苦四原则

一次捡 75 元，和先捡 50 元后拾 25 元，选哪个？一次丢 75 元，和先丢 50 元再丢 25 元，选哪个？

实验证明，多数人选分捡 75 元，一起丢 75 元。这就是经济学的快乐痛苦四原则：

(1) n 个好消息要分开公布。

(2) n 个坏消息要一起公布。

(3) 一个大的坏消息和一个小的好消息，分别公布。

(4) 一个大的好消息和一个小的坏消息，一起公布。

在定价中，如果你掌握了以上几个原则，那么消费者的价格敏感性是大大降低的。

1. 分割收益

将收益分割成众多小收益，给人们来的成就感远远超过大收益本身。

商场搞促销活动，给予消费者众多的奖品，让消费者大包小包地把奖品带回家，事实上这些奖品的价格已经包含在支付的价格中了。

电信套餐活动，按月给用户赠送话费，既培育了消费习惯，每月赠送也能够提升消费者的收益价值，等等。

总之给予客户的好处要慢慢给，分割收益在培育消费者的忠诚度和刺激消费者对产品的新鲜度上面起到了很大的作用。

2. 损失合并策略

损失本来就很痛苦，痛苦的事情一起说。

比如：将西装和鞋子同时推销给消费者，推销房子的时候将车库介绍给对方，现在明白了为什么有些产品要包邮人们更愿意购买吧。

- 90 元的产品包邮。
- 80 元的产品，10 元邮费。

大多数人还是觉得第一种方式更能够让人接受。

不过要强调的是损失合并策略和对比参照策略组合使用可以起到更大的威力。

带买西装的消费者先看贵的产品，再介绍正常价格西装，带买二手房的先看比较一般的房子再看比较高级的房子，通过对比，原来普通西装的价格和二手房的价格也是感觉不错的，事实上人们的购买决定都是通过价格感知来做决定的。

3. 小收益安慰大损失原则

将小收益和大损失分开，降低消费者的痛苦感，很多商家在淡季的时候采取返利、买赠活动而不是单纯的降价活动。

讲到降价，在这里分享一个促销小秘籍，不知道大家细心观测没有，在现实的降价促销中，经常能够看到以下两种降级策略：

- 以百分比折扣形式打折。
- 以降低实际价格折扣。

给大家一个具体的案例就清楚两种策略的具体使用场景：

一件 25 元的衬衫，打完 8 折后，顾客可以享受 5 元的优惠，那么 20％的折扣就相当于 5 元的让利，哪一种更能够吸引消费者呢？

一台笔记本 2 000 元，降价 200 元同笔记本折扣 10％，哪一种更能够吸引消费者呢？

通常情况下：

- 价格金额越小，采取百分比的策略。
- 价格金额越大，采取减扣具体金额的策略。
- 可以采用 100 这个临界点来采取不同的降价策略。

4. 大收益补偿小损失

将小的损失与大的好处组合在一起，让消费者感受到各个单独事件的综合价值。

赌桌中赢得越多的人消费的心态和能力也就越好，说白了就是当一个人开心的时候、获得了奖励的时候，那么这个时候购买欲望和消费心理极好。

现在你能够明白为什么有些商家采取无条件退货、七天包换策略了吧！

因为属于你的东西，你又要把它送出去，对消费者来说，这是很不爽的，实际上这就是得失心作怪。

三、问题思考

如何降低消费者的价格敏感度？

四、分析点评

(1) 组织营销活动时，面对大众产品采取低门槛，高奖励方法。

(2) 打造购物氛围和消费环境，提供多种虚拟货币支付方式。

(3) 合理利用得失心，人们对于自己失去的痛苦感知远远大于得到的愉悦感知。

（参考资料：小平死磕营销.如何降低消费者对价格的敏感度，让她快速买买买.微信公众号：销售与市场，2017 年 5 月 31 日.）

案例 5－2　差异化定价

一、背景资料

“为什么格力手机要内置 100 多张董明珠的照片，还无法删除？

这样一来，手机让人有点硌硬，可是使用上又没有问题。得了，忍了就忍了吧，谁让它便宜呢！”

二、基本案情

开店，越偏远越好？

2010 年，雅虎首席经济学家 Preston McAfee 来京访问，笔者负责部分陪同工作。闲谈中，Preston 突然问了一个问题：北京有 Outlets 吗？

作者说：有啊，不远，在东四环就有个燕莎奥特莱斯，还挺方便的，比纽约的 Woodbury Outlets 可近多了(Woodbury 要驾车一小时以上才能到达)。

Preston 摇头笑道：这个地方选得可不好啊！

随后，他给我们做了一次有关“差异化定价”的报告，这报告听得作者后脖颈子直冒凉气：原来在成熟的商业社会里，产品的价格与价值差有如此秘而不宣的操纵技巧。

那么 Outlets 究竟应该设在哪儿呢？

其实，离大城市中心有一小时以上的车程才是合理的。正是由于这个距离的存在，让富人们不会为了贪便宜驱车前往，这样城内的专卖店仍然可以维持高价格；同时，中产以下“价格敏感”的顾客，又可以以非常低的价格买到一样的商品，这既扩大了销量(其实好多商品打两折利润都不低)，又调剂了库存，可谓两全其美。

设得远一点还有一个好处，大家好不容易开车来了，怎么也得多买点儿。无论是纽约的 Woodbury Outlets，还是旧金山的 Gilroy Outlets，都差不多是这个距离。而燕莎 Outlets 被放在了东四环，这正好是富人扎堆的所在啊，于是以上的好处尽失。

诸位留意，在上面这个例子中，“距离”带来的不方便恰恰是区分价格敏感与不敏感人群，以进行差异化定价的关键“barrier”(障碍)。

桌子砍一个角再卖

实际上，大家不经意间利用 barrier 进行差异化定价的暗黑系魔法，市场上还有很多，我们再举一个例子：

20 世纪 80 年代的录像机，有欧洲的 PAL 制式和美国的 NTSC 制式。虽然大多数厂家生产的录像机都会同时支持这两种制式，但是市场上你却能看到两种制式都支持的机型和仅支持 NTSC 制式的机型，价格相差一倍。

那么这两种机型的差别是什么呢？

或许你猜到了，仅仅是在后者的面板上去掉了一个按钮。而这个按钮，也就是 barrier。

听起来有点儿可笑，这就好比一个好好的桌子，非要砍去一个角再便宜卖，是不是吃饱了撑的呢？其实这涉及企业在给商品定价时遇到的两难困境：价格定高了，利润空间上去了，但是只剩下对价格不敏感的人会买，销量就下来了；价格定低了，销量是上去了，可是对价格不敏感的人的钱又没有挣足。

要想找一个两全其美的办法，就得动动脑筋设计一个合理的 barrier，让贪便宜的人有点儿不便但又能接受。

董明珠的降价技巧

比如某手机厂商，生产一部面向高端用户的手机，在高逼格商务人士身上赚取高利润。应该如何制造一点无关痛痒的瑕疵，面向价格敏感人群低价销售呢？

格力手机内置董明珠照片且无法删除的设计，是一个让人眼前一亮的方案：这样一来，手机想起来让人有点硌硬，可是使用上又没有问题，得了，忍了就忍了吧，谁让它便宜呢！

对于生产实体商品的企业来说，差异化定价后的低价销售部分，还有一个相当重要的作用，那就是调节库存。当老板看到自己的库房中过季商品堆积的时候，总是希望能够快点儿清理掉，降价甚至赔本都没关系。不过这时候如果没有 barrier 的保护，就会出大问题。

凡客在中国电商初兴的时候大行其道。作者清楚地记得有一天，凡客将它的衬衫价格由 200 元下调到 150 元。也许这是为了降价调节库存，但是结果如何呢？

衬衫的价格再也没有涨回到 200 元，甚至是一路下行。从某种意义上说，凡客这个品牌的式微，从那时起就注定了。

最近的一个例子是李宁，也许同样是因为库存的积压，李宁去年似乎在线下各卖场搞了大量的降价促销，促销的结果相当令人“满意”：除了库存服装被迅速清仓，李宁这个令人艳羡的民族品牌也一并随着降价的吆喝声被扔进了义乌小商品市场中。

消费升级，正是宰钱的机会

靠辛苦打拼和昂贵宣传积累起来的品牌，在面临库存和资金周转压力时，是降价还是不降？多少老板都为这个问题困惑过，甚至由于策略的失误让企业一蹶不振。

倒退十几年，刚从极度的物资匮乏中摆脱出来的人们，恐怕对于“价格不敏感”这个词并没有太多的感性认识，大多数人都认为哪怕便宜五分钱，排一上午队也值得。

有一次，朋友拉作者去参加一个展会，他代表某专业杂志社站台。会前，他们将社里积压的杂志都搬到了现场，准备五毛钱一本甩卖掉。眼看展会就要结束了，这些是人就看不懂的枯燥杂志一本也没有卖掉。总不能把货再搬回去吧，这岂不成了行为艺术？

干脆，都送掉得了！

在他们刚刚打出“免费送××杂志”牌子的一刹那，作者能感觉到满场的目光如草原上的狼群发现了猎物一般齐刷刷投射过来，激动而不明真相的群众迅速在展台前排起了不见加长只见变粗的队伍。大家一拥而上，展台被挤了个稀里哗啦，10分钟以内杂志就被哄抢一空。

在这样对价格敏感远高于对价值敏感的社会大环境下，想自发地产生差异化定价的思想与技术，实在是不太现实。

不过，十几年过去，中国已经发生了巨大的变化，层出不穷的传统企业老板与互联网新贵们已经开始批量进入“小人乍富、狗穿皮裤”的新经济阶段。一个成熟的产品定价体系，不宰他们实在是有点冤。

怎么宰呢？

如果barrier设置得好，比方说，有合适的Outlets渠道，剩下的事情就是变着法儿地提高barrier以上的价格了。在这一点上，国际品牌巨头们各显神通，利用资本的力量上下其手，制造了一个又一个的高级的谎言，其中最成功的例子是奢侈品。

三、问题思考

如何实施差异化定价？怎样确定“价格不敏感人群”？是不是就是找出有钱人呢？

四、分析点评

差异化定价的终极武器：大数据

在上面的讨论里，我们略过了一个重要的细节：怎样确定“价格不敏感人群”？是不是就是找出有钱人呢？

其实远不是这么简单。

对某件商品的价格是否敏感，除了客户的富裕程度，还跟他对该商品的急需程度、他对该品牌的认知程度大有关系。比如说，你上厕所没带纸，这时候冲进来一个人，10块钱卖给你一包面巾纸，可能你也没心情砍价儿。

因此，要精细地判断和利用价格的敏感性，大量的用户行为数据是能够发挥巨大的价值的。如果对每一个个体都可以定量地确定其对某商品的价格敏感性，就有可能利用差异化的定价手段创造更大的销售额与利润，这正是我们希望做到的“个性化定价”。

恐怕有读者要跳出来了：同一件商品简单地设置barrier，分成两个销售目标还好办，可是对每个人设置不同的价格，大家知道了还不骂街吗？据说亚马逊前些年就试过类似的方案，结果在震耳欲聋的骂声中下线了。

这儿教大家一个暗黑系的好办法：

同样一台亚马逊上的Mac，甲看到卖10 000元，乙看到卖8 000元，当然是不合适的。不过，我们可以换一个思路：对大家都标价11 000元，但是让甲乙来抽奖，让甲抽到一张1 000元的抵用券，乙抽到一张3 000元的，结果不是一样的吗？

这就是数字世界的阴暗后厨：看起来你有了更多的选择，可以好好算计一下，殊不知网页背后的服务器已经算计了你八万四千多回了。

简言之,有了“赌博”这个好主意,在互联网上进行个性化定价从产品角度来说并没有太大的障碍。

可以想见,未来我们利用大数据的目标,不仅仅是用个性化推荐的方式向用户推介某种商品,而是能够进一步确定他对此商品的价格敏感程度,并利用合适的产品手段相对灵活地操纵价格。这样一来,数据的作用就不仅仅是引导销售,而是能够主动地帮助销售乃至于主导销售了。

别说这事儿不可能,我觉得它已经在悄悄地发生了。

(参考资料:北冥乘海生.为什么格力手机要内置100多张董明珠的照片,还无法删除?销售与市场(渠道版),2017(6):35-37.)

案例5-3　国产拉杆箱凭什么卖到2 000元?

一、背景资料

“每种产品的诞生都有自己生命的价值,就是为人们解决特有的问题。对于拉杆箱来说,要解决的问题就是出行方便。如果它损坏了,就是没有尽到产品本身的使命。”

二、基本案情

车子行驶在高速路上。

坐在一边的供应商突然想起了什么,转过头问张铭庭:舒提啦是哪儿的品牌啊?

张铭庭有点愣了:国内的啊,我们自己的品牌。

供应商听完也愣了一下:不好意思,我们不做国产品牌。

车子立马下了高速,原路把人送回——这单,人家不接了。

国产品牌的天花板

自从再次创业以来,张铭庭已经不止一次遇到这种“闭门羹”。

谈得好好的供应商,一听说是国产品牌马上变卦;想要进的商超渠道,一听是国产品牌立刻摇头拒绝。“那时真是太难了,受尽折磨。”

而他们的原因常常只有一个:不接受国产品牌。

国内营销端对于国产品牌的不接受,其根源在于消费端对国产品牌的不信任。

舒提啦正式迈出第一步的2013年,正是国产品牌还没有充分树立起品牌信任的时期。在拉杆箱领域,呈现出的是两极分化的市场格局:高端市场被国外品牌占据,低端市场则充斥着良莠不齐的国内杂牌军。作为国产品牌,舒提啦的出身使其立刻被归类为后者。

这样简单粗暴的分类,反映的却是市场对国产品牌的普遍认知,殊不知国外所谓大牌都是中国生产的。

作为国产拉杆箱品牌,张铭庭和舒提啦要面对的,不仅仅是强劲的国外竞争对手的中国制造们,还有整个市场对于国产品牌的固有偏见。

做“不怕摔”的箱子

2007 年，带着团队出游的张铭庭发现，由于旅途中的颠簸和暴力托运，几乎一半儿团队成员的箱子都有所损坏。

“每种产品的诞生都有自己生命的价值，就是要为人们解决特有的问题。对于拉杆箱来说，要解决的问题就是出行方便。如果它发生了损伤，就是没有尽到产品本身的使命。”张铭庭认为，对于拉杆箱来说，“不怕摔”是最重要的属性，因为出行过程中拉杆箱一旦被摔坏，必将给出行人士带来尴尬和麻烦。

“舒提啦对准的就是经常出行的差旅人群，他们一方面要求品质与实用并行，另一方面作为社会经济发展的主力军，又有一定的经济实力，能够享有舒提啦两千元左右的精致产品。”张铭庭认为，“物美价廉”是个伪命题，“如果想要品质好，就必须选质量好的材料，成本在那儿摆着呢，怎么可能会价廉？”

随着人群的移动化加剧，拉杆箱市场呈现出增长趋势。毫无疑问，当时张铭庭盯上的，是一块增长中的黄金市场。但是，偏偏有人不这么认为。

“我跟我的某位老师探讨的时候，他就拦着我。他说：张总，不要做。我问为什么？他说：国家背景不支持。如果国家背景不帮助你呼吁，光靠你一个小企业是做不起来的。你别说投几千万，你投十个亿也干不了。所以要关注国家背景的动向，顺势而为。找到风口方向也很重要。”

但是张铭庭偏偏不信那个邪。

2009 年，她跟先生一起考察了各地市场之后，正式开始了第二次创业。

怀胎四年：舒提啦的诞生

张铭庭没有想到：自己面临的是怎样的困难。

创业的第一步，是解决产品研发的问题，她却在错误的方向上奔跑了两年。

因为她坚定了这样的决心：要做真正属于中国人自己的好产品。张铭庭在产品设计上考察了大量中国传统面料，包括丝绸锦缎等，然而这些面料好虽好，却根本禁不起长途奔波的折磨，这与“不怕摔”的定位显然背道而驰。

没办法，她只能中途调整方向，采用国外先进的面料和配件，比如科思创聚合物材料箱体、日产日乃本万向轮、日本 YKK 拉链、台湾进口尼龙面料、TSA 金属芯密码锁等，同时，对箱体结构进行了优化，并获得了承重力更强、使用寿命更长的实用新型专利，以确保箱体更加牢固和更强的承重力。

从 2009 到 2013 长达四年的时间里，张铭庭每年在产品研发上豪掷上百万元，并在东莞成立了舒提啦自己的研发中心。张铭庭是个关注细节的人，舒提啦在硬件上的几次创新都与她的细致观察有关。

当她发现万向轮无固定刹车，在乘车时滑动会带来麻烦时，舒提啦为拉杆箱装上了刹车系统；当她想到商务人群对着装和出行有特定需求时，舒提啦设计专用西装袋、鞋袋、内衣袋、电源袋、洗漱袋等实用收纳袋……总之，一切都以出行人群的需求为中心，以“不怕摔”为核心进行创新研发。

2013 年 5 月，包括“黑金刚”“自由侠”等在内的 5 款旗舰产品终于正式面世，而第二个难题也接踵而来。

闭门羹与曲线救国

产品有了，如何找到愿意代工的供应商？

她挨个去找那些为国外大牌代工的国内企业，却发生了篇首那一幕。“一听我们是国产品牌，就表示不想合作。”

除了供应商，还有渠道商，似乎整个产业链都有着这样的“共识”：国产品牌不好卖。

张铭庭这才感受到老师那句话的分量：如果大的背景不帮你呼吁，光靠你一个小企业做不起来的。她承认：“我常常在半夜想着要放弃，可是第二天我就又满血复活地继续奋斗了。”

她曾直接质问供应商和渠道商——“你不做国产品牌，那你收人民币吗？”“你就不希望国产品牌起来吗？”

她也曾经被气得想哭——“中国人歧视中国人，那段时间把我气得什么样？两个中国人在广交会上非要用英语交流。我就特别不能理解，我说：咱俩都是中国人，你为什么非要说英语呢？”

甚至一度，为了舒提啦的出路，她也终于动摇了：搞了个香港的通行证，让舒提啦有个香港身份吧？“但是后来想了想，我也不知道哪根筋不对，反正就是不想这么弄。”

明明只要起个“洋名儿”就能解决的问题，在别人看来再简单不过，可是张铭庭倔就倔在这儿。没办法，定位对准的渠道进不去，她开始研究“曲线救国”，专门在商场渠道外开设自己的店。“有一段时间我特别生气，你不让我进去开，我就在你商场外边开店。”

国产品牌的春天

好在，大风向真的开始改变了。

2014 年 3 月，彭丽媛随同习近平出访工业制造强国德国时，使用国产手机中兴 nubia Z5 mini 拍照，引起各路媒体的追捧。这一举动被认为是新一届政府决心提振国内工业和国产品牌的体现。同时，随着国产品牌在品质上的提升，消费者对于国产品牌的接受度也开始有所松动。

三、问题思考

国产行李箱品牌舒提啦如何建立顾客信任感？

四、分析点评

属于舒提啦等国产品牌的春天来了。先是供应链的问题得到了解决，紧接着，一直难以进入的超级卖场比如凯德晶品、东方银座等，也向舒提啦伸出了橄榄枝。2016 年上半年，舒提啦开通了天猫和京东旗舰店，开始在线上发售，并很快与线下平分秋色，持续增长。

2017 年，张铭庭将线上渠道铺设作为营销重点，不仅与东航、南航实现了积分兑换合作，也开始了与移动集团和各大银行的接洽。“现在还处于商业模式摸索阶段，供应、销售、人员等还需要磨合磨合。”

目前，舒提啦在线下已经拥有五家自营店，“我们已经树立了相对高端的国产品牌形象。而且，舒提啦和国外高端知名品牌是同一个供应商，但我们的质量要求更高，从来都是百分之百验货。”

百分之百检查一是为了保证产品品质，二是为了保证服务质量，张铭庭选择拒绝开放加盟。“让经销商服务,我还是有点不放心。售后服务必须真正解决消费者的问题,就是我们承诺的:3年摔坏就换新,换新只需5分钟,是否真正能做到,这是非常重要的,所以售后我们必须自己做。坚持自营,前期会有一点慢。但是只要消费者认可你,一切都会好起来。”

(参考资料:周再宇.铁娘子张铭庭:舒提啦的中国品牌梦.新营销,2017(4):40-42.)

第三节 课堂讨论案例

案例5-4 汽车的定价策略为何是个巨大错误?

一、背景资料

从一个简单的定价策略中,你就能够感受到传统汽车对消费者深深的不友好。

二、基本案情

作为一个业外人士,过去几个月作者耗费了一些时间研究了国内的汽车业。实际上作者就是想买一辆自己满意的汽车。

在做了大量的研究和对比之后,你很容易感受到一种煎熬,也可以说是那种深深的不友好。这其中最主要的就是汽车产品的定价策略。在国内,一款汽车的定价策略通常是这样一幅画面:某款汽车被分成了n(从2到10)个等级,每个等级拥有不同的功能和细节,当然每个等级也拥有不同的价位。最便宜的那个等级通常是功能最少、细节最差的,至于最贵的那个等级,则是这款车的“完美之器”,拥有所有的功能和细节。

这种策略使得消费者陷入了各种纠结和对比之中——到底哪个功能是最重要的,哪些功能和细节可以取舍?以至于消费者买完汽车之后,很容易成为一个“业内人士”,起码对很多汽车的功能了如指掌了。

当然,你也可以很土豪,直接买最贵的那款。但在实际的汽车消费决策中,这样的人其实很少。

作为一个没有深入了解汽车背后的故事的人,我不知道这一行的艰辛,但是从一个消费者的角度来看,这种定价策略绝对愚蠢至极。

最好的产品

鉴于很少有消费者购买顶配的车型,而顶配的车型往往又是最完美的产品,汽车公司看起来并不想把最好的产品卖给消费者,而是要让大多数的用户得到不完善的产品?而且为什么要在消费者和最好的产品之间设置这么多的障碍?我不是很理解,也不知道其他消费者是不是理解这个状况。

糟糕的体验

在汽车公司的定价策略中,不同价位的差异往往源自一些很简单的功能,比如车载显示屏幕,或者是自带的导航系统,而这些简单的功能差别对应的可能是近万元的定价差别。随着信息和服务的透明化,消费者其实很清楚这其中的价值差别。汽车公司用如此简单的功能和细节差异来区分某一款车的价位和级别，这是对消费者的不尊重，也是很糟糕的价格区分方式。由此带来的体验感是极其糟糕的。

复杂的价格体系

同一款车都有这么多的价格等级，而且低配和顶配价格差异很大，甚至会出现同一款车拥有不同的消费群体的情况，再加上同一个汽车公司往往拥有很多产品线，这使得一个汽车公司的价格体系过于复杂。消费者很容易在这种复杂的价格体系中迷路——同样的预算到底该买一个更贵车型的低配，还是买一个更便宜车型的高配？一个好的价格体系，应该让消费者把考虑的时间用在别的方面。

传统汽车公司应该借鉴苹果和特斯拉的定价策略。虽然是不同的行业和不同的产品，但这两个公司的产品定价策略有一个共同点：为所有的消费者提供同样的功能和服务。Model S 和 iPhone 也有不同价位，但其中的差别在于续航里程（Model S）和存储容量（iPhone），而这都是在保证了很好体验基础上的附加功能。

当然，汽车公司要改变的不仅仅是定价策略。首先要改变的是做出一款尊重消费者的好产品。尊重这个词在汽车业的确很重要，虽然大部分的汽车公司都宣称自己如何从消费者角度出发，但实际上并非如此。一个最简单的事情是，为什么那么多的按钮标识都是英文的，而不是中文的？以至于很多新车主都要随身带着一本厚厚的用车指南才能安心上路。

总之，即使不谈特斯拉，不谈电动汽车，也不谈自动驾驶，传统汽车公司需要改变的地方也是太多了。虽然增长已经减速，但中国的汽车市场如此之大，只要一个汽车公司能够真正从消费者的角度做出好产品，商业上的回报也会是极其可观的。

当然，传统汽车公司现在的确是要考虑清楚自己的未来是什么，以及如何开始行动了。技术公司给传统汽车业带来的不仅仅是改善和冲击，而是巨大的颠覆。但是如果连最基本的消费者体验都参不透，汽车公司的转型只能是空中楼阁。商业就是这样。

三、问题思考

传统汽车行业价格策略该如何改革？

（参考资料：董晓常.汽车的定价策略为何是个巨大错误？第一财经周刊，2016 年 8 月 1 日(29).）

案例 5－5　为什么奢侈品宁可烂在库房里也不打折？

一、背景资料

为什么我们看到很多的奢侈品牌，过季了宁可销毁，宁可烂在库房里，也不打折？因为品牌公司最忌讳的事情，就是定位偏移。

定位挪一次，你原来的用户就走了，而且再也不会回来了。

二、基本案情

今天有人能说得出，麦包包下面有几个子品牌吗？它们分别叫什么名字？没有人记得。是什么原因让这些淘品牌像流星一样稍纵即逝呢？作者一直在思考这个原因。

在电子商务时代刚刚起来的时候，淘宝作为一个新兴的弱势渠道，曾经面临着一个比较尴尬的局面：没有一线品牌愿意过来。

那个时候，LV会上淘宝卖东西吗？不可能的，它是要进新光天地的。所以淘宝只能重点扶持一批弱势品牌，和它们一起成长。

淘宝可能一年投了8个亿去做流量，但只收了2亿元广告费，中间这6个亿的流量便宜谁了？就是那些早期敢在淘宝上打广告的弱势品牌。

所以我们会看到，有很多公司的业绩会暴涨，很多公司的估值迅速地蹿到几亿人民币。

但是，这个时候，创业者有没有想过，你的增长是怎么来的？

第一类：在享受流量红利的时候，没有抓紧时间去建立品牌溢价，而是在价格战中漂移。

你的增长是靠淘宝的流量红利起来的，而不是靠自己的品牌驱动得来的。

你说我的包卖得很好，隔壁有一个卖同样包的人怎么办？对手比你便宜，你跟进还是不跟进？不跟进消费者就走了，跟进的话毛利率为0。

所以，品牌公司在享受流量红利的时候，能不能抓紧时间去建一个品牌？能不能及时地构建自己的品牌能力、设计能力和品质的把关能力？能不能及时地去建立品牌溢价，而不是在价格战中漂移？

你如果要建立品牌，那就去找全球顶级的设计师，打死都不打折。

我们现在的品牌公司，会从220元一件，卖到220元三件，后面甚至220元五件。这都是什么衣服，洗完一次就不能穿了。

我们中间很多人都是商人，只要眼前有钱，什么都可以妥协。听说只要把价格下调三分之一，销量就能涨三倍。为什么不做呢？有钱当然要赚啊，大家都是这么想的。

我们不仅想要眼前的钱，还想要明天的钱，后天的钱，恨不得连昨天的钱都想要回来。我们做了很多眼前的决策，损害了我们长期的回报。

品牌公司最忌讳的就是定位漂移，用户走了就不会再回来，而你获取新用户的成本会越来越贵。

那么，怎么样才算是一个好的品牌公司？

不要把客户的定位挪来挪去。我们看到很多奢侈品牌，它过季了宁可销毁，宁可烂在库房里，也不打折。

为什么？定位挪一次，你原来的用户就走了。

社会是有阶级有层次的，你让我和差一个档位的人穿一样的衣服，用一样的手机，我是什么心情？宁可不用。

而且老的用户不会再回头了，因为我曾经信任过你，而你欺骗过我，你获取新用户的成本会越来越贵。

这是一个品牌公司的偏移。

第二类：因为深知流量成本很贵，所以要充分转化流量红利，导致品牌定位的弱化和偏移。

品牌公司还有一个偏移。

很多新兴的品牌公司，因为深知流量的成本很贵，所以它要转化这个流量红利：它自己做独立官网，把淘宝的客户转化到自己的官网里面来。

但是做完官网，又不得不面临一个新的问题：花那么多钱买的流量做的网站，如果只卖衣服不是太浪费了嘛，为什么不可以锅碗瓢盆一起卖？

当年凡客就十分纠结这个问题。而且因为你心疼流量红利，你的流量红利一定会有转化。你会发现眼前的这个决策太英明了，果然加了新品，销售额就会增加。

但是你原来炫耀的是什么？是我的材质，一摸面料就知道是真丝的，这个材质的密度和厚度是多少，多少支线纺织出来的。

你卖锅碗瓢盆以后，你怎么去炫耀你的核心能力？是去摸锅的材质吗？

品牌公司炫耀的是产品，是材质，是研发，是品牌管控。零售公司炫耀的是招商的能力、品牌加盟的能力、定规则的能力。

这是两个完全不同的能力模型，而且你的公司内部会打架。

销售会说，凭什么这个位置放自己的货，卖那么差，为什么不能进外面的货？

产品会说，为什么最好的位置都不给自家品牌，而是卖外面的东西？

这是分裂的。用户也会分裂。

究竟凡客是个品牌，还是个渠道？我原来穿凡客的衣服，后来我发现凡客相当于当当，那我会不会穿当当的衣服呢？

这就是品牌公司和零售公司的区别。

每天想着要下车的人做不了品牌，创业者要认清自己的战场，如果不行，就退出。

品牌需要的是不骄不躁的人来做。你要像苹果这样，让你的粉丝发疯，要排队，翻墙头进来也要买，无论是水货还是走私，怎么都可以，一定要买，这才是品牌。

那些做不了两三年就要卖公司套现的人，很难做品牌。这些人应该做零售公司，让那些有洁癖的人去做品牌，然后你帮他卖钱，搞营销，搞广告，卖完走人。

作者觉得老干妈是个品牌。老太太挺偏执的，就不上市，谁说都没用，做品牌就是需要偏执。

而且老干妈这个品牌改变了我。作者作为一个北方人，以前是吃不了那么辣的，但是我现在去任何酒店吃饭，点餐的第一句话就是，能不能配一点老干妈？我一定不会说能不能配一点辣椒酱，因为我不要你们店里的别的辣椒酱，我只要老干妈。这就是品牌的力量。

所以我觉得我们认清自己的战场，如果你要做品牌，就要保持长跑心态。如果不行，就退出。

三、问题思考

当商品库存积压时，是否该产品降价处理？

（参考资料：王刚.为什么奢侈品宁可烂在库房里也不打折？销售与市场（管理版），2017(6).）

案例 5－6 她开餐厅吃饭不收钱，竟赚了上百万！

一、背景资料

开餐厅却不收顾客钱，这件事在平常人看来像是一场商业自杀，但创业者韩月却看到其合理的地方。你吃饭，广告主付费，这家广告餐厅不仅没有倒闭，还在激烈的餐饮业另辟蹊径，赚了上百万元的利润。

2007 年，如同许多创业者一样，郑州女孩韩月遭遇了自己人生的第一次创业失败，与同学一起合作开的以面食为主的饭店由于资金问题面临停业。接下来的事情怎么做呢？韩月首先想到了给饭店打广告。后来经询问同学她才发现，自己连广告费都掏不起。她开始抱怨那些媒体的广告费用太高。同学长叹一口气说："天下没有免费的午餐啊！你的餐厅如果免费，不用打广告也会人潮涌动。"韩月苦笑了一下，突然，一个大胆的想法被同学的这句话启发了。餐厅免费，人潮涌动，这不也是一种很好的宣传吗？自己的餐厅如果和广告结合起来，不是很好的模式吗？

二、基本案情

回到饭店，在房间里坐了一个下午，一个草案就迅速形成了。她给饭店设置了两扇门，一扇是正常收餐费的门，一扇则是走地下消防通道的免费门。正常收餐费的与以前到餐馆吃饭没什么两样，吃多少收多少钱。但免费的那扇门里却做了一个弯弯曲曲的走道，两边墙上挂满了广告位。她想：免费吃饭能大幅提高人气，有人气就能吸引商家来做广告，赚取广告费，同时也能带动收费餐馆的营业收入。

这个想法令她十分兴奋，人一旦有某种成型的想法之后，就很容易迅速投入行动。韩月紧锣密鼓地准备了半个月之后，终于在 9 月份的一天清晨，打出了"本店吃饭免费"的牌子。

之前，她算过一笔账，如果按照免费餐限量提供的话，一份面的成本是一元五角左右，每天从她的"九曲广告回廊里"经过的人如果有二百个，那么最多每天多支出三四百元。而且，她还要求，每个就餐的客人，必须在结账时背诵出三个广告才能免单，这样的话，广告的宣传效应，不言而喻。

在此之前，韩月免费拉了很多广告放在自己的广告位上。由于她的餐厅位置还算不错，附近又有几家写字楼。很快，她那里吃饭不要钱的消息就传遍了那几幢写字楼和几个商场。有来这里看新鲜的，有来品尝的，也有冲着不要钱的午餐去的，韩月的饭店，一下子火爆起来，一些排队排不上的客人，也不想再换地方，干脆就直接花钱用餐。

桌椅工装都成载体，广告餐厅初见成效

免费已经半个月了，效果要比想象的好，但是临时筹措来的几万元资金也一天天地赔进去，毕竟正常用餐的人还是不多，她几乎捉襟见肘。看来广告不能再免费了。于是，她又一家家跑去找那些已经免费登过广告的商家。可尽管韩月百般劝说，他们就是不打算交费。结果，广告位一块块空出去了，韩月开始着急。

可没想到，没多久有部分商家开始主动找到她交费做广告，每块广告位每月几百到上千元不等。原来，这半个月来的广告终于收到了效果。有一家化妆品代理商说，自从在韩月的餐厅免费做了广告之后，不少女孩子跑过来问他们这款化妆品，甚至有几个对广告词倒背如流。

此后，陆陆续续有更多的商家参与进来。终于收支平衡之后，有人开始劝韩月扩大广告回廊的规模，但是韩月却拒绝了这个建议。原来，这个广告回廊利用了所租店面的安全通道和一部分楼梯空间，按照消防管理部门的要求不能再进一步扩大了。那么该如何在不增加广告位的前提下发布更多的广告呢？

2008 年初，韩月找到了河南当时一家规模比较大的 LED 外屏生产商，要求合作。这样就能在一个 LED 屏上播放多个广告，不必开辟新的广告位。几经商谈，对方同意赞助一块中型 LED 屏，但条件是必须划出一部分展示空间让厂商免费打出广告内容。韩月看着手里不多的资金，只好咬咬牙答应了。

另外，她还对菜品进行了细分。面和份饭都按照广告词的难度、长度进行了等级划分。背诵三段比较长比较难的广告词之后，不仅可以得到一份顶级茄汁面，还可以得到一份小菜的奖励。同时，韩月也对 LED 显示屏上的广告进行了难易区分。有时，为了一顿免费的午餐，很多人会把整个广告群看两到三遍，同时也记住了很多自己本来不感兴趣的广告。韩月的这个做法，得到了那些商家的高度赞赏，她的广告收入渐渐多了起来。

广告收益虽然多了，但是仅仅一个 LED 屏远远不能满足广告需求。对此韩月早就有自己的想法，餐厅既然是以广告为主题的餐厅，那么每一个细小的角落里，都应该体现广告的效应。她思索了好几天，终于想出了另外一些方法。比如服务员的工装上，点菜的菜单上，甚至是盘子、碗以及桌面等，都是很好的广告载体。就这样，韩月的餐厅逐渐变成了广告的“天堂”，同时还获得了不少商家赞助的餐厅用品。

甘心做成体验店，将对手变成盟友

随着知名度越来越高，韩月在免费餐厅的花样上也做了改进。但与此同时，餐厅的那一部分收费的业务，反而受到了影响。这一块也算是餐厅的主要收入来源，日益下滑的营业额让韩月觉得苦恼。2009 年 5 月的一天，一位客人在韩月的创意餐厅用餐之后，提出了一个要求，如果不在韩月这里投放广告，能不能进行其他方式的合作？

恰巧韩月正在为自己的收费菜品发愁，两者一结合，她想了一个好主意，并提出了一个口号：你吃饭，他买单。其实道理也很简单，去吃收费餐的顾客，如果你是某种品牌的消费者，那么只要你可以列举出此品牌的三个广告内容，并持消费此品牌产品的小票，可以免费吃等级不同的饭菜，而韩月则凭借这些小票，与不同品牌的商家结算。

这个想法，大大刺激了人们的消费欲望。三个月的时间，韩月骑着单车跑了数十个品牌商家。说起她的广告餐厅，大部分都觉得新鲜有趣，有一部分当场就与她签订了合同。不仅如此，那个客人的思路也彻底启发了韩月。除此之外，她又开发出了“菜品新尝”。就是以自己广告餐厅的名义，与很多家饭店联合，只要是饭店一推出新的菜品，就可以放到她这里免费品尝。当然，免费的前提还是以广告为基础。

这一个点子，遭到了有些人的质疑。想想，本身就是以经营饭店为主，把别人的菜品拿到自己的饭店里面，不是砸自己的场子吗？但是韩月不这么想，她说：“我的餐厅本身就不是单纯以饭菜盈利的，而是一家以广告为主要收益的餐厅。既然化妆品可以做广告，手机可以做广告，那么饭店为什么不能做广告呢？我的饭店就是其他饭店的体验店。而且除了做广告之外，他们还可以免费给我提供菜品，大大降低了我的经营成本，何乐而不为？”

2010 年 9 月，韩月收购了一家小广告公司，将饭店与之合并为一家公司，以保证能够合法经营广告业务。说实话，虽然自己做广告餐厅做了这么久，接触的也都是与广告有关的业务，但是真做起广告公司，她心里还是没有底。就在这时，一个同学给她出谋划策，并告诉她，做广告公司，并不比她做餐厅复杂多少，而且可以和广告餐厅相得益彰。

同学的话事后果然得到了验证。韩月通过将广告公司的专业水准与现有的饭店业务相结合，收益多多，到 2011 年 4 月，她的财富便积累到了 100 多万元。与此同时，她的广告主题餐厅也越做越顺利。谈起经历，韩月谦虚地说，其实她成功只有四个字：敢想，敢做。

三、问题思考

免费模式还能延伸到哪些行业？

（参考资料：一家免费餐厅，吃饭不收钱，竟赚了上百万！搜狐，http://www.sohu.com/a/76322741_355144.）

第四节　课后思考案例

案例 5－7　三分钟学会高效定价

一、背景资料

从行为经济学来说，人的行为是不理性的，价格背后蕴藏着大量心理奥秘，价格是一场心理战。

二、基本案情

定价是企业主头痛的事情，定得高，怕没人买；定得低，没利润。今天我们就从消费者心理来聊聊企业如何定价，相信你会有收获的。

（一）价格实验

首先我们来看一个实验，《经济学人》杂志订阅选择：

- 单订电子版：59 美元
- 单订印刷版：125 美元
- 合订印刷版加电子版套餐：125 美元

让 100 个学生做选择，结果是：

- 单订电子版 59 美元：16 人
- 单订印刷版 125 美元：0 人
- 合订印刷版加电子版套餐 125 美元：84 人

毫无疑问，是人都会选择合订印刷版加电子版套餐相对于单订印刷版的优势。单订印刷版这一选项真的影响他们的选择了吗？

我们再来看一组实验，依旧是让 100 个人做选择：

- 单订电子版 59 美元：68 人
- 合订印刷版加电子版套餐 125 美元：32 人

同样的内容，只是少了一个选项，那么是什么原因使他们改变了主意呢？

那就是非理性因素，因为有一个诱饵在那里，他们中的 84 个人选了 125 美元的套餐（16 人单订了电子版）；去掉了诱饵呢，他们的选择就不一样了，32 人选择了套餐，68 人选择了单订电子版。

我们都是用相对的方法看待我们的决定，就近与现成的其他选择作比较，这也说明了为什么有人会很轻易地在价值 5 000 美元的宴会上加一道 200 美元的带汤主菜，但是他也会去捡优惠券——从价值 1 美元的浓缩汤罐里节省 25 美分。

类似的还有，我们给一辆2.5万美元的汽车加装3 000美元的真皮座椅不觉得贵，却不愿意花同样的钱来买一套真皮沙发(尽管我们知道在家坐沙发的时间要比在汽车里长)。

但是我们会把这3 000美元用到比真皮沙发更合适的地方，凭借相对因素决定是我们自然的思考方式。

(二) 相对价格

那么价格诱饵给企业经营者定价带来了什么呢?

消费者对于价格的感知是茫然的，其实他们并不知道这个价格和价值的匹配度，通常他们都是以自己的感觉、通过对比来作出决策。

我们再来看几个例子。

1. 电视机推销员对电视机进行分组

- 36英寸　松下牌　690美元
- 42英寸　东芝牌　850美元
- 50英寸　飞利浦牌　1 480美元

你会选择哪一台呢？顾客很难把不同电视机的价值算清楚，同时给了你三个选择，多数人会选择850美元那一台。

2. 菜单定价

在市中心和朋友吃东西的时候，我看到这样一个菜谱：

- 小份鸡爪——10元
- 中份鸡爪——20元
- 大份鸡爪——38元

菜单心理设计的目标就是把顾客的注意力引导到赢利的项目上。

这就是一个利用了价格诱饵，对于我们而言，事实上根本不清楚小份、中份、大份具体分量的差异，当朋友作决定的时候，他确实也选择了中份鸡爪，我们也看到绝大多数人都选择了中份鸡爪。

3. 小米5定价

- 小米5标配版——(1 999元)：高通骁龙820处理器+3GB内存+32GB闪存
- 小米5高配版——(2 299元)：高通骁龙820处理器+3GB内存+64GB闪存，3D曲面玻璃
- 小米5尊享版——(2 699元)：高通骁龙820处理器+4GB内存+128GB闪存，3D陶瓷机身

现在还没公布三个版本具体的销量，如果你准备购买手机，你会选择哪个版本呢？在小米官网中，高配版是最热的，对于小米而言，高配版也是他们的主打产品。

(三) 价格诱饵

(1) 售楼中心人员带购房者先看破旧房子，会增加购买的概率。

(2) 在给消费者做导购的时候，先带他看贵的衣裤，会增加购买的欲望。

(3) 在生活中，如果我们已经买了超过自己支付能力的产品，那再次购买的时候，那种阻力肯定会小很多。

(4) 在高档饭店，会毫不犹豫地选择消费200元的面条，但是在普通饭店，价格比平常贵1元，你可能就拒绝消费了?

（四）高效定价

（1）从行为经济学来说，人的行为是不理性的，价格背后蕴藏着大量心理奥秘，挖掘顾客心理的认知，价格是一场心理战，什么价格陪衬什么价格，什么价格主推什么价格，这是定价者要思考的，利用价格诱饵，从而使得销量翻番。

（2）价格和成本没有必然联系，消费的关联度，消费的场景、消费的心情，对于定价者引发消费者的场景消费很重要。

（3）消费者很难界定价格的高低，买的是感觉，通过对比，制造出一种让消费者获利喜悦方便的价格排序。

三、问题思考

价格诱饵给企业经营者定价带来了什么呢？

（参考资料：彭志平.三分钟学会高效定价.销售与市场（管理版），2016(8).）

案例 5-8 如何打出高质量的价格战？

一、背景资料

价格战不是谁都能玩的。如果不是行业巨头，发动价格战也没人应战，也不会改变行业的价格体系。能够发动价格战，能以价格战改变价格体系，并最终改变行业格局，这样的价格战为什么不能打？

除了价格比别人低，什么配合措施都没有，这是处于生存边缘者经常玩的把戏，这种行为不能称之为价格战。单方叫阵，没人应战，自己跟自己玩，这种做法不是价格战。如果以这种思维想象行业龙头的价格战，那么就犯了“以己之心，度人之腹”的错误。

二、基本案情

一场好的价格战，既能扩大市场份额，又能清理门户，还能赚得免费的广告，同时还能赢利。然而，把大众认为简单的价格战打出技术含量，却是并不简单的事情。

（一）价格战赢利模式之一：“未来销量”式价格战

打价格战之初是赔钱的，打赢了价格战就赚钱了。赚钱的关键在于“未来销量”，所以称之为“未来销量”式价格战。

经典案例：白象

20 世纪 90 年代中期，白象崛起之初，当时方便面的利润很高，主流产品是 70 g/袋的包装。白象开发出一款 100 g/袋的产品，投放山西市场。白象 100 g/袋的价格仅仅比对手 70 g/袋的产品高一点，价格非常有竞争力。

试想，重量差别这么大，价格仅仅差那么一点点，无论对谁都有吸引力。但是，按照白象当时的成本结构，这种价格是不赚钱的。为什么不赚钱呢？因为白象当时的产量比较低，固定成本比较高，较高的固定成本分摊到较低产量，成本当然很高。

然而，白象最终赚钱了。因为价格战，使白象的销量急剧扩大，迅速成为山西拥有最大销量的企业。以扩大后的销量分摊固定成本，成本结构发生了根本性的变化。

在价格战过程中，对手不敢应战，因为如果应战，实际上是拿 100 g/袋的包装与自己的 70 g/袋的包装竞争，打垮的不是白象，而是自己赚钱的老产品。

点评：

白象的价格战，技术含量有三点：

(1) 白象开辟了一个新的产品包装和价格区间，价格战不影响自己的老产品；

(2) 对手不敢轻易应战，对手如果应战，是在“新老产品互搏”，损己不损人；

(3) 以“未来销量”为现在定价，即以价格战成功后的销量给成功前定价。只要打赢了价格战，销量上升了，成本结构一定发生变化。

国美的价格战也属于此种模式。在亏损时，国美还在坚持做两件事：一是快速扩张；二是打价格战。快速扩张，就是用未来销量支持打价格战。

这种价格战的技术含量在于：成本结构是动态变化的，价格战的目标就是要通过市场份额的改变，来改变成本结构。

这种价格战应关注的是，如果以静态成本看待价格战，那么销量越大，亏损越多。很多企业正是因为按照静态成本计算，因而不敢打价格战。

(二) 价格战赢利模式之二：结构性价格战

只要价格可比，才有价格战；要价格可比，必须产品可比；产品可比，一定是同质化产品。所以，价格战实际上是同质化产品之战。

经典案例：火腿肠行业

火腿肠价格战之初，春都是第一品牌，双汇是第二品牌，春都的销量比双汇大。价格战开打之初，双方的产品结构差不多。在那个供不应求的年代，谁有心思去做产品结构？规模是第一位的。

1997 年亚洲金融危机后，所有火腿肠的主流产品价格和质量急剧下降。最初的价格下降，损失的是利润。价格下降到一定阶段，开始出现亏损。亏损的价格战怎么打？

春都的做法是不打价格战，因为它的品牌比双汇厉害。双汇的做法是继续打价格战，但同时推出毛利很高的新产品“王中王”。这个产品推出很艰难，为此，几乎把整体营销队伍，从副总到业务员，进行了整体更替，结果是高端产品占比急剧提高。双汇再用“王中王”获得的利润支持普通火腿肠打价格战，逼着春都不得不应战。

春都当时面临两个选择：如果不应战，市场份额下降；如果应战，利润下降。春都最初选择了不应战，结果销量下降；后期开始应战，结果市场份额和利润同时下降。最后，一个开创了行业的行业龙头几乎消失了。

点评：

杀敌一千，自损八百。这是很多人对价格战的直观认识，事实也确实如此。因为以“清理门户”为目标的价格战，要让对手退出市场，没有“自损八百”的勇气是不行的。那么，在“自损八百”的同时怎样才能不输掉价格战呢？关键是创造赢利的产品，以赢利产品的利润支持亏损产品打价格战。

在价格战中，哪些产品能够被人记得呢？一是高端产品。因为高端消费者对价格不敏感；二是小批量产品群。因为销量小，不受对手关注，所以能够享受高毛利；三是差异化产品，没有可比价格。

价格战越惨烈，“失血”越严重。在“失血”的同时，要找到能够“输血”的空间。那么，在打垮对手的同时，还能够在价格战中赢利。

双汇打赢价格战的技术含量在于：规模分摊成本，结构产生利润。行业成长期，毛利很高，规模是第一位的。行业成熟期，“规模优势”可能变成“规模包袱”，即规模越大，亏损越多。解决的思路就是用结构创造打价格战的空间。

（三）价格战赢利模式之三："竞品平衡点"式价格战

以“清理门户”为目标的价格战多属此类，多发生于产业集中的晚期。

经典案例：彩电行业

长虹发动过多轮价格战。第一轮、第二轮，目标是市场份额集中，迅速成为行业龙头。这两轮价格战之初，彩电行业的毛利很高，所谓的价格战只是降低了毛利，结果是：该做大的做大了（长虹等），该死的还没死掉（中小彩电企业）。

从第三轮价格战开始，价格开始低于盈亏平衡点价格，有规模的企业可以赢利，没有规模的企业肯定亏损。短期亏损还能支撑，长期亏损或者参与多轮价格战，就会被淘汰，从而实现产业集中。

点评：

行业的成长期，价格战可以扩大份额，但无法置对手于死地。到了行业成熟期，当市场容量无法扩大时，争夺“存量”的竞争必然导致价格战。这种价格战的结果通常是“清理门户”，“清理门户”一定要清楚对手的盈亏平衡点。

这种价格战模式的技术含量在于：发现压垮对手的“最后一根稻草”。当对手已经接近于盈亏平衡点时，摸准对手的盈亏平衡点规模和价格，发动致命的一击，就可以“清理门户”。

有这种意识的企业不多，但不少企业无意中做到了这一点。

（四）价格战赢利模式之四："盈亏平衡点"式价格战

模式三讲的是竞品的盈亏平衡点，模式四讲的是自己的盈亏平衡点。目的是拉开与对手的差距。

经典案例：格兰仕

格兰仕从卖“鸡毛掸子”转行做微波炉时，广东有上千家企业，毛利高得很，都活得很滋润。格兰仕做微波炉后，率先降低毛利，两年后就跃居行业第一。以后，格兰仕的规模每跃居一个级别，盈亏平衡点价格就下降一个台阶，格兰仕就作一次降价。

格兰仕的多次降价其实没有明确的对手，但他们的目标很明确，就是拉开与对手的差距。同时，让那些想进入微波炉行业的潜在对手断了想法。

点评：

这种价格战是真正的王者之战，真正的王者是没有对手的，它的对手就是自己。把每一个盈亏平衡点都当作新的起点，通过降价扩大规模，逐步让盈亏平衡点上移，就能够独步天下。

（五）价格战赢利模式之五："防火墙"式价格战

这种做法，就是同时打价值战和价格战。明着打价值战，暗着打价格战。

经典案例：

国内某著名擅打价格战的企业，把产品分为四大类，分别是概念产品、明星产品、主流产品、防火墙产品。

概念产品代表公司形象，技术先进，稳定性好，通常采取“高价量小”政策，甚至采取“高价无货”政策。明星产品有光环，既有现金流，又有高额利润，采取“高价量中”政策。主流产品是畅销产品，毛利低，销量大，采取“价中量大”政策。防火墙产品基本属于亏损产品，不做不行，量大双亏损，就采取“价低量小”政策。

点评：

在中国做企业，自己想独善其身，但未必不会成为对手的标靶。打价值战的企业，如果不能抑制对手，对手会以价格战扰乱价值战。

这种模式的技术含量在于：明着打价值战，暗着打价格战。既打价格战，又不影响形象和利润；既干扰了对手，又让对手无力干扰自己。

华龙公司曾经推出的“六丁目”就是防火墙产品。从产品品质和规模推断，“六丁目”品质并不低，成本也不低，然而价格却很低。

“六丁目”的目标市场是河南省，这是中国方便面企业最集中的地方，也是竞争最激烈的地方，价格战是这个市场的基本特征。尽管价格低，但这个市场却养活了一批中小方便面企业。这些企业走出河南，严重干扰了华龙的市场体系。

因此，华龙推出“六丁目”的目标很明确，就是用“六丁目”构筑市场防火墙。用“六丁目”的高品质超低价格，把众多中小方便面企业逼向亏损。只要实现这个目标，即使“六丁目”战略性亏损也可以接受。

（六）价格战赢利模式之六：显性业务价格战

有些行业的业务结构可以分为两块：一块是众目睽睽打价格战，这是不赢利的“显性业务”；另一块是不受关注却能够赢利的“隐性业务”。

只要是显性业务，一定是对手的靶子，面临过度竞争，最终难以赢利。规模和品牌都是营销的显性要素，所以，规模不经济和品牌无溢利是正常的结局。

但是，显性业务却为企业锁定了客源，产生了现金流，这就为企业从事隐性业务提供了支持。因此，显性业务最后会变成企业的“诱饵业务”，即为真正赢利的业务提供客源和支持的业务。

经典案例一：麦当劳模式

麦当劳无疑是世界知名品牌，但麦当劳希望通过品牌溢价获得品牌溢利的期望可能会落空，因为它的对手肯德基和汉堡王也都是知名品牌，特别是肯德基在选址上采取跟随策略，麦当劳开到哪里，肯德基就开到哪里。如影相随的肯德基使麦当劳失去了品牌溢价和品牌溢利的能力，麦当劳和肯德基的价格战倒是经常上演。

麦当劳的赢利模式不是品牌溢利，而是隐性利润。麦当劳是零店选址专家，只要麦当劳入驻某个零店，就能够带动该店附近的地租盘升。麦当劳通过对店址的长期租赁和购买，低价获得店面的使用权或产权，然后通过逐年分租逐年提价的形式提高价格，获得高额利润。因此，有专家评价麦当劳“本质上是娱乐行业，获得靠房地产业”。

“娱乐业吸引客流＋食品业产生现金流＋房地产利润”是麦当劳的隐性业务利润模式。

经典案例二：索尼 PS 模式

索尼生产高性能的游戏机，为了迅速占领市场，通过亏本降价促销。比如，索尼每卖出一台 PS2，就会亏损 37 美元。

既然游戏机亏损，靠什么挣钱呢？索尼创造了全新的赢利模式：亏本卖游戏机，靠权利金挣钱。索尼 PS 的整个生命周期里，获得了 1 400 多款游戏的支持。“第三方软件商”每销售一份索尼游戏，就要向索尼支付一定数量的权利金，游戏的权利金约为 7 到 8 美元。如果权利金是8美元，那么，只要每个玩家购买5份游戏，索尼就能赚钱，弥补37美元的游戏机销售损失。

索尼正是先凭借PS2的低价，迅速占领市场。而用户为了发挥PS2更强大的功能，会不断地购买游戏。游戏的热销，反过来又刺激PS2的市场占有率进一步扩大，吸引更多的“第三方开发商”开发更好玩的游戏。这样就形成了PS2的良性循环，索尼和“第三方软件开发商”都得到好处。

索尼PS模式特点是：通过低价销售PS锁定顾客并产生现金流，通过游戏“权利金”获取利润。

经典案例三：史玉柱的“征途”模式

史玉柱是网游新盈利模式的探索者和规则的颠覆者。2006年1月，免费版《征途》正式上线运营，公司通过出售虚拟装备获益，史玉柱开创的FTP(free-to-play)模式落地了。

此前，以盛大为首的传统网游公司收入模式是PTP(pay-to-play)，玩家在游戏中的等级取决于在网上“耗”的时间长短，玩家为获得在线游戏时间而付费，公司的增收秘诀就是想方设法延长玩家在线时间。玩家连续十几个小时打游戏是家常便饭，社会各界对“上瘾”的非议多半由此而生。

通过吸引更多的客户更多在线时间而获得更多的收入，这是典型的规模经济模式。当网游竞争不那么激烈时，这种模式是有效的。然而，当对手通过价格竞争期望获得更大的规模时，规模变得不经济。

征途网游的特点是通过发放“工资”的形式，吸引更多客户更多在线时间，但通过销售网游“装备”获取收入。因为，网游的本质是竞争，竞争要靠技能和装备获胜，玩家为了在游戏竞争中获胜，就要向网游公司购买级别更高的“装备”，购买装备就要付费。征途正是靠此模式获取利润。

“工资吸引客流，装备获取利润”是征途网游的隐性业务利润模式。

（七）价格战赢利模式之七：产业链式价格战

产品竞争—品类竞争—产业竞争—产业链竞争，这是竞争递次推进的层次。有些产业，单一产业已经无法生存，只有形成产业链才能存活。

在一个产业打价格战，其他产业提供支持，让只有单一产业的企业无法存活，这就是产业链价格战。

经典案例：肉制品行业

春都、双汇、金锣都是从屠宰起家的肉制品企业，后来都涉足肉制品深加工。初期，因为肉制品深加工的利润高，春都就逐步退出屠宰，而双汇、金锣仍然保留了屠宰，并且，产业链还进一步延伸。双汇的纵向产业链包括：农业—饲料—养殖—屠宰—高低温肉制品—连锁商业；横向产业链包括包装物、PVDC、医药、物流等。金锣的产业链与此类似。

在火腿肠价格战中，春都缺乏产业链，其他产业（饮料、建材、生物工程、酒店等）无法对火腿肠价格战提供支援，而双汇、金锣的整个产业链能够把资源集中向终端产业提供支持。

点评：

如果你只有单一产品，参与价格战就意味全部受影响；如果你只有单一产业，单一产业亏损就意味着企业整体亏损。如果形成了产业链，那么，任何产业的价格战，都能够从产业链获得集体支持。

三、问题思考

一场好的价格战，既能扩大市场份额，又能清理门户，还能赚得免费的广告，同时还能赢利。然而，把大众认为简单的价格战打出技术含量，却是并不简单的事情。企业应该怎么做？

（参考资料：刘春雄.如何打出高质量的价格战？销售与市场(渠道版)，2012(10).）

案例5-9　一盆草能卖四五十块的沙拉店

一、背景资料

一般餐饮企业，食材成本约占30%至35%，而一些沙拉店，真正的食材成本都在20%以内。看似低门槛、高回报的沙拉行业，真的是个好做的生意吗？

二、基本案情

林雪一年前第一次吃"大开沙界"，花了86元。

今年22岁的林雪在陆家嘴上班，出于"维持身材"的考虑，现在经常把沙拉当作午饭。她在朋友圈里看到了好友的推荐，费了些周折才在一个工作日的晚上找到了这家沙拉店。它藏在上海市杨浦区创智天地下沉式广场中一个不起眼的位置。这家100平米左右的店地址有些冷僻，但林雪点完单后还是等了一会儿才找到空位坐下来。

一份蔬菜基底，盖上鸡胸肉、三文鱼等低脂肉类，再加点坚果和面包丁，为什么可以卖这么贵？

与中餐相比，沙拉中的食材种类较少，加工处理相对简单。一般餐饮企业，食材成本约占30%至35%。一些沙拉店，真正的食材成本都在20%以内。一份沙拉可以卖到三四十元甚至更贵，很大程度上是因为食材以外的成本居高不下——物流、包装、营销、房租、人工，这些都是要花钱的地方。

我们分析了三种沙拉店的经营模式，试图解答"一盆草为什么可以卖这么贵"的疑问。看似低门槛、高回报的沙拉行业，真的是个好做的生意吗？

线　下　店

从原材料和制作工序上说，沙拉天生就带着可以快速复制的基因。一份中餐菜肴，需要经过焯水、煎烤、过油等多个步骤，火候的掌控和调料的添加没有量化的标准。经过专业培训的厨师，是保证菜肴质量的关键。

沙拉恰好相反，它的制作工序简单到约等于零。在大多数沙拉店，店员上岗前不需要接受专业的厨师培训，他们的工作很简单——只要将蔬菜、水果、杂粮、坚果等食材拼配在一起就行。

主营线下门店的"大开沙界"2014年10月在上海的创智天地开设了第一家店。约30平米的厨房选餐区内摆着二十余种食材。它们已经在中央厨房经过统一的处理，无须店员再做加工。一家店只需要7到8名全职店员就能忙得过来。与传统餐饮企业相比，这种操作模式能在很大程度上降低食材的加工成本和人力成本。

租金是“大开沙界”等线下店的开支之一。但其联合创始人肖羽认为,沙拉的消费客群相对固定,“走过路过”的人不是沙拉的消费主力。因此,在核心商圈最热门的铺位开店没有必要,相对位置较偏、租金较低的铺位是“大开沙界”常见的选址。约 100 平米的店面,每月租金约为 4 万至 5 万元。这和热门地段 30 平方米左右的奶茶店租金相仿,相比之下并不算昂贵。

即使开业至今已有三年,“大开沙界”“米有沙拉”等线下沙拉店的融资仍停留在天使轮。对于线下沙拉店来说,要想成为像川菜、火锅一样具有长久生命力的餐饮品类,还有许多内生的问题需要解决。其中最重要的,是形成品牌的规模效应,这是降低成本的关键因素。

三年前,当“大开沙界”在上海起步时,采用的是单店运营的方法。食材的处理和加工都在店内完成。那时,除了装盘,店员还需完成食材的清理、切配、预调等工作。由于店员并非经过专业训练的厨师,这种运营模式在一定程度上影响了出品效率和菜品质量的稳定性。

缺少稳定的供货源和完整的供应链系统,几乎是所有初创餐饮品牌共同面临的难题。问题的根源,在于店面数量少、到店人数有限,品牌规模和盈利水平不足以撑起庞大的物流系统,经营者也没有与上游供货商议价的实力。

所以,2015 年底,当“大开沙界”在上海拥有了 3 家店面时,它开始集中采购食材,并建立了中央厨房,食材的处理、切配和酱汁酱料的生产全部由中央厨房统一完成。

此外,线下沙拉店还面临着另一个难题:作为冷食,沙拉的季节需求差异较大。与夏季相比,冬季的到店客流量要小很多。杨君在上海浦东新区经营着一家名为“减餐不简单”的沙拉店。据他了解,有的店冬夏流水相差 10 倍。肖羽也透露,“大开沙界”夏季的流水比冬季高 30%左右。用旺季的营收去维持一整年的生存,在一定程度上提高了运营成本,也在无形中抬高了一份沙拉的定价。

线上店

与线下沙拉店主做堂食的思路不同,“甜心摇滚沙拉”“沙绿轻食”等品牌完全从线上起步。由于暂无实体门店,这些沙拉店无法做到当天配送。消费者需要提前一天通过微信公众号下单,在第二天才能收到食物。

线上沙拉店的兴起,在某种程度上是沙拉作为一种刚性饮食需求的体现。一些健身人士会提前规划好第二日甚至未来一周的午餐,对他们而言,蔬菜、鸡胸、牛肉等高蛋白、低脂肪的食物无疑是最好的选择。而它们正是一份沙拉中最重要的组成部分。这种消费习惯,给采用提前预订、次日配送模式的线上沙拉店提供了生存的机会。

受制于门店的缺失,线上沙拉店都选择了较少的单品(SKU)来避免过多的损耗,降低仓储成本。“甜心摇滚沙拉”的微信公众号订餐页面只有 15 种沙拉,“沙绿轻食”的则更少,只有 12 种。

事实上,线上沙拉店没有将配送效率和产品种类看得太重。沙拉的包装和营销,才是它们的宣传重点。用杨君的话来说,这是纯粹的“互联网玩法”。

牛皮纸盒是常见的外卖包装,“甜心摇滚沙拉”却别出心裁地采用了“沙拉罐”的形式,消费者可将酱汁倒入圆柱体的罐中,上下用力摇动沙拉罐,使酱汁与食材充分混合在一起。在其官方解释中,这既增强了产品的独特性,也能减少运输过程中碰撞带来的损耗。

“沙绿轻食”则将沙拉装入 PP 制的塑料盒中。比 14 英寸笔记本电脑还要大的包装纸盒里，除了沙拉盒，还用纸隔板隔出两个圆形区域，放了两罐包装精致的酱料和烤面包丁。从外观看，一份沙拉就像一个礼盒。

新奇、精致的包装在吸引消费者购买的同时，也大大增加了线上沙拉店的开支。“沙绿轻食”每份沙拉的单价在35～45元之间，据杨君透露，其中的包装费用就高达15元，占了售价的1/3甚至1/2。而沙拉对新鲜度的要求，迫使线上沙拉店采用了蛋糕的配送物流，每份的配送费也需要8～12元。

充满了话题性的营销是线上沙拉店另一个常用的“玩法”。2014年7月，“甜心摇滚沙拉”请来了几十位外国模特，统一打扮成斯巴达勇士的样子在核心区域送餐。仅仅几个小时，这件事就进入了新浪微博的热搜榜。今年4月，它还策划了“吃霸王餐、坐霸王车”的活动。北京的用户只要订购“机智沙拉组合”，就有机会乘坐专门的smart“霸王车”下班。

“甜心摇滚沙拉”微信公众号头条的浏览量几乎都能超过10万次。这从一个方面证明了它的营销足够吸引眼球，但这也是最花钱的地方。在杨君看来，单纯依靠线上订单不是长久之计。一方面，通过事件营销带来线上流量的获客成本很高，缺少稳定性。一旦话题的传播性随时间削弱，营销的影响力就会减退。另一方面，纯线上的沙拉店的配送范围有限，没有线下门店，就无法通过集约化物流去降低成本，“每一单的配送都要花钱”。

“如果有线下门店，就可以利用美团等第三方平台，利用周边闲散资源，配送成本会低很多。”杨君说。

档口店

在杨君的设想中，他的沙拉店未来将采用轻堂食、重外送的模式。在他看来，“广泛布点、轻堂食、重外送”的“档口店”，是目前比较玩得转的经营模式。

这类沙拉店通常开在购物中心的美食广场层。它们降低成本的方法不是通过建立中央厨房和集约化物流，而是与美食广场内的小吃快餐店共用桌椅，尽可能缩小铺位面积，降低租金成本。外卖平台上常见的“沙拉自通”“Salad Box”等品牌，大部分都是此类。对消费者来说，“档口店”的外卖沙拉，确实要比面积较大的线下店和纯线上店的要便宜一些。算上平台的满减优惠，二三十元就能买到一份。

据杨君透露，这一类的沙拉店，每月的租金只需1万元左右，一天只要卖出70到80单就能赚钱。但依靠饿了么、美团等外卖平台带来的线上流量，“沙拉自通”等“档口店”每天的订单量能达到200单。

店面小、租金轻，又有大量线上订单提高坪效，“档口店”是杨君认为目前最有利可图的经营模式。但“档口店”最大的问题在于，它的线上流量不是自有的，都来源于第三方平台，这是一个不稳定的因素。肖羽告诉金字招牌TopBrands，2015年“百团大战”前后，外卖平台不收管理费，甚至会贴钱。但到了2016年，平台至少要收取15%的管理费，“未来怎样都不好说。”

杨君也强调，“要控制住自己的流量。”开发自有的订餐平台、维护好自有平台上的用户，是他的目标之一。但即便线上订单可以在很大程度上提高坪效，杨君也认为保留堂食区和厨房区是有必要的。在品牌成立初期，店内的堂食区可以提升消费者的就餐体验，增强他们对品牌的认知度。50多平米的厨房区未来将被用作中央厨房，成为品牌规模化的基础。

峰瑞资本早期项目负责人王卷舒认为，“线上和线下是一定要结合起来做的”。因为无论哪种模式的沙拉店，其发展的难点都在于规模效应的形成。“等到订单量到一定规模之后，对供应链的议价能力往上提，就能找到更好的原材料，以更低的成本去进货。”在寻找投资项目时，王卷舒和她的团队也希望能找到对上游供应链有足够管控能力的公司，以求在各个方面优化成本结构。

另一个促使沙拉店在线上和线下两端拓展的原因是消费场景的多元化。对用户来说，想吃沙拉时就能方便地吃到是最核心的诉求。商场、办公室、家庭都是可能的消费场地。一种经营模式无法同时满足消费者不同的需求。正因为如此，王卷舒和她的投资团队在选择项目时，看中了同时发力线上与线下门店的“好色派沙拉”，并参与了它的投资。

融合中的沙拉店

线上和线下门店的融合，或许是沙拉品牌的下一个目标。2016 年 10 月上线的“沙绿轻食”，目前正在上海筹备门店。原本对线上持保守态度的“大开沙界”，去年年底起也开始对线上更加开放。最初，它没有将所有菜品都放在饿了么、美团等外卖平台上，并稍微调高了平台上的售价。但随着外卖平台配送效率的提高，“大开沙界”取消了这些限制，并在微信公众号上线了自有点餐平台“草圈儿”。

据创始人肖羽透露的数据，目前，线上订单已经占到了“大开沙界”订单量的 30% 到 40%。他们还在推广“线上订餐、到店自提”的模式，以节省消费者的点餐和候餐时间。

但对沙拉店来说，做到线上和线下的融合还不够。美食自媒体“觅食”的创始人喜北用“良莠不齐”来形容如雨后春笋一般冒出的沙拉店。她认为“一分价钱一分货”，无论是堂食店还是外卖档口，沙拉的质量是好是坏，都能从菜品、店员操作和店面环境看出来。“好的沙拉是不便宜的。原材料的价格差异非常大。”喜北说。

成品的差异化是另一个需要解决的问题。在亮眼的营销活动背后，优质且有品牌特色的产品才是培养用户忠诚度的关键。但目前，多数品牌的沙拉长得都太像了。

“产品本身要好。要做得深，做得精。”杨君认为，过度强调餐厅的互联网基因，只会弱化餐饮本身的属性。要做好一个餐厅，还是要回归到餐饮业本身的逻辑上来。

三、问题思考

沙拉为什么可以制定高价销售？

（参考资料：施歌.一盆草能卖四五十块的沙拉店，会是一个赚翻天的生意吗？第一财经周刊，2017 年 4 月 15 日.）

第六章　渠道策略

本章导读

产品在流通领域通过一系列的转移所有权活动才能最终从企业到达消费者手中，而这一过程必须经过营销渠道来实现。营销渠道的选择和确定，是企业面临的复杂而富有挑战性的决策之一，不同的营销渠道会给企业带来不同的销售和成本水平，从而影响企业营销组合的其他方面。

• 随着网购成为潮流，实体店倒闭潮越来越猛烈。许多线下零售企业深深感受到了压力，做起了线上销售，或是O2O模式。在关店潮中，海澜之家却逆势疯狂开店，2016年前三季度新增门店972家，营收过百亿元，位列2016年前三季度全国服装零售业上市公司总营收榜首。毫无疑问，在行业面临寒冬的情况下，海澜之家逆势交出了一张华丽的成绩单！海澜之家创始人周建平说：我们不是一家服装企业，因为我们不赚差价。那么，海澜之家卖的不是服装，究竟是什么呢？

• 特斯拉Model X被冠以“史上最强、最具颠覆的SUV”，特斯拉从诞生之日起便以创新和颠覆者的姿态受到业界瞩目，这其中也包括一直坚持的“线上销售＋线下体验和服务”的直销模式，这种直销模式究竟如何？

• 小米是“互联网模式”开创者，OPPO、vivo则是精耕线下渠道的典型代表，排名变化背后，实际上是两种渠道的市场博弈，这次有人认为是线下渠道重新主导了手机市场的话语权。然而，伴随着OPPO“出名”的还有一连串问号，OPPO为什么卖得这么好？OPPO线下渠道怎么做的？OPPO的成功能被复制吗？

第一节　理论教学要点

一、分销渠道的作用与结构

分销渠道又称分销途径或销售路线，它是指商品从生产者转移到消费者手中所经过的途径。

（一）分销渠道的特点

（1）外部性。

（2）稳定性。

(3) 联系性。

(二) 分销渠道的作用

(1) 分销渠道是实现产品销售的重要途径。

(2) 分销渠道是保证企业再生产顺利进行的前提条件。

(3) 合理的分销渠道是加速商品流通和资金周转，节约销售费用，提高经济效益的重要手段。

(4) 分销渠道的决策直接影响其他市场营销策略的实施效果。

(5) 分销渠道是企业了解和掌握市场需求的一个重要来源。

(三) 分销渠道的结构

生活资料销售渠道的基本结构：

(1) 生产者→消费者。

(2) 生产者→零售商→消费者。

(3) 生产者→批发商→零售商→消费者。

(4) 生产者→代理商→零售商→消费者。

(5) 生产者→代理商→批发商→零售商→消费者。

二、分销策略的选择

(一) 普遍性分销策略

(二) 选择性分销策略

(三) 独家分销策略

三、中间商

中间商是指介于生产者和消费者之间，专门从事商品由生产领域向消费领域转移的经济组织和个人。

(一) 中间商的作用

(1) 简化交易联系，有利于实现商品交换的经济、便利原则。

(2) 可为许多生产者缩短买卖时间。

(3) 中间商承担着采购、运输、储存和销售商品的实际业务，具有集中、平衡和扩散商品的功能。

(4) 中间商一般都具有较丰富的市场营销经验，与顾客有广泛的联系。

(二) 中间商的功能

它主要包括：购买、销售、仓储、运输、分类、分级、分装、融资、提供市场信息和承担风险等功能。

(三) 中间商的分类

中间商可以从不同角度进行分类，按是否拥有商品所有权可分为代理商和经销商。

1. 代理商

厂家代理商、销售代理商、寄售代理商和商品经纪人等。

2. 经销商

可按商品销售对象不同分为批发商和零售商。

(1) 批发商的类型：① 按服务地区范围划分，可分为全国性批发商、区域性批发商和地方性批发商三种。② 按经营商品品种类范围划分，可分为综合批发商和专业批发商。

(2) 零售商的类型：① 专业商店；② 百货商店；③ 超级市场；④ 折扣商店；⑤ 仓储式商店；⑥ 便利商店；⑦ 自动售货；⑧ 邮购和电话订购、网上购物；⑨ 连锁店。

四、分销渠道的选择与管理

(一) 影响分销渠道选择的因素

(1) 产品因素。(2) 市场因素。(3) 企业本身因素。(4) 宏观环境因素。

(二) 选择中间商需要考虑的因素

(1) 中间商的经营资格应合法。(2) 中间商的经营范围需注意。(3) 中间商的地理位置要合适。(4) 中间商的企业形象要好和管理水平要高。(5) 中间商的财务状况良好。(6) 中间商的储运能力要优良。(7) 中间商的服务水平要上乘。

(三) 分销渠道的管理

(1) 明确渠道成员的责权利。(2) 认清渠道成员之间的冲突。(3) 正确评价分销渠道成员的工作业绩。(4) 对渠道成员的激励。(5) 对分销渠道的调整。

第二节 教学引导案例

案例 6－1 海澜之家的华丽成绩是如何完成的?

一、背景资料

“海澜之家”是海澜之家股份有限公司旗下服装品牌，自推出以来，以全国连锁、超大规模、男装自选的全新营销模式引发了中国服装市场的新一轮革命，其平价优质的市场定位，款式多、品种全的货品选择，无干扰、自选式购衣方式迅速赢得了广大消费者的欢迎，塑造了“海澜之家——男人的衣柜”的鲜明品牌形象。2014 年 4 月 11 日，海澜之家上市。

海澜之家在一般人眼里只是一个服装品牌，但实际上，从它诞生之日起就已经超越了传统服装品牌的内涵，它还是一个营销品牌、一个服务品牌、一个连锁零售品牌。

二、基本案情

(一) 逆势的华丽成绩单

海澜之家市值突破 600 亿元，超越 Coach、Prada、Burberry 等世界著名品牌，在服装企业业绩纷纷遇冷的大环境下，在 A 股上市的海澜之家成为“另类”。标准普尔公布的“全球市值最高服装配饰奢侈品公司 25 强名单”中显示，来自中国的海澜之家排名第 14 位，市值为 94.98 亿美元。

(二) 海澜之家的商业模式画布

经营业绩背后必有恒定的盈利逻辑作为支撑，相比其他同行，海澜之家的商业模式有何优势呢？用瑞士商业模式专家 Alex Osterwalder 的“商业模式画布(Business Model Canvas)”来描述和分析海澜之家的零售模式。

商业模式画布的九个模块回答了企业提供什么、为什么提供、怎么提供、收益如何以及成本如何五个问题。

1. 清晰的价值主张：男士着装整体解决方案

男士的购物习惯与女士有较大区别，其消费行为目的性更强，希望通过一种快捷的方式完成既定的目标。海澜之家提供了男士着装的整体解决方案，帮助客户在穿衣选择上做减法、节省时间。成年男性所需的服装这里应有尽有，涵盖了成年男性从头到脚、从内到外、从冬到夏、从正装到休闲装的所有产品。入店消费者可以买到全套服饰，充分迎合了中国男士的消费习惯，节省时间的同时简化决策。

2. 准确的客户细分：都市白领男士

一个服装企业不可能占领全部市场份额，只能选择若干细分市场作为自己的目标市场。海澜之家的目标客户是25～45周岁、年收入在5～10万元的男士，这是品牌男装市场中竞争相对较小，但是市场份额足够大的蓝海市场。它的每套西服价格在480～1 680元，比同档次品牌的价格低很多，完美实现了"高品位，中价位"的品牌理想。

3. 亲和的客户关系："无干扰，自选式"男人的衣柜

男人购物是需要才买，看中就买，并且不喜欢有人在旁边跟着、盯着。海澜之家摒弃了传统的人盯人导购模式，给消费者提供了一个无干扰的、自由自在的购衣环境。服饰产品按品种、号型、规格分类出样陈列，消费者可以根据自己的身高、体形轻松自选购买。正是这种轻松、方便的购衣体验，使更多的男性消费者愿意来海澜之家，选了西服选衬衫，选了衬衫选领带，选了领带选皮带，成为时尚便捷的"一站式"消费。同时，抓住男性购物直接、不爱过多讲价的特点，所有商品都是按照标签价格销售。此外，还坚持一年四季不打折、不降价，以维持品牌形象。

4. 规范的渠道通路：托管式加盟，标准化经营

加盟商不参与门店管理，其商品投放、门店管理、经营方式等所有工作全部由海澜之家进行标准化管理，甚至连门店选址都由其确定。具体操作上，统一形象、统一价格、统一管理、统一采购、统一配送、统一装修、统一招聘、统一培训、统一结算，实行全国统一连锁经营管理，真正做到了既"连"又"锁"，"连"住了品牌，"连"住了形象，"连"住了产品，"连"住了服务，也"锁"住了管理，使每一家门店都能按照公司的标准化模式经营，公司的每一个部门也能按照标准化的业务流程为门店服务。

5. 高黏性的关键合作："线下小米"的联营模式

供应链管理模式有点像小米，自己没有工厂，是请代工厂代工，所有的服装设计、样式，都是由供应商的设计师提供的。供应商的设计完成之后，拿到海澜之家的总部，由总部的设计师审核挑选。总部设计师会根据当下流行的趋势，评估哪些款式设计可能畅销，再下订单。支撑海澜之家与供应商之间紧密合作的背后是利益分享机制，通过销售后付款、滞销货品退货及二次采购相结合的模式，将供应商、品牌方的利益紧紧捆绑在一起。公司与供应商之间是"可退货的联营"关系，两个适销季后仍然滞销的产品可进行退货。这样一来，供应商不再是简单的贴牌加工生产商，必须了解市场流行趋势，生产适销对路的产品。当然，海澜之家也不当"甩手掌柜"，需要帮供应商提高动销率，提高专卖店的坪效。通过建立利益共享、风险共担机制，把供应商、加盟商和品牌方打造成利益共同体，实现产业链各环节各司其职、各获其利、共同发展。

6. 高效的关键业务：供应链整合

在供应链管理上，海澜之家是典型的SPA（自有商标服饰专卖店）企业，即拥有自己的原创品牌，并自产自销。从生产到销售，整个流程都统一管理，以减少中间环节、降低成本。在国内服装界率先形成了从羊毛进来到服装成品出去的完整产业链，全部利用自身资源，没有任何中间商参与，有效控制成本和品质，直接让利给消费者。海澜之家在整个供应链环节中，就是一个高度扁平化的平台，就像一个接口一样，把各种资源组织起来，最终形成一个独特的产品和品牌；自己不占有太多资源，但是各种资源在它这里都发挥了最大的作用。

与此同时，海澜之家不断拓展线上流量，整合线上资源，与线下不打折、不降价的定价策略相匹配，严格保证线上线下的同款同价。并与天猫、唯品会等平台合作，自主创新策划符合品牌调性的店铺活动，提升品牌线上的影响力。

7. 核心资源：男装国民品牌的无形资产和高变现的线下流量

在做好产品的同时，着力打造品牌形象。通过与热门综艺节目如《奔跑吧，兄弟》《了不起的挑战》《最强大脑》等栏目合作，提升品牌知名度。增加具有网红特质的明星林更新等作为品牌代言人，抓住父亲节、春节等进行情感营销，引起消费者的情感共鸣。投巨资在央视黄金档节目中播出广告，"海澜之家，男人的衣柜"可谓家喻户晓、深入人心，也奠定了"男装国民品牌"的地位。

海澜之家3 000多家加盟店都位于人流量大的核心商圈，带来了巨大的流量入口；而且门店消费者入店购买率都较高，流量变现率高。所以，周建平说海澜之家"卖的不是衣服，是线下流量"。

8. 轻资产的成本结构：低比例预付货款

海澜之家是典型的"轻资产"模式，将生产环节和部分销售渠道大部分外包或完全外包，自己经营的重点就放在品牌运营、终端渠道和供应链管理等环节上。抢占产业链、价值链制高点，进而编织起一条微笑曲线。在货品最初入库的时候，支付给供货商的货款不超过30%，后续资金随着货品的实际销售情况，逐月结算。

9. 低风险的收入来源：加盟费和利润分成

加盟商进入海澜之家分销体系，需要准备200万元左右的资金，其中100万元用来承担店铺租金、水电物业、装修、工商税费、人员薪金和物流运输等费用，另外100万元是交付给海澜之家的货品押金，可在5年之后归还。此外，每年交纳6万元左右的管理费。海澜之家与加盟门店依据一定比例分配营业收入，每日都会结算。据公开数据显示，海澜之家加盟商每年的投资收益率大概能达到20%，按照业内的说法，它是"以做通路的方法，做服装品牌"，过去几年其关店率只有2%左右，远低于同行业其他服装企业。

三、问题思考

新零售时代到来，传统的零售商业模式将如何重构才能适应发展的诉求？

四、分析点评

（一）发展数据挖掘的关键业务，深耕流量的核心资源

利用二维码等手段，建立消费者大数据库，一方面实时采集消费者尺码、购买频次、单次购买金额等消费数据，另一方面搜集消费者职业、年龄等身份信息。大数据时代，信息资源

将成为企业的核心资产，海澜之家的终端便捷地与消费者连接，是合适的数据入口。

（二）建立社群改善客户关系，持续深化价值主张

利用微信公众号、微博、论坛等方式，建立与消费者直接连接的信息渠道。通过加入会员等方式，发展消费者社群，并与消费者充分互动，建立更加亲密的客户关系，发展忠实的粉丝群体，就像小米公司的“米粉”一样，通过自组织的方式，用口碑传播品牌理念和产品特色。甚至可以让粉丝参与到产品设计、研发以及迭代中来，不断增强消费者忠诚度，提升再购率。

（三）拓宽线上的渠道通路，实现全渠道的整合

以实体门店、电子商务、大数据云平台、移动互联网为核心，通过融合线上线下，实现商品、会员、交易、营销等数据的共融互通，向顾客提供跨渠道、无缝化体验。线上还可以作为处理尾货的渠道，在支付环节策划一些返红包或者“满减”等活动，既不会影响品牌形象，又找到了处理过季商品的有效方式，一举两得。

（四）推进柔性生产，重塑联营的关键合作

海澜之家的产品策略决定它更适合多品种、小批量的柔性生产方式。柔性生产是为适应市场需求多变和市场竞争激烈而产生的市场导向型的按需生产的先进生产方式，其优点是增强制造企业的灵活性和应变能力，缩短产品生产周期，提高设备利用率和员工劳动生产率，改善产品质量。基于终端的消费者数据库，柔性生产可以得到更多的数据支持。

（参考资料：范鹏.海澜之家的华丽成绩是如何完成的？销售与市场（管理版），2017(4).）

案例 6－2　娃哈哈转型难题在哪？

一、背景资料

“甜甜的酸酸的，有营养味道好”。你或许还记得 20 年前的这句广告语。

AD 钙奶、营养快线、王力宏代言的娃哈哈矿泉水，是很多人的童年记忆。它们背后的娃哈哈集团曾是 20 世纪 90 年代一家典型的“中国式”成功企业。只是那一代的传奇公司大多都无法避免被时代淘汰的命运。

二、基本案情

产品路线和推广方式缺乏新意

“娃哈哈真的太土了。”土生土长的杭州人小虎说起自己家乡最大的饮料公司时，多少带点恨铁不成钢的感觉。这位 1992 年出生的杭州男生从小一直喝 AD 钙奶，但上大学之后，他开始喜欢上可口可乐，娃哈哈就悄无声息地从他的“饮料品牌库”中消失了。“也没有为什么，反正就是不喝了，大概看起来不很中产阶级吧。”

这也许是宗庆后创立娃哈哈 30 年来最大的尴尬。如今即便宗庆后依然坚持每年出差 200 多天，去走访经销商和销售现场，但在北京包括永辉超市在内的很多大型超市，货架上除了营养快线、瓶装水和八宝粥之外，你几乎找不到娃哈哈更多的产品。

多数消费者或许并不知道，娃哈哈一直在不停地推新品，它出产过的产品多达 300 多种。不过它们大部分的产品路线和推广方式几乎一致——找一个市场上的成功饮料对标，然后低成本迅速复制一款，并借助娃哈哈强大而稳固的经销商渠道投放至渠道终端，同时辅以大规模广告宣传。

因此，娃哈哈在业内还有个外号叫“饮料界腾讯”。

在 20 世纪 90 年代，中国处在野蛮增长的时候，这种低成本、快速开发生产的“山寨货”产品策略曾为娃哈哈带来了巨大的成功。

比如 1987 年，宗庆后创立了娃哈哈“儿童营养液”，对标的正是广州太阳神。只用了两年时间，这款饮料的销售就接近 1 亿元。

娃哈哈可以说把这个策略用到了极致。它甚至通过一个强大的联销体经销商模式，总能把新品在短期内迅速铺向农村的每一家小卖部，因而轻易反超模仿对象。

不过，这样的产品策略最大的问题在于它不是基于对消费者需求和消费趋势的洞察，而是跟在竞争者的后面。中国零售市场已经开始逐渐走出蛮荒，走向品牌竞争。那些从小喝娃哈哈 AD 钙奶的消费者已经变了。他们对饮料的要求变得丰富起来，他们在乎的不仅是味道和所谓的功能，还有品牌所代表的生活方式和身份标签。

比如在最近两年流行起来的茶饮料中，统一旗下的“小茗同学”算是最成功的新品之一。它在 2015 年夏天推出之前，与广告公司李奥贝纳合作，对 95 后人群做了大量的研究，包括从口味偏好到他们的语言和文化，最后这款二次元风格的饮料才得以诞生。不仅仅是口味，包括产品的名字、性格、包装设计等都属于产品开发的一部分，而这一部分正在变得越来越重要，它直接关乎是否能让消费者产生情感上的认同感。

但这样基于消费者洞察的产品开发能力显然是娃哈哈最缺失的。

在产品思维上本质的差别导致了它们在后期有着完全不同的营销方式。

比如“小茗同学”的二次元 95 后人群定位，让它在铺货上选择以一、二线城市的便利店和超市为主要渠道。在营销方式上，它不断在强化自己二次元的幽默风格。比如最近，它与 QQfamily 角色的冷笑话以漫画形式搬上了瓶身。

反观娃哈哈的茶饮料，早在 2002 年以“天堂水，龙井茶”的口号推出之后，迅速在茶饮料市场风靡，此后周星驰和冯小刚还为这个系列的茶饮料做过代言。但在康师傅茉莉花茶、农夫山泉东方树叶、统一小茗同学相继火爆茶饮料市场后，娃哈哈绿茶在 2013 年前后已经停产了。在营销方式上，娃哈哈茶饮料也并无特色，仅以简单粗暴的广告轰炸消费者的耳朵。

而这样的方式，几乎过去 20 多年从未变化过。

管理体系遭遇挑战

当越来越多的娃哈哈产品变得难卖时，原来强势的销售体系也在受到挑战，经销商和销售团队之间开始出现各种矛盾。

在销售任务的压力下，这一两年，娃哈哈的客户经理和区域经理开始加速流失，而这也造成了更大的问题。“老的客户经理知道每个经销商的实力和风格，新品下来之后懂得根据经销商的实力发货，即便压货也有尺度，但新的客户经理不熟悉情况，更多为了自己的绩效不断让公司给经销商发货，最后积压导致经销商赔钱，自己也赚不了提成。”

而娃哈哈所寄予希望的一些年轻化高端产品，显然与公司现有的营销体系更加不相匹配。在一、二线渠道，娃哈哈并没有太强的控制力。在便利店以及一些高端商超渠道，新品的竞争压力和渠道费用都在越来越大。

娃哈哈似乎不愿意为单一产品投入太多的时间和精力，一个新品不行马上推另一个新品。如今的饮料市场，已经越来越细分了。在新品上，仅仅靠粗暴的砸广告铺货的时代已经结束了。

娃哈哈的成功，还有它的失落，都要归功于创始人宗庆后。如同许多40后至60后的中国第一代企业家，他们聪明、勤奋、勇猛，但也同样守旧、固执、缺乏现代商业管理意识。

虽然宗庆后的女儿宗馥莉一直被认定为接班人，但她实际上并未进入管理核心。娃哈哈的经营决策者仍然是宗庆后本人，这是一个高度集权的公司。甚至有人开玩笑说"娃哈哈的董事会议其实就走个过场"。

娃哈哈很大程度上依然是宗庆后一个人的帝国。而他今年已经72岁。

与宗庆后一同老去的还有整个管理高层。虽然娃哈哈也在不断招聘大学生注入新的血液，但他们在很多地方无法适应，也不能解决实质问题，流失率很高。即便是今年35岁的准接班人宗馥莉早在2004年就进入娃哈哈管理层，也未能改变父亲一人独大的做法。

外界曾经对宗馥莉抱以厚望。目前宗馥莉任职宏胜饮料集团有限公司董事长、娃哈哈进出口公司总经理。宗馥莉在此前接受采访时曾表示过，在饮料界希望按照自己的思路走，而非遵循原有的娃哈哈模式。

不过宗馥莉主导的几个产品似乎也并未见成效。比如2016年7月，宗馥莉推出的高端定制化果蔬汁品牌——Kelly One，目前仅在上海和杭州小范围中可见。

对于这么一家销售额近600亿元的饮料帝国，娃哈哈形成的固有产品思维和销售体系已经很难掉头做改变。而它对消费者的了解，也还停留在多年之前。而随着中国消费市场逐渐成熟，人们对于品牌变得挑剔，不懂消费者的产品自然会被淘汰。更何况，在日新月异的饮料市场，每天都有新的产品、新的概念出现，消费者已经有了越来越多的选择。

三、问题思考

新科技、新人类，巨头们在"年轻派"面前焦虑了。品牌策略还管不管用？渠道优势还在不在？消费者究竟在哪？

四、分析点评

事实上，尽管娃哈哈业绩下滑是不争的事实，但由于其一直以来不差钱，没有银行贷款，也就是不存在加杠杆的问题，所以现金流充足，抗风险能力比许多公司要强很多。与其说娃哈哈"遭遇困境"，不如说娃哈哈是老司机碰上了新问题，在产品转型升级上遭遇瓶颈。

娃哈哈的转型升级，首当其冲在于产品。这在不少报道中也有提及。提到娃哈哈，大家耳熟能详的是AD钙奶、爽歪歪、营养快线以及纯净水等。但这些产品在市场上都已行销有年，难免给人一种产品结构老化的感觉。如娃哈哈销售最好的单品营养快线是2004年推出的，至今已经13年了。

这倒也不是说产品越新越好，而是产品应当跟随着时代变化，不断赋予其时代特色，这样才能给人历久弥新的印象。遗憾的是，娃哈哈近年来非但没能推出什么爆款新品，老产品连包装都没怎么换，其产品理念明显滞后于时代。尤其是，在更多强调原生态、有机食品的当下，娃哈哈的这些畅销单品确实不能迎合更多中产的需求。

娃哈哈丢掉的还不仅是城市中产的市场。随着农村城镇化进程加快，以及网络带来的消费观念普及，娃哈哈还正在失去农村市场份额。对于城市中产来讲，从海淘网站上购买进口食品已是寻常事。澳洲牛奶、北欧三文鱼、南极冻虾，只要点几下，过几天就能落到自己的碗里来。这时候，有谁会去买以复原乳制造的饮料？而在农村市场，随着电商的发展，消费观念以及价格上的差别也已逐渐被抹平。

面对新的消费理念，新的消费需求，娃哈哈应当作出回应，有所动作。这已经不仅是简单推出几款新产品的问题，而是娃哈哈该怎样适应新的消费时代的问题。特别是，娃哈哈作为国内食品行业的领军企业，不能也难以回避这个问题。但有些事情，看似旁观者清、当局者迷，而实际上，旁人不过是站着说话不腰疼，对要作出最终决策的人，又谈何容易。

举凡创新、改革、转型、升级，往往说易做难，牵一发动全身，不能不慎。所以，“黑”娃哈哈固然也可看作一种鞭策，终究还是要多一点耐心和善意。

（参考资料：赵晓娟.娃哈哈转型难题在哪？销售与市场(渠道版)，2017(10)：67－69.）

（参考资料：魏英杰.娃哈哈困局：老司机碰上新问题.中国产经新闻，2017 年 5 月 23 日第 008 版.）

案例 6－3　汽车界的苹果：特斯拉直销模式揭秘

一、背景资料

特斯拉汽车公司成立于 2003 年，致力于成为全球电动智能汽车领域的开拓者和领导者，拥有“加速世界向可持续能源转变”的企业愿景。2012 年 6 月 22 日，特斯拉生产的电动跑车 Model S 正式交付。2013 年年初，特斯拉中国营销团队开始组建，2014 年 4 月特斯拉首批中国用户交车。2016 年 6 月 23 日，特斯拉 Model X 车型在中国市场正式交付，Model X 被冠以“史上最强、最具颠覆的 SUV”，并被美国《时代》周刊评为 2015 年最佳发明。特斯拉从诞生之日起便以创新和颠覆者的姿态受到业界瞩目，这其中也包括一直坚持的“线上销售＋线下体验和服务”的直销模式。

二、基本案情

（一）特斯拉直销模式分析

特斯拉直销模式的主要操作流程：车型了解、意向购买→门店体验、预约试驾→官网预订、支付定金→工厂接单、定制生产→支付尾款、车辆交付。特斯拉采用的直销模式与国内汽车主机厂普遍采用的经销商 4S 店销售模式有很大的不同，我们就从消费者、特斯拉公司等维度针对特斯拉直销模式的优劣势进行分析。

对于消费者而言，特斯拉选择的直销模式与传统 4S 代理经销模式相比，因为取消了经销商，减少了中间环节，简化了购买流程，有机会降低用户的购买成本。自营的线下体验店可以提供标准化、专业化以及不以现场直接成交为目的的体验服务。线上购买明码标价，可以让消费者公平、透明消费。因为车辆采用定制化生产，为消费者提供了选择的多样性，凸显消费的差异化和个性化。然而，有利就有弊，特斯拉的直销模式对于消费者而言同样有很多问题。因为采用自营线下体验店，从店面选址、内部装修、消费者体验设计到店内员工招聘培训等各个方面都由特斯拉公司全权负责，严重影响门店的拓展速度。

截至 2016 年 6 月，特斯拉在中国仅建设完成 18 家体验店，位于北京芳草地的首家体验店于 2013 年 11 月开业，时间已过去了两年半，且体验店仅分布在北京(5 家)、西安(1 家)、成都(2家)、上海(4家)、杭州(2家)、深圳(2家)、广州(2家)7个大城市,让很多消费者遥不可及。再有就是车辆采用订单生产模式,新车提车周期为半年左右,这还是顺利的情况,漫长的等待对消费者来说是一种煎熬。目前,特斯拉的服务中心在国内只有7家,包括北京(1家)、西安(1家)、成都(1家)、上海(2家)、杭州(1家)、深圳(1家)。虽然除了自有的服务中心外,特斯拉还有30余家授权钣喷中心在承担着特斯拉车辆维修的业务,但维修的便利性和配件供应的及时性还是很难得到保障。

对于特斯拉公司而言,采用直销模式,接单生产,可以有效降低产品库存和资金占用,收到的定金又可以进行生产组织。通过直营门店,可以减少与消费者之间的隔阂,获得最直接有效的信息反馈,以提高产品的适应性和快速应变能力,进而提升产品的市场竞争力。另外,特斯拉为消费者提供在线金融服务,包括购车贷款及融资租赁方案,这或许可以成为特斯拉公司未来突出的利润贡献点。

阿里汽车事业部在试水汽车电商一年后已悄然将业务重心转移到汽车金融,互联网金融更快、更方便、成本更低,是汽车金融的发展趋势。但是特斯拉的直销模式,需要自建体验店,因为体验店重在线下展示、体验和集客,地点通常选择在城市中心或人群密集地,购地或租店成本很高,再加上高大上的装修,需要花费高昂的建店成本和运营维护成本。特斯拉对线下体验店的选址是极为慎重的,建设标准又很严苛,很多需要特斯拉美国总部确认,再加上各地建店审批程序办理的复杂性,导致体验店建设速度非常缓慢。没有线下渠道的快速拓展和有效支撑,对特斯拉的销量产生严重影响。2014年特斯拉海关进口量为4 800辆,实际上牌量仅为2 499辆,2015年特斯拉在华销量仅为4 000辆,虽然销量受充电设施不完善、得不到政府补贴、营销方式水土不服等多方面影响,但渠道显然是重要的制约因素之一。

因为特斯拉采用直销模式,消费者无须通过4S店购车,这种模式威胁到传统汽车经销商体系的利益,遭到传统经销商联盟的反对,美国多个州已出台相关法律,禁止特斯拉直接将产品销售给消费者,而必须通过本州的实体店经销商体系。美国地方政府的阻碍,对特斯拉的直销模式也是一个重大的考验。

(二) 为何选择直销模式

特斯拉公司总顾问托德·玛伦在向美国联邦贸易委员会解释为什么特斯拉公司要采用直销模式的时候,给出了七个理由:

(1) 离消费者近一些。

(2) 工厂零库存。

(3) 电动车作为新生事物,需要有一个培训消费者的过程。

(4) 经销商利润来源不同。

(5) 经销商依赖车企提供广告资金。

(6) 经销商无法进行溢价赚钱。

(7) 同经销商主流经销的传统车产生利益冲突。

虽然玛伦给出了很多特斯拉必须选择直销模式的原因,但很多原因是特斯拉事先已经预设了采用直销模式作为前提条件后的推导,并非销售模式选择时的关键和核心原因。比如,特斯拉的门店一般建在人流密集区域更亲近顾客,采用4S模式同样可以通过建店支持和验收标准的定义影响经销商店面地点的选择。比如,玛伦说经销商销售的绝大多数汽车都是燃油动力的,不会按照特斯拉的期望去尽心尽力地推广电动汽车,但商人是逐利的,赚钱才是第一要务,并不会因为特斯拉是新生事物而拒绝。

归根结底,特斯拉是因为短期无法为经销商提供可期望的赢利模式,而被迫选择直销模式。特斯拉的产品为纯电动车,市场处于培育期,大部分消费者还存在安全疑虑、里程焦虑、用车习惯差异等问题,销量有限。特斯拉为塑造品牌形象,提升品牌价值,现有产品走高端路线,售价较高,市场容量较小。传统汽车经销商不仅在销售新车时获利,还可以通过提供服务、销售零部件和附带装置获得丰厚利润,但特斯拉作为电动车的属性在维修服务端获利较少,只通过销售新车获得利润,利润来源减少。特斯拉的高大上装修和人流密集区的建店要求决定建店一次性投入大、日常运营费用高。投资大、获利低、短期回报差且市场存在很大的不确定性,这些因素决定特斯拉即使选择4S代理模式也是很难招到经销商的,因此,它只好自掏腰包无奈选择直销模式。

(三)未来发展趋势

特斯拉一直被业界称为“汽车界的苹果”,除了颠覆的愿景、极致的产品、偏执的领导者等相似点外,特斯拉还从苹果公司挖了一大批高管负责营销。特斯拉实施的体验营销、饥饿营销和口碑营销等营销手段与苹果也是如出一辙,在渠道上也效仿苹果的线下体验店模式。但仔细分析,苹果与特斯拉的销售模式又有很大的不同。经过多年的发展,苹果在国内只有36家自建的Apple Store零售店,苹果的主要销售更多依靠分销商、大客户经销商和加盟经销商完成。苹果的实践经验也间接证明,如果希望销量大幅跃升,渠道的数量是根本的保证,仅仅依靠自建线下体验店是远远不够的,直销与特许经销相结合是特斯拉未来的最佳选择。

但是特斯拉未来启动经销商代理模式也是需要几个前提的:一是市场进一步成熟,消费者对电动汽车接受度进一步提高,甚至是电动汽车可以进入寻常百姓家的时候。二是特斯拉低端走量产品如Model 3(入门级电动车)、Model Y(基于Model 3平台打造的一款CUV或者SUV)或者Model C(定位为小型城市电动车)产品上市的时候。三是特斯拉要建立好经销商的赢利模型,明确经销商的获利来源和单车利润点,做好投资回报率的精准测算的时候。

(四)对新进新能源汽车企业的启示

为降低石化能源需求,治理环境污染,调整经济结构,缩短与欧美日车厂技术差距,以电动汽车为代表的节能与新能源汽车产业,成为国家“十二五”时期重点发展的七大战略性新兴产业之一,国家出台一系列扶持政策支持发展新能源汽车。被视为时代的风口,一大批革新者进入新能源汽车领域,比如乐视、蔚来汽车、车和家、和谐富腾、前途汽车、智车优行……它们或多或少地都在沿着特斯拉曾经走过的路线前进。希望在它们确立销售模式时,能够结合市场的发展、消费形态的变化、自身企业的发展阶段和产品定位进行合理的选择。

三、问题思考

根据案例,对消费者而言,特斯拉汽车直销模式的优缺点有哪些?

四、分析点评

对于消费者而言,特斯拉选择的直销模式与传统4S代理经销模式相比,有着如下优势:

(1)因为取消了经销商,减少了中间环节,简化了购买流程,有机会降低用户的购买成本。

(2) 自营的线下体验店可以提供标准化、专业化以及不以现场直接成交为目的的体验服务。线上购买明码标价,可以让消费者公平、透明消费。

(3) 因为车辆采用定制化生产,为消费者提供了选择的多样性,凸显消费的差异化和个性化。

对消费者而言,特斯拉的直销模式也存在这问题:因为采用自营线下体验店,从店面选址、内部装修、消费者体验设计到店内员工招聘培训等各个方面都由特斯拉公司全权负责,严重影响门店的拓展速度。

(参考资料:杨东.汽车界的苹果:特斯拉直销模式揭秘.销售与市场(管理版),2016(11).)

第三节 课堂讨论案例

案例 6-4 OPPO是如何挤掉小米的:精耕线下渠道

一、背景资料

2016 年 5 月,IDC 一份几乎是"爆炸性新闻"的智能手机出货量排名,让 OPPO"被迫"走到了台前媒体的闪光灯下,在这份排名中,"OPPO 挤掉了小米",在国产手机中仅次于华为,排第二名。

二、基本案情

(一) 县域代理商的好生意:一台 R9 赚 400 元

祁县是山西省晋中市下属的一个普通县城,城区住着大约 5 万人的样子。葛中毅(化名)是一家手机连锁卖场的老板,在这行业摸爬滚打七八年后,他把店开在县最中心的位置,面积有 200 多平方米。像这么大的门店,在祁县不会超过 5 家。

2010 年,葛老板开始经营 OPPO 手机。不过那个时候,人们消费水平不高,价格偏高的 OPPO 在当地的销路并不是很好。但是从去年夏天开始,葛老板注意到 OPPO 的"点菜率"很高,"很多用户到店后点名就要 OPPO,销量越来越好。"

与 vivo 从地区二级代理商拿货不同,葛老板虽然是县级零售商,但却可以从省级代理商处直接拿货。没有了中间商赚差价,葛老板卖出一台手机利润丰厚,热销的 R9 一台能赚三四百元。店里的营销人员,葛老板只需付基本工资,手机的提成,是营销人员直接拿着保修卡与 OPPO 结款,通常情况下,每卖出一台机器,能赚 80 元。

2015 年底为了冲量,葛老板有了打广告的想法。他找到了 OPPO 在祁县的办事处人员进行商谈,最后"我承诺卖出一定的量,他们就免费给我做了一辆公交车的广告。"那辆公交车一面是 OPPO 的手机广告,一面是门店的宣传,效果很好。那个月,卖场卖出了 370 台 OPPO,而此前一个月只有 200 台左右,较往常增长了 85%。

在葛老板众多打交道的手机厂商中,OPPO 是各方面做得最好的一家,不仅利润高、舍得广告投入,它还有保价政策。"比如,你以 1 000 元进了 10 台手机,结果卖了 5 台时降价到 800 元,亏的 200 元,可以下次进货时,直接抵扣货款。""R9 刚出的时候,我们以 2 350 元成本进货,原价 2 799 卖出,有 400 多元的利润,6 月 vivo 推出新品后,R9 降价到 2 299 元,而

OPPO 会给剩下的手机每台补贴 350 元。”

保价政策在祁县这样的小县城非常受用。葛老板表示，有保价、高利润的乐视、金立在当地都是热销品牌，而无保价政策的华为和几乎没有利润的小米在当地遇冷。

（二）四线、五线城市销量占比近四成

“大家现在都是用什么手机?”一个微信群里，跳出了这么一条消息。

这是 25 岁的宋妍发出的。宋妍作为与手机行业有接触的人，家里人买手机时常常让她推荐。一天在大家讨论手机时，她心血来潮，就这么好奇地问了一句。结果跳出来的答案让她大吃一惊。

苹果、OPPO、苹果、OPPO、OPPO、OPPO……细数下来，在这个有 18 个人的群中，竟然有 13 个人用的都是 OPPO 手机。宋妍的家在浙江湖州市，她没想到，OPPO 在当地这么受欢迎。

宋妍的惊讶在葛老板看来一点不足为奇。能接触到当地一线销售数据的葛老板，OPPO 一路热销，他都看在眼里，赚到手里，“祁县一个月能卖出 2 000 台手机，其中 OPPO 占到 40%，排名第二的 vivo 市场占有率在 15%～20%左右，而整个县城现在大约有 40～50 家 OPPO 销售点。”

“今年是 OPPO 最火的一年，我们店现在有 7 款 OPPO 手机在卖，R9、R9Plus 供不应求。”市场行情这么好，葛老板想多拿些货，但是经销店太多，“R 系列一周我们想要七八台，但是省代只能给到三四台。”

浙江湖州、山西祁县，这两个城市虽然一方在东、一方在北，但在调研机构 Kantar Worldpanel ComTech 统计数字里面，他们都归属于 T3 以下城市。Kantar Worldpanel ComTech 消费者研究总监梁亚光表示，从存量用户比例可以看出 OPPO 在低线城市的努力。

“整个手机市场 T1 - T5 城市的销量是很平均的(T1 - T2 城市 31.1%，T3 城市 35.4%，T4—T5 城市 33.5%)，但是 OPPO 的表现是 T4 - T5 占据了其近一半(47.8%)的销量，T3 比例也高达 34.7%，T1 - T2 的市场反而只有 17.5%。”梁亚光感受最大的变化是，5 线城市在 OPPO 总销量中的占比，一年前的数字还是 1.8%，现在已经高达 12.6%。

（三）从“机海”抽身只打爆款

2015 年，是国产手机大张旗鼓出海的一年。比起国内红海市场竞争的难度，通过印度等一些蓝海市场实现 10%的销量提升要容易得多。但是就在手机厂商频频爆出倒下的消息时，OPPO 闷声卖出了 5 000 万的销量，市场份额提升了好几个百分点。

这一年 OPPO 变化很明显：2014 年 OPPO 有 R 系列、Find 系列、A 系列、N 系列四条产品线，转眼 2015 年的发布会，就只剩“R”系列的独角戏。不过，发布会外，OPPO 的 A 系列(A3、A5)也在更新。

这一产品策略与其他国产手机厂商背道而驰。因为小米、华为、魅族，尤其以前是单产品策略的锤子、一加等都在通过增加产品线来提振销量，唯独 OPPO 一直削减产品线，主打一个系列。对此，OPPO 对《IT 时报》记者回应道，“机海和爆款，是源自三星和苹果的打法。我们也不是第一个吃螃蟹的，只是简单专注，在品牌溢价能支撑的价位段，举全公司之力，服务好我们的年轻目标用户。”

OPPO 另一名相关人员对记者透露了更多的信息，“我们在一些产品有很大的投入，但是回报并没有达到预期。”“从市场反馈看，不管是去年的 R7 系列产品，还是今年的 R9 系列产品，在市场份额、用户口碑等方面均是最好的。”“与其分散精力做多款产品，不如专注 R 系列，这也是在实践‘从用户出发’的产品研发理念，而不是盲目去追求快速迭代的节奏。”

这样的产品策略效果显著。梁亚光表示，去年 6 月，OPPO 市场份额只有 2.3 个百分点，一年后，这项数据增长到 9.1 个百分点，如果仅看 OPPO 今年在 2 000 元到 3 000 元的价格段表现，数据更为亮眼，“去年 6 月，OPPO 这一区间段在市场的占比仅有 3%，但是今年 6 月，OPPO 的市场占比高达 20%。”

在业内人士看来，OPPO 的可贵之处不在于将爆品做得多成功，而是能够在机海战术里及时抽身、顶住压力选择做爆款的决定。实际上，这样“果断”的行事风格早年可见一斑，在 3G 向 4G 转型过程中，OPPO 是唯一一家较早(2013 年 12 月)砍掉 3G 产品线的国产手机厂商。

(四) 新隐忧:“利益共同体”能控制所有渠道吗?

OPPO 的渠道版图并不复杂。通过葛老板的上下游即可推导出 OPPO 的社会渠道构成，OPPO—省代—葛老板—用户，祁县虽然设有 OPPO 办事处，但这些办事处只是负责向省代直供的大连锁及经济强县提供终端建设(硬终端建设、促销员等)和市场推广工作(促销物料、促销活动等)，同时在一些经济弱县及乡镇市场，为二级代理向下铺货。

OPPO 与渠道的关系可以追溯到步步高时期。OPPO 成立后，步步高的很多二级代理商、供应商、员工成为 OPPO 的省代。OPPO 与省代的关系稳定密切，部分关系在 10 年以上，部分代理商在 OPPO 持有股份。

让代理商持股的方式，使得双方因为利益而站在了一起，在业内人士看来，某种程度上，这种方式不仅增强了渠道的控制力，还抑制了价格紊乱、串货的现象发生。这种方式也引起了其他厂商的效仿，酷派就曾通过参股与渠道商达成利益共同体，提升社会渠道销售积极性和占比。

OPPO 对记者表述两者关系时，这样描述，“多少年互相扶持，合作关系也不错。不管是对企业文化还是商业理念，都有非常高的认同性。”

除此之外，OPPO 对代理商利益的维护也不是一般厂商所能比拟。OPPO 的一名工作人员跟记者表示，为了防止线上销量对线下的冲击，“我们会把线上销售收入扣除成本外，将利润返给当地的代理商。”

这样最终落实在销量的结果，让其他手机厂商眼红。华为的一位前员工表示，“华为终端渠道管理不如 OPPO、vivo 是不争的事实，前年下半年和去年是地县换机、实体渠道复兴，有实体渠道的厂家大为获利；去年 Q4 到今年，乡镇换机大潮到来，华为基本干瞪眼，OPPO、vivo 在这些地方处于准垄断状态，而金立也借此咸鱼翻身。华为 P9 要是让 OPPO 来操盘，三个月过千万估计没问题。”

不过，赚得盆丰钵满的葛老板开始有了新的担忧。根据媒体报道，2014 年底，OPPO 拥有近 14 万家销售网点，到 2015 年底已激增至 20 万家。看着不大的县城里到处都是 OPPO 网点，葛老板已经发现有门店靠降价来抢销量，相比固若金汤的省代，这些不满一年的网点如何去认同 OPPO 的价值观呢?

三、问题思考

1. OPPO 的快速成长主要得益于什么样的渠道策略?

2. OPPO 的“利益共同体”能控制所有渠道吗？

（参考资料：戚夜云.OPPO 是如何挤掉小米的：精耕线下渠道.IT 时报，http://tech.sina.com.cn/t/2016-08-20/doc-ifxvcsrm1990037.shtml,2016 年 8 月 20 日.）

案例 6-5　牛栏山祭出“削藩令”：厂家到终端，到底距离该多远？

一、背景资料

牛栏山酒厂的一纸“削藩令”在酒行业炸开了锅：从 6 月下旬开始北京总分销渠道旗下一些大单品按区配货，同时取缔批发。由此，其在北京地区原本 100 余家一批商、二批商已删减至 23 家。这只是开始，牛栏山此举可谓是“司马昭之心路人皆知”，其最终目的是要彻底取消批发商，最终实现厂家对零售渠道的直接控制，即直控终端。

二、基本案情

（一）传统渠道弊病已是无药可救

渠道，曾经是企业攻城略地、开疆拓土的主要倚仗，企业只需要借助现成的渠道通路，产品即可快速到达终端，被消费者购买、使用，尤其是快消品，可谓得渠道者得天下。但随着电商互联网渠道的快速崛起、移动端微商的大发展，传统渠道的弊端被无限放大。

首先，费用居高不下，成为企业难以承受之重，促销费、进场费、人工费、广告费，各种费用一样不能少，且一路水涨船高，销售数据看似漂亮，实则对于企业而言是亏钱的；其次，层级太多，从省市级代理到县级分销，还有中间的批发环节，雁过拔毛，到终端消费者手里时，产品在价格上已没有任何竞争力，但平价、低价一直是中国企业的主要竞争手段，没了价格优势，很难被消费者购买；再次，管理费用过高，每一个区域市场都要有专人去管理，防串货、控质量，每个区域管理费用没有几十上百万元是打不住的。传统渠道走到今天已是弊病丛生，对企业而言已是不能承受之重，更不是凭企业之力所能改变的。对企业来说，目前最好的选择是能够直控终端，事实也确实如此，如伊利、优衣库、牛栏山、周黑鸭等市场增长强劲的企业，都是直控终端做得相当好的。

（二）从减少代理层级开始

对于成熟企业而言，像牛栏山那样从部分市场逐渐减少代理层级，企业逐渐直控终端是最为稳妥的选择。从通常的五级减少到三级，离自己大本营近的尽量选择自己的队伍直接管理终端，代理商职能由终端销售转为“仓储、物流、配送”职能。对于企业而言，既增加了看得见的利润收入，同时在防串货、统一价格体系等渠道管理上也简易了很多。

（三）能直营的尽量不要加盟

企业从诞生那天起，应尽量建立自己的直营团队，开发自己的市场直营能力。苹果那么伟大的企业也需要依赖全球直营来掌控终端。“周黑鸭”与“绝味鸭脖”产品趋同，都起源于武汉草根，“绝味”全国有门店 7 172 家，营收 29 亿元；“周黑鸭”有门店 715 家，营收 24 亿元。但是问题来了，令人惊讶的是“周黑鸭”的毛利却高出“绝味”近 10 亿元。奥妙就在于“周黑鸭”是直营，“绝味”是加盟模式，现在“绝味”正在向直营艰难转型。

直营，对于企业而言，前期是麻烦了些，又要研发、制造产品，还要营销、开拓并自己建立市场，所以很多企业选择了加盟或招商的模式，省事，但结果却不省心。而选择直营的企业，看似刚开始麻烦了些，风险更高了，但是由于自己具备终端运营能力，既提升了利润，又能很好掌控一线消费信息，有了直接服务终端消费者的能力，更能适应市场变化，进而提升了抗风险能力，发展则会更迅猛。

所以，从长期来看，直营是企业必须具备的能力。

（四）直控终端的基础是向一线放权

直控终端除了外部减少代理层级外，内部管理也要减少层级，减少管理层级，增强一线业务人员的权力、权限，企业资源向一线集中，真正实现“让听得见炮声的人指挥战斗，为炮声密集的地方输送炮弹，给他们放权，让他们能够直接指挥战斗”。尤其不建议一线再设置市场人员，明明业务员一个人就可以干得了的事，非要再设置一个市场专员，除了增加成本和添乱，实在看不出有什么设置的必要。

向一线授权，才能建立高效、执行力强、能打胜仗的团队，才能真正推动渠道变革，实现企业瘦身。

（五）线上线下融合是必须打通的价值链条

电商、微商都是企业实现直接售卖、了解消费需求最好的形式，一个不了解用户感受的企业是危险的。电商、微商都可以在售卖的同时第一时间了解到用户信息，了解自己产品真正的口碑和评价，口碑管理才是消费者购买最有效的依据，管理口碑是企业必须掌握的职能。在条件允许的情况下，企业应尽量将销售重心向线上、向移动端倾斜，将来，移动端肯定是消费者购物和消费体验的主要入口和形式，线上有动销、线上策略到位，线下实体店自然也不会差到哪里去，线下如果有好的消费体验，亦会更好地反哺线上消费与赢得好的口碑效应。线上线下融合是企业必须打通的价值链条。

综上所述，渠道变革是企业必须做的，不然沉重的渠道包袱和高昂的费用会将企业拖入深渊。反过来讲，企业渠道变革成功，将是一个新的飞跃，进入一个新的境界，何乐而不为呢？

三、问题思考

1. 传统渠道的弊病有哪些？

2. 直营与加盟的区别是什么？

（参考资料：窦林毅. 牛栏山祭出“削藩令”：厂家到终端，到底距离该多远？销售与市场（管理版），2016(10).）

案例 6－6　纸尿裤凭借微商一年做足 7 个亿？

一、背景资料

一个 2015 年成立的纸尿裤品牌，号称去年一年靠微商做了 7 个亿销售额。乍听起来是不是像某厂家的营销软文？说实话，我的第一反应也是不信的：7 个亿，这个数字完全可以进入纸尿裤第二梯队了，更别说人家才用了一年多时间，简直是吊打一众埋头苦干数载也难突破亿的国产品牌啊！

二、基本案情

十几年的品牌沉淀、产品建设、渠道积累，就这样被一个“声名狼藉”的微商给轻松破了阵？且不论以上数字水分有多大，毕竟不是上市公司，没有财报，但既然放出这样的消息，底气多少是有的。更重要的是，它昭示了一个事实：微商正在卷土重来，而这一次，多少带着些洗白过往的意味。

（一）微商 or 传销，傻傻分不清楚

为何洗白？因为曾经黑过。

黑点一：刷屏

相信每个人的朋友圈里都有那么几个一言不合就做起微商的人，他们时常用一些产品推广文案、招商打款截图、鸡汤励志文开启霸屏模式，反正免费的存在感不刷白不刷。

这种粗鲁的营销手段常被吐槽“透支人品”“友谊止于微商”，但客观上讲，微商之所以能以远超传统电商的增速发展起来，说明这种营销方式还是有市场的，而且市场还不小，而那些对刷屏的深恶痛绝与媒体渲染也不无关系。

黑点二：假货

毒面膜、假包、假奶粉等黑历史将“微商”跟“假货”紧紧捆绑在一起，微商的恶名也由此而来。不过客观地说，早期的微商无门槛无监管，确实有着售假的天然土壤。

尤其是 C2C 型的微商，都是个人代理，本身就缺乏对货源的甄别能力，有时并不是有意售假，而是自己就是被蒙在鼓里的受害者。

再加上，随着销量压力加大，这种以“熟人间的信任”为纽带的交易链条一定会被广阔的陌生人市场所淘汰，而通常在面对陌生人的时候，人们“犯错”的心理成本是比较低的。

黑点三：层层压货

所谓微商的“暴利”来自量。要想快速起量，一件件地去做零售肯定不行，必须靠批发，将货物逐级转移给下面的代理商，以此完成销量的裂变。

由于代理层级多，很多时候微商被认为是游走在传销的边缘，每一级代理商赚的都是下级代理商的钱，最终货物到达消费者手中的还好，倘若压到最后一级代理商时再也无处分销，那便是传销了。

当然，压货并不一定不好，要看压货的动机是什么，如何服务，以及代理层级的控制，毕竟商品的价值在于消费者使用，而非在通路里无止境地周转。

（二）母婴行业的微商先遣队

前两年和母婴行业人士聊起微商，很多人感慨微商将亡，“本来还在观望如何进入微商，没想到望着望着就被面膜做死了。”

其实，像早期的电商和海淘一样，一个新渠道模式在刚进入市场的时候似乎都要经历这么一个阶段，无组织无纪律，旁逸斜出野蛮生长，然而最终也必然沿着先乱后治的轨迹走向正途。今天微商的抬头之势，就是个强烈的信号。

母婴行业跟微商也是有着不解之缘的，占比最大的奶粉和纸尿裤，都是微商上的活跃品类。想要海外代购，无论是亲戚朋友，还是朋友的朋友，在微信上交流、交易显然更方便快捷。尤其在宝妈们的消费逻辑里，最信任的除了医生就是其他宝妈的推荐，一句“我家宝贝也在用”胜过任何大宗媒体广告。

另外，还有一个很关键的原因。许多女性生完孩子后都要做一两年全职妈妈，带娃的琐碎加上无法分担家庭的经济负担，让她们很容易陷入焦虑，而微商的出现恰巧能弥补这个遗憾，因为既不用坐班也不用花时间，带娃的同时可以完全兼顾。

更重要的是，许多微商之前都是产品的消费者，她们的销售是建立在体验之上的，呈现的是买手的状态，很容易在妈妈们中建立一种信任的磁场，然后也就顺理成章地下单购买，或成为下级代理。

囤货万一卖不出去怎么办？没关系，自用也可以消化大半。代理商同时也是消费者，这样的双重身份一定程度上将微商与传销区别开来。这样一来，销售就变成了一件“顺手”的事，稳妥地赚外快，岂不美哉？

前面提到的那个年销 7 亿的纸尿裤品牌，大致就是这么成长起来的。据悉，该品牌代理分为四个等级，投入越高级别越高，相应地拿货价格也越低。

代理流程为：试用产品—选择代理级别—订货打款—进群培训—发授权书—收货销售。

就是这么一个简单的销售模式，低门槛易上手，在短时间内聚集起了 8 万多代理，并开始布局线下实体渠道——如此看来，微商的发展路径跟电商倒是有几分相似。

尤其是纸尿裤，无疑是婴童全品类中最适合线上销售的。首先，它属于快消标品，走量快，现金流状况较好。同时，婴童产品属性加上微商产品多定位中高端，利润也有保障。其次，消费者对品牌的选择慎重度不如奶粉那么高，只需体验一次，产品优劣立见分晓，即使新品也很容易在圈层中打开市场。

我询问过一位代理该品牌的微商，她就是典型的“宝妈代理”，从去年 11 月开始，到现在已经订了 2 万多元的货，成为总代理。

“质量相当不错，卖得特别好，就是产能有点跟不上。”这句话道出了重点。大多数宝妈代理的出发点都是产品本身，模式好、渠道新只是锦上添花，产品品质才是决定因素。

不过，以该品牌每片两块多的价格计算，若想支撑起 4 级代理的利润空间，对成本要求是非常高的，且有业内人士告诉我，该品牌其实是广东某知名厂家贴牌生产。

综合以上信息不难判断，微商的消费群体对纸尿裤品质要求并不是特别高，同时从另一个角度也说明，本土厂家完全可以做出令消费者体验“上乘”的产品。当然，微商若想“转正”，服务短板更要引起重视。在以往松散的多层级微商时代，很多售后问题没有正规的解决途径，商家处理不了就拉黑，只会把市场越做越窄。

微商作为一种全新的商业模式，经历了前期的泡沫和野蛮生长后，必将随着法规的健全和正规军的入局逐步实现转型。

（三）微商“转正”进行时

2016 年 7 月 1 日，国家工商总局印发《关于进一步做好查处网络传销工作的通知》，这是微商行业真正意义上的第一个法律法规。

国家工商总局监管部门划清了微商从业的底线，明确了政府管理的边界，围绕着当前互联网暴露出来的突出问题，特别是关于微商三级分销的模糊认知问题，终于有了明确界定。

营销专家于建民老师在 i 幸会上直言，微商想要发展得好，还是要把自己洗白上路，去除里面的暗黑部分。微商只是一个渠道模式，在产品力、品牌力上下功夫，同时做好渠道商良性发展的问题，否则即使做得再大，崩塌也是瞬间的事情。

所幸的是，微商触底反弹的迹象越来越明显。知名电商专家龚文祥介绍，2016 年微商已经跌到谷底，洗脑的微商已经退出，现在微商已经从原来所谓的晒爆款、暴富、千人大会变成晒培训、零售和团队，从朋友圈营销扩展到微博橱窗、朋友圈和 O2O 营销，从多层级转化为三级内或一级扁平化为主，从囤货卖代理转化为一件代发、卖不出退货。

同时，我也了解到，一些母婴知名品牌企业在观望、筹备了许久之后，今年也将开启试水微商的步伐。

大品牌有严格的渠道管理制度，他们跟中小微商相比最大的不同是，他们十分珍视自己的品牌，在产品、价格、渠道和营销方式上都会精心设计，严格把关，绝不会以透支品牌为代价换取眼前利益。

更重要的是，他们将为行业带来一批有技术会管理的人才资源，拉升微商整体从业素质，是匡正行业主流的正规军。大玩家入场，能否将微商这潭浑水涤清？

三、问题思考

1. 结合案例思考微商模式的缺陷。
2. 纸尿裤通过微商模式成功的主要原因是什么？

（参考资料：袁秀霞，曹梦莹.纸尿裤凭借微商一年做足 7 个亿？销售与市场（渠道版），2017(3).）

第四节 课外思考案例

案例 6－7 格力手机不受待见背后：输在产品和渠道

一、背景资料

格力手机是格力电器于 2015 年 3 月发布的智能手机品牌，格力手机 2 代已于 2016 年 6 月上市。

如果说董小姐对生产技术的盲目自信算一个错误，那格力对营销和渠道投入不足则是大错特错，使其征战手机市场变成一出自娱自乐的“好戏”。

二、基本案情

自从 2015 年来势汹汹杀入手机行业以来，格力手机因保持神秘色彩和董小姐惊人言论，一直被外界视为玩票性质，甚至沦为笑话或闹剧。有趣的是，格力手机最近一次上头条不是因为董小姐主动营销，而是员工闲鱼贱卖惹恼董小姐。不过，强势、自信的董小姐似乎并没有打算打退堂鼓，反而将一条道走到黑，无论外界看好与否。

近年来，“空调专家”格力一直在积极推进多元化战略，目的是在智能家居时代占据一席之地，想要把各种家电连接起来并实现服务的高效流转，自然离不开手机的加持。格力做手机的初衷正是着眼于智能家居，未来手机将成为智能家居的控制中心、智能物联网的入口，而不是与雷军赌气后的贸然反击。

不过，理想很美好，现实很骨感，无论是多元化战略还是手机业务，只有规模达到一定量级才具有想象空间。这意味着，格力需要在保证主营空调业务继续增长的基础上，同时兼顾小家电、手机甚至汽车等业务，这对习惯单线作战的格力无疑是一大挑战，而且各个领域都面临诸多劲敌。

换言之，格力想要在各个业务线开花结果，首先必须把其视为独立业务。以手机为例，格力应抛弃浅尝辄止的心态，厘清其与空调业务的异同和了解资源整合的可能，尽可能调动资源支持、扬长避短，如此才算摆正“作战”姿态，具备与友商厮杀的本钱。

值得注意的是，手机行业的特殊性在于其比大多数小家电行业竞争都要激烈，因此各大玩家都必须全力以赴，全力以赴能有几分胜算尚不好说，但如果玩票则绝对会被市场边缘化。从格力手机现状来看，难以寻觅踪影、低配高价、简单粗暴的营销使其在手机市场存在感极低，在友商、用户心中口碑均极差。

在我看来，格力手机之所以在手机市场不入流，根本原因在于其对制造技术过于自信和低估手机行业做大做强的难度。不可否认，致力于“让世界爱上中国造”的格力是中国制造的翘楚，其在空调生产上拥有不可比拟的优势，但手机生产与空调截然不同，生产技术的摸索和效率的提升成为摆在格力面前的首要难题。

格力手机一代选择与深圳代工厂卓翼合作，之后在珠海投资自建工厂，尽管可以最大程度把控产品品质，但工人磨合需要一定时间，经验尚浅的格力自主生产线整体生产效率势必低于卓翼。

早在 2015 年 11 月，格力手机二代便已经开始生产(备货)，2016 年 5 月，董小姐透露格力手机二代发布不到一个月订单突破 35 万部，产能根本跟不上，格力手机生产效率可见一斑。董小姐曾扬言一天卖 10 万部，即便美梦成真，也会被格力落后的产能严重拖后腿。

如果说董小姐对生产技术的盲目自信算一个错误，那格力对营销和渠道投入不足则是大错特错，使其征战手机市场变成一出自娱自乐的“好戏”。营销方面，我隐隐觉得，一向快人快语的董小姐很像 2014 年 12 月告别演讲之前的罗永浩，全凭自己为格力摇旗呐喊，附和者寥寥无几，看热闹的吃瓜群众倒不少。

这种通过语不惊人死不休的手段吸引路人围观，固然有利于提升个人和企业知名度，节省不少广告开支，但对转化为实际销量效果有限，而且一旦产品交付与用户期望存在落差，极其容易形成负面口碑。因此，在实际运作中，董小姐个人品牌始终凌驾于格力手机品牌之上，其本质是网红而非兢兢业业经营企业的企业家，对格力手机的帮助并不大，反而因低配高价、开机画面而饱受用户诟病。

要知道，经过市场教育的用户购机理念已发生变化，情怀或概念对用户的吸引力大不如从前，越来越多的用户转向为实用价值买单。董小姐眼中格力手机的最大卖点莫过于品质过硬，她曾信誓旦旦称世界一流品质的格力手机二代 3 599 元售价不算贵，三年不换机和手机从 2 米高处摔下无损伤。不过，相信“中国制造”形象有助于格力手机大卖只是她一厢情愿，并不足以构成用户购机的充足理由。

格力手机的营销策略是董小姐为主、董明珠自媒体为辅，前者时不时抛出犀利言论为格力手机带来海量关注和话题效应，后者主要用于活动策划、用户沟通，其尴尬在于吃瓜群众对格力手机的营销套路总有看腻的一天。除此之外，几乎看不到格力手机进行任何广告投放、产品宣传，市场存在感极低，与友商动辄上亿元广告投放形成鲜明对比。同时，低成本撬动大影响的前提是产品给力，遗憾的是，这是不接地气的格力手机的死穴。

渠道方面，2015 年格力手机一代问世后与用户玩捉迷藏仍历历在目，官方解释称只在内部销售，并未全面投放到市场。格力手机二代只在自家格力商城销售，而未在战略合作伙伴京东销售，天猫也未见其身影，产能稳定后在格力线下专卖店销售，并对与运营商合作兴趣不大。

事实上，格力在全国各地的销售公司也承担部分格力手机的销售任务，各地销售公司会向格力空调经销商少量地“摊派”出售。不难看出，格力手机在渠道建设、运营上缺乏一套完整的体系和打法，导致昏招频出，线上亲格力商城远京东和天猫、不发挥线下渠道优势，给人留下随意、任性的印象。

在手机厂商纷纷转向重视线下渠道的大背景下，格力投入不足且打法随意，格力手机二代注定销量不佳，不仅无法获得用户认可，而且连内部员工也颇为不屑，对作为年终实物奖的格力手机在闲鱼贱卖就是最好的证明，尽管董小姐的强势姿态可以逼迫员工使用自家产品，但无法改变其对格力手机前景黯淡的固有认知，经销商亦如此。

值得注意的是，除了在主流销售渠道不见踪影，格力手机在供应链管理上也不受待见，更别谈掌握一定的话语权。一直以来，供应链从未把格力手机视为大客户，只是将其看作一年 2～3 万的小客户。手机代工厂通常把客户分为 100 万台级、50 万台级和 10 万台级，格力手机的需求量在 5 万台级以下，因此供应链没把格力手机当回事。

一言以蔽之，格力手机单凭“网红”董小姐助威而不脚踏实地深耕产品、渠道和品牌三大核心环节，想要在强敌环伺的手机市场有所作为，是非常难的。

三、问题思考

格力手机渠道不完善的地方有哪些？

（参考资料：龚进辉.格力手机不受待见背后：输在产品和渠道.品途商业评论，http://www.pintu360.com/article/127091.html，2017 年 2 月 6 日.）

案例 6－8　库俪钻戒：百年品牌的新零售探索

一、背景资料

库俪起源于 1833 年的法国巴黎。一百多年以来，库俪执着追求完美，将精湛技艺发扬光大。独创的精湛技艺是品牌长盛不衰的制胜法宝，是品牌持续发展的原动力。

二、基本案情

在 2012 年，为满足人们对钻戒定制的日益需求，为将最纯正的钻石定制文化传播到世界各地，库俪选择了有着悠久历史文化和时尚需求的中国，专注于钻戒定制，让年轻人通过在线现货和在线定制两大系统，自由展现个性风采，由库俪见证新生代情侣的心动时刻。

为适应新零售时代的来临，库俪积极研发和整合，开创了独特新颖的平台运营理念，即由在线现货系统＋在线定制系统＋线下定制构成的全新 B2B2C 营销模式。

（一）便捷强大的在线现货系统

库俪的产品随时有大量现货库存，库存产品数量长期保持 2 万件，拥有极其丰富的产品线。便捷而功能强大的在线现货系统，提供实时在线订单，通过网站、APP、公众号、实体终端的展示，更方便、更有吸引力地展现给顾客，提高了成交率。

库俪在线现货系统具有几大优势：常年保持 2 万件现货提供；加工最时尚款式，随时满足各类顾客的需求；消费者可直接在线上选择产品，线下成交；店员可以直接在线上选货，随时随地补充最新款式；交易不再局限于店内，直接可用电脑、手机进行查阅购买；一件也发货，全国到货速度快(省城隔天，县城 3 天)；目前国内最大的网上展厅。

(二) 精准高效的在线定制系统

库俪通过 O2O(线上线下)模式，力求让每一位顾客在各地实体店切身体会优质专业服务，尊享 VIP 式的私人个性化高级定制，一对一悉心引导及咨询。在线定制系统使顾客与工坊零距离沟通，无论顾客需要什么款式(如来图、来样、指纹、字印、签名、图像等)，只要向库俪提出详细要求，库俪都会准确无误地做到，并且 10 天快速精准地完成。

在工坊里，库俪发扬一百多年来恪守的工匠精神，每一件至臻产品，都经过 70 多道加工工序，精打细磨，层层把关，严格按照“高工、高料、高品质”荣誉出品。

库俪在线定制系统具有的优势：专业的设计团队，能够设计出独一无二的产品，满足顾客的个性化需求；裸钻库存充足，能为客户提供精准的产品，保证顾客的满意度；头像、指纹等，无论任何图案都可以刻在产品内部；业内独一无二的情感定制系统，让产品更具优势；设计师与顾客直接对话，让产品更具情感化；环节透明化，消费者可随时在系统上查询产品进度；定制速度快捷，10 天到货，减少顾客等待时间；配置千倍腰棱镜、显微镜等专业设备，让员工销售更具专业性。

除此以外，库俪还拥有强大的线上推广功能，通过百度系、腾讯系、阿里系和网红直播等网络宣传途径，运用导航系统，将线上人流吸引到线下各大库俪钻戒定制中心。

库俪运用云端大数据魔方，及时了解门店客流数据，掌握顾客需求。掌握网络与实体成交需求的区别，将广告精准投放到意向购买顾客，极大地满足“80 后”“90 后”“00 后”网络消费群体的心理需求。

库俪整体模式具有简洁易复制的特点，适应现代年轻消费者的心理，同时系统不花一分钱，投资小回报大，轻松实现店内个性定制。

(三) 以互联网为依托的强大交易平台

库俪系统采用全新的 B2B2C 模式，以互联网为依托，构筑强大的网络交易平台。通过线上的强大宣传推广，把顾客引流到各地的库俪钻戒定制中心，享受个性化的定制服务；以顾客需求为导向，以婚庆、时尚女性为服务对象，收集顾客线下或线上提出的产品定制需求信息，直接进行设计、生产，成品传递给店面或顾客，精确把握了市场潮流，掌握顾客需求，开创性地架起了由店面(线上店面和线下店面)到工厂和顾客直接交流对话的空中桥梁；摒弃传统渠道多、费用高、效率低、定制难等问题，跳过了许多层层加价的中间环节，真正实现由店面到钻石工厂直接和顾客交流对话，让利于顾客。

库俪的营销模式很简单，需求从顾客来，到库俪工厂去设计生产，再回到顾客手中，在该模式的示范效应下，预计两年时间将在全国开设 2 000 家库俪钻戒定制中心。

(四) 营销创新，成功打开中国市场

为了更好地进入中国市场，为中国消费者带来全新的购物体验，2016 年 11 月 28 日，库俪在中国成都香格里拉大酒店会议厅举办了中国区发布会。当天，库俪首席珠宝设计师之一的 TheoDeMorin 也莅临库俪中国区发布会现场并发表祝词。

库俪中国区正式发布后，库俪又积极参与了由销售与市场杂志社主办的第十四届中国营销盛典。此次盛典揭晓了 2016 中国企业营销创新奖及 2016 中国金鼎奖人物大奖。库俪钻戒定制中心荣获了年度新零售营销创新奖。对新晋加入中国市场的库俪而言,与众多大牌、老牌企业以及充满活力的新生代团队一同获奖,标志着库俪平台打开中国市场大门迈出了成功的第一步。

未来的珠宝市场规划是精准的、数据决策的,大数据与消费市场相结合,能更客观地认识行业现状、看清未来。库俪平台将坚持应用大数据分析模式,帮助企业提前把握市场消费需求,化解市场危机,为企业的精准营销和高效营销提供关键信息和决策。库俪将紧跟时代步伐,与新零售接轨,共享数据盛宴。

三、问题思考

1. 试述库俪钻戒的 B2B2C 模式。
2. 库俪钻戒的在线定制系统的优势有哪些?

(参考资料:李治.库俪钻戒:百年品牌的新零售探索.销售与市场(管理版),2017(2).)

案例 6-9 电商时代,屈臣氏实体店屹立不倒的秘密

一、背景资料

即使面对网络冲击,屈臣氏门店业绩依然坚挺中稳步上升。据媒体披露:屈臣氏去年收入 1 519 亿港元,中国销售增长 9%。在这份耀眼的业绩单面前,相应的是众多线下门店的黯然神伤。

二、基本案情

今天我们不去阔谈什么战略,仅于细微处探因果、找差距,来看看它在具体营运中,那些让你出乎意料的用心之处——收银台。

(一) 位置——放在店铺的中间是最合理的

收银台俗称付款处,是顾客付款交易的地方,也是顾客在门店最后停留的地方,这里给顾客留下的印象好坏,决定顾客是否会第二次光临,对于任何一家门店来说,重要之处都是不言而喻的。

但是据笔者研究,屈臣氏的收银台是所有零售卖场中最复杂,也是最多学问的,值得所有门店借鉴学习其商业思维,结合自身终端和门店内部结构特点予以改善提高,让现有收银台的功能进一步提高效用。

第一代屈臣氏商店的收银台设置在店铺的最里面,原因是收银台设置在店铺门口会给顾客造成压力,不愿意进入店铺,同时收银台在商铺里面可以引导顾客进入商场最里面。

后来发现,收银台在最里面,顾客不容易找到,结合超市的特点,屈臣氏将收银台设置在店铺入口靠墙的地方,以方便顾客付款,这就是第二代的屈臣氏店铺。

然而,随着生意红火,屈臣氏的管理者发现,收银台设置在入口处对客流造成阻碍,同时结合"屈臣氏发现式陈列",收银台放在店铺的中间是最合理的。在屈臣氏第三代以后的店铺都一直遵循这种标准。

屈臣氏的收银台除了付款功能,还有服务台功能,包含广播中心、顾客投诉接待、商品退换,还是一个商品促销中心、宣传中心。这样一个多功能的枢纽之地,屈臣氏有一套完整的独特操作方案。

(二) 设计——一切都非常人性化

大家在屈臣氏的店铺中会发现,收银台不像其他超市的,很特别。

屈臣氏的收银台高度为 1.2 米,据说这是顾客在付款时感觉最舒适的高度,不会因太高而显得压抑。

在每个收银窗口处有个凹槽,这个设计是专门方便顾客在买单时放置购物篮的。

在收银台上装置有一些小货架,摆放一些轻便货品如糖果、香口胶、电池等一些可以刺激顾客即时购买意欲的商品,一切都非常人性化。

(三) 服务——与顾客眼神接触,减少排队

屈臣氏研究发现,在收银服务中收银台的员工必须做到两点最重要的方面:

第一就是与顾客打招呼时一定要做到眼神接触。在零售工作中,很多员工只顾着忙,虽然嘴中说着欢迎光临,但是眼睛却看着别处,给顾客非常不诚恳、不礼貌的感觉,好像是在漫不经心地服务,所以要求必须做到打招呼时与对方有眼神接触。

第二是尽量减少顾客付款排队的时间。屈臣氏调查显示,顾客购物中最怕的是排长队等待付款,由于都市白领更是讲究效率,所以规定收银员与付款顾客数量比例是 1∶4。

在收银台前,出现超过 5 个顾客排队买单,就必须马上呼叫其他员工帮忙,其他员工无论在忙什么,都会第一时间赶到收银台,解决收银排队问题。为了满足这种要求,屈臣氏店铺的所有员工都能熟悉操作收银机。

(四) 陈列——不同位置摆放不同商品,达到促销目的

前面提到,收银台是一个促销中心,在屈臣氏促销活动中,一直都保持着三种超特惠商品,顾客一次性购物满 50 元就可以加 10 元超值换购其中任一件。

所以,在收银台前面摆放有这三堆商品,当顾客付款的时候,收银员会在适当的时候向顾客推介优惠的促销商品,让顾客充分感受到实惠。

另外,在屈臣氏经常举行商品的销售比赛活动,这是一种非常成功的促销方式,这些商品也会在收银台进行销售。

在付款处范围内,会摆放一些轻便货品。在收银台的背后靠墙位置,主要陈列一些贵重、高价值的商品,或者是销售排名前 10 的商品。

(五) 宣传——把"实惠"尽可能多曝光

在屈臣氏收银台的布置,必须体现当期正在进行促销活动,如陈列大促销挂画、发放促销赠品、促销宣传手册,当收银员稍微有时间,必须安排广播促销商品推介。

屈臣氏赋予收银台如此多的功能,其主要目的就是为了尽量提高工作效率,做好销售服务工作。

屈臣氏的这些做法,小店虽不必全部照搬套用,但某些适合推广营销的方式完全可以搬到自己店中放大使用,以取得营销的最大化效用。比如促销、购物满 N 元加 X 元换购商品等烘焙门店尤其值得一试。

小小收银台,藏着生意经。实际销售中,有很多实用的销售策略,都需要门店工作人员用心总结、加以推广、放大效用,从而让日常性的工作取得事半而功倍的效果。

三、问题思考

根据案例试述屈臣氏实体经营的成功因素。

（参考资料：餐饮老板内参电商时代.屈臣氏实体店屹立不倒的秘密.中国零售网，2016 年 6 月 15 日.）

第七章　促 销 策 略

本章导读

产品仅仅有良好的品质、完美的包装、适中的价格，以及顺畅的渠道，并不能完全保证营销活动的成功，因为在竞争激烈的现代市场经济条件下，产品再好，如果不为人知，其最终的命运将是产品积压。因此，企业需要采用各种有效的方法和手段，促进产品的销售，使消费者认知你的产品、购买你的产品。

● 自天猫2009年首创“双十一”购物节以来，每年的这一天已成为名副其实的全民购物盛宴。在“双十一”全民享受购物狂欢的背后，恰恰是营销商们举办的一系列“双十一”促销活动。为了能够在“双十一”当天创下自己今年销售的新纪录，很多商家提前几个月就已经开始备战了。无论是在货源储备上，还是在商品的推广宣传和促销活动上都提前做好万全的准备。

● 移动时代的到来，让直播互动变得成本低廉。一部智能手机加互联网就能支起一个和外界对话的窗口。旅游、厨艺展示、街头恶搞、技能分享，无论身处哪种环境状态之下，你都可以随时随地地进行直播，这就是当下直播所展现出的“零门槛”。再加上明星和网红们营造出热闹喧嚣的气氛，几乎让我们以为已经一脚踏进了“全民直播”的时代。此前，从来没有一类媒介，能够让品牌、营销、用户、交易和社区如此贯通。面向海量用户传播品牌特性，并直接形成边看边买，社交也不存在任何问题。如此看来，直播大幅降低了营销成本，实现了引导购买，并形成品牌传播和粉丝沉淀的附加价值。

●《一千零一夜》相比传统返利、折扣为代表的导购模式，通过精准内容的分享与互动，内容营销可以给电商平台带来流量、品牌曝光度的增加和转化率的提升。除了挑选对了节目播出时间(用户刷淘宝高峰是22点—24点)外，《一千零一夜》的视频内容主题有亲情友情，有励志鸡汤，也有风趣搞笑。项目负责人称，一半的互动用户都表示在看完视频之后就立即下单购买了本集商品。以鲅鱼水饺为例，截至节目播放后的第二天上午10点，鲅鱼水饺的销量较往常已经翻了150倍。

第一节　理论教学要点

一、促销与促销组合

促销是促进销售的简称，英文叫“Promotion”，意思是“促进”的意思，它是指企业通过人员推销或非人员推销的方式传播商品信息，帮助和促进消费者熟悉某种商品或劳务，并促使消费者对商品或劳务产生好感和信任，继而使其踊跃购买的一种市场营销活动。

促销组合是指企业在市场营销过程中，对人员推销、广告、营业推广和公共关系等促销手段的综合运用。促销组合运用得好坏，关系到企业的产品能否顺利流转到消费者手中，关系到企业经营活动的成败。

促销是企业整体营销活动中不可缺少的重要组成部分，具有不可忽视的作用：传递信息，沟通渠道；引导需求，扩大销售；突出特点，树立形象；稳定销售，巩固市场。

二、人员推销

人员推销是指推销人员在一定的推销环境里，运用各种推销技巧和手段，说服用户接受企业的商品，从而既能满足用户需要，又能扩大企业销售的活动。

人员推销的核心问题是说服，即说服用户，使其接受所推销的产品或劳务。人员推销具有双重目的性，即既要满足用户需求又要实现扩大销售。现代销售是一种互惠互利的活动，必须同时满足企业和用户双方的利益，解决各自的问题，而不能仅考虑一方利益，一厢情愿就无法达成交易。

按照现代营销观念，人员推销的最终目标应是为企业带来最大的、长期的、稳定的利润及有利的市场，因而，强调推销人员不仅要懂得推销艺术，而且要懂得整体营销战略，并且运用于推销实践。

现代市场营销认为，要发挥人员推销的特点，完成推销目标和任务，企业推销人员必须掌握一定的推销技术，把握好推销的进程。人员推销的进程有各种不同的划分方法，但总的来说，一个有效的人员推销过程至少应包括三个程序，即寻找顾客、进行推销和售后追踪。

对企业营销人员的管理是企业整个管理中一个重要环节。一般来说，人员推销的管理包括以下几个方面：招聘、培训、报酬、激励、监督、考核。

三、广告

广告有广义和狭义之分。广义的广告是指凡是利用传播媒介向社会公众表达广告主愿望的活动，它不仅包括以营利为目的的广告，还包括非营利的广告，如政府公告、政党、教育、文化、宗教、社会救济和社会团体等方面的启示、告示、声明、通知、海报等；狭义的广告是指商业广告，它是指广告主将商品、劳务或观念等信息，采用付费的方法，借助大众媒体向公众传播信息的一种宣传方式。

（一）广告的作用

1. 广告对市场经济发展的作用
2. 广告在企业生存与发展中的作用
3. 广告对消费者产生的作用
4. 广告对美化环境和陶冶人们情操的作用

（二）广告设计

1. 广告设计原则

广告设计原则包括：真实性、思想性、艺术性、民族性、创造性。

2. 广告设计技巧

广告设计技巧包括：明确的概念、深刻的印象、激发兴趣、促进购买。

(三) 广告媒体

现代四大媒体，即广播、电视、报纸、杂志。

(四) 广告效果

① 回忆测定法。② 认知测试法。③ 实验室测试法。

四、营业推广

营业推广是指能够迅速刺激需求、鼓励购买的各种促销活动。这些活动可以诱发消费者和中间商的迅速的大量的购买，从而促进企业产品销售的迅速增长。

(一) 营业推广的方式

营业推广的方式包括：赠送样品、优惠券、有奖销售、现场演示、竞赛、购买折扣、津贴、展销、推销奖等。

(二) 营业推广的目标确定

① 针对消费者的目标。② 针对中间商的目标。③ 针对推销员的目标。

五、公共关系

公共关系是指企业或组织为了适应环境，争取社会公众的了解、信任、支持和合作，树立企业良好的形象和信誉而采取的有计划的行动。

(一) 公共关系的对象

① 顾客。② 供应商与经销商。③ 政府机关。④ 社区。⑤ 媒介。

(二) 公共关系的活动方式

① 通过新闻媒介传播企业信息。② 加强与企业外部组织的沟通。③ 强化公关广告。④ 举办专题活动。⑤ 参与公益活动。

第二节　教学引导案例

案例 7－1　双十一营销大作战

一、背景资料

没想到淘宝“双十一”的一次偶然性的成功，造就了全网疯狂打折的开始。在电商连年的促销推动下，“11 月 11 日”这个一度被戏称为“光棍节”的日子，已经演变成名副其实的“购物狂欢节”。

为了抢占先机，一些电商大佬们纷纷提前出手，将“双十一”的战线从一天拉长至一个月，以极其浩大的声势打响年终促销大战的第一枪，迫切希望能毕其“利”于一役，在接下来这一波的购物高潮中分得一杯羹。在“双十一”销售业绩的满怀期待下，商家更是使出浑身解数，在网络营销上做足了功夫，各种形式的促销活动和优惠也是层出不穷。

二、基本案情

作为电商平台，“营销”可以说是阿里巴巴的收入命脉。一方面，所有站内营销工具，是阿里巴巴最直接的收入来源，根据阿里巴巴 2016 年 Q3 的财报数据，营销收入占到电商业务总收入的 72%；另一方面，营销为店铺转化流量和订单，店铺的交易额直接关系到天猫的交易佣金，占其电商业务收入的 28%。

“移动端目前对公司中国零售平台销售额的贡献已经达到 78%，并且增长非常强劲。”阿里巴巴集团执行副董事长蔡崇信曾在 2016 年 11 月初的财报分析师会议中称，阿里巴巴的变现模式，并不一定需要用户购买什么，而是“通过获得用户点击就能创造营收”。

在 2016 年天猫“双十一”实现 1 207 亿元的交易中，来自无线客户端的成交占比达 82%，意味着阿里巴巴也正面临一个日趋尴尬的事实：有成千上万的店铺想要获得营销空间，但它们都只能挤在巴掌大小的一块手机屏幕上。

时逢“双十一”这种一年一度最大规模的营销盛事，有限的 APP 首页空间，堆积着各种“豪礼”“福利”“红包”“秒杀”……即使加入了“千人千面”的个性化推荐，营销资源的分配仍然显得周转不灵，且早已毫无 UI 美学可言。总之，营销正在重新成为所有电商平台面临的一个大问题，对于阿里巴巴这样的超级大平台，形势更是尤为紧迫。

淘宝和天猫的移动 APP，在过去一年增加了很多新的产品和功能，比如互动直播，买家之间的互动咨询，微淘和社区也升级了。这些改变，本质上都是阿里围绕营销手段升级所做的各种努力。

最早阿里巴巴电商平台主流的营销手段，主要为展示性广告，包括 banner（横幅图片）和 PC 网页中搜索结果页面右侧的直通车广告；2010 年后，阿里巴巴基于“团购”模式又推出了聚划算、秒杀等产品，成为以价格为驱动力的主要营销渠道。

2015 年后，阿里巴巴开始鼓励由网红和意见领袖所做的内容营销，先后推出了淘宝头条，做了社区，升级了微淘，让商家、媒体和达人可以在上面产生更多内容。

乐纯酸奶的电商负责人蔡文昊对《第一财经周刊》说，2016 年乐纯购买的直通车，平台点击单价为 1.2 元/次，此外他们也购买了一些钻石展位，经计算，平均点击单价为 2 元/次至 4 元/次。通常，价格与定向投放人群的标签数量相关，标签越多，投放效果越精准，则相应的价格也越高。

另一位资深天猫卖家代立表示，大多数店铺日常推广费用在营收中的占比约为 10%到 15%，特殊情况下会飚高至 50%。

“这几年的流量贵到快买不起了。”蔡文昊表示，钻石展位的千人成本（CPM）每年都在以 10%的涨幅飙升。另一家美妆类店铺的运营负责人透露，阿里巴巴两个 APP 的开屏（在 APP 开启时加载、展示固定时间为 5 秒左右的全屏广告位）等重要的宣传位置，几乎已经不对外出售，“需要靠其他资源置换，比如在地铁投放了同时带有品牌和天猫 logo 的广告，才可以换点什么。”

这些店铺的运营者表示，价格上涨的原因之一，是在消费者的购物习惯从 PC 端到移动端过渡的过程中，后者的展示型广告位资源却在减少。

到了诸如“双十一”等消费热点时段，整体推广费用比平时贵两倍以上，部分品类甚至达到了平时的 10 倍。但这些钱又是不得不花的，多年来的投放效果已经向店铺做了充分的证明,“双十一”站内流量的质量“格外优质”。一代理透露,平时的投入产出比为 1∶2,“双十一”期间可达到 1∶5。

2016 年 5 月,阿里巴巴推出娱乐创新版块——阿里鱼。这个业务版块的主要任务,是以阿里巴巴的电商业务积累的大数据为基础,为 IP 开发消费品授权合作,同时还研究并开发与娱乐结合的各种跨界营销方案。

应宏对《第一财经周刊》指出,娱乐营销和 IP 都是内容营销的一部分,可以说是最热的一部分,“‘双十一’狂欢夜”正是阿里巴巴自己孵化的一个超级大 IP。

不同于传统的晚会表演,“双十一”晚会中几乎每一个明星都不是单纯来“演出节目”的,而是都带着明确的品牌利益与商业诉求,这让他们的身份更像是一批“高级电视导购员”,让观众看到了也许是史上针对广告传播最不含蓄的一场晚会——每当明星出场时,晚会导播会在屏幕底部打出他们所代言的品牌,手机屏幕上也会出现代言品牌的天猫店入口和各种红包抽奖。

“去年这种模式其实有点仓促,今年有很多升级,是史无前例的。”应宏表示,他并不觉得晚会内容过度商业化会带给观众一种不好的收视体验,他将“双十一”晚会的性质定义为“娱乐经济”,具体解释就是“给娱乐提供了商业化的产品,给商业提交了营销的产品。”换言之,“双十一”晚会的目的,就是要“打通娱乐和经济之间的壁垒”,把观众转化为消费者。

2016 年 8 月,上海家化宣布出资 1 亿元,拿下晚会首次开放的独家冠名权,此外,微鲸首席市场总监褚强对《第一财经周刊》透露,拿下“特约合作伙伴”身份的微鲸和海飞丝,“投入的费用都在千万元级别。”

晚会制作由阿里鱼、导演组和浙江卫视共同参与。为了迎合 2016 年天猫“双十一”的“全球化”主题,晚会邀请美国金牌节目制作人大卫·希尔担任导演,他曾担任 2016 年第 88 届奥斯卡颁奖典礼的制作人,并有二十多年的美国“超级碗”导演经验。此外,晚会邀请的演艺嘉宾巨星云集,包括“破产姐妹”贝丝·比厄、NBA 退役球星科比、贝克汉姆夫妇以及斯嘉丽·约翰逊等。但这些明星基本是以品牌商代言人的身份由店铺出资请到现场,又或者是明星本人直接为自己在天猫开设的店铺做广告。

应宏只用了“不亏钱”来总结阿里巴巴这场晚会的收益状况。他强调,变现不是今年晚会考虑的核心点,那只是“一个很自然的结果”。这场晚会的首要任务,是围绕“双十一”这个超级 IP,打磨以跨屏互动为特点的跨界营销的各种流程和运营细节,实现“晚会平台的产品化和结构化”。

据阿里官方发布的数据,2015 年的“双十一”晚会对店铺拉新的贡献率巨大,“日均提升 3 倍,峰值阶段可提升 18 倍”。

“这不仅是一天的晚会,还有前期预热传播,有比较大的传播优势。阿里巴巴除了屏上资源,还有很多站内资源、流量入口,不争取的话就拿不到了。”上海家化数字营销事业部传播负责人朱怡告诉《第一财经周刊》,双方就 2016 年晚会的赞助合作在 2016 年 3 月就开始了,与上海家化一同竞争独家冠名的,还有宝洁和一个手机品牌,最终在 7 月,阿里巴巴与上海家化确定了合作方案。

“我们现在看下来,这 1 亿元花得挺值的。”朱怡介绍说,阿里巴巴的每个业务线掌握着各自的营销资源,每个资源都是用来卖钱的,通过晚会冠名,无论是在晚会当中,还是在具体的商品类目下,上海家化一次性地争取到了很多资源。

应宏则表示,来自晚会的流量贡献,让上海家化旗下天猫店铺的流量比平日提升了10倍。最终,上海家化晒出自己的“双十一”成绩单——各品牌天猫旗舰店销售额同比增幅达140%,各个子品牌中成绩最好的佰草集旗舰店,当天的销售额突破1亿元,位居天猫美妆类目第六。

也有一些持续参与“双十一”活动的店铺,在参与晚会赞助和业绩冲量上,态度变得冷静很多。

阿芙曾是2013年和2014年“双十一”的美妆销售冠军。但CEO杨寅对《第一财经周刊》表示,他已经放下了销量排名的包袱,如今感觉轻松很多。

杨寅还记得6年前的2010年,阿芙只是一个刚刚发布一年的美妆品牌,首次参加“双十一”便实现近60万元的单日销售额,这让他大吃一惊。从此,阿芙开始为“双十一”拼尽全力,2013年杨寅砸下重金做宣传、买流量,零点之后销售额便一路猛增,顺利拿下了当年“双十一”的“美妆品类销售冠军”。很多消费者的确是通过这件事认识了阿芙这个品牌。但是2014年的冠军争夺战打得异常艰苦,当年的“双十一”,参与商家已经多达2.7万家,阿芙遇到了一个强大对手——美即。

“当时头脑已经不理智了,我们觉得‘连冠’是件很了不起的事,所以下决心无视成本地冲销量。”杨寅用“疯狂”来形容自己和对手的行为,“我们花平时5倍的价格来买流量,美即在全场5折的基础上又增发了满199元减100元的优惠券——几乎等于白送。从凌晨到傍晚,我们一直在追赶,却总是差一点点……”

焦躁的杨寅,开始打电话给三只松鼠、锤子手机等一切有可能帮自己马上引流的好友,又发动每一个同事,让所有亲戚朋友都来买阿芙的商品,“当时只想争口气,哪怕买了我再把钱退给你都行。”终于在距离结束只有半小时的时候,阿芙反超,并保持着领先优势直到结束。

然而事后,杨寅算了一笔账,发现2014年阿芙在“双十一”当天的利润并不乐观。所以从2015年开始,阿芙改变了策略,利润比冲量更重要。

三只松鼠也做了好几年的“双十一”细分品类销售额冠军。2015年三只松鼠在“双十一”当天卖了2.5亿元,创始人“松鼠老爹”章燎原对新浪科技表示,自己账面上还亏损了300万元,但他愿意将这次损失视为“新用户转化”的成本,当年2.5亿元的销售额有一半来自200万个新用户,算下来每个新用户的获客成本只有几元钱,相比其他引流手段至少花50元以后才能换取一个新用户,已经相当便宜。当然,章燎原的这个说法里,并没有计入三只松鼠为“双十一”所做的营销投入。

在引流价格昂贵的现状下,今年品牌商开始纷纷尝试直播这种新方式。

2015年11月,直播项目在阿里巴巴立项,2016年4月首次在手机淘宝上线。很快,一些诱人的直播案例开始出现在这项新营销产品对外的传播文案中——2016年4月,Angelababy在天猫直播两小时,美宝莲新品卖出1万支;杜蕾斯的3小时直播,有几十万用户付费观看,20%的用户被引导进店……

“双十一”前夕,苏宁在无锡的三国水浒城内,邀请了111位网红做直播,而京东集团CEO刘强东亲自领衔京东“12小时马拉松明星直播秀”,在京东直播上烹制大盘鸡和波士顿大龙虾,4小时活动的累计总观看人数达2 100万人次。

目前,店铺在淘宝和天猫平台做直播,暂时还不需要支付任何费用,直播频道内也不提供竞价排名服务。

手机淘宝的直播栏目入口，被埋在首屏下拉菜单的中段位置，平均每个直播的在线观看量，峰值在3万人以下，网红是手机淘宝的直播主角。天猫APP为直播产品给出最顶级的推荐位——在首页底端的正中间，有一个"天猫直播"的醒目按钮。

几家参与直播的店铺向《第一财经周刊》证实，天猫直播频道目前最顶端的banner广告、热门推荐以及直播预告也都不收费。店铺如果想让自己的直播内容挤上首页，唯一的出路就是拼直播效果，而直播效果通常与邀请到的明星的量级直接挂钩。换言之，店铺直播的主要成本，集中在明星邀请环节。

对于那些不想出钱邀请明星的店铺，直播产品的入口，一种是嵌套在自己的店铺内，站内付费的广告位也可以改成直播的链接，另外就是鼓励用户向站外的社交平台分享，但这些分享目前仍然处在被微信、QQ等社交媒体屏蔽的状态，播出体验通常大打折扣。

一位不愿透露姓名的店铺运营者表示，至少现阶段，使用阿里巴巴电商平台的站内直播的拉新效果，反而不及一些站外的直播平台。

"双十一"前，阿芙刚刚完成用时15天、途径13个城市的粉丝活动直播。"双十一"前夜，这场设立于YY的直播活动仍在继续，在线观看人数是14万。阿芙表示，整场直播活动累计观看人数已超过300万，而整个营销活动的费用大约在20万元。

11月初，阿里巴巴在2017财年第二季度(2016年7月至9月)的财报中，首次未披露网站成交金额(GMV)数据。阿里巴巴对外的解释是，公司整体收入结构正在变得更加丰富，因而不希望外界仍然将阿里视为一家电商公司，隐去季度GMV数据，是阿里巴巴集团进一步"去电商化"的信号。但是，外界很快也注意到，与GMV直接相关的佣金收入，其2016年第三季度的环比增长速度有所放缓。对此阿里巴巴集团CFO武卫并没有针对分析师的质疑给出正面回应。

"双十一"当天，阿里巴巴对外放出一张以CEO张勇为首的集团高管坐在杭州的"双十一"指挥部，微笑着观看数据大屏的照片。看上去，他们对于2016年"双十一"的单日交易额"再创新高"充满信心。但事实上，多位天猫品牌店铺的负责人对《第一财经周刊》表示，备战"双十一"期间，与店铺做具体对接的阿里小二们，对他们都提出了很高的销售业绩期望。然而结束"1 207亿元"这个数字给人带来的兴奋感是如此短暂。因为作为一家互联网公司，阿里巴巴内部每天都在与数字打交道，为了数字不停地加班拼搏战斗，同样循环往复的，还有局外人看待阿里巴巴的方式——无非也是各种各样由数字构成的成绩单。

"双十一"到2016年进入第八个年头，已经有人开始在问，它真的要让自己演变成中国另一场"春晚"吗？这似乎并不是一个美好结局，谁都知道，春晚已经成为一个现状颇为尴尬的娱乐IP。当然，换一个角度也不得不说，"双十一"活动一直被阿里巴巴视为一种挑战极限的方式，用来提高其电商平台的各项基础能力，已经先后解决了超卖、宕机、物流爆仓等诸多影响消费者体验的大难题。现在，面对新环境的营销难题，显然也不是经历一次"双十一"就能彻底搞定的，从这个角度去想，"双十一"至少还要再办上几年。

三、问题思考

1. "双十一"促销策略成功的原因有哪些？

2. 适应"双十一"消费心理的营销策略有哪些？

四、分析点评

（1）降价幅度较大，参与产品种类较多。

（2）首先，提升消费者的购物体验。网络购物虽然价格优惠、更加便利，但与此同时也存在隐私泄露风险、信用风险和支付安全风险、售后服务风险、商品交易风险，这些风险都会在一定程度上影响消费者的购物体验。尤其随着平板电脑、智能手机的发展，网购消费者具备更多的便利条件。

其次，完善物流服务。消费者在“双十一”下单成功后通常急于收到货品，这就要求电商必须提升“双十一”期间的物流服务，因此，如何在当前“菜鸟”网络的基础上，不断满足消费者对物流服务的要求，是“双十一”营销的关键问题。无论商品如何丰富和优惠，若这些商品无法及时送达，依然会影响消费者在“双十一”的购物体验，进而制约“双十一”的长远发展。

最后，优化系统环境。调查表明，许多消费者在“双十一”秒杀时出现支付不顺利的现象，这严重影响了消费者的购物积极性，所以，电商应当充分把握消费者的市场需求。具体而言，即在“双十一”前期，关注消费者在预热期间的浏览、收藏、加入购物车、关注等情况，并及时整合分析这些数据，准确预估“双十一”的参与用户数量以及营销活动的影响力，进而制定各种应急方案和处理措施。

（参考资料：林仲旻、高海博、肖鹏.双十一营销大作战.第一财经周刊，https://www.cbnweek.com/articles/magazine/14892.）

（参考资料：常志远.网络“双十一”的消费心理与营销策略研究.商场现代化，2017(2)：12－13.）

案例7－2　淘宝《一千零一夜》的故事

一、背景资料

深夜上线清早消失，手机淘宝用所谓的2楼入口新推出了一个美食主题的短视频栏目，背后是一颗想做内容营销的心。

二、基本案情

从2016年8月10日起，手机淘宝在首页下拉处开放了一个叫做“淘宝二楼”的地方，一档以“美好的物品能治愈”为主题的《一千零一夜》栏目在手机淘宝首页上线。手机淘宝将会在每周三、周四晚上10点更新推出一集。目前，《一千零一夜》栏目已经上映了关于鲅鱼水饺、伊比利亚火腿、百香果、桃花胶、冷吃兔等9种食物的奇幻小故事。

一时间，这个新鲜有趣的互动体验引起了不小的赞誉。然而除了其显露在外的广告创意，淘宝《一千零一夜》还有什么值得思考和学习的亮点？未来淘宝的内容布局又将呈现怎样的形式？其背后蕴藏着怎样的营销趋势？

带着种种问题，Social Beta专访了淘宝《一千零一夜》项目负责人陈文心（沐尘），她向我们解答了淘宝《一千零一夜》幕后的故事，也展望了淘宝内容营销的未来走势。

数据化的用户行为打开《一千零一夜》切口

在移动互联网时代，广告主能否了解消费者决策模式取决于是否能通过大数据找出消费者决策关键节点。超过80%的淘宝用户都是80后和90后年轻人，沐尘说："这群人习惯在睡前刷淘宝。22点—24点是用户刷淘宝的小高峰。"品牌了解到这群用户之所以在这个时间段买东西是想用美好的食物激励自己和治愈自己，以美好的心情迎来第二天的挑战。沐尘表示这些消费行为背后是许许多多的故事和内容。淘宝希望通过展现繁荣的夜生活，挖掘淘宝的夜间经济潜力。除此之外，近一年来我们也不难发现淘宝围绕自身的IP创造了许多有趣的故事，并把这些故事通过更加丰富的形式来凸显淘宝的优质商品，进而加强受众对淘宝品牌品质感的认知。结合定性深度剖析与定量挖掘规律，《一千零一夜》便应运而生了。

《一千零一夜》项目的诞生与数据密切关联，而沐尘告诉Social Beta在食物的选品和视频播放的时间选择上也充分运用了淘宝累积的消费数据以及日常运营经验。淘宝市场部此次联合淘宝汇吃通过潜力新品挖掘模型在食品全行业找到增速较快的叶子类目，小二通过对年轻一代消费者在近半年淘宝购买食品的行为分析，聚焦到100多个重点商品品类，并在搜索结果页主动搜索找到小众但在小范围内已被证明有爆发潜质的商品。百香果就是一个例子，淘宝通过数据模型看到这个商品在近半年时间消费者关注增长迅速，尤其是在年轻消费者人群中。

除了数据给予选品工作的支持，淘宝市场部还成立了一个超过二十人的"《一千零一夜》美食评审团"，由市场营销部门的同事、淘宝汇吃小二和美食顾问（美食专家和媒体）组成。"美食评审团"负责制定选品规则：在一定时令范围之内优质有特色又适合深夜"放毒"，同时还有爆卖潜力；并在选品会上从内容创作、商品品质、卖爆潜力及食用、搭配建议等几个角度给出判断。

通过淘宝的大数据和日常运营经验，《一千零一夜》想把淘宝里沉淀的无数个像百香果、小桃红、竹叶糕、鲅鱼水饺等优质的新品类推通过故事包装的方式传递给消费者。

沐尘告诉SocialBeta，他们从新入口的流量、成交转化数据、商家和消费者口碑、对淘宝夜间大数据的影响等方面去衡量此次项目的效果：淘宝一千零一夜首页上线两周，页面流量均值稳定在百万级；《一千零一夜》当期力推商品的百度指数和淘宝搜索量均创历史峰值，以鲅鱼水饺为例，其在淘宝的搜索量增长了200倍，第一天的数据截至8月11日上午7点，用户观看《鲅鱼水饺》短视频后，在淘宝下单了近34万只鲅鱼水饺，近5吨牛肉丸；8月17日晚上线的《百香果之梦》，让百香果这个名不见经传的水果瞬间成为现象级商品，24万个百香果在活动上线后立马售罄。甚至还出现了一个十分有趣的现象：在一千零一夜将要推广的消息流出之后，许多商家为后面即将上线的部分商品扩充生产线。

截止到目前，数据显示《一千零一夜》的上线，成功地为淘宝再造了一个夜间用户活跃高峰，而这个阶段性成果对于繁荣淘宝夜间经济意义重大。

以上这些数字也证明淘宝《一千零一夜》项目的确充分地挖掘了自身平台的数据价值，基于大数据给出的洞察通过产品和内容营销影响消费者乃至商家的决策，实现了高回报的营销转化并把资源利用至最大化。

产品创新+优质内容 ≥ 惊艳的用户体验

此次淘宝《一千零一夜》项目在形式上最惊艳大家的莫过于淘宝首页在产品上做出的创新：一方面是适应于移动端的竖版视频；另一方面是首页下拉看视频的产品互动方式。就这些创新，淘宝市场部产品营销和内容营销负责人郑重（寇仲）对 SocialBeta 说道，“做 Marketing 就是讲故事、做体验。我们是用体验讲故事，这个体验就是视频的体验、货品的体验、产品的体验。”而沐尘也表示“淘宝二楼”和《一千零一夜》并不仅仅是一个“产品级的营销活动”，而更是一种整合的体验。淘宝想用一种全新的体验方式和用户沟通：想告诉他们淘宝很酷、很有品质、很万能。

谈到产品创新，此次《一千零一夜》用竖版视频讲故事的方式也让更多人看到竖版视频独特的美感。在把移动端作为《一千零一夜》主战场的总策略下，淘宝市场部此次运用全新的适用于竖版视频的镜头语言、竖版的美术场景和画面结果，甚至改变摄影器材的操作习惯……通过大量试验和创新尝试最终达到一个匹配于移动端、充满互动感的内容呈现方式。

以至有用户说：“每一个画面都想存下来做壁纸。”

从《一千零一夜》看淘宝的内容化布局

据沐尘介绍，淘宝《一千零一夜》第一季以美食为主题的内容灵感来源于“深夜放毒”，更确切地说是想用美食的故事治愈人心。作为一个计划长期运营的栏目，《一千零一夜》将持续关注用户反馈，摸索出用户真正感兴趣的内容形式和内容点。

“夜淘宝”整个项目的目的之一是打造平台、建立新的流量入口，沐尘希望能够把《一千零一夜》打造成一个淘宝自有的超级内容 IP。同时未来，“淘宝二楼”可能会变成一个“淘宝卫视”甚至“淘宝娱乐”，不仅有《一千零一夜》这样的自制剧栏目，也会引入更多的 PGC 来丰富这个平台。

从淘宝头条、淘宝新势力周、淘宝造物节，再到现在的淘宝“一千零一夜”项目，我们看到淘宝在内容上做了不小的战略布局，也看到其把“淘宝”这个 IP 挖掘出不少内容。近一年来，淘宝一直致力于品牌升级，围绕着形形色色的商品把每天都在发生着的、温暖又有趣的故事讲给用户听。淘宝通过淘宝造物节、《一千零一夜》等丰富的形式来浮现淘宝上优质的商品，利用优质的内容、商品和产品体验，来表达淘宝品牌的品质感和年轻化。而一个个风格迥异的内容 IP 则一起为“淘宝”品牌这个大 IP 背书。淘宝市场部产品营销和内容营销负责人寇仲表达了其对淘宝的期望，“我们希望把淘宝打造成一个可靠的小伙伴，温暖、幽默、万能、陪你发现生活的各种趣味。更好玩的淘宝，敬请期待。”

品牌内容团队与广告公司合作关系的变化

淘宝《一千零一夜》从项目立项到最终上线历时半年，除了淘宝市场部在策略和创意上的把关，这其中也少不了许多外部合作伙伴的力量倾注。在这个项目中，淘宝市场部首先明确项目目标、产出整体的策略和创意，包括夜淘宝的包装策略、淘宝二楼的定位和产品规划、《一千零一夜》的内容策略；而《一千零一夜》的视频创意和脚本内容则由上海意类广告以及其他合作伙伴完成。

作为一次全新的尝试，沐尘表示团队没有任何经验和案例可以借鉴，所以也走了一些弯路。他们遇到的主要难点在于选出优秀的内容合作方、筛选优质商品以及挖掘的背后故事。除此之外，内容创作、视频拍摄制作、如何让内外部的合作伙伴接受他们的营销理念，并愿意共同推动项目也是淘宝市场部面临的考验。虽然面对着磨合、争执和冲突，然而随着经验的积累，合作之路也越走越顺。

结语

淘宝《一千零一夜》在大数据、产品创新、用户体验、内容营销乃至未来代理商的能力要求等方面都给了我们很多启示。《一千零一夜》作为淘宝着力内容电商方向的一步,以产品创新为核心载体让我们能够想象未来在淘宝二楼也将发挥卖家的创造力,让卖家生成优质内容,丰富淘宝的内容生态;此外也是主动迎合年轻群组文化、展示新奇、有趣品牌形象的表现。从全盘角度看,淘宝《一千零一夜》项目是未来"淘宝二楼"重要布局的一个环节,《一千零一夜》项目兴许昭示着未来内容营销的走势:把品牌、产品、人群、交互的各个端口将进行一体化,并在创意的配合下为用户呈现最好的内容。

这对品牌和广告代理商的整合力都提出了很高的要求。的确,互联网打破了渠道和媒介的垄断,让品牌营销传播的碎片化成为现实,多元、横向整合的创意需求取代单一、垂直的广告需求已成必然。未来的创意需求,品牌和广告公司也许都会打破分工界限,而广告公司也需要用结构性的产品思维和平台思维去推动品牌和营销的一体化。

三、问题思考

1. 此次"夜淘宝"的传播活动目的是什么?

2.《一千零一夜》选择"竖版视频"形式的原因是什么?

3. 未来广告公司如果想要和互联网品牌之间的合作更顺畅的话,还需要补强哪方面的能力?

四、分析点评

(1) 这次的传播目的,从营销上来说,是开了一家淘宝夜店。第一次选择在深夜和消费进行情感沟通,因为深夜是流量和内心空虚的双高峰。

从战略意义上来说,首次靠夜店建设了淘宝 2 楼这样一个新的平台,未来如果去 2 楼的下拉习惯被养成,这将会是一个新的流量入口。未来一楼卖货,二楼买情怀。所以这次的营销活动的意义远远大于营销本身。

(2) 一千零一夜的视频都是竖版全屏播放的,这并不多见。这实际是项目组一开始就在坚持的,"用户不用翻转手机就可以直接观看,有种把故事放在手心的感觉,多有趣啊。"人眼一般比较适应观看横向的视频,所以现在的拍摄手法大多都适用横版构图,变成竖版后,上下空间就空了很多,左右空间则变少,在整体拍摄进度非常紧张的情况下,又为拍摄增加了难度。为了呈现竖版视频的镜头语言,导演和制作团队在拍摄前期就进行了大量的测试,后来很多镜头的拍摄以及美术的排版,都以"竖"为出发点。

(3) 可能需要广告公司更懂产品,更了解网络大融合趋势下不同族群的语言体系。而且随着移动互联网的发展,由于与受众接触的媒介发生了变化,和受众沟通的方式也相应发生了改变,传统广告做电视和平面,在甲方有大量渠道投放费用的时代很管用,但在移动互联网时代,发在微博瀑布流里的平面和视频很容易就被用户忽略了,(我总是和小伙伴说,你至少得让用户愿意把缩略图点开吧)怎么创作出能抓住用户眼球,并且让用户愿意主动去看的内容,需要广告公司有整合营销的思维。

(参考资料:GMA-CHINA.天猫营销案例之《一千零一夜》深度解析.搜狐,http://mt.sohu.com/20161028/n471683378.shtml.)

案例7-3 从网红到明星,直播营销需要打好组合战

一、背景资料

网络直播有多火?2016年被认为是“中国网络直播元年”,“无直播不传播”的口号正渐渐成为品牌建设者的共识,全民网络直播时代已然来临。

二、基本案情

直播是什么?直播是一种实时的互动,是一种社交方式,是一种娱乐方式。

直播也是一种新的内容生产方式。直播平台,没错,它是内容聚合的一个平台,可以汇聚这个世界当前正在发生的事情。而且它是一个UGC的平台,即是以普通用户自发生产内容为基础,并由此引发的人与价值内容的关联、人与人的关联、人与商业的关联,最终为UGC供应商产生商业价值的互联网商业形态。

直播+营销为何一拍即合?

网红直播的经济价值成功吸引品牌关注,很多品牌、平台以“网红直播”为突破口对直播营销进行新一轮探索,开启直播变现的新模式。直播的好处则是,它在互联网媒体基础上,融入了“传统媒体”的特色:分散在各处的注意力,通过各种造势手段,被吸引到某一个平台,于某一个时段聚焦,就像我们过去看电视一样,营销效果不言而喻,直播平台开始有了“黄金时段”——不一定是某个时段而是某个直播事件;未来还将有“直播标王”——不一定是简单粗暴直接的贴片广告。

还有一点是,从来没有一类媒介,能够让品牌、营销、用户、交易和社区如此连贯。在直播前时代,小米需要先举办一个线下发布会,在微博上获取用户关注,在小米网或淘宝进行交易,在小米社区和百度贴吧营造社区氛围。现在,这一切都可以在直播上一站式搞定:在直播平台开发布会,面向海量用户传播品牌特性,并直接形成边看边买,社交也不存在任何问题。对于品牌而言,直播大幅降低了营销成本,实现了直接购买,并形成粉丝沉淀和品牌传播的附加价值。

从简单的“人与货”的连接,到丰富的“人与人”的交互,进入互联网时代,“人的链接”就不断被强调,相比于在之前社交媒体上人被分散连接,在直播时代,人正在被更为“集中”地连接,而且在直播平台,人与一切都可以相互链接。

直播营销的打开方式

有人的地方就有营销,汇聚了如此庞大人群,尤其是年轻人的直播平台自然也成功引起了广告主的注意。具体该如何下手呢?

品牌+直播+明星

明星向来自带流量,品牌要想增加试水直播的安全系数,当然首选明星站台。

在刚刚闭幕的69届戛纳国际电影节中,欧莱雅在美拍的“零时差追戛纳”系列直播,全

程记录下了包括巩俐、李冰冰、李宇春、井柏然等明星在戛纳现场的台前幕后，创下311万总观看数，1.639亿总点赞数、72万总评论数的各项数据。带来的直接市场效应就是，直播四小时之后，李宇春同款色系701号CC轻唇膏欧莱雅天猫旗舰店售罄。当然不只是欧莱雅，媒体方也看中了直播的粉丝效应，包括《ELLE》杂志、PCLADY等时尚媒体也纷纷同步跟进直播现场。在此之前3月份的巴黎时装周上，《ELLE》杂志通过直播范冰冰一个多小时吸粉10万。

从欧莱雅和《ELLE》杂志在美拍的直播可看到，直播对于品牌来说有强大的导流能力，可实现效果营销；而媒体更乐意将直播当作获取受众的新兴渠道；对于明星和网红而言，直播是与粉丝互动，让粉丝了解自己另一面的新方式。

品牌＋直播＋发布

直播品牌发布向来不新鲜，不论是乔布斯时代的苹果发布，还是罗永浩的锤子发布，都足够让众多粉丝守候在屏幕前。而直播平台上的发布直播大不相同了，地点不再局限于会场，互动方式也更多样和有趣。

前不久，小米抛弃御用的发布会场地——国家会议中心、新云南皇冠假日酒店，第一次举办了一场纯在线直播的新品发布会。在五彩城的某个小米办公室里，雷军通过十几家视频网站和手机直播APP，发布了其传闻已久的无人机。当天19点32分，雷军正式上线，仅小米直播APP中，同时在线人数一路飙升，10万、20万、40万，到发布会临近结束时，已经超过50万。新浪一直播更是火爆，同时在线人数一度超过100万。除了发布和介绍小米无人机之外，雷军在两个多小时的直播时间内，还透露了小米手环2的上线时间，以及粉丝们的多个提问，之前直播过多次的雷军，显然熟门熟路，直播中不停地向观众“索要”鲜花、飞吻、游艇等虚拟礼物，而贡献榜第一的，是前几天因吐槽周杰伦而成为话题人物的凡客创始人陈年。

品牌＋直播＋企业日常

就像素颜照与PS之间的微妙关系一样，相比于包装出来的各种宣传大片，消费者有时反而对企业日常更感兴趣。直播可以让企业暂时放下对成本的顾虑，多角度向消费者展示企业、展示品牌，以剑走偏锋的方式调动消费者兴趣。

就在不久前，万达集团整体进驻花椒直播，开通直播万达账号，向网友全方位展示万达的企业文化，不仅仅将自己的一系列的战略发布会全部在花椒上进行直播，而且还向网友展示万达的员工食堂，宿舍等。

虽然是老牌B2B企业，但是百年来一直走在营销前沿的GE，这次也做了直播营销的先行者：去年7月，他们推出了一场为期五天的无人机直播，从东海岸到西海岸，在五个不同的地点对五项业务现场（比如深海钻井、风力发电）进行全方位扫描。同时，GE也在社交媒体配合解答了观众诸如“工人们站在百米支架上工作如何克服恐惧?”等好奇探究，激发了他们对科技和公司的兴趣。

5月15日到17日，为了宣传新一代Mini Clubman，宝马Mini联手《时尚先生Esquire》杂志在映客上直播了连续3天的时尚大片拍摄现场。直播的主角就是宝马Mini经过重重严格筛选过后的四位男神——井柏然、阮经天、秦昊、杨祐宁。宝马是首个将拍摄片场进行视频直播的品牌，四位男神在颜值上已经足够吸引一大波年轻受众，最终的直播中，映客上有 530 多万人次的在线观看。

品牌+平台+直播

相比各种组合形式，直播+电商的组合来得更为直接和实际。直播的出现为传统电商提供了锋利的新武器，促使其从产品导购向内容导购转型。若电商平台再别出心裁，融入一些营销创意，必将使这一武器更加锋利，为平台找到新的流量大入口。

京东生鲜在 618 品质狂欢节期间与斗鱼合作的“龙虾激战之夜”网红直播活动，直接促使其订单量达去年同期 6 倍，移动端占比高达 88%。电商能快速变现，直播能快速引流。“直播+电商”，正在成为各电商平台争夺的突破口。淘宝旗下聚划算平台对此屡试不爽，不是某个品牌的单打独斗，平台+平台的生态效应，直接应对消费者的消费需求，并加以娱乐元素作为发力点。

6 月 24 日，聚划算与平台下韩后、春纪、美康粉黛、珀莱雅、植美村、韩熙贞六大化妆品商家登录 Bilibili（简称“B 站”），在 B 站直播了一场“我就是爱妆”的网红 coser 直播秀。在直播过程中，B 站大 V“王吕叉”被请来做查房主播，6 位美女 coser 主播 cosplay 成动漫界人气角色，通过亲自使用聚划算六大化妆品商家提供的美妆产品，大谈 coser 界的妆容经验；并在直播中向参与互动的网友赠送大量品牌好礼，引发数万网友的积极参与，粉丝弹幕几近霸屏。

聚划算这次直播活动，是首次接触“网红直播”，整个活动参与方包括平台下韩后、春纪、美康粉黛、珀莱雅、植美村、韩熙贞六大化妆品商家。在直播活动的主播选择上，贴合品牌商家的产品特色，聚划算选取了 B 站当红 cosplay 玩家，以“美妆直播”为切入点，探索与网友互动式消费的新玩法，实现营销到销售的转化，兼具品牌传播和效果营销双重价值。聚划算透露数据显示，直播期间 B 站的直播访问量超过 1 500 万人次，播放量共计近 79 万次。聚划算客流量值迎来小高峰，六大化妆品商家的客单量同步激增，订单成交总金额约 1 000 万。目前，直播互动中推荐的商品仍在热卖中。

7 月 7 日，聚划算又与平台下良品铺子、周黑鸭、友臣、楼兰蜜语等十多家零食商家登录淘宝直播，在淘宝直播进行了一场“足球宝贝 · 美食速递”的网红直播秀。

品牌+直播+活动

吃饭可以直播，睡觉可以直播，对于品牌来说也是一样，一切皆有可能，所以直播+，可以附着的是任何能够引起受众兴趣的事情，这也给品牌直播带来更多可能性。

读书会也可以直播，4 · 23“世界图书日”罗辑思维创始人罗胖和他邀请的大咖朋友，在优酷自频道就进行了一场读书会直播。第一，这次直播玩法够新颖，优酷联合天猫、淘宝对这场互联网线上读书进行全球直播；第二，阵容够豪华，罗振宇请来徐小平、罗永浩、马东、黄磊、吴晓波等 10 位大咖助阵，为粉丝读书、荐书；第三，形式够大胆，不仅读书会的视频直播和回放皆为付费模式，5 个小时的全程直播同样打通罗辑思维天猫旗舰店的商品购买。

7 月 22 日开始的淘宝“造物节”更是将直播用到了极致。造物节在上海世博展览馆开幕，除了到场的数万名观众外，拥有 1.5 亿日活用户的淘宝直播还发起了一场“海陆空”直播大战。

无人机航拍直播、VR 游戏直播、会场 VR 实时直播……淘宝造物节“史无前例”的直播秀，不仅将黑科技进行到底，还将由著名主持人汪涵牵头，发起“天天兄弟”与“奇葩天团”现场真人秀 PK。韩国偶像 Winner 组合将与粉丝开启一场从化妆间直到演出结束的“零距离”互动，与此同时，手机淘宝上百名网红对造物节进行 72 小时全程不间断直播，让造物节“大片”精彩不断。

品牌+直播+深互动

虽然业界对直播营销的探索还处于初级阶段，但有一点已经形成共识：直播最大的优势在于带给用户更直接更亲近的使用体验，甚至可以做到零距离互动，这是其他平台无法企及的。

评论、打赏、送礼物等这些互动方式，还都只停留在表面，并没有将直播的实时互动性榨取得淋漓尽致。看一下国内目前各品牌的运作模式，大多限于明星、老板站台，直播现场、低价吸引等手法，总觉得缺少了一些思维转换，“看热闹”的嫌疑更大一些，而营销策略相对弱一些，对消费者的吸引也不够具有黏性。

深入互动的直播营销该怎么玩呢？以下两个创意或许能为我们提供参考：

其一是去年 4 月，以搞怪著称的男性护理品牌 Old Spice 在游戏直播平台 Twitch 上进行了一个奇怪的直播：他们找了一个人到野外丛林中生活三天，而且他的行为完全由观众控制。所有观众都可以通过聊天输入上下左右等按键来控制人物的下一步行动，然后统计所有玩家的选择，票数最高的动作就作为当事人的下一步行动。

宜家英国和 Skype 合作的一个现场直播，先是部分用户的 Skype 上会弹出活动广告，邀请他们参加宜家的“护照挑战”。倒计时开始后，参与者有 30 秒的时间迅速找到护照，并回到摄像头前拿着护照合影，成功的人将获得一份大礼。

虽然直播营销遍地开花、如火如荼，但很可能我们也只是猜中了开头，而猜不到结尾。随着科技发展速度越来越快，媒介更迭的速度也超过了以往的任何时代，直播毕竟也只是这环环相扣中的一环，接下来，还有哪些新的模式出现？可能会超出我们的想象，也可能会很快又被另外一种传播方式取而代之。

玩转直播，脑洞还有哪些？

VR 直播？

柳岩在花椒上进行的 VR 直播让更多的人开始关注这个领域。柳岩直播开始仅 30 分钟，粉丝关注已经超过 400 万人，两小时的直播中共 600 万人同时在线观看了这场直播。VR 和移动直播的结合最直接的影响就是，满足了人们对更好的视觉体验的追求。正如花椒 CEO 吴云松所言，“VR 直播把人拉近到了一米之内”。但未来 VR 直播能为营销带来哪些惊喜和改变，还有待技术的进一步跟进。与现在的大多数 VR 领域的项目一样，面向 C 端的优质产品尚未大规模普及，整个 VR 内容的消费群体还在初期培养当中，鱼龙混杂的市场现状和技术条件也让很多人对 VR 直播的现状充满质疑。

微信直播？

QQ 空间推出直播，微博联合秒拍推出直播平台，在这些主流社交平台纷纷涉足直播之后，微信可能是最后一个入场，也是最有可能让直播摆脱千屏一面的秀场模式，成为真正的国民级应用。微信到底会不会开通直播？到底怎么开通直播？早已引起各路讨论，众说纷坛。但不管怎样，微信一旦开通直播，相信给直播＋营销带来的颠覆影响不容小觑。

三、问题思考

直播营销完美地解决了发布会人流拥挤和混乱的问题，打破了时间、空间的双重制约，企业参与直播的热情也被点燃，多元化组合的营销模式逐渐得到实践和创新。由于企业种类和渠道不同，所采用的直播模式有哪些不同？

四、分析点评

由于企业种类和渠道不同，所采用的直播模式也将不同。

（一）国际大牌或者有较高知名度的企业可以采用“直播＋网红＋发布会”的营销形式

2016年4月中旬，美宝莲在纽约举行的新品发布会上就出现了50位美妆界网红的身影。植美村也邀请多达百位网红达人举行了一场以“100位网红带你出游”为主题的霸屏直播。美宝莲等国际大牌是较早采用“直播＋网红＋发布会”形式进行品牌宣传推广活动的企业，效果转化直接。这些品牌自身拥有强大的粉丝团和完善的渠道（线上＋线下）。而发布会的线上直播，将给予粉丝更为直接的互动和体验，对线上新品销售的拉动和引流帮助巨大。

不久前，ELLE联手美拍对2016巴黎秋冬时装进行直播，同样大获成功，而知名主播吴昕直播看秀也是安利了粉丝太多福利，更何况还有范冰冰强势助阵。

（二）国内大牌或中大型知名企业可以采用“直播＋明星＋品牌”的营销形式

随着电商和社交平台以及网红纷纷加入直播行列，明星为了捞金也开始走下神坛，成为直播常客。再加上国内大牌企业一般都采用明星代言的品牌塑造模式，以及重金赞助某些娱乐节目或电视剧，有较强的明星资源能够对接。2016年12月30日、31日，香飘飘与《放弃我抓紧我》中Tiffany的扮演者陈燃、珍妮的扮演者刘萌萌分别做了一场直播。对于香飘飘来说，这次直播具有多重价值：获取海量关注度（观看人数、新闻曝光）、传递品牌形象（直播过程中进行品牌植入，如陈燃直播中推荐香飘飘产品）、直接形成购买和聚集潜在用户等。

效果更为直接的引流，使这些有较强实力的品牌企业开始关注和尝试这种新型的娱乐营销。

（三）中小企业可以采取“直播＋网红＋论坛”的营销形式

中小企业知名度大多局限在某一区域，缺乏强大的品牌覆盖力和号召力，但也有较强的粉丝黏性。比如前一段巴奴毛肚火锅就玩了一把直播营销，海量粉丝参与互动和关注。“直播＋网红＋饭局”的形式不但将吃火锅的热烈氛围烘托得十分到位，而且菜品被频繁展示，不时穿插饭桌上的聊天内容和服务员对菜品的介绍。

这种新颖的玩法，契合了火锅消费者年轻化的趋势，扩散了巴奴的品牌影响力，更为重要的是展现了就餐环境和产品，将新店的新场景做了全面的展示。

（四）电商平台由于自身名气较高，多采用“直播＋网红＋电商”的营销形式

这种模式是较早流行，毕竟近水楼台先得月。社交平台和电商平台对营销创新趋势的引领往往是超前与传统企业，它们的基因是与消费者长期保持互动。2016年6月24日，阿里聚划算联合B站网红主播进行“我就是爱妆”cosplay直播，同时在直播过程中，也利用赠品活动与观众产生了互动，达到了最佳营销效果。

唯品会联手美拍的发布会直播，也为周杰伦的粉丝带来了大大的福利。告别刻意的角度选取，犹如亲临现场般一睹偶像真容，而不再是通过 PS 到无尽完美的活动硬照，场上明星的一切都逃不过粉丝的法眼，但正因为此，一切都显得更加自然而且真实。

不管直播营销在今年有多么火爆，品牌商们还请珍惜自己的品牌和营销投入，如果没有合适的资源或者优秀的策划方案，还请慎重对待。特别是在平台选择和组合上，需要根据企业品牌影响力和产品特性进行战略上的构思，并实现有效对接才能行之有效。

（参考资料：成功营销微信号：vmarketing，苏落.直播营销，我们只是猜中了开头.）

（参考资料：张旭. 从网红到明星，直播营销需要打好组合战.销售与市场（管理版），2017(7)：57－59.）

第三节　课堂讨论案例

案例 7－4　企业公众号总是掉粉，还要不要做下去？

一、背景资料

很多企业正试图通过产品和服务来解决用户的信任问题，通过公众平台来解决用户的需求。这实在是一种南辕北辙的做法。

二、基本案情

“累不死的运营马”运营着一个企业服务号，每次线上活动平均掉粉 20 人；“潇潇的麦田”运营的医疗健康类公众号，依赖特殊的吸粉渠道，粉丝总量较多，但是每推送一篇文章都会掉粉四五千人；另一个企业公众号，做一次线下活动涨粉五六千人，不做线下活动时，平均每天掉粉 40 人，每周推送一篇文章，再掉粉近 200 人。某企业公众号运营人士抱怨：每次发文就掉粉，即便发的是促销活动和其他比较吸引人的内容，粉丝依然往下掉。

也就是说，企业付出成本来获取粉丝，然后通过发布文章和活动来失去粉丝，企业再次付出成本来获取新的粉丝，继而再次推送文章失去粉丝，如此往复。

思路一：企业公众号运营要以服务为源

企业为什么要做公众号？有的是因为别的企业在做，于是自己也要做；也有的认为企业公众号是一种时代趋势，企业不能落后，所以要做；还有的企业带着增加销售渠道、扩大销量、宣传品牌这样的明确目标来做公众号。

如果企业出于以上各种原因来运营公众号的话，我认为基本上很难将这个公众号运营好，因为他们从源头上就错了。企业要想做好公众号，首先就要固本清源，也就是解决出发点的问题。

微信公众号分为订阅号和服务号，其中 99％的服务号为企业所拥有。也就是说，服务号基本上就是为企业量身定制的。为什么叫服务号？因为企业可以通过这个公众平台更好地为客户提供服务。“服务”两个字就是企业公众号运营的本源。

以服务为本源，不是一句口号。企业要将服务的本源贯穿于公众号的运营之中，克服急功近利的心理。就拿杜蕾斯的企业公众号来说，虽然我们在它的公众号说明中没有找到“服务”两个字，但是在其结构和内容之中，无不透露着这样的气息——服务于两性情趣生活。无论是充满情趣意味的推文、电台和视频，还是互动游戏、杜杜词典、姿势大全、神回复、性福大数据等，都呈现一副情趣宝典的面孔。杜蕾斯的很多关注者是慕名而来，他们来了，不是要买它的产品，而是为了享受它提供的服务。杜蕾斯的公众号就是给大众提供情趣信息服务的，产品信息只占很少部分。

有些企业中，对公众号运营具有决策权的领导者其实很外行，他们往往认为，企业聘请人员、投入资源，如果不做推销，也不卖产品，那就是吃饱了撑的没事干，即便服务，也必须要以销售为目的。

这样做只会事与愿违。

企业经营的首要目标在于利润，这当然无可厚非。但是经营的首要目标不能等同于经营的本源。公众号运营以服务为本源，不是为了赢利，而是为了造势，应是企业的造势平台，而非销售渠道。

思路二：企业公众号运营要以服务为先

企业公众号确立服务宗旨之后，还要树立服务先于购买的观念。

为什么说企业公众号运营要以服务为先？这是针对很多企业并不是以服务为先，而是先提供产品，而后才提供服务而言的。

为什么我们一定要固守那种消费者先付钱购买产品，而后我们根据产品来提供服务这种传统的思路呢？随着个人信用体系的日益完善和消费观念的不断更新，这种先付款后拿货、先拿货后服务的传统思路已经落后于消费者主权时代了。我们现在不需要付钱就可以先拥有一部手机，甚至一辆轿车，也可以免费获得某种商品的试用装，满意之后再购买，我们甚至可以在某个商场或者店铺待上一个下午，享受他们的座位、空调、免费热水服务之后选择扬长而去，什么都不购买。这就是服务时代给我们带来的关于服务为先的体验。但遗憾的是，我们经常性地看到厂家在宣传中用到这样的话语：购买某某产品，即可成为会员，就可以享受什么样的增值服务。这是典型的购买先于服务的思路，我们不能再用这样的思路来运营公众号了。

企业公众号绝不是某种销售渠道，它只是附带销售功能，之所以附带销售功能，那也仅仅是因为我们没有理由去拒绝那些想购买商品的客户为该商品付款。不以服务为先的企业往往会在公众号中植入过多的销售信息，甚至每次推文的销售意识都很明显，随处可见销售符号，动不动就在文末加上点击“阅读原文”购买之类，或者直接在文章中来一堆产品介绍，给出购买链接。有一种水平很高的文案会将产品信息隐藏于文章之中，阅读者会在毫无预感的情况下接收到产品信息，这种小聪明看似高明，其实并无什么用处。如果你持续这么干，那就等着用户取消关注吧。

微信是消费者的私人空间，消费者更喜欢那些值得信赖的人和组织，而讨厌那些整天喋喋不休地占用别人时间又不能带来实际价值的公众号。这就好比我们可能会请一个老师或者保姆到家里来，因为前者给我们知识，后者为我们打扫房间，但是一般不会让一个推销员踏入自己的家门，更不可能给他倒上一杯咖啡任凭他在那里狂喷。你要进入消费者的空间，就得先给他提供服务，比如打扫房间、教他知识等，彼此熟悉之后，他就会关心你是干什么的，也有可能会买你的东西，甚至向别人推荐你。

思路三：企业公众号运营的对象不是产品和品牌，而是真诚与信任

企业公众号的运营对象，表面上看是企业的产品、品牌和由此而延伸的各种文化，本质上却是企业的真诚与消费者的信任。所以我们并非要将工作重心放在如何使用户觉得我们是一个好的产品、好的品牌上面，而要将工作重心放在让用户觉得我们是一个真诚的、值得信任的企业上面。

一个正常的逻辑是，企业通过产品和服务来解决用户的需求问题，通过公众平台或其他品牌传播手段来解决用户的信任问题。而实际上我们却看到了相反的情况，很多企业正试图通过产品和服务来解决用户的信任问题，通过公众平台来解决用户的需求问题。这就是为什么那么多企业执意要在公众号中植入那么多产品广告的原因。

用户的需求相对客观，就应该用实实在在的产品来满足，而不是像传教士一样，念念不忘要进入用户的主观领域。用户的信任相对主观，就应该使用公众平台感性地对待他们，而不是像个老学究，喋喋不休地描述你的产品有多么好。这就像女孩子找老公，有房有车有存款年龄又相当的备选者有好几个，她最终可能会选择那个她最信任的人，因为只有信任才能有感觉，更加浪漫。在这里，房、车、存款就是客观的产品，女孩子的客观需求正在于此，假设你与女孩子的交往是在某个公众平台上进行，那么你并不需要过多地在平台上展示你的房子多么大、车子多么好，因为其他人的也不比你差很多，你最重要的是通过平台上的交往，进入女孩子的主观，取得她的信任。

企业公众号应如何建立与用户之间的信任关系呢？关键在于两个字：相处。既然要与用户相处，整天跟他谈产品、谈品牌是不行的，这也是很多公众号一推送文章就掉粉最直接的原因。那应该谈什么呢？可以是让人心情愉悦的话题，也可以是让人感觉温暖的话题，还可以是表示体贴关怀的话题，总之就是要做一个有温度、懂娱乐、又充满体贴与关怀的企业公众号。

当然，品牌信息也要展示，品牌信息可以单独建立菜单，翻不翻看单凭用户自愿，只要你把用户伺候舒服了，我相信他迟早都会翻你的牌。品牌信息也可以简单植入话题之中，目的只是要让用户明白你是干什么的就行，一个经营宠物用品的企业公众号，当然会多一些关于宠物的话题；一个经营电冰箱的企业公众号，当然不会整天跟你聊母猪的产后护理问题。

三、问题思考

企业公众号应该怎么来做？是循着老路一条道走到黑，还是调整思路从头来过？

（参考资料：卓云开.企业公众号总是掉粉，还要不要做下去？销售与市场（管理版），2017(7)：48－50.）

案例 7－5 一个卖烧饼的餐饮网红，是如何冷启动的？

一、背景资料

桃园眷村，2016 年最火的餐饮品牌。一方面，用“爆红”所带来的大流量提高翻台率降低成本。另一方面，用大量曝光带来势能，最终让商圈主动来跟我们谈开店，降低成本。

二、基本案情

桃园眷村，这个餐饮界的网红，两年时间就在北京、上海和成都相继开设了 11 家门店，甚至还有 24 小时的铺头。每一家装修都特别诗意，时尚、大气。

有人愿意为它排队两个小时，只为分享一杯眷村的豆浆；也有人愿意花大量时间，在这里寻找地道的台湾文化；更有人表示，这个连豆浆碗都会写诗的餐馆，将会像"诚品书店"彻底改变人们对书店的理解一样，完全改变中餐的体验。

（一）基础工作

1. 五年时间的准备，等待消费升级风潮

桃园眷村的诞生，源于董事长汤卫东的台湾行。

汤卫东非常喜欢美食，对食物有着自己独到的见解。五年前他在台湾夜市上认识了一位匠人，这个师傅是专门做烧饼、油条的，做的烧饼起酥非常脆，口味很好，甚至让他回忆起小时候的味道。这个时候他就记下了师傅的联系方式，之后酝酿了整整五年，请到了师傅，拿回配方来要在中国做。

汤卫东决心要做个升级版的烧饼油条品类，桃园眷村就踩着中国传统小吃的升级跟再包装的趋势，开始实践。

2. 寻找最具备包装的元素

大饼、油条、豆浆……这是在固有观念里低端的东西。因为它是传统的、最平淡的。如果加入新元素，会非常出乎意料，反差会很大，这其实是最好包装的。

以桃园眷村主打的产品烧饼为例，我们的烧饼有八九个品类，在传统的品类里加入了很多现代元素：比如在烧饼里面加色拉、加猪排、加金枪鱼、加油条蛋，运营这种方法，既能保留传统的手艺和口味，让人熟悉，又能融入新的东西，不失新鲜感。

3. 消费人群、启动地点的精确定位

找出了桃园眷村可以包装的亮点，就能完成最初的定位。

作为一个冷启动项目，桃园眷村首先确定了核心的消费人群。我们的项目虽然面向的是全人群，老少咸宜，但核心消费群一定是：白领、小资，赶潮流的人。因为他们是会帮我们传播的。

桃园眷村第一家店在上海，击中了上海的烧饼油条文化。上海烧饼油条夜宵文化非常浓厚，哪怕是深夜两点钟，都有人在那儿吃，开着跑车去吃，市场不需要培养。

（二）从冷到热，设置了三个转折点

1. 内容阶段、成为话题制造者

桃园眷村是 2014 年 12 月开店的，2015 年 1 月份开始引爆上海，我们设置的第一个爆点，是运营上最传统的做法，制造体验式的话题，成为话题制造者。

桃园眷村的装修有一个特点，非常有逼格，就像是咖啡厅。但实际上我们卖的是烧饼，这就形成了很大的反差。所有人从进店开始，就被我们整体氛围的营造，和可以塑造的反差（烧饼油条从低端变成高价产品）所打动，主动过来拍照宣传。

桃园眷村考虑到了现在年轻人吃饭时要拍食物、拍餐厅的"刚需"，设计了一种台式乡愁般"朴素的气质"。

桃园眷村所定位的核心人群，很多人来消费不仅仅是为了吃饭，拍食物、拍餐厅成为"刚需"。我们就把店里的每个角落、每道风景、每件摆设，都转换成可以传播的元素。

比如豆浆碗里的“何以身消磨，不为相思稠，但求留华后，浓情仍如旧”。

我告诉你，在哪里秀、怎么秀出去是一个很有情调的事。让整个店的每个角落都是媒体，引导用户发朋友圈、滚雪球。

当你将豆浆喝完时，碗底会呈现出悉心准备的小字“我愿意为你，磨尽我一生”。

在这个时期，抓住高层次和好吃是同等重要的。

2. 媒体阶段、开始持续曝光和包装理念

桃园眷村的第二个和第三个店面开张，是我们设置的第二个爆发点。

在第一阶段验证完话题性后，桃园眷村选择在上海日月光和新天地商圈开业。这是上海高层次的商圈，居然开了一个烧饼店!?

高层次的环境，越让桃园眷村的影响力瞬间得到扩散。

而商圈上超大的人流，让我们已经印证过的话题制造能力呈现几何级增长。短时间内大量话题的聚焦，让媒体开始介入曝光桃园眷村，主动采访我们，帮我们写东西。

在持续的曝光中，我们迅速传播“桃园眷村”的品牌故事和理念。为什么我们这么装修？我们想营造的是什么？各个店里介于台湾和大陆间的一些情诗，一些家书，到底代表是什么的概念。

这个时间最成功的是我们将桃园眷村的“眷”理念包装了出去。

桃园眷村的“眷”，是一种眷恋。以前逝去的一些美好、一些口味、人和物都能放到“眷”的概念里。桃园眷村将要做的，是给这些有记忆的小吃重新包装，传递给大家一种情怀，所以我们不仅仅有台湾小吃，还会有小馄饨、鸡鸭血汤等其他地域小吃。

3. 挟媒体势能、快速扩张

桃园眷村北京三里屯店的开张，是我们设置的第三个爆发点，也是关键的转折点，代表了我们前期大量曝光终于开始变化为大的势能。

在这之前，很多人曾经质疑桃园眷村在铺租很高的地方如何盈利。其实占据一个超高逼格的好位置，是我们的战略性工作。

一方面，我们需要前期大量的话题曝光成为“爆红店”。用“爆红”所带来的大流量提高翻台率降低成本。另一方面，我们需要大量曝光带来势能，最终让商圈主动来跟我们谈开店，降低成本。

广告素来被称呼为“高空轰炸”，就是说品牌商用广告迅速推出产品，然后渠道快速铺货完成销售，打造品牌。桃园眷村前两步，本质就是一种“高空轰炸”。

现在，桃园眷村预计今年年底能开 25 家店，都在顶尖商圈，营收能到 1 个亿。

三、问题思考

桃园眷村如何将传统饮食打造成为一个网红店？

（参考资料：程辉.一个卖烧饼的餐饮网红.销售与市场(渠道版)，2017(4)：68－70.）

案例 7－6　促销怎么玩，品牌才不受伤

一、背景资料

促销是伤品牌的，无论是折扣还是买赠，过于频繁的优惠会成为消费者心目中的常态，

不仅会引起促销疲劳，更有可能使品牌恢复原价后无人问津。

二、基本案情

在很多焦灼的市场竞争中，促销活动已经晋升为一种常态，“不促销就不出货”的产品不在少数。而深入一线后则发现，市场上的促销活动五花八门，虽然广度足够，但在深度上却还有很大的提升空间。

给促销一个理由，让品牌不受伤

对促销活动稍有了解的朋友都知道，促销是伤品牌的。无论是折扣还是买赠，过于频繁的优惠会成为消费者心目中的常态，不仅会引起促销疲劳，更有可能使品牌恢复原价后无人问津。为了解决这个问题，很多品牌会主动降低促销频率，或者通过买赠取代折扣。这些措施的确有效，但是没有抓住问题的本质。

促销最重要的是要给消费者一个优惠的理由，使其信服，我们的低价是有原因的、是暂时的，而非常态的。

传统的促销一般会借助节日作为自己促销的理由：春节大回馈啦、中秋团圆价啦、国庆大优惠啦，等等。有些品牌或店铺会搞出一个“周年庆”，也算一种创新。

到了电子商务时代，杜撰节日蔚然成风：天猫“双十一”购物狂欢节、京东“6・18”购物节、苏宁“8・18”发烧节，等等。各种原创节日成为电商促销强有力的噱头，取得了不菲的成绩。

促销不只是为了卖货，促销目的需细化

曾问过一个促销项目的负责人：做促销的目的是什么？他回答是卖货。

我问：除了卖货呢？他说，除了卖货还是卖货，不然做什么促销。

虽然没有和很多一线人员正面聊过这个问题，但是我敢断定，绝大多数人都是这个答案，这是从市场上绝大多数的促销活动中反映出来的。

促销除了卖货，还能为了什么呢？

从消费者角度可以是为了吸引新顾客提高试用率，也可以是为了提高现有顾客的黏性；从商家的角度可能是为了清库存，或者短时间内获得更多市场份额，再或者配合公关活动打响知名度；从市场角度可能是为了通过竞争拖垮对手，饿了么不就是这么做的吗？

不同的促销目的，就要在促销手段上予以整合性的配合。

当你的产品拥有一群极为忠实的顾客，却累于这群顾客规模实在有限而造成利润瓶颈的时候，提高试用率就成了促销的首要任务。以吸引新顾客为目的的促销活动，打折一定是切忌的，如果折扣成为品牌的第一印象，那么你的品牌将很难翻身。买赠或者搭售则是不错的选择，但原则是：将你的产品作为赠品或者与其他产品搭售的时候，一定要选取档次相当的合作产品，同时再筛选出与你产品亲和力比较高的产品，这样成功率将提高很多。

需要强调的是，提高试用率的促销活动往往会吸引一些不受欢迎的顾客——廉价搜寻型顾客。这些顾客只买打折的产品，毫无忠诚度可言，假如你的促销力度足够大直至无利可图，那就要想办法过滤掉这部分顾客。比如买一桶花生油加 20 元送一瓶价值 50 元的橄榄油。我们知道橄榄油是高端食油产品，对于价格敏感的廉价搜寻型顾客来说，他们可能更愿意花 20 元买更多的菜籽油而非一瓶他们从来没用过的橄榄油。这种活动对他们没有促销意义，对于其他顾客就未必了。我们可以灵活运用这种思路，设立闸门，过滤掉那些可能给我们带来损失的顾客。

相反，当你的品牌有很高的知名度，而顾客重复购买率欠缺的时候，就需要靠促销提高顾客黏性了。这种促销活动在形式上没有很严格的限制，打折买赠均可。最重要的原则在于要显示出已有顾客与新顾客在优惠上的差别。比如会员享受更大的折扣，享受非会员没有的赠品优惠，或者独享的配送、咨询、售后等服务。你为现有顾客提供的优惠未必要大放血，但是要独享。“不患寡而患不均”，这里我们就需要靠“不均”来引发现有顾客作为你产品消费者的优越感。

如果是为了打响知名度，这样的促销活动就比较靠近公关活动了，通常也会作为公关活动的配合部分展开。这样的促销活动最重要的是趣味性和话题性，最好能够在小范围内引起二次传播。

至于清库存、冲市场份额或者打击对手，这样的促销往往会有很严重的副作用，控制好频率和力度，减少对品牌的伤害是最重要的。这个问题前文已经说过，不再赘述。

用定价解决促销问题

作者这样理解促销的实质：

一个产品在市场上的价格接受范围为 80～100 元，这时候如果定价为 100 元，我们会丢掉愿意花 80 元的那部分顾客；定价为 80 元时，我们会丢掉 20 元的溢价、利润，以及品牌力。

这个时候，我们定价为 100 元，再在某些时段推出 80 元的促销价，就可以了。

当然，随着市场竞争的白热化，促销可能已经不是这个味道，愈演愈烈的价格战使促销成了恶性竞争的工具。

不过，作者还是想分析一下从定价层面解决促销问题的一些可能。

这里有一个南方航空的案例。依旧是那个问题，高昂的定价会带来充足的利润，但是入座率过低浪费了许多资源。如何兼顾那些慷慨的客户与那些价格敏感型客户呢？该航空公司将机票价格定得比较高，同时又提供了一些特价票。当然，前者会获得更好的配套服务，而后者，为了拉开两种机票的差距，航空公司可能会在直达机票充足的情况下故意将你安排为转机机票。

值得注意的是，转机机票对于航空公司来说可能也是一种负担，转机机票资源或许并不总比直达机票充足。但是为了创造价差带来的服务差异，南方航空以退为进，取得了很好的效果。

还有一个案例，就是电子商务中常用的“PSS 销售策略系统”。例如，一家网店进购了黑、白、蓝三种 T 恤，经过一个月的销售，黑、白色畅销而蓝色滞销，当销量差距达到一定值后，PSS 会自动运行，当消费者将蓝色 T 恤放入购物车时，PSS 不作任何提醒，而当消费者选择黑、白色 T 恤时，系统将弹出：如果您愿意随机颜色购买，我们将为您提供 8 折优惠。

对于那些在意颜色的人，他们愿意掏全价购买自己喜欢的颜色；而有些人并不在意颜色，如果价格一样，他们当然会选择畅销色，但是如果价格不一样呢？

试验表明，PSS 的应用将滞销量平均降低 70%，季后促销压力大减，定价策略成功完成了促销活动的任务。

与南方航空的案例不同，PSS 在制定差别定价的同时，为自己的资源分配提供了便利。

这当然是最理想的情况，但是市场上的不如意十有八九，在这种窘境下，南方航空的断腕策略就显得更加值得学习了。

无论买赠还是折扣，促销活动无非就是以低于原价的价格销售产品。既然如此，为何不在定价上一劳永逸呢？当然，差别的定价理应有差别的产品或服务，当你的资源便利无法提供差别时，那就想办法创造差别。

三、问题思考

如何削弱促销活动对品牌价值的负面作用？

（参考资料：吕晨龙.促销怎么玩，品牌才不受伤.销售与市场（管理版），2016(12)：64－66.）

第四节　课外思考案例

案例7－7　这家超市是如何打败门对门的价格战的？

一、背景资料

价格战就是卖方为了挤占市场而采取的一种竞争手段，而今某些强势企业为了打击竞争对手而采取薄利多销的手段，甚至某些企业为了把对手彻底挤出竞争市场依靠自身的经济实力以低于成本的价格销售商品，从而达到垄断的地位或者是寡头市场。

价格战，是一把锋利的“双刃剑”，既能伤别人，也能伤自己；不仅能直“刺”对手“要害”，让其“一剑见血”，而且还往往能“一剑封喉”，从而将对手逼向一隅，甚至直接将竞争对手置于死地。这，就是“杀人不见血”的价格战。

对于价格战，很多人往往存在着误区，一提到价格战，意识当中就认为是拼价格，具体到怎样拼价格以及通过价格战来达到什么样目的，很多人更是知其然，但不知其所以然。因此，要更好地运用价格战来服务于市场与企业，就必须消除对价格战的片面理解和认识，从而建立一套合理、科学的评议价格战的评判体系。

二、基本案情

老曾从企业出来后，在很高档的梅凡小区开了一家北岛超市。他从来见人就说“超市多难做啊！生意多难做啊！每个月都在赔钱”，就怕别人知道他这个小超市，其实每月利润都有二三万之多！就在他偷偷摸摸闷声发财的时候，小区内又新开了一家胜业超市。

胜业超市的出现，使老曾变得愁眉苦脸，这家新开的超市整个一个反面典型！不会别的，就知道靠低价竞争！你一根大蒜卖七毛，他就卖五毛九。虽说这个高档小区内的消费者对价格不敏感，但相同的东西便宜点，谁都乐于接受。尤其是同质化的东西，例如娃哈哈纯净水、雕牌洗衣粉、可口可乐等，确实应了那句老话——“没有2分钱买不走的忠诚度”。

方便策略和买赠策略

眼看着北岛超市的生意，在胜业超市的进攻下，在一天一天地跌落；老曾再也坐不住了，便使出了第一招组合策略：即“方便策略”和“来就送、买就赠策略”。

所谓“方便策略”，就是老曾规定：凡单次购买6元以上或上月购买超过15次或累计消费90元以上，均可免费送货。哪怕你在炒菜时仅需要一根七毛钱的大蒜，也能享受此项服务。虽说类似的单笔交易可能不划算，但这一策略却有效地满足了顾客方便快捷的购物需求。

所谓“来就送、买就赠策略”，就是老曾规定：凡到北岛超市来，即使不购物，也要送小礼物，如带小孩来，可送小孩一个气球；若购买了价值不等的商品，可获赠价值不同的赠品。

在北岛超市购物，天天有特价，天天有惊喜。与相关的厂家合作，每天在特定的时间推出一定数量的特价商品，售完为止，其价格往往略高于或等同于商品的成本；若顾客一次性购物价值达到规定的数额，还可免费摸奖一次，中奖率100%，其奖品包括几毛钱的小礼物到上千元的彩电、冰箱等。采取这一策略，则是为了提升超市卖场内的人气。

你还别说，老曾这一招组合策略的使出，一下子使北岛超市变得忙碌起来，忙着送货，忙着接购货送货的电话，忙着应对购买特价商品拥挤的人群；这使得顾客对北岛超市的忠诚度大大提升。

在小区内居住的小周偶尔炒个鸡蛋，发现家里没葱，打个电话，6分钟后，一根六毛钱的葱就送上门了；没油没西红柿，也是快速送货。偶尔去北岛超市卖场内感受一下购物的气氛，感觉其人气旺盛的程度不亚于大型的超市。

自此以后，小周和小区内的许多人几乎就没怎么去过离家不远的沃尔玛，那里虽大，但得排队；更因为那里的商品80%都是他们不需要的，而他们需要的20%商品，在北岛超市都有了！这样一来，他们为什么不享受方便？凭什么买一瓶洗发水之类的东西要他们专门下趟楼，走25分钟去沃尔玛？

蒜啊！葱啊！洗衣皂啊！能有多高的利润？有利润高的啊！例如品牌化妆品、保健食品、红酒等，在小超市里，整整一面墙都摆满了红酒，国产的国外的都有，价格从一二百到七八百元不等；一瓶红酒的利润，是不是超过了一大箩筐的大蒜？

价值置换策略

不过，老曾的这一招组合策略，很快就被胜业超市抄袭模仿运用。

门槛低，当然竞争者跟进抄袭模仿就很迅速。说白了就是，四岁的小孩子赚到了金元宝，谁不想抢啊？姚明拿着金元宝，你抢一抢试试？

经过思虑，老曾使出了第二招“价值置换策略”。即先用促销品的价值，解决消费者担心的风险问题；然后，用主销品实现超值体验，形成有震撼力的促销效果；通过促销品获得的成本优势，最终实现超额利润。

比如，北岛超市在“高档鞋油5元一盒试用，买2盒送雨伞”的促销活动中，一个月不到，3 000多盒鞋油就被抢购一空。一盒鞋油的进价才0.5元，一把雨伞的批发价不过4元，这样一个“买二送一”套餐的成本就是5元，稳赚5元，这样一来，就创造了8 000多元的利润。

分析其成功原因有三：

第一，盘活存货的基础和药引。在当地，最便宜的雨伞也要10元，所以，对于消费者来说，雨伞和10元钱是等价物。由于消费者很容易判断伞的好坏，因此，促销活动几乎没有吃亏上当的风险；

第二，雨伞在本地是生活必需品，因此，很受欢迎；

第三，这款鞋油被宣传成高档品，消费者都有捡大便宜的心理。

这三点加起来，自然是无法抗拒的诱惑了。

明则卖鞋油，实则卖雨伞。消费者的感觉是花 10 元钱买到了伞，然后得到两盒高档鞋油。伞补偿了消费者的付出，使之成为无风险交易，而所谓的高档鞋油产生效用溢价，让消费者觉得大占便宜。正是通过这种价值置换，使促销变得极具吸引力。

老曾私下打探到，胜业超市也曾尝试过类似的促销，但最终的结果却很不理想，其原因就在于未能弄懂价值置换背后的真谛。

实行价值置换策略，必须遵循两点原则：

(1) 明晰性原则。被赠、被搭、被联合的促销品，质量越标准化、价值越容易看到，效果越好。如案例中的雨伞。

(2) 模糊性原则。主销品质量越不标准化、价值越难判断、价格变动范围越大、价值体验越强，则越有利于促销方案的高利润定价。反之，如果主销品的价值清晰可见，则无法实现暴利和震撼效果。主销品必须要给消费者留有想象空间。在鞋油销售中，高档鞋油几十到一两百元一盒的都有，这相对于消费者的付出成本，冲击力就非常大了。

绿色策略

价值置换策略的实行，使得北岛超市卖场的人气更加旺盛。为了稳固和增强所形成的竞争壁垒，老曾在实行价值置换策略的同时，还开始注重自身能力的增长和提高。

老曾发现，自己的顾客群，尤其是核心顾客群，都是一些高收入，高知识，30 岁到 55 岁之间的人。这些人有一个共同的特征，就是非常注重生活的品质。于是老曾使出了他的第三招策略：“绿色策略”。在北岛超市大打“绿色牌”。

送货员将小周购买的西红柿送到他家时，就特意叮嘱小周说：“这些西红柿比上个星期的贵了两倍呢，不过可是‘有机蔬菜’！完全无农药、无化肥。您生吃一个，就知道味道比那些化肥催起来的，新鲜多了！”小周一试，嘿，还真是。

就这样，小周后来买西红柿、土豆等，都点名要有机蔬菜了。

老曾则趁势大批量地引进有机蔬菜，在满足顾客“绿色”需求的同时，也给自己带来了丰厚的利润，且因为大打绿色牌，使得北岛超市逐渐在消费者心目中，区别于另一家超市，树立起“健康”的形象。

另外，老曾还发现了一个竞争对手胜业超市暂时比不了的优势——红酒销售。因为红酒销售人员必须懂红酒才行，而培训一个红酒促销员通常需要几个月的强化培训：产地？年份？风格？是黑莓子还是偏巧克力风味？葡萄的种类？以及每一个种类有哪些特征？竞争对手一时半会儿难以将这些东西搞定，而这恰恰是利润的主要来源之一。

这时，北岛超市还强化了营业员其他产品知识的培训，特别是利润空间大的产品知识的培训，以便和竞争对手胜业超市形成有效的区隔。

小管家服务策略

当老曾了解到，在梅凡小区，很多顾客都没有时间交水电费、电话费、给燃气卡充值……总之，他们都是一群有钱没时间的人。老曾便决定使出他的第四招策略：“小管家服务策略。”即推出代客户交水电费、电话费、充燃气卡等的小管家服务策略。

通过免费送货上门和卖红酒培养起来的沟通能力和信任感，且不额外收费，老曾把方便策略从商品拓展到服务。

这个阶段，虽然服务本身赚不到钱，但“交易机会”大幅增加：从你家拿燃气卡时，发现你家洗洁精用光了，晚上把充好的燃气卡送回时，“顺便”给你带一瓶洗洁精，你肯定会感谢不已。

随着服务能力不断提升，以及顾客对北岛超市的日益信任和忠诚，这时的北岛超市就像一个小管家，顾客无论有什么小需求，都会交给北岛超市代办。

老曾深知，拥有客户资源，就能转化为利润。便趁机推出了帮顾客订酒店服务。这不仅使顾客获得了折扣，同时又使自己拿到了佣金。

此后，老曾不断拓展新的服务：皮鞋养护、小时工的清洁服务、介绍保姆……这些新的服务，使得北岛超市一下子财源大开。

这个时候，北岛超市和它的抄袭模仿者胜业超市已经不能算是一对竞争对手了。壁垒形成了，级别岔开了。而胜业超市也很知趣地悄悄关门消失了。

后来，虽有多家超市进驻小区，但老曾凭借自己的营销策略，让它们通通铩羽而归，最终牢牢地垄断了小区的顾客、垄断了小区的生意，也使自己跨进了富豪行列。

三、问题思考

价格战作为一种最为直接的攻击装备，关系到一个企业的整体战略规划、产品定价策略、销售渠道调整以及企业的销售与管理等等，因此，企业该如何打赢价格战呢？

（参考资料：这家超市是如何打败门对门的价格战的？销售与市场(渠道版)，2017(2)：86－88.）

案例 7－8 小米 Note2 的广告最不成功

一、背景资料

“一面科技，一面艺术”对消费者来说是什么鬼？花大钱请了这么好的代言人，购买了这么贵的媒体，却没有花心思去发展更好的广告内容。

二、基本案情

Do you prefer to sell sugar water for the rest of your life, or come with me and change the world?

“你想继续卖一辈子糖水，还是跟我一起改变世界？”

这是乔布斯当年说服百事总裁加入苹果公司的超级桥段，很多人都从这短短的一句话里，看到了乔布斯极具现实扭曲力的口才。

我第一次听到这句话，也是佩服的不行，但后来当我更深入地了解了品牌的规则，却不由感叹：“乔布斯太坏了！”

这里所说的品牌规则，就是品牌塑造的不同层级。

我们也可以把江湖上各 4A 在品牌层级方面的工具融汇一下，归纳成这个简洁明了的 F4 品牌方程式（一定不要小看这么简单的东西，它几乎可以用来解析一切广告信息，而乔布斯的现实扭曲力也是依靠这个模型来实现的）：

实际应用是啥样的？

(1) Facts(产品事实)："我们提供……"

这里是从企业的角度，要说出我们产品或服务的核心特点，这些特点是毋庸置疑、事实存在，是有差异性竞争优势的。

这也就是通常广告公司或品牌部经常说的 reasons to believe/相信我们的理由，比如你有什么独家科技，你有什么优质成分，等等。

(2) Function(理性价值)："能为你带来……"

这里要转换视角，从企业角度变为用户角度：对用户来说，我们的这些产品/服务特点，能为他们转化成怎样的独特价值？能为人们解决哪些实际问题，满足哪些实际需求？

(3) Feeling(情感价值)："还能让你感觉……"

在某种实际需求被解决的同时，还会让你感觉如何？这也就是人们常说的情感附加价值。

相比可以衡量的理性价值，这种 feel 的情感价值不太容易精确计量，品牌的溢价空间也就此产生差异。

当你在为某种感觉买单的时候，价格的考量就不理性了。

所以很多大牌或奢侈品的广告，就是要为你创造某种欲望，或者感觉，而绝不是给你卖某种具体的面料。比如 LV 的很多广告。

(4) Faith(品牌信念)："我们都发自内心地相信……"

这个时候，再一次转换角度，从之前的用户角度，转变为用户和品牌共同拥有的信念与信仰，就是把用户和品牌真正绑在一起了，如果品牌能做到这一点，用户就会从消费者变成你的拥趸(真正意义上的粉丝)，用户就会成为你的品牌大使与代言人。

这时候的忠诚度也是极其可怕的，他们的忠诚会用一个字来表达："只/ONLY"："电脑，我只买 MAC!""球鞋，我只穿 Nike!""汽水，我只喝可口可乐!"

Faith(品牌信念)的重要性可以再多强调一下，因为它除了对消费者的巨大价值，对内部团队的激励作用也十分巨大，会让团队成员在具体工作时，产生一种荣耀与使命感，也就是所有人坚持创新、每天全力奋斗的终极动力。

当然，品牌信念还会让更广泛的公众对公司和创始人产生更积极的印象，就像很多人搞不懂，马云这么高调的人，居然一直受追捧到现在，而李彦宏这么低调老实的人，却处处被黑。

就是因为马云不管到哪里，都始终紧紧抱着"让天下没有难做的生意"这个 F4 护身符，否则早就被黑到九霄云外了。

马云总是在说信念(faith)，而李彦宏总是在说技术(facts/function)。

总之，每个 F 都代表着层层递进的价值感，因为这些不同层级的价值，也会让消费者产生各不相同的买单理由：

Facts(产品事实)可以驱动的消费者反应：我要买你，因为你在……方面特别牛(代表某种优点)。比如有人要买某品牌单反相机，就因为看中了它拥有媲美中画幅的 4 240 万像素。为高像素的优点买单。

Function(理性价值)可以驱动的消费者反应：我要买你，因为你可以帮我搞定……(解决某种刚需)。比如：我买加多宝，因为它可以帮我降火。为降火的刚需买单。

Feeling(情感价值)可以驱动的消费者反应：我要买你，因为你可以让我感觉……(展示某种逼格，或实现某种欲望/感觉）。比如：我买 CK，因为它可以让我感觉更性感。为性感的欲望买单。

Faith（品牌信念）可以驱动的消费者反应：我要买你，因为我们都相信……（共同拥有某种信仰/理想）。比如：我买可口可乐，因为我们都相信快乐最重要！为快乐的信念买单。

这个 F4 模型，要想写的让人有信服力，就需要处处有洞察，要写出非常好的 F4，就需要 4 类非常好的洞察：

乔布斯的花招

洞察（insight）这件事情足以写一本书来解析。

洞察的挖掘，除了你的人生经验与行业经验，更多时候，需要你有正确的方法，去走进用户和消费者，走进市场，只是坐在干净的办公室是无法杜撰出漂亮洞察的，用我以前美国老板的话来说，就是优秀的品牌人都应有 Dirty Feet 精神（赤脚干活，而非呆坐空想）。

F1 类：Facts，需要行业洞察与自我洞察。

F2 类：Functions，需要用户痛点与体验洞察。

F3 类：Feeling，需要人性的洞察。

F4 类：Faith，需要文化与社会的洞察。

好，了解完 F4 的结构、定义以及创作纲领，终于可以再来看 Steve Jobs 戏撩百事总裁的经典对话了。其实苹果和百事都是非常了不起的公司，做着同样有意义的事情。

苹果的 F4 品牌层级：

Facts 产品事实：我们提供设计出众、自成一派的 MAC 电脑。

Function 理性价值：能为你带来人性化的强劲创作体验。

Feeling 情感价值：并让我感觉我是与众不同的创造者。

Faith 品牌信念：我们都发自内心地相信创新可以改变世界。

百事的 F4 品牌层级：

Facts 产品事实：我们提供带有气泡刺激的糖水。

Function 理性价值：能为你带来解渴、好喝。

Feeling 情感价值：并让我感觉潮流、叛逆、创造性。

Faith 品牌信念：我们都发自内心地相信世界属于年轻人。

但是乔布斯在那场对话中，故意使用了不平等的对话层级，用自己的 F4 去与百事的 F1 对比：用苹果的 faith 去和百事的 facts 对比，层级当然不一样。

这，就是乔布斯的对话秘诀。

现在，你是不是也可以反过来灵活运用一下？如果你是百事总裁（约翰·斯卡利），你可以这么说："你想继续卖一辈子电脑，还是跟我一起改变年轻一代的世界！"

小米 Note2 广告："小米 Note2 双曲面，一面科技一面艺术"。

F1＝双曲面，一面科技，一面艺术。

F2＝没有。

F3＝没有。

F4＝没有。

这是这支小米广告不成功的地方，"一面科技，一面艺术"对消费者来说 so what？为什么不进一步说清楚呢？花大钱请了这么好的代言人，购买了这么贵的媒体，却没有花心思去发展更好的广告内容。

(1) 一定要有耐心和痴心的去调研最底部的 F1，如果这一步随便应付，那么后面的东西都会很虚。虽然后面的 F3/F4 是创造溢价的关键助推，但如果前面的 F1/F2 不扎实，卖货都会成问题。所以从 F1 到 F4，每一个都非常重要。

记得在 2010 年，我们花了数月时间的各种调研与论证，才为可口可乐的 F2 优化了"1 个字"，虽然你无须严苛到这种地步，但千万不要太随意。

(2) 不要妄想把 F1～F4 同时堆在一个广告画面里，一个广告画面能突出其中两个就很不错了。最自信的客户，就只放一个信息，比如之前服务的 Nike。

(3) 在实行整合营销方案的时候，则要根据具体情况，进行组合拳出击。尤其对新品牌，基本上要"软硬兼施"才有效。即使像乔布斯和苹果，虽然他们是最强调改变世界的，但同时，他们也是最强调"innovation experience"的！

F4 品牌方程式是情怀、是启发一切创新的启明灯。而让你品牌光芒万丈的，还是与亿万消费者接触时的品牌体验与产品体验！最终，要靠行动说话！

三、问题思考

小米 Note2 广告："小米 Note2 双曲面，一面科技一面艺术"。请这么好的代言人，找这么贵的媒体，为什么却最不成功？

（参考资料：张 sir.为什么小米 Note2 的广告不成功？销售与市场(渠道版)，2017(4)：74 - 77.）

案例 7 - 9 "您已入账 10 元现金券"都失效，还能怎样唤醒用户？

一、背景资料

作为社会性动物，我们"人之为人"的需求是非常巨大的，遗憾的是，我们只是将人性的阴暗面驾驭，发挥得淋漓尽致。

二、基本案情

如果你问我，有什么办法能让产品的价值快速翻一番？我会告诉你：从"老用户"入手，提升用户活跃度(促活)。

是的，绝大部分产品都沉淀着相当比例的"准流失"用户，即，使用产品的频率低于正常频率。

比如对于工具类、社交类、运动类、阅读类、电商类应用，用户几周甚至一两个月登录一次。

通常，拉新用户的成本是挽回"准流失"用户的几倍。很多企业确实意识到了这一点的重要性，也付出了"唤醒用户"的预算及行动。

早期的时候，任何一点的用户激励都能收到不错的效果，比如登录抽奖、双倍积分、代金券、补贴等等。

遗憾的是，时至今日，这些投入却往往沦为了我们每个人手机中的"骚扰"短信，或者没人理会的 Push 推送。

例如，你一定会很熟悉下面这些我刚刚从自己手机中摘录的部分典型：

“【××产品】会员享特权，积分赚翻天，本周×会员日……”

“【××产品】×周年庆，全场低至五折……”

“【××产品】亲爱的××，您已入账10元现金券……”

甚至还有：

“【××产品】亲爱的用户，您已成功入账1 000元白银……”

基本套路都是找个“噱头”让利用户，一言以蔽之：“物质激励”。

甚至，当激励度过高时，还会吸引大把“占便宜”用户（薅羊毛党），我们还要费尽心思防止这类损失。

那么，近年来，我的打开率是多少？

0。

我相信大部分企业是真心在“让利”给用户了，然而，作为一名用户，我是真的无感啊！

有过一定运营经验的人都明白，时下用户促活是越来越难，越来越难……

是的，作为运营人，最痛苦的事情莫过于：热脸贴在冷屁股，赤诚真心换白眼。

你的委屈我懂，但用户不懂，也不想懂。

那为什么会出现这种情况呢？

我们能否换个完全不同的思路来解决这类难题呢？

心理免疫带来的边际效用递减

大家回忆下，我们人生第一次工资到账时的心情，那个甜蜜啊……也许今日你工资已经比当时涨了好几倍，但当年那兴奋喜悦的心儿却早已不复存在。

所以，前面提到的物质激励，在常年的轰炸中使用户感到疲劳了，随着刺激频率的上升，给用户带来的愉悦奖赏也急剧下降。

那么，连“送钱”都没有效果，难道“不花钱”还能折腾出什么效果么？

能。

我们稍微深入思考下，就会悲伤地意识到——物质激励最大问题恰恰在于：

不把用户当“人”看。

比如，你会跟你的女性朋友说：“周末陪我逛街吧，我给你一百块”么？

当然，企业并非故意想要讥讽用户，他们仅仅是没有意识到。

这也是我一直批判那些缺乏创造性思考、盲目跟风补贴的各路人马的原因。

伟大的哲学家亚里士多德早就总结过：人是一种社会性动物。

当人们满足了生存所需的基础物质需求之后，你压根没法想象人们为了维持作为“人”所特有的“自尊”（即自己及他人对自己的评价）愿意付出的代价之大。

这本身就是巨大的人性需求，而且尚未被很好地满足。

而这，就是我们运营人作为唤醒“准流失”用户的高效武器。

既然我们是社会人，那么，就让我们从社会的最明显特征——“群体”入手，看看如何开辟一条唤醒用户使用产品的崭新大道。

用户促活：唤醒用户的“内群体”特征

我们不妨回想一下，当我们向其他人介绍一个朋友时一般会怎么说？

我想，只要是个正常人，大概都不会这么介绍：

他叫小明，是一个活了25年的雄性黄色人种，出生于北纬22.3°东经114°的地方，拥有高级智能，靠编写软件代码谋生。

反之，我们一般会这么说：这是我朋友小明，他是90后，深圳人，是一名程序员。

我们留意下“90后”“我朋友”“深圳人”“程序员”这些字眼，其实它们每个词都代表着特定的“群体”。

是的，当我们在描述“我是谁”的时候，首先就预设了多个群体的存在，比如民族、籍贯、性别、学校、时代、专业、职业等等。

如果我们不隶属于任何一个“群体”，我们甚至无法定位“我是谁”。

哪怕真龙天子也不例外。

比如，宋徽宗(1082—1135)的所属群体可能是这样的：大宋王朝高管、蹴鞠运动员、男人、80后、全国囚徒、艺术家。

换句话说，我们每个人自出生起就会隶属于多个不同的群体，我们会把同一群体中的人看做“自己人”而非“陌生人”。

不难想象，对于特别亲密的同一群体的人通常可以共享彼此的“物质财富”(比如一个小家庭群体)，同时，几乎所有群体都能同享特定的“精神财富”。

这被称为社会统一性理论(social identity)。

比如，朋友给你介绍对象时，对方很欣赏程序员聪明、老实的特点，这时候你会猛然为自己是一名“程序员”而自豪；又比如，高考前，校长会说，你们这一届是我教过的最厉害的一届，这时候，你会为自己是“这届学生”的群体而自豪(其实校长跟每一届的人都这么说)。

扯了那么多“群体”的概念，那么，它对我们的运营策略有什么用呢？

它很容易唤醒用户的集体荣誉感，或者说得更赤裸一点，能让用户通过共享内群体(in group)的优势来获得“积极的自我评价”。

比如，学生时代，我就留意到一个有趣的现象：

那会我跟班长同桌，每次足球赛之后，班主任都喜欢跟班长询问比赛结果，只要踢赢了，班长会说：我们赢了！

但如果我们踢输了，班长会回答：他们输了(班长是啦啦队，没参与比赛)。

又比如，春节返乡跟老同学相聚时，大家应该会莫名地对位于同一城市的老同学产生莫名的亲切感，哪怕学生时代不是很熟。

又或者独自出差在外地甚至国外旅途时，对自己的“异地身份”会特别的敏感，如果他们对“中国人”评价高，你就会涌现出自豪感。

总之，我们的社会同一性越重要，我们就越强烈地感受到对内群体的依恋。

当我们的“内群体”身份被唤醒时，我们会以群体为荣耀，非常愿意遵守群体规范，尤其是为群体做出贡献。

比如：为了部落！

这是我们运营人的发力点，我们可以按照以下思路重新思考，如何唤醒用户的内群体属性，进而使用产品：

(1) 存在哪些情况，可能唤醒哪些群体属性。

(2) 哪类群体属性能与产品的某个功能结合起来。

(3) 思考唤醒用户内群体属性的最佳时机，进而转化成运营策略。

比如，对于在校学生，我们的"学校"群体属性，或者"专业"群体属性，甚至"学年"群体属性均很容易唤醒。

那么这类"群体"属性有哪些特点呢？最典型的就是年轻人的"竞比心"。

这个时候，跟"竞技"有关的产品就可以好好发挥了，比如运动类产品、阅读类产品等等。

例如，运动类产品是不是可以考虑推出：高校跑步总里程竞赛活动。(思路示例)

比如，每天更新各区域大学的总里程排名并进行提醒，诸如对沉默用户弹出提示：

"××科技大学以绕月球三圈的跑步总里程获得了第一名，你的学校排第几呢?"

这样，该区域范围的大学生就很容易为了学校排名使用产品。毕竟，也只是顺手的事儿。

又比如，周末休息时，我们的"家庭群体属性"很容易被唤醒，我们会对"关爱保护家人"的信息特别敏感。

这个时候，跟"亲子"有关的产品就很容易发挥，甚至，跟公益能沾上边的产品也可以发挥。

比如，共享单车是否可以换个思路，考虑 Push：

"您的爱人与孩子值得呼吸更好的空气，骑行减排，就在身旁。"(思路示例)

这比什么"充值 100 赠送 210"之类赤裸裸的刺激好多了。

下面，我们不妨从用户的"个体角度"入手，寻找个人心理需求与产品的契合点。

用户促活：赋予行为意义，维护用户的自我印象管理

我们都听过一句话：自从有了"美颜相机"，麻麻再也看不到我的"素颜"照了。

我们渴望被社会所接纳，这种渴望如此强烈，以至于我们为了保持优秀的"自我表露(self-presentation)"不惜付出各种代价：

比如近乎病态的节食、昂贵的美容、透支购买奢侈品。

甚至有人说，朋友圈的唯一价值就是：满足人们的"炫耀"需求。

不无夸张地说，如果没有"朋友圈(微信)"，没有"微博"，旅游产业恐怕也要大受打击。

但是，作为一种社会人，我们的这种基于"自我印象管理"潜在需求是非常宽泛的，目前大都仅局限于"炫美""炫富"非常表层的需求(通常是年轻人)。

其实这反倒妨碍了用户，尤其是中、高产阶级的"谦虚"需求(让他人觉得"谦逊"也是人的一个普遍印象管理需求)。

我们都知道，人们对于未被满足的需求会特别敏感。

比如，当我们远距离徒步穿越之后，对交通工具会特别敏感；

又比如，对于十来岁荷尔蒙分泌旺盛的男同学们，当运动场上出现几个美女时，他们打球会惊人得起劲；

又或者，对于一个刚刚遭遇"排斥"的个体(例如情侣分手)会对他人的微笑、肯定、赞美特别敏感(所以"乘虚而入"是有科学依据的)；

那么，人们还有哪些高级"自我印象"需求渴望被满足呢?

通常有：聪慧、才华、品位、进取心、社会贡献等等。

这些都是中、高产阶级渴望低调表露的外部印象。当然，请切忌妨碍他们的"谦逊"需求，这是非常讲究艺术手段的。

我们可以按照下述思路思考，如何重新唤醒用户对产品的兴趣：

(1) 思考产品与用户的哪些“自我印象”相关。

(2) 如何激活这些要素。

(3) 结合两者转化成可落地的运营策略。比如,对于“知识类产品”(中产阶级用户为主),是否可以考虑推出一个:

“历史上最著名的十大逻辑悖论,难倒无数人,挑战下你能做对几道(选择题)……”(思路示例)

以此唤醒用户对“才华”的自我印象管理需求。

又或者,对于“奢侈品电商产品”(中产阶级用户为主),与其不厌其烦地推出“感恩特价”“折扣优惠”(这些本来就跟奢侈品的初衷相违背了),还不如推送:

“耶鲁大学女生春季就流行这几款服装……”(思路示例)

以唤醒用户对“品位”的自我印象管理需求。

背后满足的本质都是唤醒用户对“自我的积极评价”需求,进而使用产品。

那么,除了“利己”之外,是否还存在“利他”需求呢?

幸运的是,有。

用户促活:唤醒用户帮助他人的“利他”属性

那么,在什么情境下用户的“利他”属性容易被唤醒呢?

社会心理学家总结,对于以下因素,包括:

“同理心唤醒”“内疚感释放”“受助者相似性”“紧急事件”“旁观者数量少”都能够轻易唤醒人们的“利他”性。

而我们所要做的就是思考,如何将所运营产品的功能与上述情境结合起来。

比如,对于“知识共享类”产品,如果对沉默的(导师)用户 push:

“你的师弟师妹,错过这个月的求职期,将再难就业,而你的几句话,将能改变他们的一生……”(思路示例)

(触发了“受助者相似性”“紧急事件”“旁观者数量少”等特性。)

会比诸如“轻松 1 小时,赚取 300 元”更容易打动用户。(对于有真才实干的成功人士,谁会愿意牺牲自己业余时间换取 300 块?)

又比如,一线城市很多人经常加班,没有时间陪孩子,而产品新版本发布后,面临许多用户不愿意更新、体验新功能的问题,往往颇为无奈。

这个时候何不推出一张同情牌?

例如对于亲子类的产品:

“我们牺牲陪伴孩子的时间,加班加点,就是为了让您更愉悦地陪伴孩子……”(思路示例)

(触发了用户“内疚感”“同理心”“受助者相似性”等特性。)

三、总结启示

(1) “物质激励”的本质是逆人性的,用户对于“物质刺激”极易产生边际效用递减的“心理免疫”现象。

(2) 如果我们需要唤醒“麻木”的用户重新使用产品,不妨回归人性,从下述三类心理动机出发,唤醒用户对产品的兴趣:

① 唤醒用户的内群体属性。

利用用户“内群体”身份被唤醒的机缘，巧妙结合产品功能，满足用户为“内群体谋福利”的渴望。

② 唤醒用户的自我印象管理属性。

能够让中产(高产)阶级用户“低调”地展示他们的“才华、品位、社会贡献”等高级形象需求。

③ 唤醒用户的“利他”属性。

通过“同理心”“内疚感”“受助者相似性”“紧急事件”“旁观者数量少”等内外部动机唤醒用户的“利他”需求，同时为用户提供方便的“利他”功能。

尤其需要注意的是，用户在不同的情境、时机会被唤醒不同的潜在动机，我们必须根据产品特点、使用情境灵活策划，这本身也是个复杂的商业分析过程，后续我会出相应的专题再行探讨。

作为社会性动物，我们“人之为人”的需求是非常巨大的，遗憾的是，这些年国内互联网商业的发展，可谓将人性的阴暗面驾驭，发挥得淋漓尽致。

比如逐利、炫富、色欲等。

然而，请千万不要忽视了人性中最光明的一面。我们作为互联网产品人、运营人，更该做的就是，竭尽我们的才智，还用户一个自然释放阳光面的人性输出口。

互联网商业日臻成熟，决定产品生死的不是“用户总量”而是“习惯用户的总量”，这已成共识。

四、问题思考

在促销泛滥的今天我们该怎样唤醒用户？

(参考资料：李少加.“您已入账10元现金券”都失效，还能怎样唤醒用户？销售与市场(渠道版)，2017(8)：40-44.)

第八章　市场营销组织、计划与控制

本章导读

市场营销管理必须依托于一定的机构或部门即市场营销组织进行；市场营销计划是关于某个产品或具体品牌如何进行市场营销的安排和要求；在执行市场营销计划的过程中，难免会遇到各种意外事件，所以还要不断地对市场营销活动进行监督、评价，控制其发展方向。

- 我们正处于一个环境复杂、变幻莫测的时代，特别是全球经济危机爆发后，各行各业均受到了一定的冲击，在行业面临困境、企业面临危机的情况下，就需要企业应用危机营销的知识，积极应对和处理，弥补损失，甚至创造收益。本章案例“千万别学无印良品的危机公关”“乐视危机”“Uber 危机”等将为你提供有益的启示。
- 当今世界，市场环境不断变化，企业竞争日趋激烈，不论你是百年企业还是幼小企业，都需重视市场营销组织建设，加强市场营销计划和市场营销控制，才能站稳脚跟，不断发展。“华为手机的品牌成长之路”“实体书店复兴”“重估苏宁”给人们留下了深深的思考。
- 在近几十年中，伴随着大规模生产的兴起，大规模消费应运而生。人们在大规模消费的过程中积攒了大量物品，而其中有很大一部分是闲置的。在私人手中存在大量的“消费盈余”。面对大规模的私人消费盈余，可以通过互联网降低交易成本，提高过剩资源的配置效率，Uber、Airbnb 等共享经济模式应运而生。互联网不再是虚拟经济、流量为王，而是从比特回归原子，回归到现实世界，改造传统产业，和实体经济对接成为互联网的主流。互联网也不再是简单的眼球经济，而是商业全流程改造，尤其是企业中后台运营的改造，以及组织本身彻底以用户为中心的再造。互联网＋对传统产业的深层改造，必然会遭遇深层矛盾和深层冲突，必然涉及共享经济的“黑暗面”。共享经济一方面充分挖掘出闲置的资源并充分利用，一方面正不动声色却浩浩荡荡地撼动着传统行业的经济结构根基。它从底层经济关系上瓦解原有的经济秩序和商业逻辑，直击传统企业供与需不对称等死穴。

第一节　理论教学要点

一、市场营销组织

(一) 市场营销组织的目标

市场营销组织的目标包括：对市场需求作出快速反应、使市场营销效率更大化、代表并维护消费者利益。

(二) 市场营销部门的组织形式

市场营销部门的组织形式包括：职能型组织、地区型组织、产品(品牌)管理型组织、市场管理型组织、产品/市场管理型组织。

(三) 市场营销组织设置的一般原则

市场营销组织设置的一般原则包括：整体协调和主导性原则、精简以及适当的管理跨度与层次原则、有效性原则。

二、市场营销计划

(一) 市场营销计划的形式和内容

市场营销计划的形式和内容包括：提要、背景或现状、分析、目标、战略、战术、损益预测、控制。

(二) 市场营销计划的实施

市场营销计划的实施包括：制定行动方案、调整组织结构、形成规章制度、协调各种关系。

三、市场营销控制

(一) 年度计划控制

年度计划控制包括对销售额、市场占有率、费用率等进行控制。

(二) 盈利控制

盈利控制包括盈利能力分析、最佳调整措施的选择。

(三) 效率控制

效率控制包括销售队伍的效率、广告效率、促销效率、分销效率。

(四) 战略控制

战略控制的目的是确保企业的目标、政策、战略和措施与市场营销环境相适应。

四、市场营销审计

(一) 市场营销环境审计

市场营销环境审计包括：宏观环境审计与微观环境审计。

(二) 市场战略审计

市场战略审计包括：市场营销目标方面、市场机会方面、竞争者与竞争方面、内部资源方面、企业实力和弱点方面。

（三）市场营销组织审计
（四）市场营销系统审计
（五）市场营销年度计划审计
（六）市场营销盈利水平审计

第二节 教学引导案例

案例8-1 华为手机的品牌成长之路

一、背景资料

华为承认，对于做品牌这件事，自己选择了最难走的一条路：从B2B到B2C，从“白牌”到自有品牌，从一个低端的中国品牌到全球高端品牌。华为自认为是一个很好的学习者，但眼下，它正在逼近“无人区”。

二、基本案情

如果不出意外，再过几天，华为P系列智能手机2017年旗舰版P10将会在西班牙巴塞罗那MWC 2017展会期间对外发布。

在华为消费者业务Marketing部门每个成员的工作日程表上，这场P10全球发布会，是他们为之全力筹备数月的2017年开局第一个重大营销事件。

在外人眼中，自2014年9月发布Mate 7以来，华为手机产品意外崛起。同年，华为品牌首次进入全球品牌咨询公司Interbrand发布的“全球最具价值品牌百强”名单，排名第94位，此后在该榜单中位次连年稳步上升，2016年排至全球第72位。这多少也说明，华为在品牌建设上的努力得到了外界认可。

但是，手机产业一向风云变幻，当年的对手小米已经陨落，华为登上国内智能手机销量榜首不足两载，随之又迎来新一批强劲对手。IDC在2月初发布的最新市场跟踪数据显示，2016年全年，OPPO、华为、vivo成为中国智能手机市场出货量前三的品牌，OPPO以7 840万部的出货量首次超越华为成为年度冠军。

在全球市场上，华为与其一直努力追赶的苹果和三星，在产品、品牌、营销等方面仍有明显差距。而华为的志向也很明确——就是要做第一个走出中国本土市场的全球性高端手机品牌。

对于做品牌这件事，华为可以说是选择了最难的一条路：从B2B到B2C，从“白牌”到自有品牌，从低端品牌到全球高端品牌。

“从一个B2B品牌转做B2C品牌，这在行业里还没有成功的先例，而华为品牌由低端到高端逆向发展的路径，也的确违背了通常品牌发展的规律，更不用说，一个中国品牌想在全世界取得成功，特别是在消费领域。这会非常难。”2016年年末，华为消费者业务CMO张晓云在接受《第一财经周刊》专访时，首先剖析了华为在品牌拓展上所面临的几大挑战。

她认为，品牌与销量虽然是正向关联，但并不能做到1∶1等同计算。从华为有意识要运营自己的消费者品牌至今已经有5年时间，但仍然只能算是“刚刚起步”。这期间，华为在品牌建设上获得的最大进展，是想清楚了“破局的方向”。

“这个圈子里大部分企业，也包括我们自己，用了很多时间其实都是在做 marketing（市场营销），很少有谁真正做到 branding（品牌）的层面。”张晓云表示，华为想到的破局之策，是首先将二者区隔开，从而有意识地发展两种不同的能力。

对于华为乃至本土品牌而言，破局之策均无经验可借鉴，华为是在真正深入欧洲市场的实践过程中，完成这种意识上的转变的。营销行为是解决“what”（产品是什么样）的问题，而 branding 则是要回答“why”（为什么是这样）的命题，但很多企业其实是将二者混为一谈。

对华为而言，整合全球的上市营销活动，更多是基于对自身产品及品牌价值的判断。正如德国品牌研究者沃兰特·兰道所言：“工厂制造产品，而头脑创建品牌。”

在中国市场，华为品牌已经基本解决了认知度问题，需要提升的是影响力。而在海外，华为则仍需要先讲清楚“我是谁”，而那里的消费者更为理性，一味叫卖手机产品本身，强调其配置如何强大，这种营销方式并不奏效。改为由品牌拉动销量反而是更好的办法，虽然这条路意味着要下更大的功夫，花更多的时间，却是真正有可能影响和感化消费者的有效方法。

谈及彼时的市场环境，一方面，华为背着“中国制造”的标签走出去，进入欧美这类成熟市场，首先承袭的就是“低质量”“便宜货”的品牌印象，加之中国企业在全球技术产业界另外一个糟糕名声——“Copy to China”，华为想扭转海外市场的固有认知、塑造一个有创新力和科技感的优秀品牌形象，显然并非易事。

“但这里面还是有规律的，首先要建立信任，才会变得喜爱，最后是忠诚。”2015 年 3 月，当张晓云从华为荣耀 CMO 的位置，调任成为华为终端 CMO 时，她承认自己曾经有压力，“我们希望能够撕开一个口子，撕开大家对中国的一个认知，但这个任务蛮沉重的。”

2014 年前后，华为的品牌管理仍处于混乱状态，旗舰机无论是 Mate 7 还是 P7，均冠以 Ascend 之名，其他产品线还有 D、G、Y 系列。此后几年，华为精减了产品系列，并试图对外强调，“我们未来只有一个品牌，它叫华为。”

如今，华为利用 P 系列、Mate 系列和 nova 系列，呈现主品牌的不同侧面。P 系列被定义为“时尚科技”，Mate 系列主打“高端商务”，2016 年下半年发布的 nova 系列，则用来迎合主流的年轻消费群体。

“华为”品牌之外，作为互联网手机品牌的“荣耀”，又与其形成所谓的双品牌战略。按华为对外的表述，前者主打的是“新中产的生活方式”，而后者的用户定位是发烧和极客气质的“新青年”。

“不确定的时候，就是犹豫的时候。”张晓云也同意，成功的品牌建设是要给消费者以确定感。华为试图让消费者清楚辨识每个系列独特的 DNA，获得确定。但基于华为消费者业务旗下的产品版图，要达到这个结果，似乎并不容易。系列分支发展越多，要提升产品辨识度就越难。

因此，华为品牌破局之道的另一个层面是，“把自己最真实的一面抛出去”，用心与消费者交互，做好每个细节。与此同时，有意识地不断向市场灌输和分享华为的创新成果，可以是技术研发，也可以是管理思路，甚至是生产流程上的革新突破。

2016 年 4 月的分析师大会上，华为对外介绍了“蜂巢模式”——这种聚合优势资源的方式，通过内部管理去中心化，转而采用分步式结构，强调集体智慧，同时通过与外部合作，塑造生态。华为举出的自身案例，包括其推行多年的每 6 个月轮换一次的“轮值 CEO 制度”、在全球建立 28 个联合创新中心推动创新研发，以及与全球合作伙伴实现叠加创新技术。

同月，华为在伦敦发布了 2016 年的 P 系列旗舰手机——与徕卡合作的第一款双摄像头手机 P9；11 月又发布了同保时捷合作设计的限量版 Mate 9。在这两次产品发布中，华为在品牌层面的宣传重点，都是“蜂巢模式”的叠加创新。

2016 年 4 月初的 P9 全球发布会，在华为消费者业务 Marketing 部门内部，也被视为品牌管理上里程碑式的事件。

以往，一款华为手机全球同时发布时，在品牌视觉、广告物料选择上，各个市场可以说是各自为阵，同一产品在不同国家可以看到完全不同的主题视觉。用户在中国听到的是一套话术，广告宣传以黄色为主，到了欧洲，就换成了另一套说辞，颜色也变成了蓝色。

从 P9 开始，华为首次在手机营销上实施全球统一策略，这意味着消费者不论去哪个国家，看到的都是一致的品牌形象。

如今，大公司做品牌都在逐渐“去 4A 化”，因为要找到高配合度的广告公司越来越难。张晓云告诉《第一财经周刊》，P9 发布会以来，华为的每一场活动，都没有借助外脑，而只凭自己摸索。

“没有特别好的外脑，我们也是走了很多弯路才得到这点经验——最终还是要靠我们自己去突破。策略上由 inhouse 完成，执行可以交给外部 4A。”张晓云的做法，是找来若干团队成员，组成项目组，其任务就是要解决掉每一轮产品发布的定调问题，“百分之七八十的东西都有了”，然后再从外部寻找落地执行的合作商。

“4A 公司未来的命运到底会怎么样，如果它们不能拿出特别核心的东西，真正帮到这些品牌主的话，我倒是觉得这种生存模式本身也会遇到挑战。”张晓云说。

P9 发布会后，华为收集总结了活动中的各种方法论，首次汇总成一份“全球统一 campaign 指南”，作为日后产品发布活动的执行参照。而这份指南，又在随后每次发布活动结束后，不断优化，细化到更为具体的各个操作场景中。

这正是华为在品牌管理方面，自我摸索出的一个重要经验。真正去管理品牌，就是要让这个品牌变得更加系统、更加可追踪、更容易管理。

指南的价值，恰在于“固化每一次活动的优点，固化成大家日后不会犯错的东西，形成流程，放到管理机制里去”，其内容会涉及一场活动的方方面面——广告应该怎么去放，联合 logo 该如何处理，放什么样的组合，甚至是户外露出广告应该选择什么样的材质，一应俱全。

建立指南的目的，是要帮助华为在全球各个地区市场快速复制成功经验，形成共建局面。但是在具体落地过程中，基于不同市场之间的差异性，仍会出现诸多变数。

比如东北欧市场所辖国家众多，包括了波兰、匈牙利、挪威、捷克等 26 个国家，语言和文化差异极大，直接复制指南的操作方法过于生搬硬套，反而不明智。

当地的负责人、华为消费者业务东北欧地区部部长汪严旻介绍说，东北欧国家的市场特点，是以首都等几个大城市的城市圈为主，且各个城市圈之间消费习惯差别不大。与国内存在很多手机卖场不同的是，东北欧市场智能手机多以专柜、专区等形式存在于商场内。

三星比华为早进入欧洲四五年，投入了大量人力物力做零售和品牌建设，几乎每一个卖场都能看到三星的品牌入驻，且整体视觉非常一致，显得高端。同时三星招募了大量促销人员，有些国家的三星促销员工数量是华为的 2 倍还多。华为在投入不及三星的时期，选择了提供超出期待的服务。

依照欧洲居民的消费习惯，店家周末打烊，售后一般提供的也是5×8小时，最多5×10小时的服务。华为东北欧地区部则率先打出7×24小时的服务，对用户的VIP服务也从三星等公司普遍采用的18个月或2年，延长至3年。

此外，从2015年年初P8上市开始，汪严旻在东北欧各个国家启动一年两次的全员巡店，驻扎每个国家分公司代表处的所有人都要参与，实地拜访销售网点，带上调查问卷了解具体销售情况，熟悉各个地方的产品仓储、类型、每周产出效率，并且直接访谈店员和消费者。

这种做法部分灵感来自华为在国内执行的“站店”活动，即研发或产品规划人员需要利用周末时间到华为专区或品牌店实地销售。

P9上市同期，对东北欧市场的品牌投入也迅速增加，仅在波兰一国就投入了数千块户外广告牌。

这种360度无死角的巡店活动，随后也扩大到对每一块广告牌展示效果的检视。华为派员工根据广告牌的位置信息，利用Google地图，逐一检查广告牌的选址是否合适、灯光角度效果如何等。

“如果一个广告牌地处荒野，晚上灯光也不亮，被我们检查到了，就会告知供应商，要求赔偿。”汪严旻据此调整不同广告媒介投放的比例。

同样地，电视广告也逃不开华为员工的人肉检查，比如是否按要求播放了45秒，在什么样的频道，在什么时间播放，这些在华为都有相应的考核标准。

选择如此细致的做法，也是其市场客观条件所造就的。华为在东北欧市场的占有率，从2014年年底的2.6%，已经增长到2016年12月底的20%以上。在汪严旻看来，华为品牌初到一地，很多在中国国内看似已经成熟的经验都纷纷失效，所以“必须放下身段，从最基础的地方一步步走”。

“三星也好，苹果也好，我们根本没有办法跟它们去比广告宣传的预算。”张晓云表示，华为的路径只能是努力提升品牌的NPS(用户净推荐值)。

2015年年底，根据第三方机构IPSOS的调查显示，华为手机在中国市场的用户净推荐值首次赶超苹果，位列榜首。

的确，在中国市场，华为品牌已经赢得很大比例用户的尊敬，当然，你也可以认为华为手机品牌在国内，其实是整个华为公司文化的受益者，帮助其强化了在高端人群中的信赖感和受尊敬程度。

而谈及华为如今在海外市场已经获得的品牌印象，张晓云很谨慎，她觉得在情感培养层面上，“进步”是一个可以被提炼的关键词。

“他们发现华为手机真的是在不断进步，会看到我们的旗舰机型不断有很多创新的东西。”能获得“有进步”这样的正面评价，对于想要“撕开”固有认知的华为，应该算是一种不错的开局。

张晓云告诉《第一财经周刊》，P9上市时从业界获得的反馈则是“相当敬业”，与之呼应，P9也实现了华为手机历史上首次与欧洲所有主流运营商的合作。

运营商是华为相当熟悉的群体，但从通信设备2B业务到手机终端2C业务，却是两套截然不同的打法。后者需要华为与运营商更紧密地捆绑，一起来想办法——怎么样来讲一个好故事，怎么把产品的卖点包装好，最终说服当地的消费者埋单。

张晓云也罗列了几个华为品牌在海外尚未得到的印象关键词：“当然我希望它变得更酷

啊，当然我希望它变得更 stylish，因为毕竟是一个消费品，所以我们希望能够增加这上面的一些元素。”

P9 的消费者中，女性用户比例比过去提升了 27%。华为品牌建设的另一个目标，正是希望获得更为多样化的用户群。

此外华为还想获得主流年轻人市场的认可。2016 年 9 月推出 nova 系列手机，算是在这个方向上的起步。

“第一步就是找到合适的形象大使。”在中国市场操盘这款手机的品牌推广活动的大中华区市场营销部负责人 Leo Zhang 介绍说，在两位年轻形象大使的选择上，张艺兴是担任团中央的形象大使，而关晓彤是“学霸型”女孩，以文化课专业课双第一的成绩考入北京电影学院。两个人被称为 nova 星人，这样的形象大使定位在华为尚属首次。

华为还第一次尝试了娱乐营销。在手机品牌争相冠名娱乐节目的当下，想在国内以综艺节目见长的四大卫视中，挑选收视率比较高且有望成为现象级的栏目，实属不易，华为认为更好的方式，是冠名一档新节目。通过对主持人、导师阵容、导演的层层考量，华为决定冠名浙江卫视《梦想的声音》，一档未经收视率验证的节目。而 Leo Zhang 也承认，这的确很像一场赌博。

“一指美拍、十级美颜”的产品广告语，在《梦想的声音》中反复播报。

在华为塑造品牌的历程中，有过一次明显的定位转折。以往华为在爬升高端路线时，曾创意过“似水流年”“君子如兰”这样的广告语，但现在，华为认为，做品牌不应该走过多的情怀路线，而是要将产品的价值直接讲出来，并且向国际化和时尚化贴近，更多使用适于传播的短句，如 P9 的“瞬间定格世界的角度”，nova 的“美好，触手可及”。

P9 发布会之后，张晓云主动转换了自己的工作重心，她已经意识到，华为在品牌建设上正逐渐进入真正的“无人区”。

之前，张晓云参与到很多具体运营事务中，每个月都会出差去到一个国家分部与当地团队沟通，每一轮产品发布会的主视觉，都是由她亲自策划和定稿，而每场活动她都会亲临现场，就连向媒体发布的新闻稿，她都会直接参与审稿、修改标题。

2016 年 4 月之后，她的思考重点，转移到华为的品牌治理架构该如何搭建。

要不断完善有关品牌建设的系统性思考，华为认为，虽然日韩也曾涌现不少成功的全球性品牌，但毕竟时移世易，现在从它们身上已经学不到什么太有用的东西。

当年，日本品牌的崛起是抓住了精密制造的机会，而韩国的品牌成功进入海外市场，则受益于国家政策。此外，三星手机品牌的成长，与体育赞助密切相关，2000 年对奥运会的 TOP 赞助已达到 4 000 万美元，时任三星会长李健熙认为要让三星品牌尽快变得家喻户晓，成为世界顶级品牌，TOP 赞助是唯一的一条路。此后不断持续的体育赞助加明星代言，让三星在中国市场顺利取代诺基亚，进入品牌和销量的快速上升期。

不过，对华为来说，苹果仍然是“很好的学习对象”，苹果的品牌运营，显现出很多值得借鉴的内容，“比如它的文化层面，比如怎么更好地处理品牌认知，以及怎么通过漏斗再发散到不同的市场”。

作为现任华为消费者业务的 CMO，张晓云在华为已经工作了快 16 年，她曾在海外市场做过很多年的 2B 产品销售，也做过海外市场的 marketing，后来还做过华为公司第一任发言人。

有一段时间，张晓云曾负责香港地区的 marketing，其间华为签下彼时历史上最大一笔 3G 产品订单，但后期却出现严重滞销，因为属于运营商的贴牌产品，所以在营销上，华为几乎无能为力。这件事对张晓云的触动很大，同时也缘于自己做销售的经历，她意识到，好的品牌营销，是要让那些放到市场上的产品“自己能够长脚”，让销售团队真正有做甲方的感觉，而不是让他们辛苦低效地去敲门叫卖。

“我现在最着急的，是我们的改变还不够快。”张晓云说道。作为一个承担创意职能的部门，她用“自虐”一词来戏称自己团队每一次的集体脑力风暴场景。

一场成功的脑力风暴，对参与者的思辨能力和逻辑思考力，都会提出很高要求，这个团队自称为“魔鬼训练营”。每一次业务沟通会上都会出现很多反问——“为什么这场发布会要做这个开场视频?”“你给我的东西，站在消费者的角度到底有什么价值?”

“团队会怕你吗?”

“可能会有一点吧。”

张晓云很在意团队成员的决策思考过程是否充分，以及在提炼每件事关键信息(keymessage)上所反映的个人素质。她也是部门里面试新员工次数最多的人，“我会看 ta 是否符合我们这一群人的气息”。

华为消费者业务 marketing 部门的结构比较扁平化。同时，华为的品牌部门中，并不以深圳(集团总部)或东莞(消费者业务总部)为中心，2016 年华为在伦敦开了市场分部，负责人是一名韩国人。

至此，华为在全球有五大市场分部，不同的区域完成不同的能力建设——伦敦优势在品牌管理，巴黎长于创意，新加坡则负责数据调研和处理分析。在这种“hub”模式中，按张晓云的想法，“全球品牌中心永远不可能在深圳”。深圳的角色，是负责建立流程、标准和验收，即运营管控。

2016 年 3 月，华为确认梅西将成为手机全球品牌代言人。此后，针对 P9 手机，华为也启用了两位全球代言人——女演员斯嘉丽·约翰逊和超人的扮演者亨利·卡维尔。

但很多中国用户，无感于卸下戏装的两位外国演员，至于他们对于华为在海外市场的品牌印象的提升究竟会有多大价值，也很难量化评估。最终，这桩代言人事件，成为华为手机品牌一次不愿被外界过多复盘的尝试。

当时的华为认为，代言人的选择，更多属于营销战术层面，究竟该怎么选择代言人，这个问题并不复杂。

W 广告公司创始人李三水也同意，选代言人一事，是营销行为，还是品推范畴，需要看情况。他分析认为，华为选择梅西是看重他的务实，而华为一直对外传达的品牌精神也是“务实”。

“通常品牌既会有提升知名度的需要，也会有销量短期暴增的市场需求，但作为一个成熟品牌或是有前瞻性的品牌主，从代言人的选择上，都会更多考虑他们能否成为品牌资产的增值点，而非短期借势于某个热点人物。”李三水说。

中国传媒大学广告学院新媒体系讲师刘珊的观点则是，marketing 和 branding 二者本身并不是完全割裂的，代言人的选择也必然会综合考虑到两者之间的关系。

“早期最简单粗暴的，我们遇到过，大概就是根据企业领导人的个人喜好来决定，或者是结合当下娱乐圈中的人气高低来选择。但现在大部分的成熟品牌在选择代言人时，则会越来越充分地考虑市场因素。”刘珊说。

华为选择品牌形象代言人的过程，显然不会如前一种情况那么草率，但越是属于全球范围的代言人，众口难调，选择难度也就越大。

华为产品有一句口号“Make it Possible”(把不可能变为可能)，所以代言人的选择上，也多是围绕这句广告语策划故事。

在不同国家的市场部门，华为有意选择该国的英雄式人物来诠释其品牌价值。在东北欧市场，著名足球运动员罗伯特·莱万多夫斯基(Robert Lewandowski)被选为华为的代言人。

莱万多夫斯基曾经在波兰踢球受伤，17 岁时，华沙莱吉亚俱乐部将他扫地出门，认为伤病会让他无法恢复之前的竞技状态。对于莱万多夫斯基，那是一段最艰难的岁月，离开球队后，他没有放弃，一直坚持训练，在经历了十年的磨炼后，从乙级队重返甲级球队，并最终加盟拜仁俱乐部。

在汪严旻看来，莱万多夫斯基的故事，恰好很符合“Make it Possible”倡导的意境。最终，讲述他个人成长故事的广告，在 2015 年的圣诞节播出。这也是华为第一次推出品牌广告。

华为对代言人的选择也经历了不易察觉的转变，从一开始“大开大合”的方式，重在鼓舞人心，体现华为奋斗的精神，到 2016 年以来开始讲述普通人的情感。彼时负责东北欧市场营销的张京武，便亲历了这一变化。

修改过 20 多个版本和细节打磨，华为《Be Present》品牌广告于 2016 年圣诞节推出。它描绘了一家人对手机的依赖，但是在圣诞节这一天，华为鼓励大家放下手机，跟亲情在一起。

“智能手机厂商更多提供给消费者的是一种服务。这种服务性，就是我们品牌需要呈现的。”张京武说。

这支花费数月时间制作的《Be Present》广告，柔化了华为的形象，强调回归生活本身。视频在当地视频网站获得了几千万的浏览量，并成为 2016 年年底 YouTube 在欧洲地区最火的圣诞视频之一。

在品牌的投入力度上，华为不断调整，往年会赞助欧洲的十余个俱乐部球队，2016 年以来则大幅减少。在汪严旻看来，赞助做不到高效传播，并且当消费者更想了解你的故事时，赞助没法提供，只提供 logo 讲不了一个公司的故事。

华为一直想树立沉稳的品牌印象，但从市场的反馈来看，也有很多声音指出，华为在很多问题的姿态上都显得过于保守。

“我们曾经走到过一个极端，没有特别重视和媒体、消费者的沟通，现在情况好一些了。”张晓云如是说。当问及华为是否有计划制造价位超越 5 000 元、与苹果和三星旗舰手机真正比肩的产品系列时，张晓云的回答则是：“一切都需要等市场反馈，华为不会只为了 PK 哪个友商而开发一个产品系列。”

不仅是品牌建设，很多事情的确都不能太过心急。2016 年，华为消费者业务部门实现总营收 1 789 亿元，同比增长 42%。但据 The Information 报道称，期内华为消费业务的利润增长，不仅远未达到公司年初的乐观预期，甚至比 2015 年的 151 亿元还有所下降，仅录得 138 亿元。

利润下降的外部因素中，元器件采购成本在过去一年的大幅上涨是主要原因，但同时华为内部反思认为，公司在产品供应链管理上也存在很多不足。

于是，2017 年已经被确立为华为消费者业务的“精细化运营变革年”，一切要以利润为中心。但一波未平，一波又起，近日在网络上又开始出现有关“华为变相裁员”的传闻。业绩低于预期和收缩成本行动，很容易被视为负面消息而对品牌形成损害。正如余承东在今年年初自己总结的那样——“终端行业瞬息万变，激流险滩不断”，在这种大背景下，华为品牌业务会遇到哪些调整和收缩，则又生悬念。

越是处在高速前进的上升期，华为越不能过度乐观。对于这家距离“全球化品牌”目标最近的中国企业来说，眼下面临的，仍然是一场艰苦的“基础战争”。

三、问题思考

在华为不断走出国门的今天，华为品牌的国际市场营销策略计划该如何制订？

四、分析点评

在国际市场营销中，产品整体的概念包括三个层次：核心产品、形式产品和延伸产品。华为深刻理解产品的整体概念，推出了一系列包括服务外包、通信设备、软件、智能终端（手机）在内的产品和服务。其中仅仅手机就有荣耀、Mate、P 等多个品牌系列。不仅满足了消费者多层次的需求，也为它的国际市场定位提供依据。

（一）国际市场产品策略

1. 注重新产品开发和创新

华为的研发投入不少于销售收入的 10%，它每年的营业利润中都会抽取相当大一部分用于新产品的研制，华为在瑞典斯德哥尔摩、美国达拉斯及硅谷、印度班加罗尔、俄罗斯莫斯科，以及中国内地多个省份设立了研发机构，通过跨文化合作，实现全球异步研发战略。

2. 产品生产线的广度和双向延伸策略

当华为在中档市场获得巨大成功时，采取产品线双向延伸策略，同时向低端市场和高端市场两个方向延伸，它的产品生产线覆盖移动网络、固定网络、光网络、业务与软件、数据、移动终端六大类，并配套 20 多种产品种类和解决方案，广度的生产线和多层次的产品，都是打动消费者的重要原因。

3. 产品始终以消费者需求为导向

消费者需求是产品开发设计的出发点，如今的 4G 时代飞速发展，华为顺应时代潮流，响应消费者需求，对产品不断更新，指纹识别、强大摄影功能、电池续航等，都是华为满足消费者更高层次需求的表现。

（二）国际市场品牌策略

品牌价值是品牌的量化分析，是企业品牌竞争力的集中表现。在同类商品市场上，一个品牌的竞争力就表现为开拓市场、占领市场的能力。华为是中国最具代表性的民族企业，它正是打着民族品牌这一旗号，拼杀国内市场，冲向国际市场。华为的品牌价值赢得了广大消费者的青睐，无论是在品牌知名度、品牌美誉度还是品牌认识度上，华为都在消费者心中树立了较高地位。它的国际市场品牌战略，无疑领先于其他企业。

（三）国际市场价格策略

价格历来是最重要的竞争手段和市场因素，华为公司地处深圳，劳动力价格相对国外厂商要低很多，在成本控制环节上要求严格，建立了较好的成本和预算控制策略，结果使华为在产品生产成本上极具优势。在很长一段时间内，华为产品的价格只有国际市场上同种同质商品的一半，这使华为在短时间内赢得了大片市场。但是这种低价策略会给人低价低质的错觉，不易取得客户信任，华为在美国、巴西等地也遇到过此种情况。与此同时，低价也压低了华为的利润，随着国际营销进程加快，研发成本逐渐提高，使华为从成本领先向技术领先转移。在低价的基础上，华为还针对不同国家的市场制定了不同的价格策略，使价格具有伸缩性，更好地适应当地环境。

（四）国际市场渠道策略

国际企业要开拓海外市场，渠道策略是其成功的决定因素之一。华为经过多年的打拼已经营建出适合自己发展的渠道策略。就市场难易程度划分而言，华为采取先易后难的策略，先与和记电信合作，随后开拓市场规模相对较大的俄罗斯和南美地区，其次进入东南亚市场和发达国家。在不同国家，华为的进入方式也有所差别，比如俄罗斯市场广阔，民众受教育程度高，劳动力价格低，华为选择对外直接投资的方式，在当地建立了合资公司。在德国，由于技术严格，投资周期长，成本高，所以华为采取出口方式，与当地著名代理商合作。代理商和自建营销网络的结合，铸就了华为的一大亮点。

现如今，国内市场华为正在摆脱低端市场，避开小米的缺点，借鉴三星的中高端产品策略，同时与国内的 OPPO、vivo 展开激烈竞争。而在国际化方面，华为远远领先于国内其他相关企业。华为公司的成功，值得国内甚至国外企业对其营销模式的深思。对中国企业来讲，国际化道路面临着严峻挑战，从华为企业的发展道路看，中国的民族企业需要做到：

（1）在营销环境上，企业要充分利用政治权力和公共关系这两把“刃剑”，为企业营造稳定的市场环境。

（2）在竞争策略上，要避开竞争对手的正面封杀，学习华为以快速、灵活、成本低的特点来贴近客户。

（3）在科技研发上，要培养一支强大的人才队伍，华为尽管在这方面做得较为完善，但是相对世界领先电信商仍有一定差距，加强人才队伍建设和注重科研结果，应是今后华为的主攻方向。

（4）在市场细分上，须利用好国内国外两个市场，以守为主，守中有攻，做好协调，实现全球战略目标。

（参考资料：高松、张菁.华为手机怎么做品牌.第一财经周刊，http://www.cbnweek.com/articles/magazine/15826.）

（参考资料：邢钰.国际市场营销视角下的华为.国际商贸，2017(2)：87 - 88.）

案例 8 - 2　日本民宿共享经济的营销计划

一、背景资料

Airbnb 成立于 2008 年 8 月，总部设在美国加州旧金山市。Airbnb 是一个旅行房屋租赁社区，是一家联系旅游人士和家有空房出租的房主的服务型网站，它可以为用户提供多样的住宿信息。

二、基本案情

“在东京住民宿，你几乎看不到房东，这与其他国家完全不同。”在日本经营民宿代理的刘哲一边用Macbook电脑与房东沟通收益细节，一边对《二十一世纪商业评论》（下称《21CBR》）记者说道。

通常意义上的“民宿”，是客人入住后，通过与房东之间的互动来体验当地的风土人情，相比于千篇一律的标准化酒店，民宿会更有“人情味”。因此，除了价格上的优势，民宿的“人情味”让这种住宿模式越来越受到年轻人的青睐。

可是在日本，尤其是东京，民宿的体验完全不同。“就算是有房东在居住，按照日本人内敛、不善言谈的性格，也很难让客人获得足够的互动感。”刘哲坦言。

由于日本不动产分布结构的特点，导致了民宿都由专业的民宿代理人、代理机构来完成，民宿更像是零星分布在城市各个角落里的住宿。不过这种特殊的情况，倒是给了刘哲这样的创业团队不少机会。

日本房东的痛点

刘哲申请到早稻田大学的全额奖学金后，来到日本读硕士课程。完成硕士课程以后，他面临了继续读博士深造以及就业的选择，正巧他假期在日本的房地产物业管理公司实习，他对自己的未来有了一些新的思考。

“在没有了解民宿市场的状况之前，我真的没有想到日本会有这样适合年轻人创业的机会，毕竟这里有着一成不变的社会秩序，稳定到有点让人发慌的感觉。”刘哲对《21CBR》记者表示，自己来到日本才发现，这里的商业创业环境似乎比国内要“恶劣”。

一次偶然的机会，坚定了刘哲留在日本创业的决心。实习期间，刘哲要为一位日本老人出租房子，在服务的过程中，他发现这位老人名下光是在自己公司委托代理的就有4处物业，“那在中国不就是在北京最少有4处房产，绝对是个土豪啊，这引起了我的注意”。

刘哲发现，在日本拥有多处物业的老年人和中年人不少，而不少二三十岁的年轻人多是“无产阶级”。

这是日本“泡沫经济”遗留下来的问题。20世纪80年代后期到90年代初期，是日本战后仅次于20世纪60年代后期经济高速发展之后的第二次大发展时期。这次经济浪潮刺激了大量投机活动，随着90年代泡沫破裂，日本经济出现大倒退，此后进入了平成大萧条时期。

这些老年人与中年人大多是在泡沫经济时期大量购买房产，据经历过泡沫经济时期的人说，当时的日本几乎进入了一个“全民炒房”的状态，在东京原本并不值钱的土地，几年之后就价格暴涨，股票、基金、外汇、房产是当时日本国民在街头巷尾谈论的重点，这种场面与现在的中国颇有几分相似。

“因为泡沫破裂，不少人破产流落街头，像这些现在持有物业的人，都算是幸运儿了。”刘哲说，由于物业都是高价购置的，在目前经济萧条的状态下很难周转出去变现。为了让资产保值，只能将租房价格拉高。

但是高房租、经济不景气、人口老龄化等情况叠加后，日本又出现了新的问题——高房租下的低租房需求。

很难想象，在东京，除了新宿等占据绝对市中心位置的地区，业主如果想将其他地区的物业顺利租出去并不是一件容易的事情。2016 年 1 月至 3 月，东京地区的房屋中转率是 55%，同比 2015 年下降了 10%。这样一来，摆在业主面前只有两条路：一是租金下调，但不动产就难以保值，毕竟日本对于不动产的契税比中国要严苛；二是寻求新的不动产经营方式。

经过一番调查与研究，刘哲发现这是一个存在市场“痛点”的领域，或许通过民宿方面的创业可以帮助业主达到房屋保值的目的，“这些人英语都不是很流利，运用电脑上网也存在一些障碍，他们自己经营民宿的门槛太高。”

日本人在传统上比较排斥外人来到自己家中居住，也不喜欢住在别人家里，但面对滚滚而来的经济诱惑，不少日本人也在改变传统观念。在静冈经营民宿的藤崎夫妇便是如此，不但通过经营民宿得到相应的经济回报，还与来自世界各地的游客进行交流，获得沟通的愉悦感。

不过，类似藤崎夫妇这样拥有良好英文基础、熟悉各种网络工具的日本人绝对是“少数派”。因为经常有中国游客的光顾，他们都注册了自己的微信账号，并被里面集成的各种生活服务所震惊。“我现在有点理解，为什么中国人总是低头拿着手机，的确用这个可以解决生活中很多的事情。”藤崎先生对《21CBR》记者表示。

为什么是中国人

近几年风靡全球的“共享经济”提醒了刘哲，出行有网约车、住宿有民宿，在日本也可以大规模进行民宿经营，“相比长租的回报率，短租民宿的回报率更为客观，可以达到 10%以上”。

刘哲给记者算了一笔账，在东京市区内，一晚上一间房最少能收入 600 元人民币，而长租一个月也只有 6 000 多元，如果经营得当，完全可以保证业主的收益。

实际上，刘哲在日本并不是进行民宿代理的“第一人”，在东京、大阪等旅游发达地区，此前已经有人去搜罗房源，并集中进行民宿经营。“所以，在模式选择上我要进行一些革新，否则没有任何竞争优势，毕竟在日本我是客场作战啊。”刘哲打趣道。

尽管是“客场作战”，刘哲却享受着“主场待遇”。

2016 年 10 月 31 日，日本观光厅宣布，当年访日外国游客截至 10 月 30 日超过了 2 000 万人，这也是年度访日外国游客首次突破 2 000 万人大关。其中，1 月至 9 月，来自中国大陆的游客高居榜首，达到 500 万人，占整体访日外国游客数量的四分之一。

而刘哲的订单中，目前约有一半来自中国，到处“买买买”的中国游客不仅让刘哲具有相当的起步优势，在不少业主看来，刘哲这个“中国人 | 早稻田大学毕业”的身份，就是客源的保障，遍布东京街头的中国游客已经用事实证明了这一切。

更为重要的是，中国式的“互联网思维”让刘哲拥有进行模式创新的底气。他并没有采用日本人坚持的“工匠精神”，日本人在代理民宿时，还是一家一家地去推广，保证每一家都能拿出较高的租金，从而给自己带来丰厚的佣金收入。而刘哲则主动将佣金下调，从行业均价的 20%下调到 10%，以此迅速吸纳房源。

对于业主来说，相比各种增值服务，佣金下调是最为刺激而直接的营销手段。

2016 年 8 月成立公司以来，刘哲的房源在不到 4 个月的时间内，从几十户激增到 400 多户，而且目前还在快速增长中。刘哲声称，目前自己的创业团队所掌握的房源数量，已在东京市场排第二位。

实际上，房源数量越多，所产生的规模效应也就越大。无论是定价还是压缩经营成本，都有着相当大的空间。而刘哲主动下调佣金比例,实际上有着更为深远的考虑,并不是单纯为了产生价格优势,"看多了国内那些互联网思维文章,也就明白了,其实房源都是流量入口,当流量够大之后就能形成平台,做成平台就可以开展很多后续的业务"。

现在,刘哲开始琢磨将自己的业务拓展到东京以外的地区,随着中国人"买买买"的步伐,关西地区和北海道等也成了中国游客的出游之选。

避重就轻

随着房源的扩大,刘哲起初的创始团队人手不足,伴随着公司扩张而来的,是日本社会复杂的法律条文与商业契约。

且不说日本高额的人力成本,光是日本公司奉行的"终身制"就是不小的障碍。本来"船小好调头"是创业团队的优势,可一旦绑定了"终身制"等企业制度,就会立即丧失优势,不但具有创新性的玩法难以"试错",这种过于古板守旧的商业氛围更一度让刘哲骑虎难下。

日本的商业氛围到底有多古板,看看日本的互联网环境便可知一二。日本早在2008年已经普及3G网络,2010年4G网普及并且流量无限制使用,然而并没有催生出类似滴滴打车、支付宝、猫眼电影等具有中国特色的手机应用。

实际上,包括记者在内的不少中国游客来到东京,都会有一种"进村"的感觉,在便利店使用类似交通卡一样的支付方式在日本已是非常先进的模式,而中国市场早已过渡到连打车买菜吃饭都可以用微信与支付宝来完成。

此外,日本的VC投资基础建设并不完善,根据日本风险企业中心和美国国家风险投资协会的数据,日本风险投资家的投资总额在2014年仅为11亿美元左右,不到美国的3%,美国风险投资总额接近500亿美元,是日本的45倍。

经过一段时间的辗转反复,刘哲想到可以利用中国的产业环境来"破冰"。由于经营民宿代理业务,产生的订单九成以上是非日本本国居民,其中五成左右来自中国,如果将创始团队放在中国运营,不但可以降低相关的人力成本与沟通成本,还能继续保持创业团队的"狼性"。

因此,刘哲将客服、运营等团队都放在了广州,并且在CBD区天河北的高端写字楼里租了一个办公的地方,"目前在国内有了七八个人,但是同样的人力成本,在日本就只能雇佣两个人"。

相比日本人做民宿,刘哲的"胆子"更大,日本机构的做法,是在订单结束后才收取相应的佣金,与业主从类似Airbnb这种网站上拿到费用的时间是同步的。而刘哲是一旦用户下订单付款,佣金就会到公司的账户中,等到用户退房后,相应的费用才能到业主手上。

这种利用不同步来赚取流量与充实现金流的情况,在国内司空见惯,却是日本人难以理解的,因为还没有给用户提供相应服务,钱就到了自己公司的账户。

东京武藏大学研究创业学的Noriyuki Takahashi在对日本社会的反思中就指出,创业者在日本人眼里过于贪婪,过于张扬,与日本的传统文化背道而驰。要使硅谷式冒险资本主义真正活跃起来,日本必须消除社会对创业者根深蒂固的偏见。

或许,刘哲已经成为日本人眼中"过于贪婪,过于张扬"的代名词。

而刘哲在公司的现金流与规模快速增长的基础上,已经在思考如何扩张业务。他打算从2017年开始,将民宿的清理打扫业务纳入自己公司的经营范畴,摆脱此前的代理模式,进行规模化的清理培训。此前清扫业务都是找留学生或是外国人一单一单地做，尽管相比找日本专门做家政服务的人士成本要低廉，但品质难以把控。一般来说，日本专门做家政服务的人士，其收入是普通做兼职的留学生的两倍左右。

“我仔细地观察过，并不是说外国人做事敷衍，而是缺乏专业性的培训，那些受过专业培训的日本主妇不但速度快，质量也非常有保证。”刘哲说，清扫领域最大的难点就是培训与设置检测机制，雇佣的清洁人员并不清楚哪些地方是考核的重点。

安倍的执念

对于所有的民宿经营者来说，民宿并非是一个万全之地，相应的政策风险让这个地带有些灰色的味道。

在柏林等城市，许多房东都将常规租房市场上的房屋放到 Airbnb 上租赁，于是监管人员也采取相应措施保护居民租房的需求。柏林已于 2016 年禁止房东在 Airbnb 上出租整套房屋。相关数据显示，截至 2016 年 6 月，Airbnb 上整套房屋的占比下降了 12 个百分点，达到 52%，降幅创历史新高。

但在日本，尤其是东京这种繁华大都市，房产物业都集中在经历过泡沫经济时代的老人、中年人手上，这个群体通常每个人拥有好几处物业，由于个人精力问题难以亲自来打理，必须通过相关的不动产服务机构代理。

因此，去日本订民宿，在东京这些大城市很难见到房东本人，都是代理人或者代理公司在操盘业务。

刘哲说，就目前的整体形势看，日本政府对于民宿的态度，还是“利好”大于“利空”。

日本国际观光振兴机构指出，2016 年 6 月，到日本旅行的中国游客同比增长 26%，而到日本旅行的国际游客同比增长为 23%，东京当地的酒店早就供不应求。

此外，日本政府对于访日游客的目标设定也在不断刷新，日本首相安倍晋三曾表示，观光产业是日本经济增长战略的重要支柱之一，也是日本 GDP 迈向 600 兆日元的成长引擎。2013 年，访日外国游客数量首次突破 1 000 万人大关，于是在 2014 年初，安倍制定了 2020 年访日外国游客数达到 2 000 万人次的目标。

2015 年年底，安倍晋三表示，鉴于年度访日外国游客数量即将完成 2 000 万人次的目标，因此决定提高要求，下一个目标是争取达到 3 000 万人次。而到了 2016 年初，日本政府又一次上调了目标，决定将 2020 年的访日外国游客人数目标从 2 000 万翻倍增至 4 000 万，到 2030 年人数应达到 6 000 万。

据《日本经济新闻》网站报道，日本内阁会议在 2016 年 12 月 22 日确定了 2017 年度预算案，其中观光厅的预算额度达到历史最高的 256 亿日元。除了推进“民宿”的普及之外，日本还将锁定欧美以及澳大利亚的富裕阶层，加强观光产品的销售。

尽管日本政客正在考虑要求房东在 Airbnb 上出租房屋的天数不得少于 180 天，一些日本城市已经要求 Airbnb 上的房屋，每次出租不得少于 7～10 天。但在现实的经济收益面前，这些反对的声音越来越小。

“在日本，一些在野党提出反对意见是非常普遍的现象，并不具备相应的参考价值。”刘哲相当乐观。

三、问题思考

Airbnb中国市场发展可能会遇到的困难有哪些？

四、分析点评

（一）本土企业猛烈围堵

从房源数量和拓展范围来看，Airbnb面临着中国本土企业的强势竞争。新一轮融资是否能够帮助Airbnb在全球化扩张的中国市场发展仍是未知数。Airbnb在全球的房源超过200万套，但并未公布在中国市场拓展出的房源数量，不过有媒体指出，估计Airbnb在中国的房源数量是一万多间，这一数据相较中国本土企业相差甚远。在中国本土企业中，途家以42万套房源位居第一，覆盖国内329个目的地和海外1 085个目的地。不过在出境游市场中，Airbnb的房源数量远超本土企业，但如何吸引中国游客通过Airbnb订房才是关键。

（二）多重限制引水土不服

Airbnb在中国的发展并不容易，面临本土企业的竞争难以避免，同时境外企业入驻中国市场往往会面临“水土不服”的问题。首先是分享经济的接受程度受到中国文化的制约。目前，信任体系在中国并未搭建完毕，很多房主并不愿意将房屋分享出去，这同样也是本土短租企业面临的困境。

（三）政策壁垒致拓展不易

作为分享经济的代表企业，Airbnb的政策障碍在近期频频增加，而在中国市场，政策也并不明朗，这一状况在一定程度上也影响了Airbnb在中国的发展。目前虽然国家曾经鼓励度假租赁的发展，但是并未完全规范这一市场，比如对接安全系统、短租税收等，在这些政策都不明朗的情况下，短租企业尤其是境外短租企业在中国市场的布局有所限制。

（参考资料：姜中介.日本民宿的中国操盘人.二十一世纪商业评论，2017(1)：58－63.）

（参考资料：关子辰、白帆.Airbnb中国的困局.北京商报，2016年7月7日第A1版.）

案例8－3　千万别学无印良品的危机公关

一、背景资料

2017年央视3·15晚会曝光了无印良品等商家销售日本核辐射地区食品，并引发舆论广泛关注。3月16日，《财经》新媒体记者来到了朝阳门悠唐无印良品门店，店员说：“央视提到的商品我们门店已经卖完了，质量没有问题，而且公司也没要求下架。质检局今天来店里检查，结果也是没有问题的。”

据国家质检总局2011年4月发布的公告，禁止从日本福岛县、东京都、千叶县等12个都县进口食品、食用农产品及饲料。此外，进口日本其他地区生产的食品、食用农产品及饲料，报检时应提供日本政府出具的放射性物质检测合格的证明、原产地证明。

无印良品3月16日发表声明，此次引起误解的原因是本公司所销售的进口食品日文标识上所标示的“贩壳者　株式会社良品计画 RD01 东京都丰岛区东池袋4－26－3”，而该信息为本公司母公司名称及其法定注册地址，并非本司所售进口食品的产地。

声　明　函

针对2017年中央电视台3·15晚会中所曝光的“无印良品部分进口食品产自日本核污染区”事件，本公司对此声明如下：

1. 此次引起误解的原因是本公司所销售的进口食品日文标识上所标示的“贩壳者 株式会社良品计画 RD01 东京都丰岛区东池袋4-26-3”，而该信息为本公司母公司名称及其法定注册地址，并非公司所售进口食品的产地。

2. 3·15晚会所曝光的两款进口食品的原产地如下：

无印良品无咖啡因香茅薏仁茶(谷物饮料)　原产地：日本福井县

无印良品鸡蛋圆松饼(热加工糕点)　原产地：日本大阪府

3. 本公司向全国消费者声明，本公司进口及销售的来自日本国的食品，均严格遵守2011年4月8日国家质量监督检验检疫总局(总局2011年第44号公告)《关于进一步加强从日本进口食品农产品检验检疫监管的公告》及2011年6月13日国家质量监督检验检疫总局颁布的(国质检食函〔2011〕411号)《关于调整日本输华食品农产品检验检疫措施的通知》的规定，未进口及销售任何中国政府明令禁止的日本核污染影响区域的食品。本公司进口及销售的进口食品均有原产地证明书，且证明书正本已提交上海出入境检验检疫局，并取得《中华人民共和国入境货物检验检疫证明》。每批次进口食品的报关报检单证齐全合规。

声明人：无印良品(上海)商业有限公司

2017年3月16日

附：

1.《对中国出口产品原产地证明书》—无印良品无咖啡因香茅薏仁茶(谷物饮料)

2.《对中国出口产品原产地证明书》—无印良品鸡蛋圆松饼(热加工糕点)

二、基本案情

无印良品“沉默”了14个小时，让公众和媒体骂了自己14个小时。

无印良品315事件反转了吗?

在社交媒体时代，危机公关处理的“黄金24小时”已经变成了“黄金24分钟”。那么，问题来了，是不是失去了这“黄金24分钟”，危机公关就不做了?

显然不是，无印良品给出了一个还算不错的示例，但这真的是一个好的公关教材吗?

央视3·15晚会报道称，在无印良品门店，一些日本食品的外包装上都被贴上了产地为日本的中文标签，但是当揭开中文标签后，露出了这些产品的真实产地为东京，名列禁止进口名单。

距离央视3·15晚会结束近14个小时后(包括午夜)，无印良品在其官方微博和微信同步发出对此事的声明，瞬间刷屏，微信更是短时间内达到了10万+，因为剧情逆转了。

无印良品称，被曝光的食品包装上写的地址实际是该公司在日本的注册所在地，而不是生产地，并拿出了原产地证明和检疫证明。

几乎一瞬间，这则声明开始被各大媒体转载。有趣的是，这则声明发出之前，同样是这些媒体蓝 V,都是在曝光无印良品。

随后上海出入境检验检疫局证实无印良品上述两款食品分别出自日本福井县与日本大阪府,继续打了央视 3・15 的“脸”。

所有人都在为无印良品点赞,吐槽央视 3・15。

为什么无印良品的“反转”成功?

第一,声明写得逻辑十分清晰,说了 3 点,并附上证据:(1) 先定性,这是“误解”,指出问题在哪;(2) 说明真实产地;(3) 说明合法合规,有图有真相。

第二,危机公关成功与否,就在于声明和报道展示给消费者和读者的事实是否更加可信。无疑,无印良品赢了。央视的报道在第三个环节出了瑕疵。

第三,社交媒体时代的“通病”——媒体和品牌的跟风化越来越严重,导致了媒体的“盲目”。

刚爆出来时便跟风央视,剧情反转之后,大部分媒体蓝 V 们同样没有进一步采访和求证,又直接贴上了无印良品的声明,还是一样的“盲目”。

于是,在舆论上的“反转”便极具戏剧性。

公关应该学习无印良品吗?

千万别,公关首先是态度,错了就是错了,得认错;如果这次没错,怎么说是关键。

尤其在回应的时间上,我也不认为值得向无印良品学习,因为我们传统的危机公关回应方式,可能是先告诉用户“已知悉,马上调查”,然后中间汇报一下“进度”,最后出一个“结果或阶段性结果”,很多重大危机事件都是这种方式,但无印良品“沉默”了 14 个小时,让公众和媒体骂了自己 14 个小时。

在公关事件的操作上,与其捧无印良品,还不如看看耐克,道歉才是常态。

三、问题思考

1. 网络对企业危机公关的影响有哪些?
2. 企业该如何处理网络环境下的危机公关?

四、分析点评

(一) 网络对危机公关的影响

危机公关即处理危机时设置的相关机制,具体是指企业或者机构规避潜在危害时制定的一系列对应的策略或方法。这些策略和方法是有组织、有计划的。这些策略包括控制及解决危机,以及危机解决后自我总结和学习的过程。危机公关现普遍用于国家、企业甚至个人等对象,起着非常重要的作用。

互联网时代信息在传播过程中所显示的新特点对传统的危机公关方式有不小的影响。

(1) 基于互联网的虚拟性产生了很多虚假信息现阶段。网络信息高度发达,人们可以通过各种社交媒体如微信、微博、QQ 空间来表达自己的观点,信息的传播渠道呈现了多样性和开放性的特点,这些信息是不可控的,是不确定的,有的夸大事实,还有的甚至是恶意捏造和抹黑。这些不实信息的传播不仅扰乱视听,如果被别有居心的人利用还很可能会对企业形象造成极其严重的影响。

(2) 网络的互动性和网民地广泛参与，扩大了危机的影响范围。正是因为有着庞大的网民群体，网民们又可以直接地参与其中进行讨论。与过去相比同样的危机事件在网络时代就像被放在了放大镜下，其影响的范围会被放大很多倍。

(3) 网络信息的高速传播迫使危机公关的化解需要与时间赛跑。在互联网时代，企业的一个负面报道会在非常短的时间内呈现在互联网的各个角落，从而使得公关人员的应对时间被极大地压缩，带来了非常大的挑战。

(二) 企业该如何处理网络环境下的危机公关

网络环境下危机公关的处理，不仅要保持传统危机公关处理的良好策略，还需要适应网络环境发展的新特点，采取更加积极有效的方法。

(1) 企业一定要建立危机预警机制。其实化解危机最好的办法就是早发现。这就需要企业建立完善的网络检测体系，把网络危机检测纳入到日常的企业管理中去。要不断监控互联网上的各种传播平台，诸如各种有影响力的新闻网站、论坛、微博等。留意是否出现有关信息，时刻监督网上的关于企业和品牌的信息，防微杜渐早发现早处理。

(2) 企业应树立正确的危机公关意识。危机事件的发生一般都是突发性的，它会将企业组织在很短的时间内置于舆论的中心，一般而言大众此时会处于较激进的状态，他们的观点和言论在此时也都是比较激动和犀利的。面对这样的状况时企业最恰当的做法就是积极地面对事实向大众并坦诚道歉。并在道歉后做出一系列行之有效的补偿性的措施以挽回自己的企业形象并重新获得消费者的信赖。

(3) 保持与各大媒体的沟通与监测。媒体机构作为信息的发布者，其跟踪报道对事态的发展走向具有重大的影响。在危机发生以后相关的企业组织需要对各个媒体机构坦诚相待实事求是。媒体是把双刃剑，切不可对媒体机构恶言相向掩盖事实，这样只会让危机事件进一步恶化。同时企业需要密切关注各大媒体的相关报道以及大众对危机事件的持续反应。

(参考资料：万能的大叔.千万别学无印良品的危机公关.销售与市场(渠道版)，2017年(8)：16.)

(参考资料：夏瑶.网络环境下的企业危机公关.企业改革与管理，2017(2下)：54.)

第三节　课堂讨论案例

案例 8-4　U盘的市场危机

一、背景资料

当前，包括云计算、大数据、移动与社交、安全在内的信息技术正在成为很多中国企业制胜互联网+时代的利器。在此背景下，未来信息基础架构对于存储技术的需求也更加严苛、超融合、软件定义存储、闪存等技术的迅速崛起，对传统存储而言，是一个巨大的挑战。

再加上数据开始越来越多地从专有存储设备转向云、软件定义和基于服务器的产品，存储市场的销售数据越来越不景气。2016年也许是存储市场开始长期下滑的一年。

根据IDC的全球企业存储系统季度追踪报告称，2016年第一季度企业存储系统工厂收入与2015年对照同比下滑7%至82亿美元。2016年第二季度全球企业存储系统工厂收入同比持平，增至88亿美元。2016年第三季度整个全球企业存储系统工程收入同比下滑3.2%至88亿美元。2016年第四季度全球企业存储系统工厂收入总体同比下滑6.7%至111亿美元，总出货容量同比增长18.3%达到52.4EB。

在面临新技术冲击和销售数字不断下滑的巨大打击下，存储市场该何去何从？

二、基本案情

朗科科技作为U盘基础性发明专利的持有者见证了U盘发展的辉煌，但当下不得不面临市场式微的现状。

《每日经济新闻》记者为此走访了国内电子产品的重要流通地——深圳华强北。记者发现，目前几乎已经没有国产U盘品牌存在，相关商家基本只有闪迪和金士顿两个国外品牌，其他产品则大部分为不知名的小厂商所产。

一业内人士直言，“从目前来看，朗科科技在整个行业而言，已经几乎没有存在感了。朗科科技的核心是在U盘上，但U盘是一个明显已经全面萎缩的行业。”

深圳华强北一U盘销售商告诉记者，目前卖一个U盘也就赚1元左右，U盘的销售主要是礼品方向，而且U盘可以印制任何想要的LOGO或品牌。

销售主要是礼品方向

U盘崛起至今已有10余年，但就现在的形势来看，U盘市场已然完全成熟，价格战相当激烈。记者注意到，目前部分电商网站上8G的U盘仅售十几元，而16G的也只需不到30元。

“朗科科技止步不前跟U盘市场的萎缩有一定关系，我们分析，今年和明年，在全球市场闪存卡和U盘加起来的占比份额可能也就只有7%，但是像SSD(固态硬盘)，今年可能达到43%，二者已经不是一个量级了。”上述业内人士表示。

“从现在来看，U盘(市场)确实就沦落成了礼品市场。”上述业内人士也表示。

“第一，这是一个思维问题，买一个闪存卡是可以当U盘用的，但反过来U盘不可以当闪存卡用；第二，当数码产品兴起之后，它的数量是远远多于电脑的，对闪存卡的需求显然更多；第三，现在每个人手机空间都很大，也都有QQ、微信等产品，完全可以互导文件。”第三方数据机构中国闪存市场高级分析师胡斯杨认为，U盘的市场机会的确已经不大。

U盘是否还有发展机会?

中国闪存市场发布的《2016年度闪存产业报告和2017年市场分析》显示，随着网络的普及，近几年国内各种免费的个人网络云盘服务层出不穷，再加上PC市场需求下滑，U盘市场的需求和规模在持续萎缩。但在2016年，相关部门加强了对网络云盘内容的审核，360云盘、UC网盘、金山快盘、华为网盘等相继停止存储服务或关闭部分功能，其他网络云盘服务也面临着同样的风险，这让很多用户担心资料和个人数据丢失，转而对个人使用的U盘需求有所增加。

中国闪存市场同样认为，U盘由于体积小，随身携带方便，而且数据存储具有很强的隐私性，最高可提供128GB容量，正好弥补用户存储空间的不足。所以，WD SanDisk、金士顿、江波龙、创见等推出的创新USB存储产品在细分市场上有所增长。

对此，上述业内人士表示，“U盘会不会焕发新的一春？未来U盘的下一个节点就是

Type-C,但是这个阶段U盘能不能起得来,都不一定。”

三、问题思考

现在存储的生态环境正在发生重大的变革,一方面,在网络快速发展的时代,机器和企业的数据将以更加快速的姿态爆发性增长,智慧医疗、自动驾驶、智慧工厂,这些未来的生活方式让我们需要更大容量的数据存储方式。数据式的爆炸增长导致存储容量快速增长,就导致传统的存储无法满足海量数据存储的需求。另一方面,云计算的普及,把大量的分散数据集中起来,这也改变了过去存储系统的使用模式,导致存储产业链正在向软件定义存储、超融合、闪存以及统一架构四个方向发展。

从这个角度来说,U盘该何去何从?

(参考资料:石菲.存储市场变局.中国信息化,2017(3):57-59.)

(参考资料:U盘市场危机:行业全面萎缩 卖1个仅赚1元.第一营销网,http://www.cmmo.cn/article-204673-1.html.)

案例8-5 实体书店复兴

一、背景资料

实体书店真的回暖了吗?答案似乎没有那么简单。其中,有人们对纸质阅读的兴趣回归,也有商业地产的功利目的;有文艺青年的书店梦想,也有资本的跨界野心。透过那一家家簇新的书店,我们想探究的不只是一个行业的冷暖,更是其背后的深层原因——它涉及的不只是书、阅读与文化,也是一座城市商业形态的变化、社交空间的延展和文化视野的打开,以及那些在寒冬中热情而又小心翼翼的转身。

二、基本案情

实体书店的这一拨繁荣中,经营业态和收入模式都发生了巨大变化。某种程度上,它们也许已经不能再称之为书店了。

“它们已经不是书店了。”考察了北京蓝色港湾的西西弗,还有同样自称书店的“字里行间”等之后,北京三联韬奋书店副总经理王玉下结论说。

这些新同行不止卖书,还卖杂货、咖啡,甚至简餐。整个“书店”中,书的陈列面积最多也就占到六七成,但咖啡区却差不多成了标配:“书店”面积再小,经营者也一定会空出一角,装上咖啡机,摆上几张桌椅,然后就像星巴克那样开始营业了。

这些并不是最“夸张”的,倘若王玉再逛到方所或中信书店,那种颠覆感可能会更强。前者甚至在店里卖衣服,4 000平方米的门店留给书的空间只有30%,后者的门店则会售卖无人机和其他一些例如互联网音频产品、基因测序服务等虚拟商品。

这些“不是书店”的书店的开店速度也是三联望尘莫及的。经营了20多年,北京三联总共只有3家店,其中位于北京海淀区的门店还处于亏损阶段。而西西弗,它在过去两年间分别新开了20家新店,在全国的总门店数已经达到67家。至于中信书店,它对外宣称的扩张计划是1 000家。

一夜之间，城市的购物中心、写字楼、机场甚至郊区的奥特莱斯，到处都是这种新书店。它们通常装修别致，有的建在海边、有的有挑高10多米的阅读厅、有的还提供小书房……重点是，除了卖书，它们都还卖很多别的东西。

这派繁荣景象很难让人相信，仅仅两三年前，因为电商竞争和房租上涨，市场上还到处是书店关门的消息。当时，北京最大的书店第三极书局和深圳第二大单体书店深圳购书中心相继停业。之后，上海的严博飞卖掉了季风书园，后者曾是上海的文化地标，在上海曾拥有8家门店。

眼前的新繁荣里，有一股特殊的推动力量，那就是商业地产公司。就在实体书店被电商碾压的四五年间，购物中心这一实体店形态开始扩张。北上广深等一线城市每年都有几十家新的购物中心开业。为了吸引人流，这些购物中心在招商时一度最爱餐饮业态，饱和之后，书店又成为它们招商名单上的贵宾。只要书店愿意进驻，购物中心愿意减租金、给装修补贴，甚至“什么条件都可以谈”。而在那些被书店品牌嫌弃的地方，比如不成熟商圈的新开商场或者写字楼，商场甚至愿意加盟一家书店亲自运营，只要对方同意挂上书店的招牌。

“多种业态互相配合能产生积极的化学反应。”香港太古地产一位不愿具名的人士对《第一财经周刊》说。他所在公司旗下的太古汇开到哪里，就会把方所或者Pageone带到哪里。

在大悦城，这种追求业态多元性的做法被称为“管理消费者的时间表”——人停留在商场里的时间越长，意味着他们在商场里消费的可能性越大。2015年新建上海大悦城二期之后，就把6楼步梯口的位置留给了西西弗书店。

更重要的开店动力，当然还是来自“书店”自身。

每个周末，位于上海市福州路579号的大众书局都座无虚席。

890平方米的书店里，书架和文具都靠边排列，中间200平方米的地方是一片咖啡区。花30元买一杯咖啡，你就能坐在书店提供的沙发里，随意翻看店里的书。如有必要，店员甚至还会拆新书给你。

从每天早上的第一拨客人算起，这片咖啡区能连续接待三四拨人，日均卖出200杯咖啡，销售额超过图书。

这种景象起码从2012年就开始了。那一年，大众书局开始拉长经营时间，由只在白天经营改为24小时书店，并增加了咖啡区，后者直接拯救了这家饱受电商威胁的书店。“图书的毛利率平均只有30%，但咖啡至少翻一番。”上海大众书局总经理助理朱兵告诉《第一财经周刊》。

没错，多元经营之后，书店重新成了能赚钱的生意。

差不多时间，西西弗和今日阅读分别在贵州和成都开始了自己的转型——在原先经营的商品结构中加入咖啡、文创等多元业态。今日阅读因此还改了个更有设计感的名字，把繁体的“设”字拆开，叫作“言几又”，试图声明自己在设计而非阅读领域的志向。转型之前，它们和三联一样是图书零售的专营者。

这种多元化在最初多是联营模式，即把场地出租给在咖啡、文具领域有经验的经营者。以大众书局为例，它找来百新文具和晨光文具在店内开“店中店”。试水成功之后，它们就向自营的方向发展了。2014年，大众书局从原先的合作方手中接过咖啡区的经营权，从Costa挖来咖啡师和店长，推出自有咖啡品牌“纸品咖啡”。

除了咖啡和文创产品，签售会、名人讲座或者读书会等线下活动也是多元型书店的常见策略。西西弗自称每年举办的活动达到上千场。

当传统书店忙着转型的时候，很多外行人士也看上了这盘生意。比如广州的服装公司例外和投资公司北京建投，它们分别推出了方所(2011 年)和建投书局(2014 年)。前者是一家把图书和服装、咖啡、杂货组织在一起的“百货型书店”，后者从多元化中挑出的业态是图书、咖啡、文创和出版。

很难说是谁最先把其中一只脚迈出图书领域的，但所有这些新书店都承认受到过来自台湾的诚品书店的启发。

几乎每一个到台湾旅行的大陆游客都会去逛诚品书店，拍照片在社交网络上分享，并带回一些小礼品回来送人。在尚未进入大陆开店之前，诚品一直是大陆书店从业者的主要研究对象。

以卖书起家的诚品，一步步在书店里开起了服装店、餐饮店、杂货店——都是以出租铺位的形式。另外，它也自己设计和生产文具、创意礼品，并把它们和图书交叉陈列，而不是像传统书店那样文具和图书各是单独的销售区域。

“零售服务业从专卖走向复合式，大概是最近一二十年的演变。而所有零售业中，只有一个行业一直在坚持专业经营，那就是图书业，不止中国，全世界都这样。我就想，这到底是专业的必要，还是自我的限制。”诚品书店总经理李介修在苏州诚品开业接受《第一财经周刊》采访时说。他 1998 年加入诚品，参与了诚品从一家书店向多元生意跨界的全过程。

毛继鸿显然认同专营是一种自我限制。作为例外服饰的创始人，他于 2011 年推出书店品牌方所时，就赋予后者多种业态的兼营角色：既卖书，又卖例外的服装，还有从其他独立设计师那里采购来的文创产品，曾在诚品书店任店长的廖美立也被找来当顾问。

除了经营模式，诚品书店的陈列方式也是被模仿对象。“就像编辑、写文章一样，把合适的书放在合适的位置，放在起承转合的地方很重要。”方所文化处总监徐淑卿说。

廖美立给出的陈列目标是“每本书之间没有一句废话”。以木心的作品为例，它既可以被放入中国当代作家的书架，也可以用一个书架全部陈列木心，包括他的作品、他读过的书、他喜欢的艺术家的书……一本书因此可能有多个适合摆放的地方，这与传统书店刻板地把“鲁迅作品集”固定陈列在一起的效果完全不同。

即便没有从诚品书店挖人，建投书局也学到了其中的陈列精髓。模仿诚品书店所说的“书与非书之间”，建投书局研究“把什么和什么放在一起不冲突”，且能“相互促进”。

在建投书局的上海门店里，和茶器放在一起的不是花瓶，而是与茶相关的书。建投书局认为，对茶感兴趣的人很可能会对茶相关的知识感兴趣，看到好的器物也可能购买。这样的联通性就可以形成一个产品组合。

在编辑思维的基础上，建投书局进一步提出“产品思维”。在建投书店投资有限公司副总经理张权眼里，除了靠墙的书架，每个平摊开的展台都是一个产品，当下正热的人工智能就在其中占据一个展台，除了摆放与人工智能相关的书，展台上还有可出售的小机器人，并随附一页关于人工智能的简单介绍。

这些“产品”会定期更换，下个月可能就是其他主题的“产品”。负责采购的选书人、文创开发者、陈列师以及门店直接面对顾客的店员，各职能部门因此要打通合作，为同一个产品的组合和销售结果负责。

“陈列是给客人推荐产品的方式，如果你有好的推荐方式，客人的接受度会更高。不断更换陈列，也能让读者感觉常来常新。”张权说。他们最近准备尝试的陈列方式，是把所有的书以传记人物串起，比如把张爱玲的传记、她的作品、研究她的作品、和她相关的作品陈列在一起，其他每个传记主角则是另一个王国，这样可以帮每个读者因对一个人感兴趣而发现一大片关联图书。

不过，按王玉的标准，这些既卖书又卖杂货的“书店”都不能再称之为书店。

“我说话比较容易得罪人。但对我来说，那些书店里卖的都不叫书，只是书的样子摆在那里。”王玉对《第一财经周刊》说。她还是更倾向于认为，一个门店里至少80%以上的商品是书，才能称之为书店，否则就跟“百货公司”没啥区别。北京三联书店显然符合王玉的标准，它95%的商品都是书，剩下的部分是文具。这个标准是包括西西弗、方所、建投在内的“新书店”们都达不到的——西西弗门店里的图书还有六七成，方所只有三成左右的面积给了图书。

所谓“摆脱了专营束缚”的新思潮，在王玉看来做的其实“都是皮毛”。“如果不是简餐（咖啡），它们会死得很快。”她说，同时表示因为有书以外的东西撑着，导致很多“新书店”的选书在她看来很“缺乏品质”。

西西弗董事长金伟竹也承认，他从不去自家的书店买书，但他反问：“懂书有什么了不起，你懂市场吗？”

1993年创立时，西西弗也曾是一家“有点理想主义”的人文社科类书店，但随着实体经营的租赁成本上升和电商兴起，经历过“差点死掉”的境况之后，它就决定不再纠结“书店应该是文化的还是商业的”问题。2007年转型时，西西弗的目标变成了“追逐坪效”：只开500至800平方米的小店、书架与书架之间的摆放尽量紧凑，书的选择不根据个人偏好，而依照数据。

改变定位之后，金伟竹也不再认为图书是特殊商品，而把它当成一般商品经营了。他因此引入了其他零售领域的数字化管理，从多个维度给每本书都打上10多个属性标签，把客群和产品做数据化匹配，然后根据门店所在的商圈客群、消费能力等判断一本书值不值得被采购、适合放进哪家书店、需要跟什么书摆放在一起……书的“进、销、存、退”都变得标准化。

“行业内没有可供效仿的对象，我们一早就把参照目光投向了泛零售领域和例如优衣库、星巴克这样的一流连锁零售企业。”西西弗书店总经理助理曹晋锐告诉《第一财经周刊》。

现在，代替人运作书店的数控模型在西西弗多达19个，这套数字化管理方法能“让员工可以从繁复、不稳定的个人判断中解脱出来”，而且让开店更高效。西西弗测算，按它的标准化模式操作，只要一家书店日均进店人数超过1 000人，就能保证赚钱。

这套数控模型导致的另一个结果，是深度偏专业的小众图书再也没有出现在西西弗书店里，而成功学、青春文学等图书的品种慢慢占据主流。金伟竹把这种生意称作“转换”的生意——把基本不读书的人转换成读书人，所以他的店全部都选在大众型购物中心里，那里有大量人流，潜在消费者可能在附带逛一下书店时临时冲动买走一本书。因此西西弗还在书店的地板上设置了“傻瓜”线路图，哪怕是第一次逛书店，也能迅速找着书。

朝类似方向发展的还有大众书局。

“图书业也有‘二八原则’。”朱兵说。那些真正看书但不看畅销书的人一定有，但毕竟是少数。与西西弗靠数据说话不同，他筛选“畅销书”的方法更媒体化：看社交媒体的推荐。

朱兵最近操作的一单畅销书生意来自《未来简史》。2016年春节之前，正是看到社交媒体上对这本书的讨论热度，大众书局向中信出版社下单了800多本。每本68元不打折，春节期间全部卖光。另有一些书店备货不足，则只能等着出版社加印，二次销售因此要等上至少一个月，但那时畅销期早就过了。据大众书局估算，一本畅销书的销售周期只有一个月左右，然后是下一本畅销书。比如《未来简史》火了之后，紧接着就是因诗词大会火起来的诗词类图书。

这家书店里最好的位置是为畅销书保留的，门店广播和海报还会循环播放有关这些畅销书的信息。而那些进店就被塞到书架、只露出书脊而非封面的书，如果一周没有产生销售，则只有一次放到展台上以封面示人的机会，若再不出单就会被退掉。总之，把有限的位置让给畅销书。

从收益结构上看，王玉说得没错，包括大众书局、西西弗、方所和建投书局在内的书店的确都在靠书之外的东西赚钱。

即使在诚品模式里也是如此，图书销售只是这家公司收入的一部分。2010年时，为了更好地管理书和书以外的生意，诚品成立了独立于诚品书店的"诚品生活"公司，专门管理文创、百货、地产等图书之外的业务。很长一段时间里，诚品都靠诚品生活的生意获得收入，弥补诚品书店带来的亏损。

但不同之处在于，诚品书店并没有变成一家以畅销书为主的书店。若按照每年每本书销售1 000本以上算畅销来定义，这样的书在台湾的诚品书店不到1%。在总量达25万种的图书里，超过90%的书是其他书店定义中的滞销书：每年销售99本以下，平均每家店一年卖两本多，销售额只占总量的30%。但这个图书结构还是让诚品书店在台湾实现了赢利。"把书种比较完整地呈现，长时间经营下来会有好的结果。当你的目的只有一个(卖畅销书)的时候，就会面对电商的挑战。"李介修说。

而且，去一些紧盯畅销书的"新书店"的体验可能也没那么好。倘若你坐进它们的咖啡区而没有点一杯咖啡，很可能会被店员以"我们这里是消费区"而赶走。或者你刚坐下来还没坐稳，店员就站到你面前催你点单了。停留的时间足够久，你还可能听到他们相互抱怨那些坐在地上的"只看书不消费"的人，因为他们要因此整理更多被放乱的书。

新书店的老板们当然不会真的想要得罪他们的客户或潜在客户，但关于诚品到底如何做跨界的书店生意，它的大陆学徒们可能真的只学到了皮毛。

"诚品的经营要点是空间。"李介修告诉《第一财经周刊》，诚品书店一开始就表现出的跨界经营，并非因为前述的"专业的必要还是自我的限制"的问题，它一开始想的其实是书与人的互动方式，是一种空间意识。

1989年在台湾开第一家店时，诚品就引入英国的瓷器、法国的画作等商品，将它们跟图书交叉摆放，称之为"生活风格"(life style)类别。对于那些屋子里塞满书，只有图书、货架和狭窄过道的传统书店，诚品认为它们"缺少活力和互动性"，而这两点是一个有吸引力的空间需要具备的。

再放大一点看，这种空间意识的起点与当时台湾社会中产阶级的生活背景也有关。诚品创立的20世纪80年代末，台湾社会刚刚经历了经济高速发展，中产阶级出现并有了一定的物质基础，他们开始注重闲暇时间的处理方式。原先，这些年轻人大多宅在家里，这时候他们对注入精神层面感受的公共空间有了需求。

重视空间经营的诚品一诞生，年轻人就一拥而入，就像稍晚时他们集体涌入星巴克一样。如果说这两个品牌有什么共同点，那就是它们其实都在售卖空间或生活方式。

“图书有个特别的特质，就是它是有‘多元内容’的商品，可以延伸出很多与生活相关的议题。”李介修说。在诚品塑造的空间中，所有延伸出来的生意都起自于书：诚品开的餐厅来自对饮食图书的延伸，电影院和画廊则延伸自戏剧、电影、绘画等艺术书籍。而且不止向外延伸书里提到的商品，还延伸与书相关的活动——不管是签书会还是表演活动——目的都是让人不一定因为“要买书”才走进书店。

如果书的内容不够吸引人，就吸引不到对相应延伸商品感兴趣的人——这个逻辑决定了诚品书店不会只陈列和销售内容浅显的畅销书。进入苏州开店前，李介修带队拜访了国内几乎所有的出版社，把很多冷藏在出版社仓库里的书挖出来，放到诚品书店的书架上。到最终开业时，2 万平方米的书店容纳了 15 万种图书，与国内最大的书店西单图书大厦相当——刨除后者的教辅类图书的话。

为了到不同的地方贩卖“生活方式”，诚品奉行“连锁不复制”原则，每开新店都以当地周边社区和文化为出发点，开发适合当地的业态和商品结构，避免西西弗那样的标准化经营带来的雷同空间和无趣。

从书开始，诚品不断延伸出新业务。它先后开了百货公司、画廊、酒窖，还有酒店。2015 年年底在进入内地市场后，它又进化了。位于苏州的诚品除了 2 万平方米的书店和 3 万平方米的百货商场，还自带两栋可售住宅——诚品的意思是，倘若你是诚品的粉丝，或者想住在书店附近，还可以考虑一下它的房子。这时候，诚品已经完全变成一个品牌商而非零售商了。

同样被内地书店从业者当成“新书店”并竞相学习的日本茑屋书店有另一条成长路径。

创始人增田宗昭于 1985 年在大阪枚方市创立 CCC(Culture Convenience Club)时，所计划的就是一家“企划公司”。

尽管当时他的店铺形态仅仅是租售书籍、音乐 CD、电影碟片的店铺，但对增田宗昭来说，他顺应的是日本 20 世纪 80 年代“憧憬欧美生活方式”的潮流，而电影就是呈现各种生活方式的一个软性渠道，顾客们也有这个需求——观看电影里的生活方式，学习它，吸收它，进而改变自己的生活。音乐和书籍也是类似功能。因此，CCC 以及它旗下的 TSUTAYA，更像是一个“传递生活提案”的机构。

现在的日本对 CCC 旗下的 TSUTAYA 的存在已觉理所当然，但当时，这种做法并没有得到日本同业的理解，他们困惑：“一个把电影、音乐、书籍放到一起的店铺是在做什么？”

2011 年，增田宗昭在代官山开茑屋书店的大型店铺时，也面临书店业的大不如前。根据《出版社销售额实态 2016》的数据，2015 年，日本书店数量从 1996 年的 2.3 万家降到了 1.08 万家。

在这个背景下，增田宗昭开始酝酿变革，拿下代官山约 1.32 万平方米的土地。在他的计划中，代官山的店铺应该是一个以茑屋书店为中心，把散步道规划在内，增设多家专卖店的新型商业区，传达他希望设置的生活理念。如今在这个区域内，已经混合了宠物医院、相机店、活动空间与画廊、餐厅与咖啡等多种业态。

最初把星巴克开进茑屋书店的时候，反对者也怀疑这会让书卖不出去，但从实际结果看，咖啡销售额大幅升高，图书销售额也在增加。这个业绩也第一次让增田宗昭意识到，书店这种低毛利率的生意，其实在收益构造上有改变的可能性。“我想要做的，不是卖一杯咖啡，而是获得能够让顾客在这里慢慢品味的那段时间。因为对这段时间有期待，顾客们才会来到店铺。”他说。

在张权看来，正是这些“新书店”的大胆尝试，给书店业带来了新的思维和新的管理经营方式。

他举例黑龙江卫视热播的一档名为“见字如面”的节目，节目通过名人阅读和演绎一封信，还原当时的场景，以一封信来打开一段历史。他认为，围绕人可以做的事情有很多，因为社会的主题就是人。而为好的内容付费正在成为现实，不止线上内容，各方面的内容都是。如有必要，建投书局也可能推出一档线上节目，拍摄地点就是它的书店。

至于靠什么赚钱，“如果我们已经清楚知道答案是什么，那只要有好的团队和执行力把它变成现实就好了。但其实没有一个标准答案，大家都在探索。不一定是诚品模式，也不一定是茑屋模式。”他说。

大众书局打算将来如果纸品咖啡有一定名气了，就让它独立开店，主要卖咖啡，附带卖书。

即便还看不懂“新同行”们的做法，三联也决定转型，翻新它的书店，在门店中增加文创产品，并把 6 年前出租给雕刻时光的店面拿回来，自己卖咖啡。

已经把跨界模式标准化了的西西弗当然不会放慢它的扩张脚步。“星巴克十八小时开一家店，优衣库那么大店面一年大概开上百家新店。西西弗的速度根本不叫速度。”曹晋锐说。但他没有提及的是，某天购物中心不再“喜欢”书店了怎么办——毕竟，餐厅曾经也是它们的新宠。

三、问题思考

1. 为什么人们还到书店去买书？
2. 为什么实体书店中书不再是书店的主角？

（参考资料：吴洋洋、张莹、赵慧、叶雨晨.实体书店复兴.第一财经周刊，2017 年 3 月 27 日第 11 期，https://www.cbnweek.com/articles/magazine/16232.）

案例 8－6　乐视危机

一、背景资料

受困于手机、汽车等业务的高投入，乐视正陷入资金短缺的困境。2017 年 1 月 13 日晚间，乐视网发布公告称，公司将引入包括融创中国在内的多家战略投资者，投资总额共 168 亿元，对于乐视而言，虽然解了燃眉之急，但是有了第二大股东融创中国后，所有的事情或许就不再是贾跃亭一人决定。

二、基本案情

如果贾跃亭会玩德州扑克，他大概会是一个格外喜欢选择 all in（全押）的玩家，一赌为快。

而眼下，就算身在局内，也没有几个人能看清乐视赌局的全貌，真正观全局者，只有贾跃亭一人。

“上周五(2016 年 11 月 4 日)隐约感觉会有大事发生。”在乐视工作的刘鑫对《第一财经周刊》回忆刚刚过去的这个极不平静的周末。

起初，公司内部只是出现了一个不太妙的传言：乐视影业注入乐视网计划会暂停，乐视影业 CEO 张昭离职。

刘鑫在朋友圈看到同事转发的手机供应商为追讨欠款到乐视大厦示威的图片，一直以来有关乐视资金链紧张的“谣言”似乎被证实。此外，她还在网上读到一篇名为《乐视的断崖危机》的分析文章，其中提及，因乐视金融牌照申请遇阻一事近期被媒体曝光，乐视网(300104.SZ)股价在 11 月 2 日之后出现大幅跳水，下跌 7.49%。

坏消息简直是接二连三，但乐视 1.5 万名员工里的绝大多数人各自忙碌，并不觉得这场危机应该与自己有关。

在刘鑫眼中，真正的“大事”是贾跃亭在周日发出的一封面向全体员工的公开信。

这封标题为《乐视的海水与火焰：是被巨浪吞没还是把海洋煮沸?》的长达 5 000 多字的内部邮件，创作时机看似是与 11 月 10 日乐视成立 12 周年的周年庆相关，文中一方面首次承认乐视面临“日益凸显的资金与组织压力”，反思乐视扩张节奏过快，但同时也继续对乐视的现状极尽各种赞美和肯定。

贾跃亭用“轮回”“传奇”“颠覆”“新生”这些词汇，来形容他所领导的这场创业，并提出乐视下一个阶段的任务是“从烧钱扩张，转向做深做透市场……从粗放经营转向价值挖掘和提升”。

贾跃亭的这碗创业鸡汤，得到的反馈是复杂的，但这早在他的预料之中。

公开信发出当晚，刘鑫就开始跟同事讨论“裁员”“工资”的问题。这次她知道，乐视“真的缺钱了”。深夜，在与《第一财经周刊》的交谈中，她突然反问了一句:“你们怎么看乐视啊?”

在私募基金管理者侯安扬看来，这封内部信反映出贾跃亭希望资本市场能给乐视再多一些时间，但反映在股价的现实却是“资本市场已经不信乐视了”。

虽然乐视网目前只装入了乐视视频、乐视致新超级电视与乐视云计算等几个业务板块，但乐视网的股价浮动，却一直是不同阶段外界评估乐视整体状况的重要风向标。

邮件曝光的次日(2016 年 11 月 7 日)，乐视网股价报收于每股 37.85 元，再跌 4.68%，这已经是乐视连续 4 个交易日出现下跌行情，股价总体跌幅接近 15%，市值蒸发近 128 亿元。截至本文发稿前，乐视网的最新市值是 765 亿元，距离 2015 年 5 月其市值的最高点，已经缩水近 50%。

2016 年 11 月 8 日晚间，乐视网发布了两份重要公告：一份是澄清声明，继续否认拖欠供应商账款和员工工资，表示乐视各业务线与供应商均保持着良好合作关系；在另一份公告中，乐视则宣布乐视影业 100%股权注入乐视网一事将无法在年内完成。

在持续对外主动抛出数个负面新闻之后，贾跃亭率公司高管在 11 月 9 日上午举行了一场乐视网投资者交流会。其间，乐视联合创始人刘弘向《第一财经周刊》表示，乐视正在经历一次“计划中或者说是筹备中的调整”，且这场调整“早做比晚做强”。

这番回应至少让一部分事实变得明朗——就算整体的时机选择由不得乐视，但在 11 月 2 日至 11 月 9 日这一周时间中，乐视对内对外则可以说是主动出击，迅速实施了一连串危机应急处理。起点，是贾跃亭的内部公开信，此后再择机公布乐视影业暂缓注入的不利消息，最终辅以投资者交流会、澄清公告和媒体舆论引导。

贾跃亭筹谋的这场危机"软着陆"行动，似乎收到了效果。一位参加投资者交流会的投资人向《第一财经周刊》抱怨道，"媒体都是瞎写，他们根本不懂乐视。"

这位来自上海的股民，一早赶到北京，他手里的乐视股票虽然被套，但依然相信乐视，"今天我还会买乐视股票。"他说，"作为投资者不能只看一两年的走势，要看未来五年的。现在改变节奏，不再烧钱，赢利会很快到来。"

持续的股价跳水局面也告一段落，进入一个相对稳定的盘整期，11 月中旬之后甚至连续数个交易日几度收获小幅上扬行情。

这场"软着陆"行动的最后一步，是距离发布公开信过去一周后，贾跃亭在微博上发布了一张自己现身香港国际金融中心附近的照片，并配文称"粮草先行，生态战略第二阶段坚实启航"。由此营造的最直接信号，是乐视又在香港成功募到了钱。

然而，一位熟悉贾跃亭的机构投资人对《第一财经周刊》表示，乐视正面临其公司发展历史上最严峻的融资困局，且并不那么容易就能迎来转机，"他已经把所有能弄来的筹码都已经弄来了，他的融资能力的确很强，但现在也已经消耗到了极致。"

如今在投资人眼里，贾跃亭十二年的乐视创业历程，特别是近两年他的所作所为，已经是"用资本泡沫做了一件过分激进的事情，别的创业者都不会像他那么做"。

呈现在公众面前的乐视与贾跃亭心中的乐视并不匹配。贾心目中的乐视，是可以改变 Netflix 与 Hulu 的模式，颠覆苹果，改变全球汽车工业的伟大公司，而公众眼前的乐视是一家股价下跌、市值折损热衷于做 PPT 的公司，局面并不好扭转。

外人眼中，乐视是一个在气质上并不符合多数人对互联网公司的普遍认知而不太讨人喜欢的创业样本——有点土气，又财大气粗；生搬概念，拿钱开道，最终自我营造出一片生态化反的盛世景观……这些举止，让乐视长期处在一个话题中心的位置，且负面评价始终大于赞美之声。

贾跃亭为乐视搭建了一个环环紧扣的系统，上市公司与非上市公司的业务线、资金线相互交织，依靠非上市公司不断产生的新业务所形成的"利好"，推高上市公司股价，继而再利用处于高市值阶段的乐视网，在二级市场获取低成本融资，反哺各个非上市业务的发展。

盘点乐视庞大业务线的扩张历史，其最早切入视频行业，但多年处于亏损状态，直到 2010 年乐视网完成 A 股 IPO，此后 6 年一直保持着还不错的财务表现。2012 年，乐视宣布进入电视机硬件制造领域，与其内容付费会员形成有机呼应，将互联网视频内容拓展到大屏领域，进一步提升观众对互联网视频节目的收视体验，这是合乎逻辑的一步棋。至此，乐视的打法都还算是稳健。

贾跃亭在 2012 年 6 月赴台湾寻找硬件代工厂，见到了鸿海集团的董事长郭台铭，据《中国企业家》报道，当时他只用了五分钟时间，便说服了郭台铭为乐视电视代工。三个月后，乐视便召开了超级电视发布会。

那一年，贾跃亭也开始游走于风险投资圈，结交朋友。他认识了创新工场创始人兼董事长李开复，向他介绍了乐视的电视项目，请其参与投资。贾给李开复留下的印象是"说服力很强"，他甚至向李开复说明，获得这笔投资对乐视更大的意义，其实是得到一个优质 VC 的背书。

某种意义上，时间回溯至 2012 年 9 月 19 日，贾跃亭以"颠覆者"的形象对外召开乐视超级电视发布会，那正是乐视的大跃进故事开场的时刻。

乐视网至今仍保留着这场发布会的视频，以创始人身份首登舞台的贾跃亭，大概是要遵守之前对 PPT 的排练节奏，演讲听起来磕磕绊绊，观众能清楚感受到他的紧张，此外还有几分质朴。

如今的财报显示，乐视网的收入来源主要有三块：电视终端业务、会员及影视发行业务、广告。截至 2015 年年底，乐视电视已累积销售超过 500 万台。2015 年财报显示，期内电视终端业务收入达到了 60.89 亿元，在乐视网收入中的占比最高，达到 46.78%。然而，电视销量的提升带动了收入的增加，而负责生产硬件的乐视致新却一直没能赢利，且亏损面逐年扩大，2015 年录得净亏损 7.3 亿元。

依靠赔钱的硬件终端来扩大用户规模的商业模式，后来也被继续复制到了乐视其他业务中。

这个过程中，乐视一心想用互联网公司流行的那些方法论来运营自己的业务，它所学到的各种“互联网思维”教义中，用烧钱来扩大份额、先谈规模后考虑利润，显然都是天经地义的事。当小米在市场上倡导“低价高配的产品”来讨好消费者，乐视则索性喊出“硬件免费”的口号。

乐视控股原 CMO、易到用车总裁彭钢在今年 8 月接受《第一财经周刊》专访时，仍坚信“贾总对设想的蓝图是有一个实现路径的，知道每个节点要做什么事情”。

“老实说，我看不太明白他为什么要做手机和汽车。”同样也是谈贾的决策力，一位参与过乐视非上市业务融资路演的投资人对《第一财经周刊》表示了与乐视高管相左的观点。

手机正是此次资金周转危机中势态最为严重的板块。

根据 IHS 最新的数据显示，2016 年第三季度乐视手机销量为 500 万部，市场份额 4%，排名第 9。但 11 月 9 日投资者沟通会后的媒体采访环节，刘弘也承认，手机业务受“资金压力，产能上不来”。曾与乐视手机有过销售合作的王力向《第一财经周刊》证实，乐视 Pro3 原本下了 50 万台的订单，但因为欠款问题，剩下的 20 万台订单被悬置，这也正是 Pro3 所谓“供不应求”背后的真相。

此外，刘弘还讲出一句实话，乐视手机处于“越卖越亏”的状态。烧钱来补贴用户，做大用户规模的同时，亏损也早已注定。

与同期的新兴造车公司相比，乐视汽车的先期投入更大。它的主要团队在美国，目前规模已经超过 1 000 人，除了自动驾驶等软件研发人员外，还要买地投资建厂。

一家自动驾驶领域的供应商对《第一财经周刊》透露，乐视汽车是在湾区招募自动驾驶人才最激进的公司之一，愿意比其他公司开出更高的薪酬。圈内人士认为，无论在美国还是国内，乐视的确挖到了同业最好的人才，但代价也是巨大的。与自动驾驶研究相关的顶尖大学的博士，都会在第一时间收到乐视等公司的高额薪酬 offer，就算是一个普通岗位的初级员工，乐视汽车开出的薪资水平，也比同行的同等职位要高出 20%。

乐视体育 B 轮融资估值高达 215 亿元。按乐视体育编织的蓝图，撑起这个估值的，已经不只有内容板块，乐视体育将成为一个集赛事运营、智能化与增值服务等板块在内的全产业链体育公司。但仅在内容板块，乐视体育在过去 3 年内购买多项赛事的播出版权，已是一笔巨大的开支。根据《第一财经周刊》不完全统计，依照现有版权状况，乐视体育累计需支付(已支付＋待支付)的版权费用将超过 70 亿元。

外界越来越看不懂贾跃亭的扩展逻辑的同时，他却坚持用简单的加法，推导到一个“生态”，并且发明了一个新词叫生态化反。贾跃亭喜欢打篮球，在乐视早期，同事们都称他为“贾科比”。事实上，在运动场，队员之间配合默契，就称为产生化学反应。

这个听起来有点革命口号味道的奇怪新词，已经被硬性灌输给了整个乐视，成为公司内部最核心的运行机制，同时也是其外对宣传口径里最重要的词汇。

彭钢接管易到用车后，首先就把“生态化反”这套语言体系复制到易到用车。在采访之前，一位易到员工进入彭钢办公室问，“我们能不能跟加多宝化反一下？”

“怎么化反？”彭钢稍稍一愣，问道。

“就是充值易到，送加多宝。”这位员工解释说。

很多乐视基层员工并不能领会“生态化反”的价值。在总监级别的中层员工中，化反则多以项目制进行。2015 年之后，乐视员工都感觉工作变得异常忙碌，晚上八九点钟下班已是常态，大家都在忙着为各种项目发布会做化反讨论以及落地实施。然而热闹归热闹，已经产生的各种化反案例，本质上不过是各种捆绑营销行为。乐视对员工的 KPI 考核中设计了所谓生态考核的环节，只要参加生态化反类的项目组，就可以有生态考核绩效，但是据了解，该考核至今并未真正执行。

抛开这些表面喧嚣的内部化反，乐视的多条业务线之间，反而存在着因为缺乏沟通和协同不畅所带来的人员职责重叠与资源浪费等问题。遇到那些真正需要协同的环节，内部的矛盾就变得很尖锐，一位乐视内部人士将上述问题的原因归结为“边界不清”。

按贾跃亭的设计，乐视目前拥有内容、大屏、手机、汽车、体育、金融、云等七大生态。新老业务之间，逻辑联系并不紧密，生硬组合在一起制造出的生态，各业务单元之间，实际可供借力的地方其实有限。这也在一定程度上，倒逼着贾跃亭不得不将他的资本腾挪之术发挥到最高境界。

依靠乐视网这棵摇钱树，贾跃亭公开的融资方式主要有三种：定向增发、股份套现，以及发行公司债券。

根据《第一财经周刊》统计，乐视网上市后，通过增发已经累积募资 60.29 亿元，据《证券时报》报道称，其募资总额接近上市公司平均水平的两倍。此外，乐视网历史上通过发债获得的融资金额累积超过 55 亿元。从 2014 年以来，贾跃亭及亲属名下的股份数次套现，获得的资金则超过 64 亿元。通过上述三种方式，加之首次公开募股所获得的 7.1 亿元，贾跃亭通过乐视网所获得的融资总额接近 187 亿元。

此外，贾跃亭把自己名下剩余股份也大多拿去做了质押，仅 2015 年 10 月质押的 5.07 亿股，就可融资 100 亿元以上。截至目前，贾跃亭质押 5.71 亿股，占其所持股份的 83.6%。换句话讲，贾跃亭手中能够质押的股票已经不多了。

此间，那些非上市的业务板块也各自在一级市场寻求资本支持。公开资料显示，经由乐视官方宣布的各类融资进展，如果全部到账则累积金额达到 258 亿元。

“赌徒。”互联网产业评论人魏武挥在评价贾跃亭时对《第一财经周刊》说，“创始人敢拿身价做赌注，风险投资没有理由不陪他玩。”

但是，一位目前参与乐视非上市业务投资的投资人告诉《第一财经周刊》，他的投资虽然已经至少赚了数十倍，但目前看仍然很难从项目上拿回这笔钱。

股市在牛市阶段，信心满满的创业者可以对外喊出“市梦率”，但牛市与凛冬的转换之快，也往往令人猝不及防。

乐视网最近一次实施定向增发是在今年8月，募资总额48亿元人民币，增发价格为45.01元/股，增发对象分别为财通基金、嘉实基金、中邮创业基金以及个人投资者章建平。目前，乐视网股价已经低于该增发价，这对上述投资人来说，绝对是个坏消息。

“乐视已经到了最危险的时候。”侯安扬对《第一财经周刊》分析指出，当股价处于一个下行通道，首先公司会面临融资困难，那些急等钱用的业务就会停滞，而业务上一旦出现不利消息，将进一步影响股价的下跌行情，最终形成“恶性循环”。

“供应商对乐视的信任度已经跌到谷底。”王力对《第一财经周刊》表示，他知道圈内至少两家供应链企业被乐视手机拖欠金额过亿元，一家为手机模具厂商，一家是充电设备厂商。

那些屏幕、摄像头、芯片等核心部件的供应商，通常都很强势，账期也会很短，月结甚至半月结的情况都有，有些还需要订货方先交付订金。但王力介绍说，其他一些不太重要的元器件，供货商的话语权小，付款周期自然就会被拉长，一般至少在两个月左右。乐视手机面对同类供货商的付款周期是几家国内手机品牌中最长的一家。

目前，乐视出现欠款的还不只出现在手机业务。一位与乐视有过合作的体育公司负责人向《第一财经周刊》证实，乐视体育拖欠其公司版权费。但他同时表示，这在国内也属于正常，“平常我们可以吵吵架，现在特殊情况就没必要落井下石。”

七大业务生态之间，逻辑联系并不紧密，生硬组合在一起所制造出的生态，业务单元之间，相互借力有限，各自的投入却不计成本，倒逼着贾跃亭不得不将其资本腾挪之术发挥到最高境界，目前他已为乐视累计募资高达550亿元。

国外版权方就没有那么好商量了，乐视体育之前与ATP签订的版权合同，也存在未能支付情况，目前ATP已经在摩纳哥的体育版权展会上重新招标。

除了年底有望达到1 000万台市场保有量的乐视超级电视，和乐视高层对外声称的5 000万付费会员，在其他业务线，乐视的运营仍然主要停留在做好PPT和举办发布会的蓝图阶段。

接下来会发生的事，已经不难预料。前述乐视机构投资人对《第一财经周刊》透露，乐视多项业务，比如手机和体育，目前想在一级市场进一步融资的可能性已经不大。根据供应商反馈，乐视手机对一些欠款合作方提出“入股或者债转贷”的解决方案，但并未得到认可。原因很简单，因为供货商唯一需要的就是现金。

眼下，贾跃亭还在做着所有他能想到的努力。

在其写给员工的公开信中他表示，“我对那些长期跟随乐视网的价值投资股东们，有感念、有歉意”，并首次提出“可持续增长”的口号。

“双十一”的晚间，乐视网发布公告称，公司10名高管及核心骨干人员计划在未来6个月内，增持总金额不低于3亿元的公司股票。这是一家遇到危机的上市公司，用于稳定投资人信心的常用手段。

此后，贾跃亭又展开了对乐视高管的新一轮调整。华为原全球战略和市场总裁高峻成为乐视控股亚太区总裁，兼LeEco香港CEO，向贾跃亭汇报，并协助乐视体育CEO雷振剑实现强化反。乐视体育拥有NBA与英超在香港的独家转播权，用户的付费习惯也相对成熟，如果推广得当，对乐视将是一笔稳定的现金流。

2016年11月15日下午，贾跃亭的长江商学院的同学们伸来援手。包括海澜集团、恒兴集团在内的十多家公司高管将对乐视汽车生态与LeEco Global投资6亿美元，第一期3亿美元将在本月到账。但是,乐视的资金窟窿,并非是一笔支援所能填补。

与此同时,各业务线的开支也都在急速收紧。刘鑫在部门内收到的指令是"如果需要付费去做的内容,一般都要推掉。"刘鑫已经预感到,接下来的内部调整,极有可能是大裁员。

25 岁的刘鑫在公司电梯里曾见过贾跃亭,并向他问好,除此之外,再无交集。更多的乐视员工在公司与贾相遇的场景,是还没来得及反应眼前这位是"老板"便与其匆匆擦肩而过。因为几乎每个人都超级忙碌,就像这个城市其他那些创业公司那样。

乐视创业初期,一次贾跃亭走在国贸的大街上,突然对周围人说,我们将来一定要成为这里的佼佼者。

也许现在给贾跃亭打分还为时过早。世上没有全能的创始人,但一个成功的创始人至少要具备几项最要紧的能力。贾跃亭的身上,公认的长板是其超强的融资能力,但这也恰是一把双刃剑,早期融资太过顺利,让他对于创业风险缺乏足够的敬畏之心,而贾跃亭的激进态度也已经影响到了每条业务线的决策者。

用人之道上,贾的内心也一定有着无法对人言说的遗憾。那些一个个让他拿高薪和梦想感化而空降的明星高管,踏入这公司的第一日起,便臣服于乐视的管理文化——认真供奉老板的同时,自己则迅速退化成了一个不需要承担太多风险的职业经理人角色。作为对这家公司已经付出一切的创始人来说,这无疑是贾跃亭最大的孤独和悲哀。

三、问题思考

无论是体育、视频还是其他业务,乐视该如何制定以后的营销计划?

(参考文献:高海博.乐视赌局.第一财经周刊.2016 年 11 月 21 日第 45 期,https://www.cbnweek.com/articles/magazine/14891.)

第四节 课后思考案例

案例 8-7 Uber 危机

一、背景资料

2016 年 8 月 1 日 15:00 左右,滴滴出行正式宣布与 Uber 全球达成战略协议,滴滴出行将收购优步中国的品牌、业务、数据等全部资产在中国大陆运营。

二、基本案情

国际打车软件创业公司优步(Uber)有可能于今年上市,华尔街的目光目前都集中在它的财务状况上。这家已有八年历史的硅谷公司收入继续迅速增长,但盈利并不可观。根据彭博新闻社报道,优步在 2016 年净收入 55 亿美元,但仍将亏损 30 亿美元。一家创业公司能以极少的资本成本融资超过 110 亿元已属不凡。优步并不拥有全球车队或其他硬资产,公司本身的市场估值超过 600 亿美元。

优步能在亏损开始危及公司生存之前减慢烧钱的速度吗?表面上阻止赤字似乎没什么难的。优步不拥有车辆也不雇用司机,在资本和人力成本上节省了资金。但沃顿商学院的专家指出了其他主要成本：优步消耗了巨量的资金创造一个分享经济的新市场，训练、招聘和补贴司机，为吸引客户而推出免费乘坐，建立一个管理本地和区域办事处的全球系统，以及聘请律师处理法律诉讼和应对监管机构。

沃顿商学院管理学教授埃塞克叶·荷南德(Exequiel Hernandez)说，“我猜优步认为，我们有这个软件和技术的平台，可以在任何地方运用，轻松征服世界。优步低估了与技术和商业模式无关的成本，这些成本产生于遵守法律政策、应对监管抵制，甚至还有如何应对不同市场之间的文化差异。”

创立优步的想法产生于联合创始人特拉维斯·卡兰尼克(Travis Kalanick)和加勒特·坎普(Garrett Camp)在巴黎一个雪夜打不到出租车的经历。坎普的第一个想法是创办一个“豪华轿车分时租车服务”，乘客通过智能手机软件在需要时预订车，填补专用车服务的闲置时间。后来，优步将推出的服务扩展到低价乘车，如UberX、UberXL、UberSELECT，新优步服务UberBLACK、UberSUV和UberLUX，以及拼车服务UberPOOL。优步如今在70多个国家的500多个城市运营。

优步的创新并非到此为止。它运用了“峰时动态定价”的概念，当一个地区的用车需求超过供应时，价格上升。背后的思路是更高的价格将促使更多的司机出现，直到需求和供应达到平衡。优步开发了一个仪表板，在一个城市提供实时的供需数据，使管理人员看到可以让司机前往的高客流量地区，并相应调整价格。乘客使用银行卡、信用卡或预付卡预订乘车服务，因此他们不需要像坐出租车那样准备现金。此外，双边评级系统对司机和乘客都进行评级。

虽然峰时定价的做法不是现在才有，航空公司已经运用多年，但却是首次用于汽车服务。优步让乘客接受了这一做法。沃顿营销学教授罗恩·伯曼(Ron Berman)指出，优步的运作是一个典型的“双边市场”(two-sided market)，优步公司是司机和乘客之间的“做市商”，提供连接双方的平台。因此产生了一个“强网络效应”(strong network effect)，“路上的司机越多，乘客等待的时间越少，他们得到的服务就越好。这吸引更多的乘客和更多的司机加入优步，因为他们知道有高需求存在，而闲置时间少”。

可疑的持久战

优步对增长的追求在很大程度上是其烧钱迅猛的原因。优步需要达到群聚效应，需要补贴供需双方，付钱使他们加入这个体系。每赚1美元就会损失大约3美元。然而，获得群聚效应通常也会导致“赢家通吃效应”，就像谷歌在搜索领域和脸书在社交网络领域的地位一样，在这种情况下，优步以牺牲利润为代价努力快速成长是有道理的。

优步将自身的业务定位为将长期蓬勃发展。荷南德说，“另一个看问题的角度是优步在打持久战。我们不习惯创业公司拉这么长的战线。我们习惯于初创公司最终能找到赢利点、上市和退出。最接近优步的例子是亚马逊，创始人兼首席执行官杰夫·贝佐斯(Jeff Bezos)几十年将发展置于利润之上，甚至到今天，亚马逊也不是一个利润丰厚的公司。但是专家也错误地预测了亚马逊的消亡。”

从监管的角度看，大力投资来攻占市场也很有意义。优步需要影响力、资金和合法性，以便监管机构接受它提供的服务，即使它威胁到许多城市的传统出租车行业。通过先补贴乘车，优步获得更多的人使用并喜欢这项服务。这是公司在监管机构面前的一个主要优势。

烧钱的悖论在于，优步就算承受亏损也要降低价格以获得更多乘客的策略，从长期来看是有问题的。为了取得成功，该战略依赖于优步能在所有主要正统出租车企业退出后取得市场主导地位，但这个战略不可持续。

优步快速的全球扩张也花费不菲。优步想做得太多。它在太多的国外市场上烧了太多现金。在不同的市场经营和竞争成本很高。相比之下，优步的美国竞争对手 Lyft 奉行以美国为中心的战略，并在国外选择伙伴合作。

对其他服务进行投资是优步另一个烧钱的方面。优步推出了食品交付服务优步 EATS，直升机搭乘服务优步 CHOPPER 以及长途卡车服务优步 Freight 等。但这些可能是分心之作。试图在多个战线上执行可能会大大增加公司运营的复杂性并分散其焦点。

全球的复杂性

荷南德早期曾预言优步在中国不会成功，“我觉得从中国退出实实在在证明了他们也许过于轻视征服新市场的难度。”2016 年 8 月，优步在与本土竞争对手滴滴打车激烈竞争后退出中国市场，每年损失了十亿美元。优步将中国业务卖给滴滴，持有其约 20%的经济权益，滴滴表示将对优步投资十亿美元。优步失败的一个原因是，“他们不会赢得那里的监管战争。当本土公司与外国公司竞争时，中国政府偏向本土公司。”

优步也误读了欧洲大陆。“他们不明白……在德国、西班牙或法国，‘为司机提供一个成为个体户的机会’的想法不受欢迎，因为人们更关心劳动保障。”荷南德说。

但是，优步在拉丁美洲市场绩效优异，例如在墨西哥，尽管出租车司机反对。“在墨西哥，出租车又旧又脏而且昂贵，甚至墨西哥市长都用优步。”荷南德指出，“优步带来的价值主张不同。”中东似乎也是优步的大市场。然而，亚洲市场目前仍然喜忧参半。

优步的更大教训是，它需要在进入城市之前更好地了解这个城市。虽然优步可以在总部运行技术平台，但运营的大多数方面都在本地：司机、乘客、监管机构、价格和文化习惯等。优步从一开始就理解这种二分法，但是它的操作模式在技术方面的集中化和操作的超本地化之间偏离平衡。

事实确实如此，当业务发展团队的目标与当地运营团队的目标发生冲突时，问题就产生了。运营团队更专注于创造可持续运营，相比之下，业务发展团队的绩效是通过他们开辟新城市的速度来衡量的。

例如，当业务发展团队与当地司机谈判达成不可持续的高佣金率，以便更快地让更多汽车上路时，运营经理就抱怨。优步通常收取 20%到 25%的佣金。后来，优步意识到可以通过重组到区域中心而不是超本地化来节省资金。现在，区域经理对城市运营做出决策。

优步的未来

优步无疑仍面临许多挑战。额外的法规可能抑制其增长，而将司机归类为享有福利的员工之类的诉讼可能大大增加其成本。去年秋天它在伦敦该类案件上败诉，并刚解决另外两件案件。优步还面临税收压力，例如俄罗斯从今年开始对全球科技公司提供的电子产品和服务征收 18%的增值税。优步表示将补贴司机，但额外的手续让一些人退出。

至于优步提高其佣金以抵消更高的成本，也可能有问题，因为这以提高司机的成本为代价。司机已经承担了燃料、汽车折旧和保险的成本，如果优步要求更多，司机可能离开优步转向其竞争对手。优步在保持司机积极性上也有问题，一半的司机仅在一年之后就不再活跃。

司机的问题可能是促使优步投资自动驾驶汽车的原因。然而，这意味着优步必须拥有汽车。用资本成本来替代劳动力成本，但资本成本是否更便宜？一位专家认为，自动驾驶车辆是解决优步融资模式的最合理方案。通过降低价格并大量投资技术，优步可能现在接受亏损，因为它依赖于未来将业务模式与无人驾驶车辆相结合的优势。目前预计无人驾驶车辆将在2035年之前取代所有其他汽车。在这种情况下，出租车业务的成本结构将发生巨大变化。优步将能通过不支出任何司机成本补偿其亏损。

尽管现金流存在问题，优步仍然是迄今为止最大的全球打车软件创业公司，并将继续保持其领先地位。在许多市场将会存在由优步和不超过一两家本地创业公司组成的寡头垄断。

三、问题思考

在亏损危机公司生存之前，优步能减慢烧钱的速度吗？

（参考资料：优步的烧钱困境.二十一世纪商业评论，2017(2-3)：8-10.）

案例8-8　重估苏宁

一、背景资料

苏宁的互联网零售之路，行至由量变到质变的临界点。

二、基本案情

苏宁总部坐落于南京市玄武区徐庄软件园，拥有两幢醒目的建筑：一幢立柱式的集团总部大楼，高18层，汇聚旗下金融、体育、文化、置地等业务；一幢环形建筑是易购总部大楼，高9层，占地约170亩，聚集了电子商务、大数据、物流、在线客服等核心零售业务。整体建筑群聚集了2万人，这是18万人苏宁零售帝国的神经中枢。

这家中国最大的线上线下零售商，2009年以来，转型互联网零售的步伐一刻未停：2010年，易购正式上线；2011年，提出“沃尔玛＋亚马逊”模式；2013年更名苏宁云商，发布“一体两翼”互联网路线图；2014年，倡导“三效法则”，主推用户体验、经营创新、制度优化；2015年，供应链、物流、服务等核心能力全面开放。

“从前零售业盈利模式是规模经济，规模越大，盈利越好，在互联网时代，传统商品经营模式的盈利能力遭遇大的挑战。”苏宁云商副董事长孙为民告诉《二十一世纪商业评论》（下称《21CBR》）记者，突破固有商业模式“势在必行”。

能跳舞的大象终是罕见的，苏宁的转型，曾备受质疑。2013年全国两会间隙，现任苏宁易购集团总裁侯恩龙陪同董事长张近东见记者，亲眼见证老板遭到媒体的“围攻”，“记者评论是一边倒的，纯电商是空军，实体店是陆军，空军打陆军，苏宁就死路一条”。

2015年起，苏宁的表现触底反弹，阿里巴巴283亿元的战略投资，使线下渠道价值开始被重新认识；2016年四季度，转型迎来一个重要节点：扣除金融、物流、服务等衍生业务，零售主业实现经营性盈利。

2017 年开年，张近东宣布“三大聚焦”：互联网零售、用户价值以及盈利变现。这位素来低调的零售大佬一反常态，公开的发言稿显得高亢激昂，“2017 年是苏宁腾飞的元年，是集团从量变到质变的爆发年”。接近 8 年的转型变革，或许是时候该重新估量苏宁了。

流量新逻辑

苏宁核心的产业布局一直定位于零售，近两三年来，却主动出击，相继布局地产、金融、体育、文化、投资等产业生态，苏宁到底打算做什么？张近东有一个鲜明的定义：“我们不是多产业平行布局、多元化的独自发展，而是以零售为核心，顺应互联网时代，构建零售行业资源，打造零售产业生态……无论未来苏宁将衍生什么产业，都是为互联网零售的深化和优化。”

互联网零售，一个基本前提是获取流量。苏宁转型赶上了移动互联网时代，网民行为日益呈碎片化、个性化趋势，线上流量从哪里来？这曾是苏宁最痛苦和困惑的地方。

孙为民评论说，变革早期，苏宁恨不能将一些大的综合性门户等优质广告位全部买下，花了大笔费用后，他感觉“被忽悠”了，“纯靠买广告位引流，转化率有时连 1%都不到，纯粹网上买流量、倒流量，不是一个真正意义上科学的商业模式”。负责运营的侯恩龙感慨：“10 年间流量价格整整涨了近 8 倍，互联网低费率的谎言破灭了，纯电商的红利期已经结束了。”

应对新变化，一方面，苏宁重新回归线下，构建多场景的零售业态，实现线下引流；另一方面，构建自己线上的流量生态，其选择的突破口是内容。

“个性化、精准化的内容，成为用户关注、流量获取的核心。”孙为民说，苏宁最终将内容的重心放在体育和文化，“体育就是一个永远的 IP，每场足球赛可以看做是一部 90 分钟的电视剧，教练、运动员是导演、演员，不管赢和输，都是讲故事，形成一种自然而然的内容传播。”

早在 2011 年，全力搭建易购平台的同时，苏宁高层已开始关注内容的价值，并接触了多个标的物。2012 年，刚好赶上 PPTV 上市无望，主导投资的日本软银董事长孙正义希望退出，而 PPTV 在体育内容已有特色，加之视频网站的带宽成本占比高，其压缩传播技术处于行业领先地位，苏宁最终控股 PPTV。

通过内部资源的共融、共享，实现会员数据共享、协同整合后，PPTV 贡献了大量注册用户，并成为苏宁大举进入体育和文化产业的一个楔子。

2014 年，苏宁成为巴塞罗那俱乐部的第一家中国赞助企业。第二年，江苏国信舜天俱乐部主动上门希望接盘，没玩过足球的苏宁决定先花 5 000 万元冠名，观察一年，结果传播效果出人意料的好。2016 年 1 月，苏宁以 5.23 亿元人民币的代价正式全盘接手球队，同年，又以 2.7 亿欧元控股国际米兰。

2016 年，苏宁在体育版权领域的动作也备受瞩目，出手大笔收购优质内容：以 2.5 亿欧元的合同揽下 5 个赛季的西甲中国地区的全媒体版权；紧接着，英国 BBC 称其以 7.21 亿美元取得英超 2019—2022 赛季中国内地及澳门地区独家全媒体版权；2017 年 3 月初，以 13.5 亿元人民币获得 2017 赛季中超联赛新媒体独家版权。短短半年时间，苏宁成为足球版权领域的最大家。

足球队以及版权产业有着广告、付费会员等成熟商业模式，但如此巨额投入，对苏宁生态的意义绝不限于产业本身，这些领域关注度高、热点频出，巨额的内容投入带来海量的曝光度。苏宁内部曾经做过统计，体育产业与零售在内的其他所有产业的传播量，基本一半对一半。侯恩龙笑称：“如今打开新闻就看到头条是苏宁。”

孙为民说，苏宁体育可以视作“自建 IP”，在流量上掌握主动权，在品牌宣传效应之外，为其零售生态有着多重附加值：其一是注册会员，国米在中国有 8 000 万的粉丝，中超各球队粉丝超过 3 000 万，苏宁体育内容平台构建后，将有望收获千万级的注册用户(大量是主动型付费会员)，虚拟内容和实物产品打通，将可以转化为易购的零售用户，“获取一个有效注册会员的成本已涨到 150 元钱，1 000 万会员是什么概念?”

其二是用户黏性，内容会员将与苏宁构建一个长期稳定的关系，这种品牌链接是基于兴趣而不单纯是便宜，具备更多的情感属性，“你看世界范围的大公司，只要运用体育营销的，品牌永远代表年轻、活力、时尚、现代，比如可口可乐，100 多年了，没有人觉得它是一个老气的品牌”。

布局体育和文化的效果有待证实，而苏宁云商营销投入的节省确实有迹可循，2016 年前三季度财报显示，营收增长 11%的同时，销售费用同比下降了 0.41%。而且，一个足球队已成为其国际化一张有分量的名片。多年前，苏宁置业一直希望与意大利一知名奢侈品牌旗下的精品酒店合作，奈何投石无门，连高管的面都见不着，收购国际米兰后，该品牌商主动向张近东发出会面邀约，双方的合作立即就水到渠成。

物流的进化

快递配送曾是苏宁互联网零售转型初期的一大挑战。

2014 年 2 月的春季战略会结束，时任苏宁北京大区总经理的侯恩龙接到调令，要求接掌苏宁物流。张近东只给他 3 个月，要求在股东大会召开前，用行动证明苏宁物流已明显改善。此前，侯恩龙没有全盘管理过集团全国物流，但他采取的三个举措，迅速提升了苏宁的物流配送能力：

第一，门店自提。当时，苏宁拥有约 1 600 家实体店面，在用户下单时，鼓励就近去店铺提取商品，“比如最后一公里配送成本是 6 元钱，选择自提的提供给用户 6 元钱购物券，反过来增加了用户复购”，一举降低了 20%左右的配送量，这是苏宁的独特优势。第二，一二线城市快速扩充小件配送团队，在原有自营配送员 3 000 名的基础上，扩容培训 7 000～8 000 名快递员，并通过优化物流系统，实现快递大小件分离。第三，在三四线城市，要求大件商品的合作商，独立分离一个小分队，支持苏宁做小件配送，基本实现全国由县到镇的全覆盖。

2014 年 5 月，股东代表聚集南京，纷纷抱怨起物流体验，在一间会议室，有人当场不客气地挑战侯恩龙，给他出了一道题：股东代表们来自全国各地，同时下单，就看第二天能不能如期送达，结果当然是服务承诺兑现，股东们还给了许多改善体验的建议。

在持续加强自营力量、店面自提和外部协作外，侯恩龙后续着重加强苏宁物流自动化处理能力，“以前的物流是建许多仓库，招聘很多员工，未来最贵的成本是人，仓库用成千上万人去堆，3 班倒，效率低，成本也非常高”。

自动化的效率提升是惊人的。比如，一件货物传统的选取需要五个动作：货到托盘、由托盘搬到传送带、由传送带搬运至另一托盘、托盘拖到固定位置、搬上货车。期间，侯恩龙和负责开发的 IT 技术人员到仓储中心搬运货物，“一天干下来以后，没有一个技术人员能直着站起来，两天以后他们和我讲：‘侯总不用再折腾了，流程简化一次到位。’”

截至 2016 年底，苏宁已合计投入运营 7 个自动化拣选中心、32 个区域配送中心，另有 3 个自动化拣选中心、15 个区域配送中心在建。此外，苏宁自有物流仓储及相关配套总面积约 500 万平方米。

在侯恩龙看来，苏宁耗费大量资源布局的是一盘大棋，承担巨额折旧摊销成本，短期财务有压力，长期会形成巨大成本优势。“租赁仓库只要付租金，短期报表上较自建划算得多，但是，租仓库的成本长期看涨，现在 1 平米 1 元一天，以后也许涨到 3 元钱，苏宁自建物流仓储的成本优势逐步凸显。”他认为，由于土地资源的稀缺，一二线城市建设物流仓储基地时间窗口在消失，苏宁云商提前布局赢得了竞争先机。

2017 年初，苏宁宣布以 42.5 亿元的估值全资收购天天快递，强化最后一公里配送能力。公告称，这宗收购“可以在相对短期内整合双方在仓储、干线、末端等方面的快递网络资源，提高配送效率，降低运营成本……致力于推进重点网点的直营化，同时提高其加盟商的服务能力，形成自营、加盟有机结合的综合物流服务网络体系”。

侯恩龙表示，2017 年，苏宁物流将力推直营下沉，深入基层网点，重点打造三四级网络的自营配送能力，苏宁的物流网络布局基础架构正日渐成熟，不久的未来，其货物将能顺利实现从县到镇到村的完全覆盖。

全渠道互联

苏宁在全球现有 3 600 多家门店，涵盖云店、易购直营店、社区店以及红孩子店、超市等各种业态，如何盘活庞大线下资产，是转型成功的关键。

据侯恩龙介绍，苏宁确定的是差异化实体店发展战略：一级市场的重点是云店，二三级市场是常规店，三四级市场重点打造易购服务站(即直营店)。苏宁现有易购直营店约 2 000 家，2017 年预计还将开设易购直营店 1 000 家，未来 5 年将要实现 10 000 家的目标，主要承担 O2O 销售推广、线上会员发展引流、物流配送、售后服务等职能。

云店是苏宁实体店改造计划的重中之重，在阿里 283 亿元的投资中，约 115 亿元即主要用于“易购云店升级发展项目”。

孙为民这样解释设立云店的初衷：“未来的实体零售不再是简单的商品经营，更重要的是，融入线下生活服务，同时在线下场景中植入互联网应用。”按照苏宁高层的表述，云店是一个系统工程，由于存量设施的空间、面积和动线设计等问题，甚至涉及大量商业物业的改造。2015 年，苏宁牵手万达合作，以及其苏宁置业体系推进购物中心的开发，均为建立适应线下转型的新商业载体。

2015 年 4 月末，全国首家苏宁云店南京山西路店正式开业，该店一改传统的家电卖场风格，将苏宁易购平台的超市、母婴、游乐场、餐饮等全业态悉数搬至线下，甚至包括苏宁的金融理财产品。此后，云店相继落地南京、广州、北京等城市。截至 2016 年底，苏宁云店数量为 141 家，根据公开的计划，2017 年预计将再开 100 家云店。

按照侯恩龙的描述，云店实现线上线下的完全打通，价格同步、产品共享，借助 VR、AR 以及移动支付等技术，体验、下单、支付、配送、会员积分等具体零售场景，用户可以自由切换，甚至销售人员都是共享的——苏宁正在推广一个“在线导购”系统，将线下几万名销售人员搬到网上，转成在线导购，随时回应线上客户的需求。

同时，为契合传统零售向体验型经济转型，云店引入了儿童乐园、餐饮课堂、电影院、摄影教学等趣味服务，涵盖生活方方面面。例如，与国内数大厨电品牌合作，在餐饮课堂中为顾客提供免费手工烘焙体验，以促进厨电产品的购买。苏宁的逻辑是，以场景化的体验获取稳固、有效、真实的客流，将门店经营成另一个流量入口。

侯恩龙透露，2017 年云店即将升级成 2.0 版，他们已经发现，中高端产品在云店商品中占比特别高，整体在 60%以上，“消费者已习惯网上购买低价标品，购买一个一两万元的产品会谨慎很多，总希望多体验一下”。他相信，云店未来可成为供应商中高端产品的首销平台，帮助其回避网上血腥的价格搏杀，“纯电商渠道供应商自己基本上没有赚钱，一直帮纯电商企业打工，他们蓦然回首，在灯火阑珊处的会是苏宁云店”。

大笔投资云店，也标志着苏宁整体零售策略的调整。一种可能的组合是，未来，线下云店主营中高端产品，线上易购销售物美价廉的产品，形成线上线下的呼应，同时推进 C2B 反向定制。2015 年 8 月，侯恩龙与小米科技总裁林斌南京会面时，提出了根据其平台数据独家发布定制手机的想法。2016 年 3 月产品发布，随即销售 50 万部，“销售一般互联网手机品牌是不赚钱的，这次合作我们用 C2B 方向定制实现了双赢”。

传统的零售可能是靠低价取胜，在侯恩龙今天看来，价格已经不是唯一有效的手段，他开始重新反思“价格战”的意义，“云店这样的业态说明，线下有差异化的方式，网上也可以调整机构，走差异化道路，如果简单延续粗放式的价格战，和别人一样，这是一条死路”。此外，依赖于数据、场景、物流等新零售资源，未来苏宁金融也有望反哺零售业务，目前，苏宁已拥有包括银行在内的 10 余张金融牌照。

当然，更大成功还有赖于释放 18 万人的动力。2017 年初，张近东在苏宁内部会议上提出倡议，要“孵化千千万万个小苏宁”，即借鉴“阿米巴”模式，将苏宁大团队分化为小团队，缩小经营单元，独立核算，按团队表现进行奖惩升黜。同时，公司鼓励很多同事回乡创业，与集团平台合建易购授权服务网点。这家素来讲究整齐划一的零售商，内部正在发生一场组织的新革命。

三、问题思考

在侯恩龙看来，过去 10 年，其实不是互联网打败了中国零售企业，而是传统零售企业自身没有做强，给纯电商平台创造了机会。现在，传统电商的黄金时代已结束，苏宁全渠道零售的探索已然有了突破，天平正在重新倾斜，“纯电商平台刚起来的时候，很多人说实体店不行，现在看，他们流量、物流以及人工成本低吗？”

（参考资料：袁晶莹、陆晓平.重估苏宁.二十一世纪商业评论，2017(2－3)：83－87.）

案例 8－9　快消品是怎样通过陈列让你花更多钱的？

一、背景资料

不断分析影响购买决策的关键因素的变化、按重要度排名并据此改变货品的陈列……我们每次下单背后其实有很多“身不由己”。

二、基本案情

“越好卖的商品，陈列面积越大；利润越高的商品，陈列位置越好”，类似的陈列规律你可能听过，也很容易明白——销售额和利润永远是品牌商和渠道商最为关心的指标，任何一方都会追求利益最大化。

如果查看蒙牛、玛氏或宝洁等快消品公司发布的陈列指引图，你会找到不少共性规则：比如要求同一类别的商品集中陈列，同一品牌所有口味或者包装集中陈列，以及从小包装到大包装、上轻下重的纵向排列……这些都被视为业内通用的手法，其中保证同一色块集合陈列被证明可以吸引消费者的目光停留更长时间。

这些陈列决策的背后当然有数据的支持。比如玛氏就发现，如果实行不同品种重叠陈列，将褐色包装的M&M's巧克力豆和黄色包装的巧克力豆交叉、混合摆放，有可能会损失16%的销售。宝洁（中国）营销有限公司零售价值创新总监张莹也告诉《第一财经周刊》，"消费者的视线不容易被横向的色块吸引，但对纵向色块敏感，这正是过去商品倾向于竖列摆放的原因。"

消费者显然对此也早已习惯。比如在超市购物的过程中，当我们想要大包装的产品时，会自觉地弯腰俯身从最底层的货架上找，哪怕那一层其实最不醒目。

但宝洁在最近更换了有关洗护产品的陈列规则，推翻"由小到大、垂直纵向"的原则，转而强调横向色块的重要性。在这个被称为基于消费者的店内革新（shopper based design，SBD）4.0的改革中，宝洁强调要把同一类型和功能的产品的小包装、大包装以及关联产品并排摆放，因为"同一色块的横向陈列宽度超过30厘米更容易吸引消费者的注意"——如果是750毫升装的护发素，这意味着至少要并排放3瓶以上。

更具体一点就是，过去750毫升装的潘婷"乳液修护"系列的护发素和"丝质顺滑"系列的洗发水一起摆放在最底层，现在它被提到了自上到下的第二或第三层货架，与各种规格的"乳液修护"系列的洗发水并排摆放，旁边还会有配套的发膜、精华素等。

这一策略的意图很明确，宝洁想带动大包装产品及连带产品的销售，从而提升客单价。这其实是产品线复杂的宝洁一直以来的陈列目标，也是SBD从1.0进化到4.0的过程。比如SBD2.0时，宝洁曾把高端品牌沙宣单独拎出来放在货架的最前列，这是因为宝洁当时已经发现，在消费升级的大趋势之下，市场对高端品类的需求有明显增长。

当然，大型商超这样的强势渠道也会有自己的利益诉求。宝洁现在推出SBD4.0，很大的一个背景原因在于，"市场上的洗护发产品越来越多，出现了很多新的进口的、国产的品牌，在货架上如果还是用老办法陈列，色块会出现混淆。"所以，宝洁的这个新手册其实也有协助渠道商优化选品的动机在里面，"这是覆盖所有品牌的优化，如果宝洁自己的品类收益率表现不佳，也会从货架中被剔除掉。"张莹说。

"与国内品牌直接砸钱买货架不同，宝洁更倾向于通过给渠道商提供陈列解决方案为对方带来效益的提升。"一位宝洁前员工告诉《第一财经周刊》。更直白一点讲，宝洁产品的毛利不高，在渠道商看来并不具备足够的吸引力，通过品类优化来维护与渠道的合作关系以及陈列优势，是这背后暗含的逻辑。

快消品公司的终极动力是让消费者买走更多商品，因此消费者心理学是它们最看重的理论基础，决策树几乎是各品牌通用的陈列策略参考依据。这个术语听起来有点拗口，但其实不难理解。比如，针对某个品类，品牌会试图了解消费者购买行为的决策过程——他们首先考虑的是价格、规格、品牌、颜色抑或是功能？通过消费者面谈、在卖场的实际观察，研究人员会按照重要性，针对以上要素做一个排序，然后再根据排序结果做陈列设计。比如，当排序依次是价格、功效及规格的话，这个品类的陈列就应该首先按价格归类，其次再按功能及规格细分。

针对不同的渠道，品牌的陈列逻辑也会不同。美国超市 Target 的定位是高级的折扣卖场，但你可以想象，打折条幅一多就会令整个卖场看起来没那么时髦，这对于日化品类来说绝不是什么好事。过去，宝洁洗护产品在 Target 的陈列也是遵循一般性原则，即将洗发水、护发素、精华素等分门别类地摆放，但为了将其变成“顾客一想到要买美容日化类产品就首先映入脑海的摩登卖场”，宝洁引入了按功能区分的陈列法，按照顺滑、光泽、卷发、时光回转、沙龙品质等不同的卖点将产品归类并放入货架中。

回到宝洁这次对洗发、护发产品的陈列调整，主要原因就是宝洁发现产品功能和系列分类对消费者的重要性提升了。比如烫过多次发的人在卖场的第一反应是找到适合损伤发质的产品，那么从品牌商的角度，宝洁自然要配合这一消费趋势，把适合的产品一次性统统推给消费者，制造让他们买走更多商品的机会。

但如果是洗衣液等产品，消费者的决策树又是另外一个模型。这也是为什么 SBD4.0 仅针对洗护发产品的原因。

莫壮杰担任过多家 Ole' 门店的总经理，他认为把货架摆得整齐、好看是一回事，促使顾客下手购买是另外一回事。以奶酪为例，为了让消费者快速找到所需的细分品种，他放弃了按品牌逐个陈列的方法——后者看起来会更整齐，但消费者找不到商品，进而损失销售机会。套用决策树的原理来说就是，消费者在选择奶酪时，对品种的关注度多过对品牌。

基于消费行为学研究了陈列策略的方向之后，如何将这种陈列逻辑体现在具体的消费场景中是另一个复杂的问题。

从纵向到横向的陈列转变听起来虽不复杂，但宝洁消费者研究和市场策略团队还需解决执行问题，比如：新货架究竟应该长成什么样子？改完之后对不同大小包装的销量到底会有怎样的影响？改变了过去的连带陈列逻辑后，消费者选择多买一件的概率有多高？

为了验证这一系列问题，宝洁有一个复杂的测试过程，这包括：首先在宝洁创新中心内的虚拟超市做测试，差不多成型之后再到真实的渠道商处做随机测试，当中还会请消费者佩戴特殊眼镜来追踪其眼球轨迹——目的都是为了弄清楚，消费者到底是如何“识别”以及“选择”产品的，这两点被宝洁视作决定销售的“第一和第二真理时刻”(moments of truth)。

在离宝洁美国总部约 13 公里的“消费者村”(consumer village)，也设有类似的虚拟门店。受访者被邀请在商店体验、模拟真实的购物场景，货架上既摆放了宝洁的产品，也有竞品，与普通便利店并无不同。

在实际卖场中，不少厂商已经在跟进这种横向吸睛的摆法。但也有一位经营国产洗发水品牌的业内人士告诉《第一财经周刊》，相比横向、纵向，他更看重主要品牌的陈列有没有最大化占据排面、有无通过一些额外“穿衣戴帽”式的装饰来生动化地突出产品，以及商品对消费者来说是否显而易见且方便拿取等要素。

若是进一步研究，你会发现这些出发点其实与他经营的品牌有关——除了礼盒装里面有小包装产品，品牌主推的是清一色的大包装。而且为了与线上产品区隔，线下只做洗发水和护发素，连带产品并不多。由此可见，不同类型、不同发展阶段的品牌对于陈列的诉求也不尽相同。

但无论如何，宝洁的案例说明一些过去参照的通用理论是可以推翻的，因为消费者以及市场时刻在发生变化，而最近数年这种变化的速度越来越快。

现在，张莹的另外一个课题是引入“情境消费”的概念，即观察随着电商、手机购物的普及，在全渠道下消费者是怎样作出购买决策的，“消费者为什么决定去便利店或者卖场、电商上买这件东西，背后的决策逻辑是什么样的？”宝洁会把结果反馈给渠道商，以发现在这种情况下还有哪些促进生意增长的机会。

三、问题思考

快消品如何通过营销控制提高销量？

（参考资料：张鑫.快消品是怎样通过陈列让你花更多钱的？第一财经周刊，2017 年第 15 期，https://www.cbnweek.com/articles/magazine/16531.）

第九章 市场营销的应用与创新

本章导读

营销创新是根据营销环境的变化情况，并结合企业自身的资源条件和经营实力，寻求营销要素在某一方面或某一系列的突破或变革的过程。在这个过程中，并非要求一定要有创造发明，只要能够适应环境，赢得消费者的心理且不触犯法律、法规和通行惯例，同时能被企业所接受，那么这种营销创新即是成功的。还需要说明的是，能否最终实现营销目标，不是衡量营销创新成功与否的唯一标准。

- 华为作为后发的挑战者，总体上说属于技术的学习者和消化者(不排除某些方面技术领先)，其优势主要在于"客户效用"和"顾客代价"(产品价格加上交易成本，以前者为主)的比值。直白地说，即在产品性能满足客户基本要求，与国外竞品接近、相当甚至局部有所超越的情形下，价格更具竞争力。相对于"高高在上"的国际主流品牌，华为的做法基本上属于"破坏性创新"。

- 阿里研究院发布了《新零售研究报告》，自马云提出新零售以来，首次对其概念和方法论进行了系统化的解读。报告给新零售的定义是"以消费者体验为中心的数据驱动的泛零售形态"，具有以心为本、零售二重性、零售物种大爆发三个特征。报告引起行业内轩然大波，浮华背后，我们不禁要问，马云所谓的新零售是噱头还是趋势？新零售的"新"是一个极不具体的形容词，那么未来消费者究竟将面临怎样的零售形态？

- 近几年，网络综艺节目如雨后春笋般疯狂增加，网易娱乐的统计数据显示在第三季《奇葩说》收官时，《奇葩说》在爱奇艺的播放量达到了16亿，并且微博话题的阅读数达到了32.3亿次。这样傲人的成绩使得《奇葩说》当之无愧地成了全网第一档爆款辩论真人秀节目，可能会有人很困惑，为什么一档鲜有人做的辩论节目就能这么火呢？其实，辩论只是《奇葩说》的一种形式而已，真正让这个节目火起来的原因是《奇葩说》玩的不再是传统的营销，而是新型的内容营销。

第一节　理论教学要点

一、国际市场营销

（一）国际市场营销特点

国际市场营销特点包括：复杂性、风险性、激烈性。

（二）国际市场营销环境

国际市场营销环境包括：国际政治法律环境、国际经济技术环境、国际社会文化环境、21世纪国际市场营销环境的重大变化。

（三）国际目标市场选择

国际目标市场选择包括：国际市场细分、国际目标市场选择、估计市场潜量与销售潜量。

（四）进入国际市场的方式

进入国际市场的方式包括：出口进入方式、合同进入方式、投资进入方式、对等进入方式、加工进入方式。

（五）国际市场营销策略

国际市场营销策略包括：产品策略、渠道策略、价格策略、促销策略。

二、服务市场营销

（一）服务市场营销的特征

服务市场营销的特征包括：无形性、同步性（相连性）、异质性（易变性）、易逝性（时间性）。

（二）服务质量管理

（1）服务质量评价标准：感知性、可靠性、适应性、保证性、移情性。

（2）提高服务质量策略：标准跟进（定点超越）、蓝图技巧（服务过程分析）。

（3）服务的有形展示类型：实体环境、信息沟通、价格。

（4）服务定价、分销与促销。

三、市场营销新领域和新概念

市场营销新领域和新概念包括：绿色营销、整合营销、关系营销、网络营销、营销道德、微博营销、移动营销、病毒营销、知识营销等。

第二节　教学引导案例

案例9－1　华为：实现“二次替代”的竞争优势

一、背景资料

随着通信设备市场的饱和，华为提出了“云管端”战略，进入更加辽阔的“云”世界。“云管端”的立体结构，几乎涵盖了未来互联网的所有领域，既有巨大空间，同时也使华为置身于不同以往的竞争领域。竞争对手("友商")不再仅仅是爱立信、诺西、思科、北电等"老伙伴",而是谷歌、亚马逊、IBM、苹果等IT巨头。

二、基本案情

按照任正非的说法,华为可以做"管"上的"铁皮"即"云"体系中的通信和网络部分;而最近华为宣布开发"超宽带"产品,就是在"管"上发力的一个标志。在"端"的层面,华为手机在"海思"芯片的助力下,价值链更有优势,战略回旋余地更大,也有利于顾客体验的创新。目前已进入全球手机第一阵营,未来将会和苹果、三星展开波澜壮阔的"三国杀"。"荣耀"手机独立运作,为未来面向年轻消费人群、拓展消费类电子市场开辟了通路。

华为是一家有"野心"(战略抱负)的企业,在"云"的广阔舞台上,未来很有可能成为耀眼的明星。此外,华为正在开辟新的战场,开始进入与互联网相关的新能源领域。

(一) 国内市场的"第一次替代"

20世纪80年代后期、90年代初期,华为以及同期崛起的"巨大中华"(巨龙通信、大唐电信、中兴通讯、华为技术)中的其他企业,都是从国内市场起步的。当时国内通信设备与国外相比差距很大,以数字程控交换机为例,国内市场上没有国产产品,全部是进口货(美国、欧洲、日本等国的产品报价非常高)。

华为创立后不久,不满足于低端产品的代理和仿制,集中力量甚至孤注一掷地主攻数字程控交换机,并于20世纪90年代中期取得突破,既赢得了市场空间,也迫使国外进口产品大幅度降价。除数字程控交换机外,华为后来陆续开发的网络通信产品(比如路由器等),也基本上是按照"模仿—创新—替代"的路径在国内市场逐渐取得优势的。

国内市场上对国外产品的替代,我们称之为"一次替代"。这种"替代"对于后发国家经济发展具有重大意义,是后发经济体实现工业化、追赶发达经济体的必由之路。如果在主要的产业都实现了这种替代,则民族工业体系基本形成。综观我国工业部门,通信设备领域的替代是最成功的,这一方面是因为政府政策的作用(对民族工业予以一定的保护),另一方面是因为以华为为代表的一批市场化程度高的企业卓有成效的努力。

相比之下,民用汽车的进口替代是最不成功的。主要原因是非市场化的方式向外资开放市场并保护原有国有汽车制造企业(向外资企业开放了市场但并没有真正换来技术;通过强制外资汽车企业与国有汽车企业合资,保证了后者的"管制红利",但技术能力和管理能力都没有发育起来。一定程度的垄断推高了产品价格,影响了消费者利益。而民营汽车企业一直处于"边缘化生存"的状态)。

可见,没有真正的市场竞争,就不可能有产业的发育和壮大。目前,在装备、材料、电子元器件等领域,国内市场上的进口替代正持续发生。

(二) 国际市场的"第二次替代"

当华为在国内市场已有一定地位和优势、人力资源积累到一定程度时,及时将战略重心转向国际市场,将"替代"的故事在国外又上演了一回。只不过这回渗透进入了国外产业巨头的市场领地。如果说本土市场上的"一次替代"有赖于与地缘相关的因素和条件的话,那么"二次替代"才真正见证了企业的竞争力。

尤其值得注意的是,当"二次替代"从不发达国家市场转到发达国家市场(欧洲)时,"替代"的内涵有所变化:长期由国外品牌占主角的部分高端市场开始出现松动。这与全球金融危机和经济衰退有关，因为国外老牌运营商也在压缩投资，寻找价廉物美的新兴设备及系统供应商。从这个意义上说，衰退周期对于华为这样的挑战者来说，或许具有一定的正向意义。

朋友们一定会问：华为怎么能在国内、国外两个市场实现“两个替代”？“替代”背后的原因、理由是什么？我认为，主要是三个方面的原因和竞争优势：产品性价的优势，客户导向的技术创新优势和客户关系管理优势。

（三）不可抗拒的产品性价的优势

通信及网络产品的主要成本在于开发，其中的主要部分是知识型员工的劳动报酬（按照经济学的说法，这些产品凝聚了大量的智力劳动）。华为产品性价比优势的背后是知识型人才的性价比优势。20世纪八九十年代，当大多数人对中国人口红利以及劳动力资源优势的认识限于低端劳动力时（珠三角、长三角地区大批加工型的劳动密集型企业兴起），任正非敏锐地发现，全球人力资源市场上，中国高端劳动力的优势同样巨大。

首先是供给充分。我国的高等教育体系虽然广受诟病，但自20世纪50年代大学院系调整后，工科教育相对完整、品质较高。中国拥有几乎是全球规模最大的工程师人群（缺少的是高端创新型领军人才）。20世纪末至21世纪初的20余年时间内，国有企业及科研机构吸纳工程技术人员的能力下降，大量民营企业对技术人才尚未重视，处于改革开放前沿地区的华为，无论是地缘还是待遇以及组织氛围（华为以“奋斗者为本”，许多传统国企以“人际关系”为本）均有吸引力，吸纳了大批工程技术专业的毕业生及年轻人。在这方面，华为与许多“草根”型的民营企业相比更有眼光、更有远见（在战略思想上提出“人力资本优先增长”），在行动上也更加有力，甚至有“掠夺性”人才引进的说法。至今人们仍在传说华为创业初期如何“垄断”几所邮电大学毕业生的故事。

其次是“价格”低廉。20世纪末，我国工程师的平均报酬大体上是相当于美国、日本、欧洲成熟人力资源市场同类人员的五十分之一（甚至高达百分之一）。当中国工程师的月薪只有1 000余元人民币时，欧美已达到数万元（折算成人民币）。这样的人力资源市场为华为提供了获取优质人才的良好条件，使华为可以通过利益杠杆、事业愿景迅速积聚、增值人力资本。

由于“文革”十年，中国大学基本上没有招生，华为缺少有经验的研发人员，也无法形成阶梯式的技术团队，只能重用“学生兵”，将一群稚气未消、任正非眼中的“孩子”推到技术开发一线。天助华为，若干“天才少年”创立了奇功。这种将人才职业生命周期向前移动以及压缩的做法，放大了人力资源成本优势（同样的职位，华为用的是年龄较轻的人，人力成本相对于使用年龄较大的通常要低一些）。

近几年来，我国工程技术人才市场发生了重大变化。首先是合格供给减少。大学扩招导致教育资源被稀释，不利于教育质量的提升；优秀学生愿意从事工程技术工作的比例减少；即使不考虑扩招因素，近年来大学教育品质令人担忧（风气浮躁，教育伦理受到冲击）；新一轮的出国留学潮已然形成……其次是薪酬上扬。由于稀缺以及高房价、通货膨胀因素，我国人力资源市场上，工程技术人员薪酬一路上升，和美国、欧洲、日本等发达国家之间的差距在我国部分发达地区（“北上广深”）已经缩小至3至5倍。这一趋势如果继续下去，中国经济的比较优势将不断缩小甚至消失殆尽。

（四）客户导向的技术创新

以华为为代表的中国企业，创业之初技术基础薄弱。唯有依据客户需求，在应用技术层面进行创新，改进产品的局部功能、“人—机”界面或者降低产品的运行、使用成本。这种做法的关键在于深刻、准确洞察客户被忽视和漠视的愿望，并在技术及产品上做出有针对性的回应。当总体技术落后时，我们可以在理解客户层面略胜一筹，以此牵引技术持续的、集腋成裘式的进步。这是追赶型企业成长的关键。

下面列举几次华为创立以来，人们公认里程碑式的技术创新：

第一次是20世纪90年代初期“CC08”交换机开发时，用光纤替代欧美国家普遍使用的铜缆，解决了中国农村市场远程通信网络建设和运行维护问题。

第二次是21世纪初，华为针对欧洲客户存在的机站选址困难、运维成本高等难题，开发出了“分布式无线基站解决方案”，机站及设备可选址的空间范围大大增加（街道柱子、楼顶、过道、地下室、楼梯间等），建设费用及运维成本大幅度降低。

第三次是近年来，华为根据中国三大运营商三足鼎立、分别建网且制式不一、快速迭代（2G、3G、4G……）的特殊国情，首创性地开发出“Single RAN”网络解决方案（平台）——“一个网络架构、一次工程建设、一个团队维护”，解决了运营商在网络布局、建设、运维方面的不便、低效和困难，使运营商顺畅、快捷地过渡升级到新一代技术，并节约了大量的成本。

目前，华为在部分技术领域已成为全球领先者，正走在从“fast follower”（快速的跟随者）到“ICT领导者、客户问计对象”的宽广道路上。近20年来华为累计获批专利近4万件。据我一位在国家有关部门工作的朋友称，华为的自主创新成果占到全国所有企业全部成果的2/3。

三、问题思考

华为为什么能超越大量的国内企业，真正实现了技术驱动呢？

四、分析点评

华为持续技术进步的原因是什么呢？除了前面提到的人力资源优势之外，主要的因素在于理念、政策的导向以及机制的设计。概言之，是关注长期成长及竞争要素的战略行为所致。

第一，从导向角度看，华为强调所有的新技术开发、应用，要注重“交付价值”，即最终客户得到的功能和利益。

也就是说，不为技术而技术。行业内的领先企业，尤其有技术优势的企业，往往会陷入创新陷阱，即超越客户的需求进行技术创新——这就是克莱顿·克里斯坦森在《创新者的窘境》中所分析的“大企业失败”的原因，也是任正非念兹在兹、严加防范的情形。在华为看来，只要坚持客户导向的技术创新，加之灵活的组织形态和机制，就能避开“创新者的窘境”。

第二，华为在资源配置上持续向研发环节倾斜和“压强”（2016年研发费用预期超过销售额的10%）；即便在创业初期条件艰苦、资金奇缺的情况下，也坚持向“技术”投资。

华为在成长战略上信奉“深淘滩，低作堰”，前一句指的就是企业即使在困难时期或是行业不景气时，也要苦练内功，锻造核心技术能力。而国内许多企业虽然大谈技术导向，但需要真金白银投入时就含糊、退缩了，显现出“小生产”的“叶公”本色。

第三，按照全球客户资源的分布以及研发人才的禀赋状况在全世界范围内设置研发机构。

比如俄罗斯人数学好，那就主攻算法软件；法国人浪漫、艺术感觉好，那就主要研究设计美学……

第四，将研发活动以及机构分层，将基础研究和应用技术、产品技术分离开来，着眼于长期战略和未来优势，配置资源进行基础性研究。

大家都知道，华为有一个研究机构取名“2012”，源于一部灾难性电影名，既是为了增强企业发展的危机意识，同时也寓指从人类社会未来生存毁灭角度探索解决问题的技术路径。

（参考资料：施炜.华为：实现“二次替代”的竞争优势.销售与市场（渠道版），2016(4).）

案例9－2 云零售：新零售的终极演化形态

一、背景资料

马云在一次互联网大会上谈到电子商务对实体门店的冲击，表示“不是我们打败了谁，而是新的年轻人、新的消费习惯”。无独有偶，马化腾也说过“我最大的担忧，就是越来越看不懂年轻人的喜好”。可见，零售企业最大的威胁并不是线上线下，而是消费者的变化。

二、基本案情

（一）零售进化论

物竞天择，适者生存，在消费不断变化和升级的背景下，零售业为了适应消费的改变，也在持续地进化。

零售是将商品及相关服务提供给消费者作为最终使用的交易活动，它不是一个独立的存在，而是一个有机的系统。整个零售系统有三个要素：主体、载体和客体，三位一体服务于消费者。主体是交易的标的，通常指商品及服务；载体是交易的场所，也就是渠道；客体是交易的价值，主要是指交易的触发点，比如价格、品质等。简单来说就是“货、场、价”，这与阿里研究院提出的零售三要素“人、货、场”不同。笔者认为“人”是零售服务的对象，应该是独立于零售体系之外的，零售的进化就是不断重构“货、场、价”的历程。

1. 零售的主体：从“二八定律”到“长尾效应”

在短缺经济社会，商品销售的分布满足“二八定律”，即80％的市场份额来自20％的商品，口碑好质量好的标准化商品可以高度支配市场。曾经的科龙空调、海尔冰箱、桑塔纳轿车都占据过该细分市场的半壁江山。

在丰饶经济社会，商品销售则呈现“长尾（long tail）效应”，既有集中于头部的部分热销商品，也有分割出不同利基市场的海量长尾商品，市场“头部”和“尾部”几乎占据对等市场份额，甚至尾部更大。目前的智能手机市场就是一个典型的长尾市场，2016年中国大陆线下渠道走量的74款手机机型，iPhone 7、Mate8等畅销款名列前茅成为“头部”，金立、乐视、酷派、中兴、朵唯等手机品牌组成“尾部”，形成典型的“长尾形状”。

经济学上认为消费者有两种倾向，一种叫作“巡游花车（bandwagon）”，就是大众需求；另一种叫作“自命不凡（snob）”，就是小众需求。学者在工业经济时代提出这个理论，这两类需求的总量是一大一小。但是在互联网时代，自命不凡的需求一下就被放大了。从消费的角度来看，大众需求会集中在头部，而分布在尾部的是个性化的小众需求。这部分差异化的、少量的需求会在需求曲线上面形成一条长长的“尾巴”，将所有利基市场累加起来就会形成一个比流行市场还大的市场，这就是所谓的“长尾效应”。长尾效应是丰饶世界的一种现象，只有头部，无法满足用户的更多需求；只有尾部，用户则完全进入一个陌生的世界，无从下手。

2. 零售的载体：渠道的革命

渠道是零售的载体，也是连接消费者与商品的媒介，是供应链的最后一公里。零售的演化历程可以分为百货商场阶段、连锁商店阶段、超级市场阶段、购物中心阶段和无店铺经营阶段等五个阶段。

从演化的方向来看，零售渠道有两种发展趋势：一是碎片化，渠道下沉，消费场景不断分散和重构，体现极致化购物的便利性。便利店、精品店、会员体验店等小型业态迅速发展，从近年来美宜佳、全家、7－11 等便利店扩张式开店可见一斑。二是集中化，渠道进一步集中，消费场景不断聚合，体现多样化购物的体验性。购物中心、商业街等大型业态持续做大，造就了万达广场等大型商业综合体如火如荼的局面。

3. 零售的客体：从“价格”到“逼格”

消费 1.0 时代，在计划经济体制下，商品通常有价值而没有市场价格，产品大多数基于分配而不是基于交易。

消费 2.0 时代，价格成为购买决策的最重要考量因素，市场完全符合西方经济学里的供求曲线，需求随价格上升而减少，供给随价格提高而增加，价廉物美的商品备受青睐，价廉优先。

消费 3.0 时代，品质成为关键的决策因素，物质文明生活的提升催生消费升级，过硬的品质和服务的格调成为商品的卖点，用户不再盲目追求低价，对“物美”的考虑开始优先于“价廉”。

消费 4.0 时代，大众消费市场日趋个性化，“只要生产一辆黑色福特汽车”的做法已行不通了。消费者需要个性化的产品，不仅仅要在功能上满足他们的某个痛点需求，还要在情感上让他们对该产品产生一种“连接感”，消费就是要有“逼格”。产品打造要从三个层面来实现“三有”：物理层面要求“有用”，至少要有 3 个功能差异点；化学层面要求“有趣”，能够与用户愉悦地交互；社会层面要求“有爱”，即有情怀，打造文化与情感的共鸣点，形成共同的价值群落。

（二）云零售：新零售的未来

未来会怎样？零售和电商巨头们都有自己的想象，抛开臆断的因素，还是要从决定零售的消费出发。未来的消费需求将是无限多元、极致个性、迅速迭代，会衍生出海量小众利基市场，需求“长尾”无限拉长，形成“新长尾形态”。

如何适应消费的发展？万变不离其宗，无论商业如何发展和进化，零售的本质不会变，阿里研究院提出，零售的本质是无时无刻不为消费者提供超出预期的“内容”。“超出预期”就需要充分了解消费者，即“以心为本”，通过大数据进行全息消费者画像。“无时无刻”则要求消费的“超链接”无处不在，以用户为中心，在人、商品与服务、供应链等各个环节数字化基础上，通过数据流动进行串联，提供覆盖全渠道的无缝消费体验。零售的逻辑是“你懂我、你爱我、我买单”，用户为体验买单。

会变的是零售的三要素“货、场、价”，任何商品、任何渠道、任何价值都如同“光的波粒二象性”一样具有“二象性”，既是物理的，也是数字化的。大数据则扮演着串联的角色，而真正让三要素有机融合并实现“生态化”则是数据的计算方式——云计算。零售的主体、载体、客体都将数字化并在云端进行整合，形成三位一体的云平台。零售资源都将“云化”，经过云端的计算让消费可以按需分配，这就是新零售的终极演化形态——云零售。

云零售是基于数据赋能不断创造消费者的泛零售形态，其三要素有以下三大特征：

1. 云零售的主体：产品 IP 化

打造以“用户”为中心的商业逻辑，形成“IP＋用户＋商品”的社会化链接，实现产品 IP 化。丰饶经济年代用户消费的逻辑已经不是“使用价值”的满足，而是“情感体验”的满足。用户在寻找“情感体验”带来的快感，来满足自己内心的“欲望”。消费的链条将由“人找商品”变为“商品找人”，因为 IP 会赋予商品更多的价值内涵，聚集在这个 IP 背后的用户是一群具有共同认知的价值群落，这种“激发”会促使转化率、购买频次、客单价的提升。

如此一来，零售的逻辑将发生变化，传统的“产品—终端—消费者”流程将彻底颠覆，变成“认知—定制—产品”，产品甚至可以后产生，无须产品实物来激发人的购买欲望。这种“人和 IP 的链接”产生的数据可以挖掘出一种新的“情感数据”。情感数据会在促销、定价、选品、服务等领域得到广泛的应用，让企业知道用户“想要的到底是什么”，并为企业创造消费者。

褚橙销售如此疯狂，但用户真的是因为关注健康？当你拿起一个褚橙，你能够想象那位八旬老人身居哀牢山、俯首果园、挥汗如雨、从头再来的感人画面。所以，你消费的不是褚橙，而是褚时健在跌宕人生中那种坚忍不拔的精神。那么，褚橙已经 IP 化了，它给了你一个理由去联想，让你沉浸于那种精神境界的联系中。哪怕是以前不爱吃橙子的人，内心消费需求也被激发了出来，产品也就有了附加价值。

未来，基于消费者的情感数据，所有产品都将 IP 化。消费倡导追求体验，“要把时间浪费在美好的事物上”，正如吴伯凡老师所说：“同样是茶，用户不再为柴米油盐酱醋茶的茶付钱，他会为了琴棋书画诗酒茶的茶而付钱。”

2. 云零售的载体：OAO 超链接

未来将没有终端，只有“云端”。在产品 IP 化的背景下，终端不再是商品的销售渠道，而是消费体验和数据上传的端口。云零售将遍布传感器与交互设施的端口，端口都是线上线下一体化的 OAO(Online And Offline)模式，即线下端和线上端有机融合的“双端”模式，可将线上消费者引导至线下，也可将线下消费者吸引至线上，从而实现线上线下资源互通、信息互联、相互增值。在形态上，无论是百货公司、购物中心、大卖场、便利店，还是线上的网店、各种文娱活动、网络直播，以及各种移动设备、智能终端、VR 设备等都是数据导入的链接。

在超链接下，消费者实时“在线”，端口将消费者全方位的数据上传至云端，通过数字化技术打通线上与线下、虚拟与现实的各个碎片化端口和各个消费环节，实现深度融合。消费者将不受区域、时段、店面的限制，商品不受内容形式、种类和数量的限制，消费者体验和商品交付形式不受物理形态制约，零售渠道真正变得无孔不入和无所不能。

3. 云零售的客体：消费者克隆

云零售不再是满足消费，而是从 0 到 1 创造消费和从 1 到 N 复制消费的过程。对商家而言，用户不再是活生生的肉体，而是一个个数字化集合体，数据是最重要的生产和设计“基因”，对消费者进行全息画像，几乎可以无限逼近最真实的形象，甚至挖掘出更多内心隐藏的信息。产销将实现一体化，基于数据可以为用户提供内心最渴望的定制化体验，商品都是数据赋能的超级 IP，在生产的同时就已经创造了消费者，并通过价值传递的零售渠道，持续激发新的消费欲望，相当于克隆出了一个个真实的消费者。

数据基因不断克隆出消费者，市场将是基于数字经济的统一市场，基于地域和营业时间的传统商业逻辑被打破，零售企业的核心竞争力就是算法，即基于数据基因的编程和云计算能力。对消费者而言，通过主动或被动提供个人全方位的数据信息，即可在不同的超链接端口进行体验，为体验评分，同时为体验买单：谁最懂我，谁最能给我惊喜，我就认同谁，我就是谁的粉丝。数据，既为生产赋能，更为消费赋能。

未来，云零售能实现的消费愿景就是“所想即所得，所得即所爱”，当然，反过来念也成立。

三、问题思考

如何理解“未来，云零售能实现的消费愿景就是‘所想即所得，所得即所爱’”？

四、分析点评

云零售是基于数据赋能不断创造消费者的泛零售形态。① 打造以“用户”为中心的商业逻辑，形成“IP＋用户＋商品”的社会化链接，实现产品 IP 化。丰饶经济年代用户消费的逻辑已经不是“使用价值”的满足，而是“情感体验”的满足。② 在超链接下，消费者实时“在线”，端口将消费者全方位的数据上传至云端，通过数字化技术打通线上与线下、虚拟与现实的各个碎片化端口和各个消费环节，实现深度融合。消费者将不受区域、时段、店面的限制，商品不受内容形式、种类和数量的限制，消费者体验和商品交付形式不受物理形态制约，零售渠道真正变得无孔不入和无所不能。③ 克隆消费者，对消费者而言，通过主动或被动提供个人全方位的数据信息，即可在不同的超链接端口进行体验，为体验评分，同时为体验买单：谁最懂我，谁最能给我惊喜，我就认同谁，我就是谁的粉丝。数据，既为生产赋能，更为消费赋能。

（参考资料：范鹏.云零售：新零售的终极演化形态.销售与市场（管理版），2017(5).）

案例 9－3　看《奇葩说》如何花式玩转内容营销

一、背景资料

《奇葩说》的背后是以马东为 CEO 的米未传媒，在米未传媒成立之初，就获得了李开复执掌的创新工场有史以来最大的一笔投资。由于这档节目的成功使得《奇葩说》背后的米未传媒在 5 个月内的估值达到 20 亿，这样傲人的成绩使得《奇葩说》当之无愧地成了全网第一档爆款辩论真人秀节目，为什么一档鲜有人做的辩论节目就能这么火呢？

二、基本案情

（一）新型的内容营销

内容营销是指企业为了积累消费者、提升品牌忠诚度和黏性，从而向消费者传递有价值的信息的营销活动。内容营销与传统营销的主要区别在于前者可以将品牌理念、品牌价值、品牌形象等策略性地融入产品中，当用户在消费该内容产品时，与品牌相关联的信息就会随着产品的消费过程对用户产生很深的影响。而《奇葩说》做的就是内容营销，它所传递内容的特点就是有趣，就是让观众感到娱乐。从节目的开场来看，几位导师会有一段有趣的开场白并且会就大众最关注的“明星八卦”或者是社会话题与当期的明星嘉宾进行互动，满足了坐在屏幕前吃瓜群众的好奇心；从辩论的环节来看，辩手们对辩题的论点的切入更加打破常规，并且每位辩手在辩论的过程中会极具表演力地说一些有趣的小段子，导师们在辩手辩论中更是会见缝插针的寻找爆笑点，不断地为节目掀起一个又一个有趣的小高潮。下面就让我们一起分析一下《奇葩说》是如何花式玩转内容营销的。

（二）打造内容生态体系

你以为《奇葩说》背后的米未传媒就只有这一档节目吗？那你就大错特错了，米未传媒正在《奇葩说》的基础之上深耕细作，目前致力于打造一套垂直的内容生态体系。米未传媒的生态体系是三维的，CEO 马东曾指出这个生态体系是由 X、Y、Z 轴组成，X 轴是内容轴，主要包括《奇葩说》、《饭局的诱惑》、《拜拜啦肉肉》等五档网络综艺节目；Y 轴是衍生轴，主要是为 X 轴提供相应的服务来反哺 X 轴，包括负责艺人经纪的爱米未、负责音频产品的米果传媒以及趣味电商——米未小卖部；Z 轴是投资轴，目前米未传媒投资了两家初创公司。

看似米未传媒在进行漫无目的地扩张，但是所有的业务都是与米未传媒价值观相似的——即打造趣味性内容，成为“内容巨头”。首先，我们来分析一下 X 轴上的内容产品，这是整个米未传媒的核心产品。在《奇葩说》中走红的艺人，米未公司会为他们打造自己的脱口秀或者网络综艺节目，将《奇葩说》的基因复制到更多的节目中，这样做一方面可以将《奇葩说》中当红艺人的名气带给公司旗下的新产品，而且还可以把这些优秀的艺人包装打造地更能独当一面，由此就形成了一个正向的循环。

Y 轴产品是 X 轴产品的衍生，爱米未主要为那些当红的艺人提供服务，而米果传媒于 2016 年 6 月在喜马拉雅 FM 上推出了付费音频《好好说话》，这个音频是由那些在《奇葩说》中的当红艺人所编制的，是一个教人怎样“避免雷区，把话说得漂亮得体”的音频课程，每一期的音频大约 6 分钟，一年有 260 期，全年的收费是 198 元。携着《奇葩说》的粉丝效应，自这款音频产品上线以来，总销售额达到 3 000 万。2017 年 4 月 7 日，米果传媒在《好好说话》之后又推出了一档付费音频《小学问》，以场景为导向传授给消费者看待事物的观点。电商米未小卖部卖的产品直接利用了粉丝经济，打造了 69 元两盒的“粑粑瓜子”，它打通了“嗑瓜子撕逼”的壁垒，做到了辩论的全产业链，米未传媒相信《奇葩说》的“死忠粉”会为这些有趣的产品买单。

下面让我们看一下《奇葩说》是如何进行内容广告的宣传的。

（三）创新播放内容广告

《奇葩说》第三季的招商总额破 3 个亿，这个节目的吸金能力为什么这么强？这是因为节目中有个在用生命打广告的马东，马东的“奇葩式”的广告植入得到大量观众的好评。与传统的广告植入不同，《奇葩说》中的广告可谓是花样百出，趣味性强。很多观众表示“城里人真会玩，非常喜欢看这种有趣的广告”，那么《奇葩说》是如何做到创新地播放内容广告的？

第一，为赞助商的广告进行定制化的设计，并且大大方方、“厚颜无耻”的插播广告。米未的内容营销团队会首先考虑赞助商的品牌诉求、品牌受众，然后会考虑怎样将《奇葩说》与这个赞助商进行无缝连接，然后选择恰当的场景和时机让广告在那一瞬间爆炸。传统的广告现在已经不容易打动消费者，但是这种内容广告可以结合更好的场景和时机，不仅使得赞助商更好的传递自己的广告诉求,也使得消费者更心甘情愿地被洗脑,从而增加消费者对赞助商的偏好,更易使消费者产生情感共鸣。举例来说,冠名了第二季和第三季《奇葩说》的有范儿 APP,《奇葩说》为其打的广告语有“有钱有势不如有范儿”“穿衣用有范,争取不犯二”等,节目上的广告宣传使得有范 APP 品牌认知度上涨了 433%;还有“国际抗饿大品牌,果粒多燕麦牛奶”通过《奇葩说》的马东口播之后,其牛奶销售量环比增长了 300%。

第二,全体成员包括整个节目的布置都在用生命打内容广告。你以为整个《奇葩说》只有马东在打广告吗?《奇葩说》绝对是在搞全民营销。

首先,奇葩说的广告狂魔马东打广告的功力可见一斑,不仅在节目开始前会插播各位赞助商的广告,而且他能在与各位导师的谈话或者是辩手们的辩论中见缝插针,或者从一个段子中突然抖出来一条口播广告。例如 2017 年 4 月 22 日的节目中,几位导师在谈论有没有难以丢弃的东西,马东说最难以丢弃的东西是“秋裤”,他不知道怎样处理,但是直到他知道了一个 APP 叫“闲鱼”就化解了这个问题,引得几位导师和现场观众捧腹大笑。

其次,奇葩说的辩手们也在辩论中会进行广告宣传,例如第四季以 1.4 亿冠名的小米的广告语是“掏出来搞事情的小米手机”,其中就有一位辩手在陈述自己的观点时多次强调了“搞事情”这几个字,随后屏幕上打出了“小米手机”的字样。最后,就连整个节目组的现场布局、选手们穿的服装、选手们喝的饮料、写有辩论正方反方的标牌也都渗透着赞助商的身影,比如蒙牛纯甄酸牛奶是第四季播出的奇葩说的赞助商之一,所以节目选手们喝的饮料都是蒙牛纯甄酸牛奶;再如作为第四季冠名的小米手机,辩论导师会亮出自己支持正方还是反方,而载体就是写有“正”或者“反”的小米手机屏幕;再如每位辩手会拿着一个小牌子,这个小牌子上也会印有与赞助商相关的信息,当被其他辩手的发言感染时,辩手们就会挥舞手中的小牌子,而这时镜头也会对这些小牌子有一个大特写。

(四) 找对的人进行内容营销

传统营销的目的就是粗放地让更多的人了解产品,但是现今的内容营销将目标客户的范围缩小,找准一个精细且有巨大潜力的市场进行营销,既能节省经费又能产生好效果。因此《奇葩说》要进行内容营销,也得有人买账才行。米未传媒认为 90 后的人群掀起了新一代消费浪潮,所以《奇葩说》进行内容营销的目标客户就是 90 后或者是 85 后,对这一部分群体进行深入细致地发掘、分析,然后再进行有效的内容营销。据统计分析,爱奇艺超过一半以上的用户都是喜欢追求新鲜有趣视频的年轻人,这些用户成为爱奇艺的主要创收来源。

米未传媒认为 85 后以及 90 后的特点就是喜欢新鲜有趣的东西,所以米未传媒所打造的一些业务内容都围绕着有趣进行,例如旗下的《奇葩说》里面充满着有趣的辩题、有趣的辩手、有趣的观点、有趣的广告植入,因此这个节目不但非常精准地找到了目标客户,非常精准地把握了消费者的需求,并且创造出来的产品满足了他们需求,所以这档节目才能在众多的网综节目中拔得头筹。

《奇葩说》是一档最会说话的节目,也是一档具有巨大商业价值的宝库,是内容营销的标杆。懂内容、懂客户、会营销使《奇葩说》越来越成功,由此可见,“内容为王”的大趋势真的正在发生,拥有好的内容再辅以一定的营销手段可以助力企业创造更大的商业价值。

三、问题思考

(1) 通过案例分析,试总结成功进行内容营销的核心是什么?

（2）案例中《奇葩说》的所打的内容广告，是什么风格？

四、分析点评

（1）要想成功地进行内容营销，打造内容产品是核心。这就要求企业要为所传递的产品内容设置一个基本的有价值的定位，然后根据这一定位对产品进行营销宣传，例如对于这种内容产品进行创新的内容广告宣传，即不仅将产品和内容融合在一起，而且在广告的播放中也将内容融入进去。

（2）通过案例，我们可以看出《奇葩说》中所打的内容广告走的也是“奇葩”的风格，是一种被观众喜欢的“奇葩”风格。将产品、广告融入娱乐内容，使广告变得更有趣，而且这种趣味性的内容广告往往还会使观众很期待下一次的广告是怎样的玩法，不禁使消费者越来越爱看广告。而且这种内容广告使得各个品牌也可以放下身段以《奇葩说》为载体与消费者进行平等的对话，增加了消费者对于广告的接纳程度。一个个的内容广告实在让人反感不起来，每次都是变着花样的打广告，让观众在捧腹大笑的同时也对品牌有更深的了解。

（参考资料：梁栋.看《奇葩说》如何花式玩转内容营销.销售与市场（微信号：cnmarket），2017 年 5 月 7 日.）

第三节　课堂讨论案例

案例 9－4　中国白酒的未来在哪里？

一、背景资料

2016 年中国白酒的发展已经到了一个非常重要的关口，白酒行业将走向何方？未来真的会像大家期待的那样，触底反弹然后一路高歌吗？

中国白酒作为中国民族文化的象征，未来将随着人口红利和文化红利的消失而衰退，行业会因为总量增长萎缩进入残酷的绞杀战中，从而呈现两极分化——大企业在向下绞杀的过程中保持自己的市场份额，小企业在扎根发展的过程中稳定自己的市场份额，中间型企业和中间型渠道会被挤压掉。受人力成本上涨、销售不旺及政策干扰等长期影响，白酒产业从厂家到渠道将进入断臂求生、创新求存的新发展通道。

二、基本案情

唯有创新，才能找到新的突破口。本文给出三个发生在身边的白酒创新的案例，它们在某种意义上帮我们打开了新的发展视野，也让我们看到了中国白酒的创新方向。

第一是文化策略。

国馆酒——为中国文化代言，国馆重新定义中国白酒

为什么第一个讲的是国馆酒？众所周知，文化价值是白酒三大灵魂价值之一。酒向来代表的都是社会精英阶层的文化，不管在哪个朝代都是如此。

中国白酒玩了很多年的文化营销，但本质上是企业的历史文化或者杜撰文化，与精英阶层的文化相去甚远，大多数都是不入流也不入雅的。而国馆酒利用中国的艺术家及文化精英的资源开发白酒产品，让艺术与白酒完美融合，让我们脑洞大开看到了一个全新的白酒世界。其能够这么霸气地提出“为中国文化代言，重新定义中国白酒”，就是深刻洞察了精英文化这一点。

说到这里，我必须为竹叶青酒惋惜一下，可以说能够代表中国文化甚至东方文化的，在中日韩酒类品牌中只有一个“竹叶青”，只有竹叶青酒超越了地域具有东方君子文化的品格，其他中国名酒都带有鲜明的区域性而缺乏国格性。可惜汾酒集团一直沉浸在千年养生的保健怪圈里不能自拔，没有迅速去抄中国酒文化的后路，对接中国精英阶层及文化阶层，反而始终围绕着中老年人来做文章——“一个父亲的味道”这是极其没落的表现。2012 年年底我已经洞察到中国白酒市场的下滑及禁酒趋势，当时与其管理层探讨时提出对接社会主流价值的概念——“有节有度，有容有益”，可惜时间不对，这是题外话。

回过头来说国馆酒，它把竹叶青的后路给抄了，对于竹叶青酒来说确实有点可惜。一棵无根之草不过是沱牌下面开发的一个品牌，却成了中国的“国草”，这让那些自诩“国酒”又“国窖”的白酒精英们怎能不汗颜！

这也让我汗颜不止，因为国馆酒纯粹是策划人转型实业的一个典型代表作，操刀者彭永建董事长曾经我们有幸共事，并且一起创造过一些小传奇。大多数人会觉得广告人在开发产品的道路上有很多短板，认为广告人只适合天马行空地搞创意忽悠人，根本做不出什么实际的东西来，但是国馆酒开发出来后，堵住了很多人的口，当然也堵住了我的口，让我有点后悔当初。

当初我们正在高位，彭永建董事长曾和我私下沟通“国馆”的事情，但是我当时一门心思就想做牛逼的广告人，另外也肤浅地认为高端白酒品牌“国馆”貌似不太好做，不像“国窖”依托于泸州老窖，“国藏”依托于汾酒，这些牌子更像高端白酒，国馆与酒联系不是很紧密。现在想想，一个“品牌种子”的播种，只有创造者本身才能做得明白它应该拥有怎样的世界，其他人只适合做执行者和耕耘者。一个人理念的贯通和思想的强大，其实可以击穿所谓的一切，只要你行走在践行自己思想的路上，这一点恰恰是国馆酒让我们看到了。

第二是收藏策略。

头锅原浆——中国白酒拉菲级的体验

汾酒作为中国白酒的一面旗帜，很多人并不了解其内部结构，但是在我所接触的众多酒企里，汾酒算是一个能上能下的老大哥，要不然也不会成就其今天的市场地位。2010 年年底我曾经针对汾酒写了《汾酒的迷失》一文发表在网上，没有想到汾酒第一时间联系到我，并且最后采纳了我这个无名小辈提出的“中国酒魂”的建议。

因为有了这篇文章，有幸接触到汾酒各个层面的员工。有时候觉得像汾酒这样的国有企业实在是太可悲了，手上拿着这么多金字招牌，竹叶青、杏花村、汾酒……任何一个拿出来给私人运作，绝对风行神州大地，可惜在国有体制下改革太难，取舍太难，要想创新更是难上加难。

因为国企创新难，所以汾酒头锅原浆的创新是很难得的。当时山西杏花村汾酒商贸有限责任公司还没有注册，汾酒集团董事会秘书王涛及团队叫我一起探讨，我从白酒收藏价值的角度给出了肯定的回答。我认为，作为白酒三大核心价值之一的收藏价值一直没有被挖掘出来，汾酒作为国企开始走私人收藏级的路，不求迅速起量，只为爱好汾酒者提供一个更高层次的品鉴和收藏的机会，这是有助于汾酒品牌增值及文化传递的，可以说在行业里领先别人10年。

个人收藏级的白酒目前在中国大多数都是以定制化发展为主，定制的特点是以定制者的需求开发定制者专属的产品，却淡化了品牌特征，因此对品牌没有加分作用，只不过是增加了销量。而汾酒个人收藏级白酒保持了企业的品牌价值，同时提升了品牌体验，消费者可以真正拥有一瓶历经岁月高品质的收藏级好酒。在“2016年第九届中国经销商大会”上，66度汾酒头锅原浆的品质不仅获得经销商的一致认可，连中国食品发酵工业研究院副院长、酒界泰斗张五九先生都说口感不错。

未来白酒的消费总量一定是萎缩的，但是个人收藏市场上将保持旺盛的消费，因为在中国每个人都有存酒的习惯，头锅原浆满足了所有人的体验。

第三是品质策略。

私服原酒——中国原酒公社，只做中国纯粮好酒

为什么第三个案例是私服原酒？因为这是一个传统白酒经销商转型的典型案例。

经销商作为行业最靠近市场的一个环节，最清楚市场需要什么，产品该走向何方。河南郑州柒泉酒业原本是泸州老窖等名酒的开发商，在区域市场做得有声有色，尽管这几年白酒行业调整得很厉害，但是其开发的泸州系列产品销售却非常稳定。美中不足的是产品的利润非常薄，基本属于食之无味、弃之可惜的鸡肋型产品。不仅是柒泉酒业遇见这样的问题，比它更大的同行同样面临这样的问题。

面对这个问题，柒泉酒业董事长郑世兵从产品品质出发，重新构建了属于自己的商业模式——成立中国原酒公社，开始专注于纯粮原酒市场的运作。郑世兵把原有的市场交给兄弟们去干，自己则醉心于私人原酒市场的运作，把积累了多年的白酒专业资源，变成了服务于消费者的平台资源，为爱好白酒的消费者打造专属于自己的纯粮原酒，从而让自己从代理商变成了品牌商，从销售商变成了消费顾问。

这种转变，某种意义上是被市场倒逼的，作为经销商给厂家开发产品，市场好的时候你可以顺风顺水赚点钱，市场不好的时候一方面要承担更大的风险，另一方面随时可能被厂家扁平化掉。

事实上，白酒经过多年的发展，太多的东西需要回归，最需要回归的是那种把产品品质做到极致的工匠精神，让消费者获得更好的产品，得到更好的产品体验，才能够在市场上成就自己的地位。但是这些年来，白酒行业的品质诟病却从未停止过，从酒鬼酒的塑化剂事件到泸州老窖二曲酒酒精勾兑事件，消费者对于白酒品质的认可正在跌落，白酒作为民族文化的象征，正在被各种品质危机击溃。在这种迷茫的环境下，私服原酒的出现，让消费者重新找到了对白酒品质的认可。

正如李克强总理所讲，当前已经进入了消费者的时代，企业要成为消费者的产品顾问，让消费者接受更好的产品，一旦消费者认同了你的产品理念，就能够成为你的消费商，帮你推荐更多的消费者。原酒公社推出的私服原酒，以消费顾问的形式发展消费者，然后引导消费者成为消费商，可以说是白酒产业首个践行发展消费商的企业。

白酒永远离不开中国文化，白酒的价值也离不开收藏属性，白酒的消费更是离不开品质的基础。未来不管白酒行业将如何发展，只要企业围绕中国文化入手，加强白酒收藏建设，提高产品品质体验，就能够在未来的市场建设中保持自己的位置，就能够引领未来。

三、问题思考

1. 陈述白酒文化在白酒行业中的地位。
2. 结合案例，谈谈白酒行业营销的创新策略。

（参考资料：邹文武.三个案例告诉你中国白酒的未来在哪里.销售与市场（管理版），2016（7）.）

案例 9-5　苏宁易购，创新县域级农村 O2O 零售模式

一、背景资料

伴随着互联网红利正在消失，电商增速放缓，苏宁 O2O 模式的优势正在全面凸显，张近东表示要将孵化万千小苏宁，输出苏宁零售 CPU 对外输出。

为了让用户触手可及，更好更快享受苏宁优质服务，张近东对外要孵化万千小苏宁，输出苏宁零售 CPU，全面构建苏宁互联网零售的新渠道。他要求充分利用线上线下最大的综合 O2O 零售平台优势，根据各个渠道的差异化定位和功能组合，打通苏宁易购线上平台、猫宁平台、线下门店平台，以及农村电商的五六级市场，并明确要求在农村市场新开 1 000 家苏宁易购直营店。

二、基本案情

在中国消费升级的大背景下，零售行业面临着内、外部的空前挑战，但对于那些勇于创新、敢于实践的企业来说，又是极大的机遇。通过零售创新奖的评选，CCFA 希望推出一批具有行业代表性的优秀创新典范，持续推动零售行业和企业健康、快速、稳定地发展。

苏宁易购服务站直营店是苏宁落实“三化五当”模式（“三化”：农村地区农业产业化、农产品品牌化和人才专业化；“五当”即苏宁在农村地区实行“销售、服务、就业、纳税、造富”在当地）、打造农村电商生态圈的重要载体。通过在县域地区设立直营店，构建县级直营店—镇级授权服务站—乡村联络员的运营体系，完成三四级市场上信息流、物流、资金流等的线上线下融合交互，建立起全新的 O2O 农村电商新模式。

截至 2016 年 9 月 30 日，苏宁已经开设苏宁易购服务站直营店 1 727 家，苏宁易购授权服务网点 2 170 家。农村电商服务网络已覆盖全国 1 000 个县、5 000 多个镇、50 000 多个村，并通过本地化人才招募策略，带动回乡创业就业青年超过 1 万人，人员招募本地化覆盖率已达 97%，为 1 500 多万农民提供了高效优质的服务。已上线 400 余家中华特色馆，惠及 100 多万农民。

（一）项目背景

近年来，随着互联网技术应用时代的到来，我国县域农村地区因其拥有全国人口 70% 的人口规模及占全国 GDP 56% 的规模优势，成为未来商贸零售领域发展的广阔蓝海，各大商贸零售企业纷纷开拓三四级市场。

苏宁也不例外，积极贯彻落实国务院互联网＋流通行动计划，响应商务部、农业部等相关部委的要求与号召，加快助推三四级市场地区县域农村经济的升级改造，充分发挥苏宁自身线上线下双线融合优势，主动承担社会责任，率先创新探索企业作为市场主体在“互联

网＋流通”行动中的示范作用，形成助力县域“互联网＋流通”服务现代农业的新模式。

开设苏宁易购直营店是重要举措之一，能够迅速打破农村市场瓶颈，是推动三四级市场农产品上行、工业品下乡的重要枢纽。

（二）设计思路及实施流程

依托苏宁的物流、信息流和资金流，通过在三四级市场建设苏宁易购直营店、代购点，搭建县镇、乡村级 O2O 平台，实现优质商品和服务下乡，在开发农村消费潜力的同时，借助苏宁线上线下全渠道的销售网络，嫁接各种服务农村的资源，帮助农产品实现高效流通，实际运作中，通过苏宁易购服务站可以将当地特色产品、农产品引入苏宁易购开放平台，通过苏宁易购 PC 端、移动端、电视端，以及苏宁实体店（门店及服务站等）的多种销售渠道，以及强大销售能力，将农村地区的农特产品销售至全国。

此外，苏宁还发挥其在零售业的经验和行业积累，以苏宁易购直营店为运营载体，帮助当地供销合作组织、中小规模农特产品生产经营企业、个体经营户建立起良好的经营和管理规范。

（三）创新点

1. 渠道创新

苏宁是国内首家打通线上线下渠道 O2O 闭环的互联网零售企业，渠道价值优势突出。苏宁易购直营店是线下渠道在三四级市场的延伸，不仅推动工业品下乡，还通过虚实结合的展示出样方式，比如二维码出样、产品专区展示，对县域地区优质农副产品进行展示、销售；再加上线上的中华特色馆，提升县域地区农产品营销和品牌塑造的能力，从而实现在三四级市场的线上线下渠道融合。

2. 管理创新

苏宁易购直营店作为苏宁设立在县域地区的重要布点，改变通常的总部与分支机构的隶属管理模式，采用销售在当地、服务在当地、纳税在当地、就业在当地、造福在当地的“五当”模式，所以在运营管理上相对独立，也更能为县域经济发展做出贡献。

3. 农村市场网购模式创新

农村地区因为人员结构及生活习惯问题，消费者网购习惯尚属于培养期，同时受制于年龄及网络化普及限制，农村地区部分群众尚没有形成网购习惯，甚至对网购持怀疑、抵触意识。苏宁易购服务站直营店通过现场提供自助购、代购、购物咨询等购物顾问式的服务，创新农村地区市场网购模式，培养当地消费者接触网购、信任网购，建立网购习惯，带动当地消费者感受感受信息化体验，提升网络工具应用能力。

（四）主要成效

1. 三四级市场得到迅速开拓，销售规模持续增长

截至 6 月 30 日，已开设苏宁易购直营店 1 478 家，网络已覆盖全国超过 1 000 个县、5 000 个镇、50 000 个村。除西藏地区，苏宁 O2O 农村电商布局已经覆盖大陆所有省级地区。同时，已在全国各地开设中华特色馆 200 多个，每个特色馆可提供当地的农副产品、特色工艺品、中华老字号产品约 60 个品种左右，惠及 100 多万农民。

2. 让农村消费者享受与城市消费者同样便捷的购物服务

借助苏宁易购服务站直营店建设，通过苏宁强大的采购能力引入的 3 700W＋SKU 的海量、正品、低价商品，将通过易购服务站直营店实现全面下沉，转变地区性价格信息不对称

带来的商品价格问题，让线上线下、全国各地无价差，价格更透明！不仅让县域消费者购买到优质工业品，还帮助他们利用电子商务改变现有的生活和生产方式，让农村消费者享受与城市消费者同样便捷的购物服务。

3. 带动县域就业，推动农民返乡创业

苏宁易购服务站直营店通过吸引当地优质人才，加入苏宁大家庭，为农村地区培养优质电商服务人才，有效提升当地就业水平。同时，通过提供信贷、培训等服务，推动返乡农民工创业，带动回乡创业就业青年超过 100 000 人，为超过 1 500 万农民提供了高效服务。对贫困地区来说，为精准扶贫提供了持续有效的路径。

三、问题思考

结合案例，苏宁易购创新县域级农村 O2O 零售模式能够帮助农村消费者实现哪些方面的需求？

（参考资料：联商网：http://www.linkshop.com.cn/web/archives/2017/369647.shtml?sf=wd_search，2017 年 2 月 5 日.）

（参考资料：联商网：http://www.linkshop.com.cn/(kwthrmauciseeriqsdu1ui55)/web/Article_News.aspx?ArticleId=366964，2016 年 12 月 29 日.）

案例 9－6　《欢乐颂 2》上线，已是一个植入营销的老司机

一、背景资料

通常，广告主判断案子好不好的标准在于演员，但《欢乐颂》或者说正午阳光却改变了这种模式，创造了一种主创团队光环。

2016 年 5 月 11 日，《欢乐颂》第二季首播。依托去年第一季制造的收视率和话题讨论度，这部热门剧集成为很多观众的期待。同样因为这个原因，它也成了众多品牌争相植入的内容。

二、基本案情

截至 5 月 15 日，《欢乐颂 2》首播的网络播放量迅速突破 20 亿，在电视剧收视率上处于榜首的位置。截至发稿，在已经播出的 11 集中，品牌植入的数量从第一季的 12 个增长到了 36 个。男主角之一的应勤继续维持搜狗工程师的身份，唯品会依然是樊胜美的衣橱担当，但欢乐颂五美的手机却从 iPhone 变成了荣耀畅玩 6X，邱莹莹钟爱的零食也从三只松鼠变成了良品铺子，而我乐家居成了安迪家厨房的定制品牌；在已经曝光的预告片中还出现了 e 代驾、林肯和 DS 品牌车型的特写。

看剧的时候你发现了多少品牌植入？

2016 年 6 月，出品方正午阳光正式对欢乐颂第二季开放招商。与第一季的冷清场面不同，无论在价格还是规模上，《欢乐颂 2》都可以作为国产都市剧的新标杆。“大部分好的影视剧项目的报价基本上能控制在三四百万，而《欢乐颂 2》直接将准入门槛提高到了 500 万的档

位，这还是第一次。”一位业内人士告诉《第一财经周刊》。

正午阳光创立于2011年，这家影视制作公司现在已经被当成国产良心剧的代名词。过去很少有一家国内的影视制作公司成为观众热衷谈论的品牌，但随着《北平无战事》《伪装者》《琅琊榜》等多部作品的热播，正午阳光逐渐被大家熟悉，除去旗下的艺人王凯、靳东成为新的当红明星，制片人侯鸿亮和导演孔笙、李雪的名字也开始被观众熟知。

麦珂文化的CEO黄已珂最早是做《温州两家人》的时候就开始关注这家制作公司。当时这支由一群平均年龄35岁以上的男性组成的团队，最擅长的是历史正剧题材，对于主打年轻观众的都市职场剧涉足不多。因题材限制，直到《他来了，请闭眼》这部最早为搜狐定制的网剧开拍前，正午阳光才设立商务部门。这是它在年轻化都市题材上的第一次尝试，尽管邀请了当红的霍建华作为男主角，收视率和话题度还是远不及同年上映的《北平无战事》。因此，2015年在为《欢乐颂》做招商的时候，正午阳光处处碰壁。

2015年7月，当黄已珂向搜狗搜索产品市场部总监张珊珊推荐《欢乐颂》时，她并没有把这部剧当成首选。“小说并不算超级IP，当时已经敲定的演员只有刘涛，后来大热的《伪装者》《琅琊榜》还没播出，一个一线明星都没有，我们一开始对这部剧并没有特别大的信心。”张珊珊说。

通常，广告主判断案子好不好的标准在于演员，但最终让张珊珊选择将搜狗搜索的第一次荧屏植入放在《欢乐颂》中，主要是对制作方正午阳光的认可以及对《欢乐颂》剧本的喜爱。

除去版权收益，一部影视剧中的最大收入就是广告植入费用，这种模式在电影刚诞生不久就有了，但那些花费大价钱让自己在影视剧中露个脸的品牌，获利情况却各不相同。

先正面拍个大商标，再来个10多秒的产品特写，这种我们早年在冯小刚电影中常看到的硬性植入广告早已落伍，因为它不仅大大降低人们对剧的好感度，也让品牌成了槽点。“首先要让观众不反感，之后才能追求如何引起观众的好奇心。大多数品牌已经转变了谈判的方向，从露出时长变成露出情节的沟通，有没有较强的互动才是它们最关注的地方。”黄已珂说。

真正好的植入往往需要在剧本制作环节之初开始设计，营销人员分析剧本寻找植入广告的可能，再与品牌方沟通植入产品特点。为此，正午阳光的商务部员工在刚进团队时都要被扔进剧组大半年，先跟两部戏了解制作环节，看得懂剧本、会写脚本，然后才能继续做商务。在开拍前两个月，正午阳光商务团队会频繁召开剧本讨论会，并派出主编剧参与，最终将植入脚本细化到具体场景和台词。至于品牌logo出现多少秒、有多大镜头、演员怎么说台词，满足这些要求的前提在于符合片子的调性。

“我们会结合近年搜狗想要主推的产品，为导演提供更多的产品特点和使用场景激发他的灵感，在10多个点子中能被挑中1个就很不错了，”张珊珊说。这种结合产品特点的植入就有了第一季中的邱莹莹用搜狗的扫码购物功能搜索了一盒进口巧克力，关关的同事利用搜狗订餐厅，樊胜美用语音搜索老同学王柏川等情节，很好地将搜狗搜索的扫码功能、找餐厅订位置的功能、语音搜索功能做了现实生活中的应用展示，几乎是产品的使用指导教程。

这种与剧情结合的植入收到了效果。播出期间搜狗的扫码购物等剧中出现过的功能转化率提升了约200%，在苹果APP Store“搜索”这个品类下，“搜狗搜索”排名上升为第一。“我们评估这次投放的效果相当于一亿广告投放的价值，”搜狗COO茹立云认为。因此在第一季没有播完时，搜狗就开始与正午阳光沟通下一季的植入方案，继续在第二季中推出知乎搜索、搜狗明医、搜狗百科等重点产品及功能。

同为第一季时就参与植入营销的品牌，三只松鼠却不打算跟进第二季。“价格翻了一倍，进去的客户太多，正午阳光在尊重艺术创作的基础上将有限的资源平摊到众多的品牌上，这中间存在的问题是观众的注意力被分散，我们觉得风险还是比较大的。”三只松鼠的娱乐营销经理鼠阿与说。尽管《欢乐颂1》的植入让三只松鼠推出的同款每日坚果系列欢乐果仁多成了旗下所有新品中卖得最好的一个，在两个月的时间内累积了千万销量，但面对大幅度增长的植入价格，三只松鼠还是选择了放弃。

作为较早开始在影视剧植入上增加投入的零食品牌，今年三只松鼠开始整体收缩这部分的投放。“我们更倾向于聚焦几个项目，并且把价格控制在合理的范围之内。在植入的表现形式上也会从去年注重吃的展示变成对松鼠三个卡通形象的展示，把它们做成有人格的IP。”鼠阿与说。

不过市场上并不缺少接盘侠。良品铺子品牌总监段文认为，好剧越来越多，演员的片酬成本也越来越高，制片成本必然上涨，在第二季保持第一季引发的热议势头的优势下，相比综艺节目动辄上亿的冠名价格，欢乐颂第二季的植入价格并不离谱。“娱乐营销依然是我们最关注的板块，占我们最大的一个投入比例，相较于植入综艺更偏向于品牌名称的曝光和普及，植入电影更偏向在渠道中产品形象的曝光和短时间内的热点爆发，植入影视剧则更多是需要通过内容实现品牌和消费者持续的交流，性价比最高。”段文告诉《第一财经周刊》。

当然，选对一部好剧只是一个开始，植入剧情是否合理、二次传播的效果好不好才是判断一部影视剧投得值不值的标准。

在第二季的植入剧情设计上，良品铺子把主题定在了“挑”上，希望通过挑零食、挑原料、挑口味来建立起良品铺子“挑剔”的品牌特点，并在9月开拍前赶工期搭建了上海的线下旗舰店，最终有两场邱莹莹和应勤的重要感情戏将在这家店中完成，这同时也推广了其线下渠道。去年11月，良品铺子还签下了剧中邱莹莹的扮演者杨紫作为首席粉丝官，加强与剧的绑定效果。

张珊珊对于搜狗在第二季植入的效果仍有一定预期：“肯定没有第一部植入的性价比高，但是《欢乐颂》已经成长为超级IP，持续跟进也是对第一部起到加强作用。我们除了要借剧的热度，还要快速反应，紧跟热点做好自己的二次传播。”

在第一季开始引起社会热议之后，搜狗的市场团队就通过微信大号发布相关文章，对片方提供的视频素材剪辑成产品的使用小片，并在视频网站投放。搜狗市场部还为剧中的搜狗工程师应勤开设了微博，邀请扮演者来搜狗工作一天，这些借势营销让搜狗得到了有效的二次曝光。

基于第一部的经验，在第二季上线前三个月，张珊珊所在的市场部就开始了准备。在基础性IP的绑定上，市场部提前准备《欢乐颂》的海报、壁纸、皮肤等IP形象的使用，同时随时保持对热点的跟进，并与产品部门始终保持沟通，提前将剧中功能点的展示在产品上作出体现。应勤的微博也一直处于持续更新状态，这更加有利于搜狗程序员的身份设定，以及观众对搜狗品牌好感度的认知。相比之下，那些没有机会植入但并不想放弃与这部爆款剧产生关联的品牌方则把预算投到了播出平台。

“在版权采购的大剧和大综艺中，《欢乐颂2》是我们迄今为止卖得最好的一部，去年11月开始预售至今，上线之前所有广告资源全部售罄，拼播剧卖出了独家剧的价格，总收入已经超过了《老九门》3亿的收入。"爱奇艺大剧营销中心高级总监袁嘉露说。由于广告位竞争激烈，爱奇艺还一度对某些广告贴位做了暗标竞价，这也是之前没出现过的情况。

所以，从商业角度而言，正午阳光对《欢乐颂2》的开发已经取得了成功。不过，尽管与品牌精心设计的植入桥段已经尽可能避开了雷点，但开播3天之内观众对《欢乐颂2》剧情层出不穷的负面评价还是让这个以品质著称的制作团队有点苦恼。面对如何平衡商业和质量这个老问题，正午阳光可能也没找到一个最佳答案。

三、问题思考

通过本案例的分析，试讨论植入营销的优劣。

（参考资料：叶雨晨.《欢乐颂2》上线，已是一个植入营销的老司机.第一财经周刊（微信公众号：CBNweekly2008），2017年5月18日.）

第四节　课外思考案例

案例9－7　新零售，老少电商们的新战场

一、背景资料

2017年以来，无论是电商领域的巨头还是创业公司，都在加紧线上线下融合的步伐。在前几年大热的O2O之后，"新零售"成为热门话题频频被大佬们"带节奏"。

第一个带节奏的正是阿里巴巴董事局主席马云，他在去年10月首次提出新零售的概念，并在之后多次阐述他对于未来零售体系的看法。就在5月2日造访阿根廷的演讲中，马云表示，接下来的10年里，线上、线下和大数据、加上仓储物流，将成为新的零售。"在未来，并不是你如何向别人推销东西，而是关于你如何更好地服务别人。"

二、基本案情

新零售概念的背后，是互联网日渐消失后电商行业面临的增量市场萎缩。在这样的情况下，线下的巨大市场体量正在被巨头重新关注并挖掘。对创业公司而言，新零售趋势下又有多少新机会？

（一）"夫妻店"的第二春

开在小区和社区的附近、没有明显的招牌，如果不是你专门找，街头巷尾的夫妻店似乎是一种不起眼的存在。在零售业整体下滑的当下，这些散落在各处的传统小商铺、夫妻店，在电商冲击下似乎难逃被淘汰的命运。但颇具戏剧性的是这些默默无闻的夫妻店，近日来频频受到巨头的关注。

一方面，随着今年阿里、京东等互联网平台的"新零售"战火蔓延，一些夫妻店纷纷被"收编"，成为打通社区零售"最后一公里"的战略要塞。

今年4月份，刘强东通过社交媒体宣布，未来五年京东要在全国开设超过一百万家京东便利店，其中一半将开在农村。这次，京东便利店主要是通过门店加盟的形式。而早在2015年底，京东就宣布成立新通路事业部，为店铺提供配送支持、门店营销、数据分享等解决方案。

另一方面，阿里巴巴和京东等公司开始为街头夫妻店提供商品、后台系统和运营指导。2016 年初，阿里巴巴也推出了阿里零售通平台。阿里巴巴零售通是一个为 2～6 线城市社区零售店提供订货、物流、营销、增值服务等的互联网进货服务平台。小店店主只要下载一个 APP，就可以解决货源和配送问题。

有公开数据显示，国内有大约 680 万家杂货铺，这些杂货铺中，有约 30%分布在乡镇、农村市场；21%分布在县级市、县；25%分布在三线城市；还有 16%、7%开在二线和一线城市。

这块蛋糕被巨头盯上，背后的内在逻辑是什么?

(二) 到底什么是新零售?

新零售这个概念最早提出是在去年 10 月的阿里云栖大会上，阿里巴巴集团董事局主席马云在演讲中第一次提出了新零售。

他表示，未来线下与线上零售将深度结合，再加现代物流，服务商利用大数据、云计算等创新技术，构成未来新零售的概念。纯电商的时代很快将结束，纯零售的形式也将被打破，新零售将引领未来全新的商业模式。

简单来说，之前的 O2O 或有的是从线上到线下，或者是从线下到线上，而没有考虑到线上和线下的融合叠加，以及物流的资源配合。红杉资本中国基金合伙人刘星对于这种融合的定义是“O＋O”，做得更好可以是 “O×O”，一种叠加的，甚至是乘数放大的效应。

实际上，马云对新零售的想法也不是一蹴而就。早在天猫发力线上电商之际，阿里已经开始探索如何与线下商业合作。

2014 年阿里巴巴以 54 亿入股了同为浙商的银泰商业，后来逐渐获得控股地位；除银泰外，阿里巴巴也入股苏宁，占据 19.99%的股份。2016 年底，阿里巴巴 20 亿元投资 A 股公司三江购物。2017 年 2 月，阿里巴巴联手大型国有商贸产业百联集团，继续铺设线下零售产业。

可以说，在与银泰和苏宁合作的过程中阿里巴巴逐渐理清楚铺设线下零售产业的思路，掌握了一套重构商业要素的方法论，提出了新零售的概念。

无独有偶，除阿里京东外，去哪儿网的创始人庄辰超、曾分管酒店业务的去哪儿网前副总裁张泽也注意到零售终端和线下服务这块生意。在离开去哪儿后创办的斑马资本投资的便利蜂前不久在北京高调开业，另一位去哪儿网前高管张泽则在去年创立了杂货铺进货比价平台“货圈全”。

(三) 瞄准 30 万亿消费市场

新零售被看好的原因有两方面。

一方面，随着线上电商增长渐渐出现天花板，市场份额相对稳定，碎片化的线下消费开始被巨头重视，电商巨头们的下一个增长点放在了线下和农村。阿里、京东电商平台在家电、快消品等多个领域都加快了落地布局线下店的进程。

根据市场研究机构 eMarketer 数据，中国的电商规模已经占到全世界电商的 47%。而到 2020 年，世界总的电商零售比重逐步从 2016 年的 8.7%上升到 14.6%。但与此同时，世界电商增速将从 2016 年的 23.7%，降到 2020 年的 18.7%。

这意味着几年后，电商巨头将面临增速放缓的瓶颈。此时，阿里巴巴、京东等电商需要提前为自己布局下一个新的增长点。

在这个逻辑之下，阿里巴巴控股东南亚电商 Lazada，投资印度电商市场，布局线下夫妻店、社区店等线下零售市场等行为就变得容易理解。中国近 30 万亿人民币的线下零售市场，与印度和东南亚电商市场一样，能为阿里带来新的增长点。

阿里研究院报告也指出，中国消费者数字化程度高，消费品部分品类达到50%以上的线上渗透率。中国消费者与互联网已经形成的紧密联系导致线上零售进一步发展的想象空间不大，这种紧密联系也为新零售的供销方式提供基础环境。

山行资本投资总监穆楠对寻找中国创客表示，“新零售本质就是从传统排浪式消费到现在个性化、多元化消费习惯的迁移。目前，无论消费升级还是新零售，亮点在于品类和渠道的变化。所以还是看好这个领域的。”

（四）创业公司如何掘金？

对于新零售，红杉资本中国基金合伙人刘星将过去5年中国消费零售业的发展比作“西天取经”——不断探索、不断突破也不断地掉进“坑”里。他认为，“2017年将是线下零售焕发生机的一年”，而那些有“线下载体的新零售”便是“正在开往春天的列车”。

那么新零售爆发前夜，初创公司、创业公司应当如何结合时代需求找准机会？

“零售业一直在革新，每一次技术周期的迭代都会帮助零售在各方面环节的效率提升上有一次新的变化。但零售的本质‘流量’和‘货’不会发生变化，‘流量’指的是人、客群，‘货’指的是商品。所以对于创业公司来说其实并不存在一个新的风口，我觉得更多的还是在尊重零售本质的基础之上去提升服务。”蓝驰创投管理合伙人朱天宇告诉寻找中国创客记者。

而在穆楠看来，在零售本质不变、消费方式不断更新的情况下，“创业者最重要的是保持自身的产品储备（供应端）与对外输出（需求端）能力。尤其是纯互联网背景的创业者来说，不要忽略对现金流把控、供应链管理等核心能力的学习，并保持账上有足够的资金去打仗，尽可能早地建立细分品类的优势。”

目前，电商在线上应该满足的都已经满足了，处在电商领域相对饱和的状态。IDG资本董事楼军认为，新零售对于创业者的机遇应该在三个方面，一是线上线下结合起来做模式创新；二是未来增量市场在服务类消费；三是在完善渠道优势下创造新品牌。如果抓住这三点，接下来会有一些红利期或者所谓的创业机会，也就是商机。

三、问题思考

根据案例描述，试回答什么是新零售？

（参考资料：记者刘娜.新零售，老少电商们的新战场.新京报（电子版），http://epaper.bjnews.com.cn/html/2017-05/04/content_680502.htm?div=0，2017年5月4日.）

案例9-8　新世代妈妈领衔中国亲子游市场

一、背景资料

近日，国内领先的旅游目的地整合营销机构——中青旅联科公关顾问有限公司（以下简称“中青旅联科”），与大数据权威机构——北京腾云天下科技有限公司（以下简称“TalkingData”）合作成立国内首个“旅游消费者大数据实验室”，并联合亲子游权威平台——童游网，共同发布了《中国亲子游消费者大数据报告》。

本次报告研究发现，80后和90后人群已经成为中国亲子游主力人群，尤其是这些新世代妈妈们，更是当前亲子游的核心决策人群。此外，该报告还详细披露了亲子游客群分布、客群特征、出行规律、目的地倾向等，为亲子旅市场相关管理机构和从业单位提供了更具参考价值的重要资料。

二、基本案情

(一) 亲子游人群画像

1. 亲子游客群集中于经济发达地区和人口密集省份，且地级城市占主导

报告显示，中国亲子游人群主要集中在东部和南部沿海发达省份，以及河北、河南等人口密集省份，其中，北京、上海、广州等经济发达城市亲子游人群占全国市场 19.9%，而经济相对发达的地级城市的亲子游人群占全国市场 67.8%，如图 9-8-1 所示。

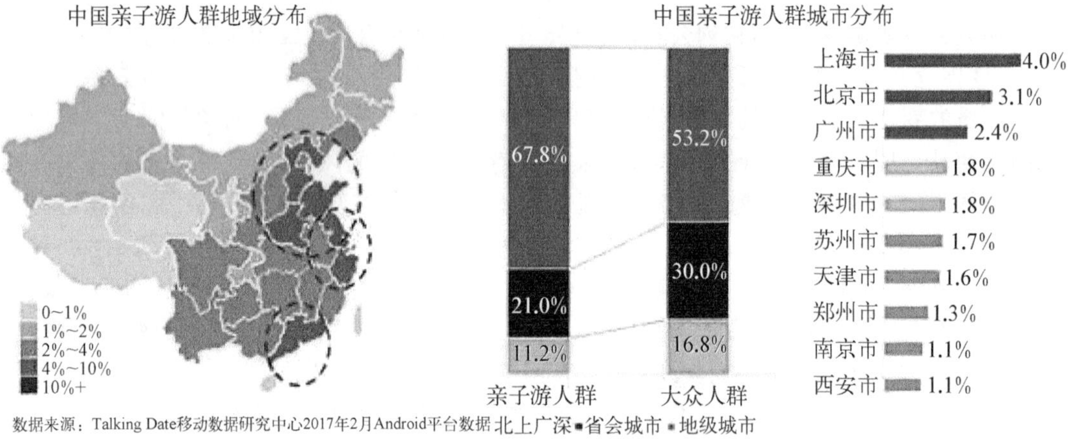

图 9-8-1　中国亲子游人群地域分布

2. 80 后 90 后妈妈群成为绝对主力，领衔亲子游市场

近年来，作为中国新世代主力人群的 80 后 90 后逐渐成为中国社会的核心消费群体，并对社会各方面产生重要影响。本次《中国亲子游消费者大数据报告》研究发现，这些新世代妈妈们也已经成为中国亲子游市场的核心力量。

大数据分析显示，成人客群中，女性占比 73.1%，远高于男性 26.9%的占比；年龄构成方面，26～35 岁的 80 后人群占 60.3%，而 25 岁以下的 90 后人群占比也达到了 20.8%，人群规模超过 70 后，如图 9-8-2 所示。

3. 亲子游消费进入"新世代"模式

不同世代人群在价值观和生活方式等方面存在较大差异，与此相应，其旅游消费决策模式也有很大不同。本次研究结果显示，目前中国亲子游人群线上消费倾向高，且购物更注重实惠性。

从移动端 APP 使用情况来看，一方面，线上旅行 APP 以综合预订类为主，应用偏好指数要远高于标准值，携程旅行、去哪儿旅行、飞猪、同程旅游和途牛旅游为最受欢迎的五款旅行预订 APP，如图 9-8-3 所示。

另一方面，购物类 APP 偏爱特卖主题类购物应用，淘宝、唯品会、美团、拼多多、贝贝(母婴特卖)较受欢迎，如图 9-8-4 所示。

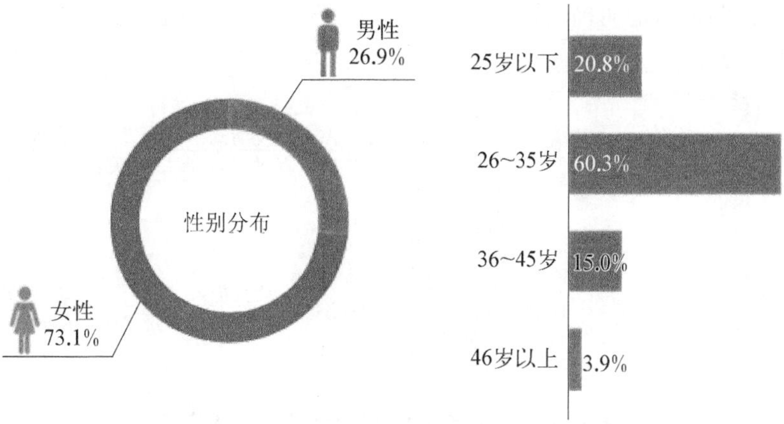

图 9-8-2 亲子游成人客群性别及年龄结构

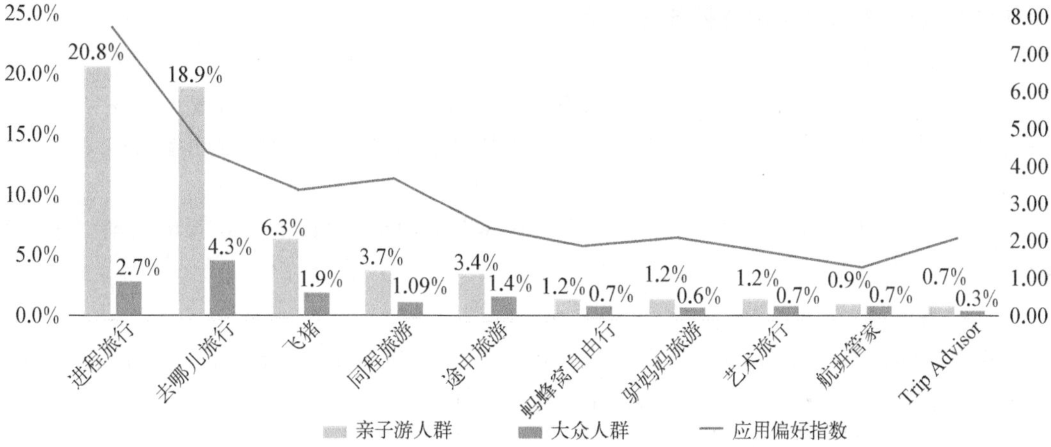

图 9-8-3 亲子游人群旅游类应用 TOP 10

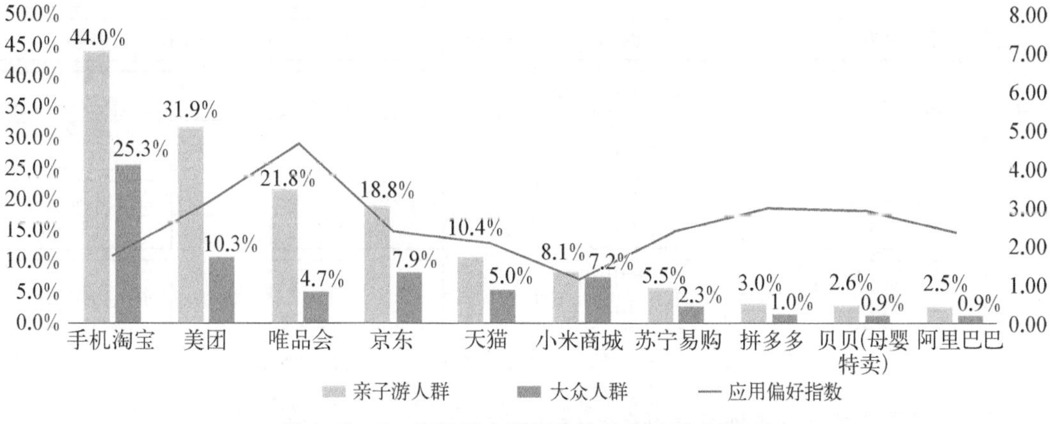

图 9-8-4 亲子游人群网络购物类应用 TOP 10

(二) 亲子游人群出游分析

亲子游产品日益细分,不同年龄段的需求差异愈加明显。

报告指出亲子游客群选择产品的三大维度,即娱乐交流、贴合亲子和游育结合。亲子游客群选择亲子产品的目的明确，其首要目的是带孩子增长见识，追求亲子交流、阖家欢乐，如图 9－8－5 所示。

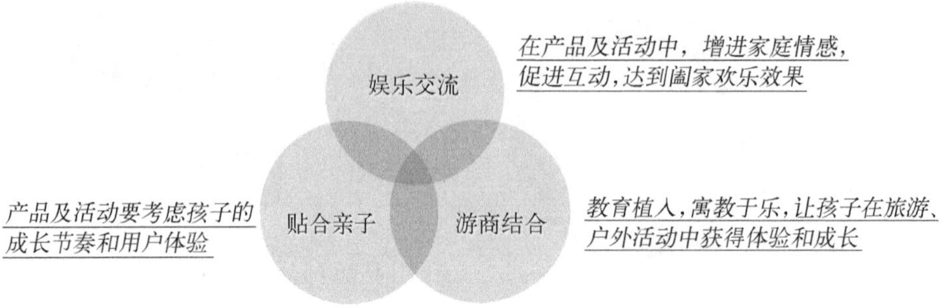

图 9－8－5　亲子游客群选择产品的三大维度

来自童游网的亲子游产品销售数据显示，不同年龄段的孩子探索认知外界的方式和内容有很大差异，其家庭出游特征各有差异：

1. 出游时间

随着亲子游家庭孩子年龄的增长，出游时间从幼儿阶段的一天以内增长到少年阶段的一周以上，由幼儿阶段的短途周边游变为少年阶段的长线游，旅行深度逐渐增加；

2. 人均消费

随着孩子年龄增长，单次出游人均消费逐渐增加，由幼儿阶段的 400 元增加到少年阶段的 1 500 元；

3. 出游频次

年出游频次不断变化，其中出游频次最高阶段为学龄前儿童阶段，平均每年 5～10 次，出游频次最少阶段为少年阶段，平均每年 2 次，如图 9－8－6 所示。

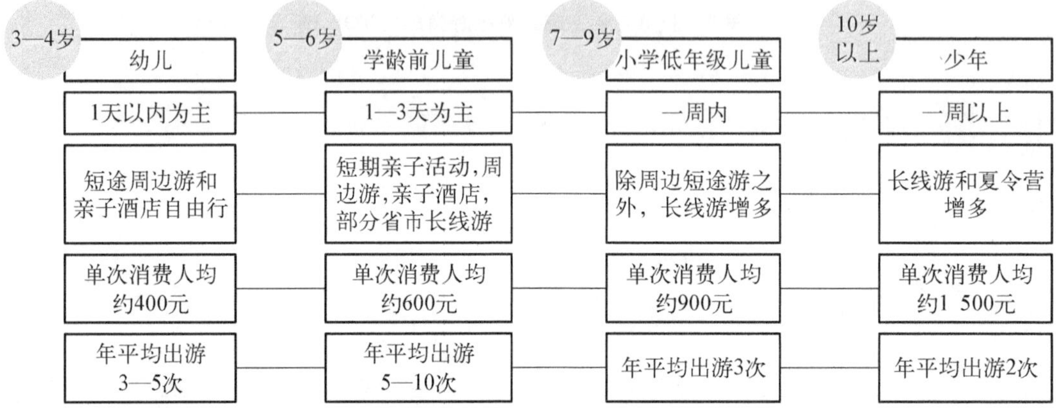

图 9－8－6　亲子游客群家庭孩子不同年龄段出游特征

（三）亲子游客群目的地选择倾向分析

周边城市、文化城市和自然生态是亲子游客群目的地选择的三大特征。

亲子游客群目的地选择更多地考虑孩子因素，包括孩子身体、时间等方面。

报告显示，亲子游客群目的地选择最大特点是周边城市倾向性，即几乎所有亲子游客群都会选择其常住地的周边城市作为旅游目的地，如北京—天津，上海—苏州，广州—深圳等，可见，对目的地而言，大交通的通达性非常关键。

其次，北京、西安、成都、重庆以及大部分南方自然生态城市是亲子游市场主体目的地，而大连、青岛、厦门和三亚四大海滨旅游城市是暑期亲子游客群的核心目的地，由此可见，历史文化体验、现代都市休闲以及自然体验是亲子游客群选择目的地的几种主要的地标倾向，如表 9－8－1 所示。

表 9－8－1　　全国主要客源城市亲子游客群异地城市倾向性

客源地	北　京		上　海		广　州		深　圳		杭　州		成　都	
1	天津	3.41%	苏州	11.80%	深圳	3.22%	广州	9.00%	上海	2.24%	重庆	2.80%
2	上海	2.03%	无锡	3.66%	北京	1.82%	香港	2.96%	北京	2.20%	北京	2.12%
3	重庆	1.60%	北京	3.32%	重庆	1.21%	北京	1.83%	苏州	1.44%	上海	1.37%
4	广州	1.36%	杭州	2.30%	上海	1.10%	上海	1.30%	重庆	1.11%	广州	1.10%
5	成都	1.27%	南京	1.72%	珠海	0.87%	重庆	1.23%	广州	1.08%	深圳	0.87%
6	深圳	1.13%	广州	1.65%	成都	0.85%	珠海	1.03%	无锡	0.91%	天津	0.87%
7	西安	1.04%	重庆	1.59%	香港	0.72%	成都	0.88%	黄山	0.89%	西安	0.78%
8	南京	0.81%	深圳	1.48%	天津	0.71%	武汉	0.85%	深圳	0.82%	武汉	0.70%
9	哈尔滨	0.80%	成都	1.29%	桂林	0.70%	长沙	0.79%	成都	0.81%	昆明	0.54%
10	青岛	0.80%	天津	1.03%	长沙	0.65%	杭州	0.64%	南京	0.80%	南京	0.53%

数据来源：Talking Data 移动数据研究中心，2016 年 7 月 Android 平台数据

我们相信，伴随着 80 后和 90 后新世代人群逐渐成长为亲子游人群的绝对主力，中国亲子游市场还将不断呈现更多新特点和新趋势，旅游消费者大数据实验室将持续观察，助力亲子游产品与服务需要更快速的创新和迭代。

三、问题思考

1. 试分析新世代亲子游的特征。
2. 亲子游对核心需求是什么？

（参考资料：佚名.新世代妈妈领衔中国亲子游市场.四新旅游网，http://www.sxjinbo.cn/article/05168012.html，2017－05－16.）

案例 9－9　共享充电宝，共享经济

一、背景资料

继共享单车后，共享充电宝火了，火得莫名其妙！没赶上共享单车这趟投资班车的大佬们，又一窝蜂地纷纷砸钱做共享充电宝。

共享充电宝是指企业提供的充电租赁设备，用户只需扫描设备屏幕上的二维码，凭借芝麻信用分 600 分以上即可“免押金”借用一个充电宝，信用分不足 600 亦可支付 100 元押金，

充电宝成功归还后，押金可随时提现并退回账户。租借的充电宝 1 小时免费使用，超过 1 小时后 1 元/小时，10 元当日封顶，还可根据机型购买所需数据线。

二、基本案情

仅仅 40 天，整个共享充电行业的创业项目已经多达 22 个，参与的投资机构超过 38 家，融资达到 11 笔，总额超过 12 亿。聚美优品更以 3 亿投资共享充电企业街电，掌门人陈欧更豪言："对该项目投资无上限，未来 3 个月内将继续注入几十亿资金。"

共享充电宝真的这么赚钱吗？真相是共享充电宝比共享单车更赚钱，90 天回本，年成本利润率可达 85%。

（一）共享充电宝的盈利模式

共享充电宝主要有两种模式：以小电为代表的桌面模式，以街电和以来电为代表的大机柜模式。小电和街电主要集中在餐厅、KTV、亲子中心等区域。来电的大机柜则投放在大型商城、高铁、火车站等地方，价格都在每小时 1 块钱左右。

1. 桌面充电的盈利模式

桌面模式盈利主要以租金为主，使用频次在 3～5 次/日，每次以 1 元/小时计算，一台设备一个月的营业额在 90～150 元。月租赁成本以约 30 元/月进行计算，把人力维护及折旧成本估为 10 元/台。

根据利润 ＝ 营业额－渠道费用－人力维护及折旧，利润＝(90～150)－30－10＝50～110(元)。以每一台设备 80～100 元的成本计算，除去人力成本与折旧，2 个月便可回本。

而很多商城和商家为了积攒人气，会让共享充电宝低租金甚至免费进入。

2. 机柜式充电宝的盈利模式

机柜式充电宝的盈利模式主要有三种：充电宝租金；柜机广告；出售数据线。

利润＝营业额－渠道费用－人力维护及折旧，(营业额＝使用频次×小时×单价×个数×出租天数)，每台充电宝每天被使用的频次在 0.7～0.8 次之间，每次租借时长约为 3 小时。

如果以一个机柜内装 40 个充电宝来计算：

每个机柜的月营业额＝(0.7～0.8)×3 小时×40 台×30 天＝2 520～2 880(元)。

一台机柜的实际利润＝(2 520～2 880)－租金成本－ 折旧费用

其中，部分商场收取租金，部分不收租金，大型商超场地租金以 1 个月 1 000～2 000 元来计算，当然，不排除有些地段的商城租金高于这个数。

一台充电宝成本为 100 元/36 个月的使用周期×40 台＝111 元，我们按照"租金＋折旧"，每月共 1 500 元来计算，那一台机柜的利润＝(2 520～2 880)－1 500＝1 020～1 380(元/月)，在硬件方面，充电宝＋机柜成本在 100 元/个左右，每个机柜 40 个充电宝，成本为 4 000 元。一个维护人员可维护 50 个网点，200 台设备，4 000 个充电宝的话，单个充电宝的维护成本在 1.5 元/月。

回本周期＝硬件成本＋维护成本/利润＝4 000＋1.5×40/(1 023～1 380)＝3～4(个月)。

我们再将充电宝的损毁率折算到三年使用周期中，年销售成本利润率＝ 年利润 / 年成本×100%＝63%～85%。

机柜式充电宝模式 4 月便可回本，年成本利润率最高可达 85%。同时，部分商家还可以出售数据线和机柜广告获得利润。

(二) 共享单车和共享充电宝的运营成本对比

1. 人力维护成本

单车数量与维护人员的配比大概在 1 000∶1,以一个维护人员 6 000 元计算,一台单车的正常维护费用在 6 元/月,而单个充电宝的维护成本在 1.5 元/月。

2. 损毁率对比

各类单车的损毁率在 10%～30%,损毁后的调度费用每次便超过 3 元。共享充电宝的使用寿命有 800 次,中途损毁后,厂家会提供保修服务,成本维修成本为 0 元。共享单车和共享充电宝的寿命都在三年左右,使用期限没啥差异。

3. 回本周期对比

共享单车以一年 270 天骑行来算,以每日 2 元收入,一年就可获得 500 元左右收入,回本周期在 1 年左右,而共享充电宝的回本周期,一般在 1 个月到 4 个月。

4. 投入与产出对比

以最便宜的共享单车 500 元为例,平均每月维修一次,其他时间正常维护,三年的投入成本为$=400+12\times3\times(6+3)=718$(元),营业额约为 1 500(元)。

而单个机柜式充电宝 3 年的投入成本为$=100+36\times1.5=154$(元),3 年租金为 1 350 元,合计 1 504 元,在不计广告的情况下,单个机柜式充电宝营业额约为 2 300～2 600(元)。

这么看来,共享充电宝的投入成本远低于共享单车,未来盈利远远高于共享单车。

“站在风口,猪都会飞,但是,风不大,只会被摔死!”当一群资本大鳄真正逐力抢占这块“共享”蛋糕时,我默默地问了下周围的朋友,出门在外你会选择共享充电宝吗?某一朋友说:“现在有一个背夹充电宝,你不知道吗?既可以是手机套也可以是充电宝,又轻薄又方便,我干嘛还要去用共享充电宝?”

(三) 共享经济概念

也许大多数人都理解错了共享经济,共享经济强调两个核心:“使用而不占有”和“不使用即浪费”,是个人与个人之间把闲置的资源进行有偿的价值互通分享,同时要符合低使用率和高价值的特点,而当下的共享单车还是共享充电宝,确切地说是网租经济,和之前的滴滴打车、神州专车完全是两个概念。

通过铺点和狠砸资金做大规模来赚取利润或者说是网传的“得流量,得大数据者得天下。”这样“伪共享”的商业模式火爆的背后势必伴随着虚假的繁荣。

对于这样的网租经济,资本大鳄还在踊跃地跟风:5 月 10 日,共享篮球项目“猪了个球”完成千万级 Pre-A 轮融资;5 月 11 日,四野创投会投资 1 000 万作为共享雨伞的研发和投放。真相,其实只是一群投资人的假狂欢,一场烧钱的假未来。

三、问题思考

共享经济的内涵是什么?

(参考资料:品牌家(ID:emoney8).共享充电宝靠什么赚钱?销售与市场(微信公众号:cnmarket),2017 年 05 月 17 日.)

(参考资料:佚名.共享经济思维裂变 充电宝租赁让手机“来电”.东方网,http://finance.eastday.com/eastday/finance1/Business/node3/u1ai44343.html,2016 年 12 月 01 日.)

主要参考文献

[1] 金润圭.国际市场营销[M].北京：高等教育出版社，2012.

[2] 郭国庆.市场营销学[M].北京：中国人民大学出版社，2014.

[3] 吴健安.市场营销学[M].北京：高等教育出版社，2014.

[4] 晁钢令，楼尊.市场营销学[M].上海：上海财经大学出版社，2014.

[5] 林祖华.市场营销理论与实践[M].北京：中国审计出版社，2006.

高等教育出版社

教学资源索取单

尊敬的老师：

您好！

感谢您使用**林祖华**主编的**《市场营销案例分析》（第三版）**。为便于教学，本书另配有课程相关教学资源，如贵校已选用了本书，您只要添加服务QQ号800078148，或者把下表中的相关信息以电子邮件或邮寄方式发至我社即可免费获得。

我们的联系方式：

联系电话：（021）56718921/56718739　　电子邮箱：800078148@b.qq.com

服务QQ：　800078148（教学资源）　　传真：（021）56718517

地址：上海市虹口区宝山路848号　　邮编：200081

姓　名		性别		出生年月		专　业	
学　校				学院、系		教研室	
学校地址						邮　编	
职　务				职　称		办公电话	
E-mail						手　机	
通信地址						邮　编	
本书使用情况	用于________学时教学，每学年使用__________册。						

您对本书有什么意见和建议？

您还希望从我社获得哪些服务？

□ 教师培训　　□ 教学研讨活动

□ 寄送样书　　□ 相关图书出版信息

□ 其他______________________________